ADEUS, FAREWELL

SERGUEÏ KOSTINE
ÉRIC RAYNAUD

ADEUS, FAREWELL

Tradução de
ANDRÉ TELLES

EDITORA RECORD
RIO DE JANEIRO • SÃO PAULO
2011

CIP-BRASIL. CATALOGAÇÃO-NA-FONTE
SINDICATO NACIONAL DOS EDITORES DE LIVROS, RJ

K88a Kostine, Sergueï
Adeus, Farewell / Sergueï Kostine, Éric Raynaud; tradução de André Telles. –
Rio de Janeiro: Record, 2011.

Tradução de: Adieu Farewell
ISBN 978-85-01-09035-5

1. Vetrov, Vladimir Ippolitovitch. 2. Guerra Mundial, 1939-1945 – Serviço secreto – União Soviética. 3. Guerra Mundial, 1939-1945 – Serviço secreto – França. 4. Espiões – França – Biografia. 5. Espiões – União Soviética – Biografia. 6. Espionagem – França – História – Séc. XX. 7. Espionagem – União Soviética – História – Séc. XX. 8. União Soviética. Komitet Gosudarstvennoi bezopasnosti. I. Raynaud, Éric. II. Título.

10-2339

CDD: 920.9940548647
CDU: 929:94(47+57)

Título original em francês:
ADIEU FAREWELL

Copyright © Editions Robert Laffont, Paris 2009

Todos os direitos reservados. Proibida a reprodução, armazenamento ou transmissão de partes deste livro através de quaisquer meios, sem prévia autorização por escrito. Proibida a venda desta edição em Portugal e resto da Europa.

Texto revisado segundo o novo Acordo Ortográfico da Língua Portuguesa.

Direitos exclusivos de publicação em língua portuguesa para o Brasil
adquiridos pela
EDITORA RECORD LTDA.
Rua Argentina, 171 – 20921-380 Rio de Janeiro, RJ – Tel.: 2585-2000,
que se reserva a propriedade literária desta tradução.

Impresso no Brasil

ISBN 978-85-01-09035-5

Seja um leitor preferencial Record.
Cadastre-se e receba informações sobre nossos
lançamentos e nossas promoções.

EDITORA AFILIADA

Atendimento e venda direta ao leitor:
mdireto@record.com.br ou (21) 2585-2002.

SUMÁRIO

Prefácio a *Bom-dia, Farewell*   7

Prefácio a *Adeus, Farewell*   15

1. Um começo proletário   19
2. Svetlana   27
3. Alegrias e esperanças de soviéticos comuns   32
4. Vida de sonho!   43
5. Os mistérios de Paris   57
6. A volta ao redil   69
7. À sombra dos bordos   77
8. Um caso tenebroso   86
9. Contrariedades urbanas e alegrias bucólicas   96
10. A crise   107
11. O salto mortal   118
12. O cavaleiro da aventura   130
13. Uma robinsonada da espionagem   139
14. Páscoa florida para a DST   149
15. Um caso familiar   159
16. Três presidentes: Mitterrand, Reagan e Victor Kalinin   172
17. Uma equipe moscovita   185
18. Dois homens num Lada, e a reforma do mundo   198
19. A trégua   205

20. Vladik — 212
21. 22 de fevereiro — 221
22. Os amanhãs que desencantam — 230
23. Uma mulher quase apedrejada — 238
24. A confissão de uma renegada — 248
25. Uma prisão para privilegiados — 267
26. O julgamento — 276
27. A French Connection desconectada — 283
28. A guerra fria, Reagan e o estranho Dr. Weiss — 293
29. O prisioneiro do *gulag* — 304
30. Radioscopia de um crime e de seu autor — 321
31. Cai o véu — 340
32. A última cartada — 354
33. "A rede" — 376
34. O caso Farewell sob o prisma do KGB e da DST — 387
35. Herói ou falso irmão? — 405

Notas — 415
Agradecimentos — 445
Fontes das Ilustrações — 447

Prefácio a *Bom-dia, Farewell*

Primavera de 1981: o lado ocidental estava em polvorosa. Um socialista, François Mitterrand, assumia o poder de uma grande potência europeia, arsenal de armas nucleares. O novo governo francês teria quatro ministros comunistas, aliados do PS. Ainda que a França oficialmente não fizesse parte do dispositivo militar da Otan, o papel desse país no sistema de defesa do mundo livre não era desprezível; longe disso. As preocupações do resto do Ocidente eram tão evidentes que, no dia seguinte à formação do novo gabinete Mauroy, o vice-presidente dos Estados Unidos, George Bush, foi manifestá-las no Eliseu. As desconfianças com relação à França permaneciam na ordem do dia por ocasião da cúpula dos Sete posterior ao evento a ser realizado em Ottawa em julho de 1981.

Apesar das reticências que constatara a seu respeito, o presidente Mitterrand parecia muito confiante. Sabia, por sua vez, que não fora absolutamente o comunismo militante que promovera uma incursão espetacular no lado ocidental. Ao contrário, era o Ocidente que se beneficiava agora de uma brecha capital escavada nas trincheiras dos soviéticos. Pois, nos últimos meses, a França tinha um agente duplo, codinome Farewell, que trabalhava numa das divisões mais secretas do KGB. Durante um encontro *tête-à-tête*, Mitterrand dividiu o segredo com Ronald Reagan e lhe revelou a amplitude da pilhagem soviética no mundo. Na hora, o presidente americano não compreendera direito o impacto daquele dossiê. Todavia, o velho ator aprendia rápido e, não muito depois, estaria falando de "um dos maiores casos de espionagem do século XX".*

Isso é inquestionável. Mas não deixa de ser um dos casos de espionagem mais desconcertantes. Pois apresenta tantas inverossimilhanças e paradoxos que mais de um chegaria a perguntar se aconteceu de verdade. Que o leitor julgue por si.

Um tenente-coronel da PGU** teria resolvido trair. Entretanto, em vez de fazer contato com os americanos, teria preferido os serviços secretos franceses. Serviços cujo espaço no mundo da espionagem era modesto e que não dispunham sequer de um olheiro nas ruas de Moscou por essa época. Melhor ainda, esse oficial, Farewell, teria recorrido não ao serviço de informações, o Sdece, mas ao organismo encarregado da contraespionagem, a DST, que não tem experiência nem mesmo competência legal para praticar a coleta de informações. Dá para acreditar em tudo isso?

Continuemos, porém, no inverossímil. A fim de *manipular**** esse agente em Moscou, a DST teria usado primeiro um amador que se teria deixado arrastar pelo risco e o gosto da aventura. Em seguida, este teria sido substituído por um oficial do Segundo Birô operando acobertado pela embaixada, mas igualmente sem nenhuma experiência na manipulação de agentes. Quem poderia crer que aqueles diletantes houvessem realizado a façanha de se encontrar regularmente e durante dez meses com seu informante nas barbas do KGB, sem nunca terem sido agarrados pelas ratoeiras da máquina policial mais poderosa do mundo?

Por fim, parece inconcebível que um homem, agindo sozinho e por sua conta e risco, tenha sido capaz de roubar tantos segredos de Estado dos soviéticos. A ponto de abalar todo o edifício.

Sem grandes exageros, o caso Farewell pode ser apresentado nesses termos. Posicionado num ponto nevrálgico do sistema, esse oficial abriu

---

*As notas mais extensas estão reunidas no fim do volume.

**Pervoyê Glavnoyê Upravleniyê, 1ª Direção Geral do KGB, principal serviço de informações soviético.

***No vocabulário dos serviços secretos, manipular um agente é garantir um contato permanente com ele, escoar os documentos que ele traz e encomendar outros, entregar-lhe a remuneração ou o material necessário, zelar por sua segurança, em suma, administrar o conjunto de problemas enfrentados por um informante. A pessoa que exerce essa função era designada como oficial manipulador ou apenas manipulador.

PREFÁCIO A *BOM-DIA, FAREWELL* 9

os olhos do Ocidente para a importância, a estrutura e o funcionamento da espionagem tecnológica praticada pela URSS, principalmente na indústria de guerra. O mundo livre subitamente se deu conta da fragilidade das próprias estruturas de defesa, vitais para sua sobrevivência. Toda a concepção da segurança ocidental perante o comunismo internacional devia ser revista.

Por outro lado, ficava claro que, em virtude dessa pilhagem, o Ocidente nunca prevaleceria no domínio das altas tecnologias, o único em que se julgava nitidamente superior ao campo socialista. A competição tecnológica e econômica na qual ele apostara não lhe iria proporcionar vantagem alguma.

Em consequência disso, o Ocidente e seu líder, Ronald Reagan, posto a par da manipulação de Farewell menos de cinco meses depois de seu início, endureceram de forma espetacular sua postura diante da URSS e dos países satélites. Todos nos lembramos da angústia em que o mundo viveu durante os primeiros cinco anos dessa década de 1980. Após uma curta trégua, a guerra fria voltava a galope, a ponto de merecer cada vez menos seu qualificativo. Diante da insociabilidade do Ocidente, o Leste rearmava-se freneticamente, estimulando preparativos militares do lado oposto. Novas estratégias foram definidas, de ambos os lados, sob o rótulo da corrida armamentista, expressão que só rivalizava com "escalada da tensão". Os abraços ou, pelo menos, os apertos de mão ostensivamente calorosos dos dirigentes dos dois lados deram lugar a trocas de palavras cada vez mais venenosas. A destruição do avião sul-coreano, a batalha dos euromísseis, o gracejo — de gosto duvidoso — do presidente americano durante um teste de voz radiofônico ("Acabo de ordenar às nossas forças nucleares para bombardear a União Soviética")... Pairava novamente o medo do Apocalipse.

Diante dessa firmeza, os soviéticos não se sentiam em vantagem. Bastava que o ocupante da Casa Branca tivesse como confrade no Kremlin um líder tão duro e intransigente quanto ele próprio — e não faltavam candidatos que reunissem tais critérios na gerontocracia soviética — para que a precária construção da paz mundial desmoronasse de um dia para o outro. Abalado, o regime comunista empenhou-se, com Andropov, em mudar a fachada, sem nada transformar no fundo. Após sua morte, a degradação do ambiente internacional levou Gorbatchev ao poder. Político versátil, ele amorteceu as investidas americanas. A sequência é conhecida. A queda do muro de Berlim anunciou o fim da comunidade socialista. A tentativa de golpe em agosto de 1991 desferiu o golpe de misericórdia no comunismo em seu campo entrincheirado, a URSS.

Logo, não é impossível pensar que, sem a ação solitária de Farewell — cujas motivações aliás passavam a mil léguas da reforma do mundo —, a Perestroica e o fim da guerra fria poderiam muito bem ter acontecido dez, quinze ou vinte anos mais tarde.

Naturalmente, as razões que presidiram ao esfacelamento do comunismo como sistema são muito mais numerosas e complexas. Porém em nenhum outro lugar senão no mundo da espionagem pequenas causas podem gerar grandes efeitos. A ação de um único homem, detentor dos segredos de uma grande potência, tem realmente chances de mudar o curso da História. Assim, entre os "fatores subjetivos", para repetir a terminologia marxista, o caso Farewell ocupa certamente um lugar à parte. Era uma dessas pedras que, ao se erodir, derrubam um muro.

A manipulação de Farewell foi inegavelmente a mais bela realização de toda a história dos serviços secretos franceses. Ainda que por essa única razão não pudesse permanecer encoberta durante muito tempo. Além disso, obedecendo provavelmente a outras motivações, que não estão claras, a DST permitiu na época alguns vazamentos bem dosados e — obviamente — favoráveis à sua própria imagem. Entretanto, os raros jornalistas e escritores que conseguiram tirar proveito deles só podiam especular fatos de autenticidade vez por outra duvidosa.

É Thierry Wolton quem tem o mérito de revelar a existência do dossiê Farewell em seu livro Le KGB en France[2] [O KGB na França]. Quatro anos mais tarde, o mesmo autor volta ao tema num livro de entrevistas com Marcel Chalet, diretor da DST entre 1975 e 1982, intitulado Les visiteurs de l'ombre[3] [Os visitantes da sombra]. Era nesse livro que na época encontrávamos mais pistas sobre esse caso. Entretanto, elas provinham de uma única fonte, e ainda por cima diretamente envolvida. Daí diversas lacunas, distorções e "bizarras fantasias" (palavras de Chalet) devidas à ignorância de setores inteiros acerca desse caso, do lado soviético, ao desejo mais que natural da contraespionagem francesa de se proporcionar o papel princi-

PREFÁCIO A BOM-DIA, FAREWELL

pal, bem como à preocupação de embaralhar as pistas prevendo leituras meticulosas por parte dos serviços secretos russos. Segundo Marcel Chalet, Farewell teria sido "uma espécie de Soljenitsyn da espionagem", movido pelo "rechaço permanente do sistema soviético" e por "uma imensa libertação" que a colaboração com a DST lhe teria proporcionado.[4] Veremos o quanto o estudo do personagem obriga a nuançar essa afirmação.[5]

Apesar dos esboços existentes, uma epopeia fora do comum como a de Farewell merece há muito tempo um livro dedicado apenas a ela. Entretanto, para escrevê-lo, não bastava encontrar, sobretudo em Moscou, as pessoas que conheceram o infiltrado, que, por razões diversas mas compreensíveis, evitavam se pronunciar. Muitas informações vitais para a reconstituição dessa história traziam o carimbo *top secret* e se achavam nos cofres-fortes do KGB.

Um curioso acaso me colocou de posse de certos documentos censurados pelos serviços especiais soviéticos. Sem hesitar um segundo, lancei-me na pista do misterioso Farewell, cujo nome verdadeiro era Vladimir Ippolitovitch Vetrov. Eu não imaginava que ia explorar todo um universo vedado aos leigos.

Essa aventura intelectual, que durou cerca de dois anos, permitiu-me fazer duas constatações importantes. A primeira não pode senão minar a ambição de qualquer investigador. O mundo dos serviços secretos é o das miragens e areias movediças, onde as certezas são apenas "provisoriamente definitivas", para repetir a bela expressão de Musil. A segunda constatação é ao mesmo tempo mais banal e mais inesperada: as práticas dos serviços especiais são iguais no mundo inteiro, independentemente do país ou do sistema ideológico. Dessa forma, ao escrever este livro, eu fazia questão, acima de tudo, de dar mostras de rigor e de objetividade no julgamento.

Não imaginava, porém, a que ponto nos tornamos um personagem ambíguo ao empreendermos um livro sobre espionagem. Tanto para os serviços secretos de seu país quanto para todos os outros. Você não é mais percebido como antes. Parece carregar nas suas roupas o "talco dos espiões", aquela substância utilizada na contraespionagem para seguir os deslocamentos de um suspeito. A DST considera-o um membro, agente ou simplesmente indivíduo manipulado pelo KGB, encarregado de arrancar-lhes informações a pretexto de uma investigação jornalística. O KGB, que sabe que você solicitou informações junto à DST, pergunta-se o que você prometeu ou fez em troca. As pessoas à sua volta, exceto os familiares, comentam que não é possível navegar com um pé em cada canoa. Pois, de acordo com uma convicção bastante arraigada, a informação no mundo da espionagem seria obrigatoriamente uma via de mão dupla. Quem não dá nada não recebe nada. Foi por essa razão que, preocupado em não me deixar capturar pela engrenagem dos serviços secretos, bem no início da pesquisa, eu me prometi não fazer nada que não pudesse contar num prefácio como este. As poucas lacunas deste livro, que provavelmente nunca serão solucionadas, decorrem disso.

Contudo, a publicação deste livro corre o risco de ferir suscetibilidades tanto nos diferentes organismos oriundos do KGB quanto nos serviços secretos franceses. Porque revela muitos erros, equívocos, mentiras e práticas irregulares, às vezes cínicas, de uns e outros.

Esta pesquisa poderia incomodar em primeiro lugar a DST. Pois ela destrói o mito de uma grandiosa operação concebida e gloriosamente realizada pela contraespionagem francesa. Mostra, embasada em provas, todas as carências da manipulação de Farewell, algumas das quais puderam provocar ou permitir sua condenação. Deixando de lado essa constatação, lamento não ter tido acesso a informações mais amplas por parte desse serviço. E não foi por falta de empenho. Apesar do contato simpático com um jovem oficial da DST — inteligente, cortês e amante de música clássica, em suma o contrário da imagem corriqueira de um tira —, essa fonte permaneceu inacessível para mim. É sempre desagradável construir hipóteses quando seria possível apresentar fatos. Talvez este livro encoraje a DST a se pronunciar sobre os pontos mais delicados do caso Farewell.

Isso também vale para o Serviço de Informações Externas (SVR), como foi rebatizada essa divisão do ex-KGB. Pois, consumada a revolução anticomunista, as portas voltaram a se fechar. Minhas inúmeras tentativas de conseguir respostas para certas perguntas primordiais, quando não um acesso direto ao dossiê, permaneceram todas infrutíferas. Os oficiais de alta patente com que entrei em contato foram sempre tão afáveis quanto discretos. Como se diz, usavam a boca principalmente para sorrir. Uma

PREFÁCIO A *BOM-DIA, FAREWELL* 13

vez que a Rússia se pretendia um Estado democrático, esses oficiais nunca se permitiram a menor observação que eu pudesse interpretar como meio de dissuasão ou ameaça velada. Em suma, a impressão que eu extraíra dos encontros era antes tranquilizadora. Era como se eles me tivessem dito: "Não lhe daremos nada, mas tudo que o senhor descobrir por conta própria lhe pertence." Espero que, depois da época de Vetrov, as coisas tenham realmente evoluído e que os membros do SVR não se vejam obrigados a merecer as numerosas críticas que este livro formula a respeito do KGB.

Em virtude de não ter tido acesso às fontes oficiais, recorri aos testemunhos. Rastreei e encontrei algumas dezenas de pessoas, russos e franceses. Tratava-se da família de Vetrov, da amante, dos amigos, dos colegas e oficiais que, de uma maneira ou de outra, se viram envolvidos em sua peripécia. Nem todos aceitaram encontrar-se comigo, muito menos partilhar suas lembranças e pontos de vista. Outros "veteranos" do KGB, após terem revelado certas coisas, me telefonaram para proibir que eu mencionasse seus nomes. No caso de outros ainda, eu viria a constatar posteriormente que seu relato não passava de um tecido de invencionices ou mentiras deliberadas. Contudo, como minhas fontes eram copiosas, essas informações permitiram tantos recortes que, com toda a honestidade, adquiri a convicção de não ter sido manipulado à revelia para tornar pública uma versão do caso que aliviasse o KGB.

Apesar das lacunas, espero que essa investigação não tenha sido inútil. O acaso ou o destino quiseram que, como o Dr. Sorge, os Cinco de Cambridge, George Blake ou Oleg Penkovski, Farewell tenha para sempre seu nome inscrito nos anais desse século. Quando, daqui a quarenta anos, os serviços secretos russos e franceses abrirem — talvez — seus arquivos, logicamente nenhuma testemunha estará mais neste mundo para confirmar ou contradizer esses documentos. E se, como uma tela de Rembrandt, o perfil de Vetrov esboçado neste livro comporta zonas de sombra impenetrável, ele terá pelo menos a vantagem de não colori-las artificialmente.

Moscou, novembro de 1996
Sergueï Kostine

Prefácio a *Adeus, Farewell*

Bom-dia, Farewell foi publicado em fevereiro de 1997. Resenhado por toda a mídia francesa, o livro foi reproduzido pelas *Seleções do Reader's Digest*, sendo citado, menos provavelmente por suas qualidades do que pela relevância do assunto, por todas as obras sobre a espionagem durante a guerra fria. Desde sua publicação, não se parou de falar em extrair um documentário dele, quem sabe um longa-metragem de ficção: isso agora está feito. Era então um livro que, sem ter-se tornado um best seller internacional, teve uma trajetória muito bem-sucedida. Por que voltar a ele?

Para mim, era justamente por causa do longa de ficção. Em primeiro lugar, porque o filme do diretor Christian Carion, extremamente romanceado, exigia uma contrapartida fiel à verdade histórica. Depois, porque o lançamento do filme ia fatalmente despertar um novo interesse por esse caso. As Éditions Robert Laffont então me propuseram reimprimir *Bomdia, Farewell*, esgotado, apenas com um pequeno novo prefácio do autor, como este. Ora, para mim, estava fora de questão publicar novamente um texto escrito 12 anos antes, quando tantas informações inéditas haviam surgido desde então. Eu sabia o que convinha fazer e a quem me dirigir.

Foi em 2002 que um jovem francês entrou em contato comigo para pedir minha ajuda. Chamava-se Éric Raynaud, e não tinha outro capital em seu ativo exceto ser fascinado, como eu alguns anos antes, por essa história real em que se misturavam grande política e pequenos dissabores da existência, espionagem e ideologia, coragem e vilania, amor e ódio, maquinações e loucura, crime e castigo... E, o que admiro acima de tudo, a história de um indivíduo que se confunde com a marcha da História com H maiúsculo. Éric morava então em Los Angeles e trabalhava num roteiro de longa-metragem de ficção sobre o caso. Para lançar a produção do filme, precisava de uma opção de compra dos direitos audiovisuais de *Bom-dia, Farewell*. No fim, seu roteiro viria a tornar-se a base do filme de Christian Carion, mas na época Éric não tinha nenhum contrato com um estúdio, e sua única alternativa era colocar dinheiro do próprio bolso, isto é, não muito. Convenci sem dificuldade a Robert Laffont a dar uma mãozinha àquele rapaz.

Após alguns anos de esforços infrutíferos para nos encontrarmos (Éric Raynaud estava em Los Angeles quando eu ia a Paris, e se achava na França quando eu passava pela Califórnia), finalmente marcamos num restaurante parisiense. Éric me contou o que tinha conseguido descobrir até ali. Sem pensar duas vezes, propus-lhe escrevermos juntos uma nova versão do livro.

Logo compreendi que Éric ia completar o que eu não conseguira fazer no momento da minha pesquisa. Pois, comprovando a seriedade de suas intenções, começara por encontrar os protagonistas franceses do caso que tinham se recusado a conversar comigo. Um russo, pesquisando sobre um dossiê de espionagem, parece um pouco suspeito. Sendo francês, Éric atuava em seu próprio país. Depois, os anos tinham passado: oficiais da ativa tinham se aposentado, um segredo de Estado se transformava cada vez mais em fato histórico. A vertente francesa, que, por falta de informações na fonte, eu era obrigado a descrever tal como aparecia no espelho deformante de minhas testemunhas russas, ganhava forma, ampliando-se, corrigindo os erros e as insuficiências do primeiro livro.

Um livro escrito por dois autores corre o risco de perder a coerência, a unidade de estilo e de abordagem. Espero que tenhamos escapado à maioria desses escolhos. Éric Raynaud deu provas, nas passagens e capítulos que escreveu, de um grande rigor de pesquisador e de tenacidade, além de mostrar a preocupação com a objetividade e o sangue-frio necessários a qualquer um que ouse dissecar a vida e a psicologia de um indivíduo.

Logo, este texto é a expressão de uma opinião comum, seja ela espontânea seja fruto de discussões animadas, até mesmo de um compromisso.

Seria pretensioso intitular este novo livro *Adeus, Farewell*, como se ele permitisse pingar um ponto final nesse caso extraordinário? Chamemos isto de um desafio.

Cour-sur-Loire, fevereiro de 2009

Serguëi Kostine

1

Um começo proletário

Para chegarmos mais perto da verdade, a personalidade de Farewell e suas motivações profundas assumem tanta importância quanto o suspense e o lado sensacionalista da história de espionagem propriamente dita. Teria sido impossível saber tantas coisas sobre a biografia de Vetrov, seu caráter e manias pessoais, únicos aspectos a dar vida ao retrato de um homem, sem a contribuição de sua família. Temos então uma grande dívida para com sua mulher, Svetlana, que, após muitas hesitações, finalmente aceitou conversar a respeito dele com Sergueï Kostine.

Foi um amigo dos Vetrov que o apresentou: Aleksei Rogatin. Ele será citado muitas vezes neste livro. Embora preparado, com uma bagagem de vinte anos de pesquisas, Sergueï Kostine sentia-se, apesar de tudo, impressionado ao entrar no prédio onde tinha morado o homem no qual ele pensava sem parar há mais de um ano, subir no velho elevador que ele utilizara, tocar à sua porta, adentrar no living, cujo papel de parede com a efígie de Tamerlão tinha sido trazido pelo casal de sua viagem à França. E o principal, não tinha certeza de que pudesse voltar ali.

Contudo, durante os dois meses seguintes, viu-se uma vez por semana num luxuoso sofá, em meio a quadros e móveis antigos. No primeiro dia, fez esse gracejo para Svetlana: "Me disseram que a senhora trabalha num museu. É aqui, presumo?" Ao longo de seus encontros, esse banal elogio verificava-se cada vez mais merecido. Svetlana, mulher de bom gosto, cercou-se de coisas raras e preciosas, que soube conservar nos momentos mais difíceis. Esta também é provavelmente a ideia que ela faz de sua pessoa: coisa rara e preciosa que exige cuidados. Foi muito bem-sucedida: ninguém nunca lhe daria sua idade.

Desnecessário dizer que Svetlana só podia dar sua versão pessoal. Como a maioria de nós, diante de uma experiência traumática, ela tinha decerto, centenas de vezes, desfiado na cabeça as cenas mais dolorosas, até que estas formassem um quadro mais ou menos coerente e aceitável. O procedimento é conhecido: é assim que nascem os mitos, individuais ou coletivos. Nesse gênero de relato, sempre temos o papel principal e os outros estão errados. Por exemplo, alguns episódios significativos, mas que deslustram o narrador, não são sequer mencionados, ao passo que pequenos detalhes favoráveis à sua imagem são exacerbados. Não havia necessidade de explicar essa dificuldade incontornável a ser enfrentada: Svetlana é uma mulher inteligente. Bastara lhe prometer não distorcer o que ela diria. Em contrapartida, o autor teria liberdade de manter a versão dela deste ou daquele fato ou acontecimento ou então adotaria outra que lhe parecesse mais próxima da verdade. Esse acordo básico verificou-se produtivo, e julgamos nunca tê-lo traído.

A reconstituição não podia ser exaustiva. Há coisas que uma mulher nunca abordará por iniciativa própria. Há perguntas que não fazemos a uma mulher. Globalmente, Svetlana falou muito mais do que podíamos esperar, mencionando até certas recriminações que ela se faz até hoje. Na afobação, chegou às vezes a revelar determinados elementos que mais tarde pediu não fossem citados no livro. O que foi feito, naturalmente. O mítico Farewell ganhava contornos cada vez mais nítidos, com sua biografia enriquecendo-se com novos detalhes. O personagem tornava-se o homem.

Vladimir Vetrov nasceu em 10 de outubro de 1932, em Moscou, na famosa maternidade Grauermann, no início da rua Arbat, onde nasceram tantos moscovitas. As visitas eram proibidas nesse santuário da limpeza. Seu pai, Ippolit Vassilievitch, iria até o pé do prédio para ver, de longe, por alguns minutos, no enquadramento de uma janela, a mulher e o primeiro filho, que também seria o último: o pequeno Volodia* não teria nem irmãs nem irmãos.

Ippolit Vassilievitch nada tinha de um aristocrata retrógrado ou avançado. Nasceu em 1906 numa família de aldeões da região de Orel. Durante

---

*Diminutivo de Vladimir.

UM COMEÇO PROLETÁRIO

a Segunda Guerra Mundial, soldado de primeira classe, depois major, estaria entre os raros mobilizados do verão de 1941 (5%) a sobreviver. Era cozinheiro e serviu na frente de Volkhov, em plena batalha de Leningrado. Passou vários meses nos pântanos, onde contraiu uma gripe crônica.

Ainda assim, Ippolit Vetrov era um homem forte e alegre. Terminaria sua carreira como contramestre numa empresa de bombeamento de bujões de propano. Soldado corajoso, trabalhador modelo, bom pai de família, homem direito e honesto...

A mãe de Vladimir, Maria Danilovna, cresceu numa família de camponeses da região de Simbirsk (mais tarde Ulianovski) praticamente sem recursos. Prova disso, tinha o mesmo nome de uma de suas três irmãs mais velhas. É que ela também nascera num dos dias dedicados à Virgem e a Maria Madalena: para mudar de nome, era necessário pagar ao padre uma soma simbólica, mas que a família não podia se permitir. Foi batizada então com o nome da irmã e da mãe.

Quando foi a Moscou procurar emprego, Maria Danilovna era analfabeta e não tinha profissão. Foi contratada como camareira. Tinha muito bom-senso e mão de ferro. Durante a guerra, tornou-se chefe de equipe numa fábrica que produzia gaze. Diziam-lhe: "Se você tivesse estudado, Maria, teria sido nossa diretora." Era também ela quem dirigia a casa como se fosse o patrão, sem todavia jamais ferir o amor-próprio do marido.

As relações do casal comoviam pela afeição e pela ternura. Ippolit Vassilievitch só chamava a mulher, desde o nascimento de Volodia, de "mamãezinha" ou "mamãe querida". Não saía de casa sem beijá-la; adorava mexer com ela. Aludindo ao fato de que Maria Danilovna era três anos mais velha que ele, divertia-se em repetir: "A danada não me disse nada. Ela me conquistou por omissão!"

Foi nessa atmosfera de perfeita concórdia que Volodia cresceu. Durante toda sua vida sob o teto paterno, seus pais nunca viveram graves conflitos. O casal adorava seu menino, sério e inteligente. Volodia se dava bem com o pai, mas era ligado principalmente à mãe. Teve, em suma, uma infância feliz, no plano psicológico, entenda-se, primordial para a formação de uma individualidade.

Materialmente, sua infância foi difícil. Os anos 1930 e 1940 foram penosos para todas as pessoas simples que não se beneficiavam das vantagens concedidas aos *apparatchiks* e não possuíam renda familiar.

Vladimir se lembraria que ficava feliz com qualquer fatia de pão extra; com um torrão de açúcar, então...

A família morava no n° 26 da rua Kirov, num velho prédio de locação, construído no início do século ao lado da agência dos Correios. Os Vetrov dispunham, para os três, de um quartinho comprido, como um pedaço de corredor, num apartamento comunitário do qual partilhavam a cozinha, os banheiros e o lavabo com várias outras famílias. Era um modo de vida normal para a maior parte dos habitantes da cidade, e ninguém se atreveria a se queixar disso.

Logo depois da guerra, muitos adolescentes viram-se órfãos de pai. No dédalo dos pátios, passagens e becos do centro da cidade, formavam-se bandos, que descambavam cada vez mais para a delinquência. Alguns colegas de escola e vizinhos de Vladimir acabariam mal. Vários seriam julgados e mandados para a prisão por furtos de lojas. Outros tornaram-se alcoólatras: um depósito de bebidas, com os contrabandos de praxe, ficava bem próximo. Duas proteções para Volodia: sua família e o esporte.

Ele dedicava o tempo livre integralmente ao atletismo. Os esportes eram considerados uma prioridade na educação da juventude soviética. Sobretudo porque contribuíam para dourar a imagem da URSS no mundo. As vantagens dos atletas eram numerosas e consideráveis. Os períodos de treinamento, que ocupavam vários meses do ano, eram geralmente realizados às margens do mar Negro e em outras estâncias climáticas. Ali, como se estivessem em competição, os atletas eram completamente bancados por sua comunidade esportiva. Fora desses períodos, todos recebiam bônus alimentares com os quais podiam comprar refeições em qualquer lugar, exceto nos grandes restaurantes. Além disso, a partir de um certo nível, os atletas também se beneficiavam de um bônus esportivo de Estado. Embora ainda colegial, Volodia recebia mensalmente 120 rublos, salário de um engenheiro ou médico. Orgulhoso de não viver à custa dos pais, o garoto dava esse dinheiro à mãe. Era mais do que ela ganhava.

Volodia era basicamente um bom *sprinter*. Alcançaria o apogeu de sua carreira esportiva ao conquistar o título de campeão da URSS de corrida nos 100, 200 e 400 metros na categoria juniores.

Sua escola ficava a cinco minutos de caminhada de casa, no beco Armiansky. Era frequentada pela prole da burocracia soviética, misturada com crianças do povo. Era um bonito bairro habitado por muitos membros do

UM COMEÇO PROLETÁRIO

NKVD,* cuja sede se situava nos arredores. Na verdade, foi a escola que abriu os olhos do menino para as desigualdades reinantes na sociedade soviética. Bem mais tarde, Volodia se lembraria de como seus professores eram subservientes perante os filhos dos figurões comunistas. Os demais, como ele, cujos pais nunca levavam presentes, eram considerados bandidos em condicional, cuja moralidade se degradaria assim que tivessem deixado o templo da pedagogia.

A professora de sua classe quase não acreditou quando o pequeno Vetrov foi aceito na Escola Técnica Superior Baumann (MVTU). Era provavelmente a escola de engenheiros mais prestigiosa na União Soviética, comparável à Universidade Lomonossov para as ciências humanas e a pesquisa. O concurso de admissão era draconiano: para cada vaga de estudante, com ou sem bolsa, havia entre 10 e 15 postulantes. Vladimir ingressou ali em 1951, período em que o país continuava entusiasmado com a industrialização e a construção de máquinas cada vez mais performáticas e inteligentes. O engenheiro era o homem do futuro; a sigla MVTU soava um pouco como ENA [Escola Nacional de Administração] para os franceses contemporâneos.

Os pais de Vladimir sempre tiveram muito orgulho de seu filho único. Brilhante na escola, campeão do país, estudante da MVTU... Para expressar a admiração por suas aptidões intelectuais, a mãe deu-lhe um apelido afetuoso: "Cabeça de Lenin". A seus olhos, seu querido Volodia realizou tudo que os pais podem almejar para os filhos: voou muito mais alto que eles e construiu uma vida para si melhor que a deles.[1]

Vladimir ficou felicíssimo ao ser admitido, sem pistolão algum, no círculo de elite dos futuros construtores. Adorava a técnica, tinha talento para matemática. Além disso, ia estudar numa faculdade recém-criada, onde se ensinava a construção de aparelhos eletrônicos, fazendo assim parte da primeira turma de especialistas na vanguarda do progresso. Estes destinavam-se a conceber o que se chamava na época — antes de se optar pelo termo mais sucinto "computadores" — "aparelhos e dispositivos de cálculo matemático". Entretanto, não bastava ingressar nesse estabelecimento prestigioso; também convinha não ser expulso dele. Ironizando, os

---

*Sigla que designa o Comissariado do Povo para os Assuntos Internos, um dos predecessores do KGB.

estudantes da MVTU interpretaram essa sigla como "Você entra forte, sai moribundo". A fim de permanecer um bom aluno, Vladimir foi obrigado a desistir do atletismo.

Foi ali também que Vetrov se chocou com as adversidades da sociedade soviética, em que alguns eram mais iguais que outros. Por exemplo, em seu grupo, havia um tal de Oleg Golossov. Era um *bon vivant* sem nenhuma aptidão para estudos tão difíceis. Mas era neto de um dos últimos líderes mencheviques que pularam de um trem bolchevique em movimento e investiram rumo à conquista do poder. Os professores receberam instruções para fazer de tudo para que Golossov pudesse obter o diploma. Obteve-o, raspando. Vladimir, que ajudou o colega — Oleg afinal era um bom sujeito — a redigir seus trabalhos de fim de ano e o de conclusão dos estudos, não via com olhar indiferente a carreira fulgurante que esse eterno ignorante iria fazer. O "pistolão" iria propeli-lo ao posto de chefão da Direção Central das Estatísticas, com status de ministro federal.

Os estudos na MVTU duraram cinco anos e meio. No inverno de 1957, Vladimir defendeu a tese de fim de curso e foi aprovado nos exames perante uma comissão estatal. No fim de fevereiro, recebeu o diploma de estudos superiores e a qualificação de engenheiro mecânico (*fig. 1*). Bom aluno, ainda assim não contava com nenhum protetor. Foi então nomeado para um modesto posto de engenheiro numa empresa secreta, a Fábrica de Máquinas de Calcular (SAM).

Como vemos, Volodia teve a sorte de ter um núcleo familiar coeso e caloroso. Era dotado tanto para os exercícios intelectuais quanto para os físicos. Não lhe faltava vontade de brilhar nos estudos e nos esportes. Em contrapartida, seus primórdios já anunciavam o conflito que viria a desempenhar um papel fatal na sua vida. O sentimento da injustiça social e a repulsa pelo "pistolão" pontuam todo o seu percurso, clássico para um *self-made man* à moda soviética. Muitos de seus pares tiraram proveito desse dado básico de uma sociedade dita comunista. Para outros, ele assumia proporções descomunais. Vetrov nunca aceitou o fato de pessoas bem-nascidas — ou contando com protetores poderosos — terem direito a uma vida melhor que a de brilhantes indivíduos sem apoio, como ele. A ferida profunda sofrida na escola iria demorar a cicatrizar e estaria sempre prestes a reabrir.

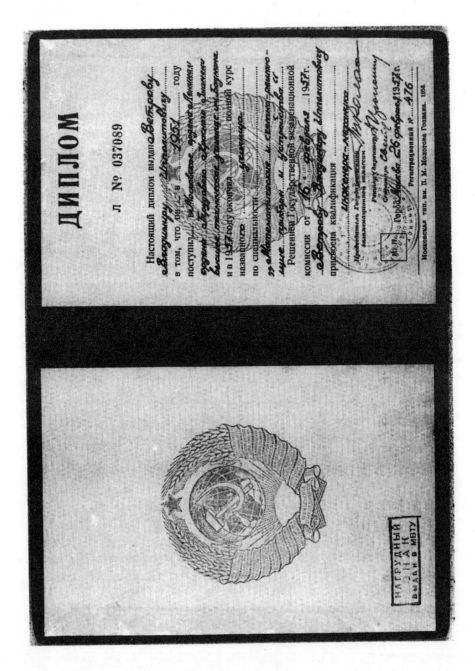

Fig. 1 O diploma de estudos superiores de Vetrov. Trunfo indispensável mas insuficiente. Para começar bem sua vida profissional, ele também precisa de um "pistolão".

Naquela primavera de 1957, porém, a vida era bela e cheia de promessas. Após o XX Congresso do PCUS e a condenação do stalinismo, a atmosfera social melhorou rapidamente, ressuscitando esperanças ambiciosas. Khrutchev abriu as portas do *gulag* e lançou uma campanha de reformas democráticas. No verão de 1957, primeira brecha importante na Cortina de Ferro, Moscou recebeu o Festival Internacional da Juventude e dos Estudantes.

Tudo estava igualmente radioso no horizonte pessoal de Vetrov. Após estudos tão árduos, teria direito a mais de dois meses de férias. Queria aproveitá-los para voltar às atividades esportivas. Amigos convenceram-no a juntar-se a eles no clube Dínamo. A sociedade esportiva do Ministério do Interior e do KGB aceitou de bom grado reforçar sua equipe de atletismo com um ex-campeão federal júnior. Ainda mais que o ano se anunciava rico em competições de prestígio. Em primeiro lugar, o 2 de Maio, corrida tradicional de revezamento pelo prêmio do jornal *Vetcherniaïa Moskva* e, principalmente, o programa esportivo do Festival.

O Dínamo possuía um centro de treinamento em Lesselidze, na Abkázia, às margens do mar Negro. Todas as primaveras, sua seleção de atletismo passava lá cinco ou seis semanas antes da temporada de verão. No fim de março, Vladimir foi convidado para a reunião que precedia a partida, realizada no estádio Dínamo numa sala improvisada embaixo das tribunas. Ali, veria rapidamente, entre os cinquenta futuros colegas, uma bonita lourinha de olhos faceiros e ar de criança. Ainda não sabia que ela viria a exercer grande ascendência sobre sua vida.

2

Svetlana

A futura mulher de Vetrov também tinha origem modesta. Seu pai, Pável Nikolaievitch Barachkov, nascera numa família camponesa pobre. Sua aldeia, Krasnoie Selo (Bela Aldeia), era rica e famosa. Situada numa colina debruçada sobre o Volga, perto de Kostroma, era célebre por suas joias artesanais de prata e ouro. Era também um domínio pertencente aos Romanov, a família reinante. A casa dos Barachkov ficava contígua ao castelo, e o tio-avô paterno de Svetlana era um sósia de Nicolau II. Evidentemente, os moradores da aldeia associavam os dois fatos.

Em 1916, fazendo um cruzeiro pelo Volga, o imperador de todas as Rússias devia visitar sua propriedade. Prevendo sua chegada, um revolucionário local prendeu uma bandeira vermelha na ponta de uma vara comprida acima da aldeia. Inicialmente, o czar pensou que a bandeira ganhara aquela cor devido aos raios do poente. Quando percebeu seu erro, fez meia-volta no vapor e jurou nunca mais botar os pés na aldeia sediciosa. Svetlana, que havia sido evacuada para Krasnoie Selo com a mãe e o irmão durante a guerra, conheceu lá um descendente distante da família imperial que permanecera na aldeia. Meio louco, não tinha sido mobilizado. Tinha o hábito de sair à rua e dirigir palavrões à sua casa, mostrando aos passantes colheres com o monograma dos Romanov.

Na aldeia, o pai de Svetlana tinha o apelido de Turguêniev,* pois nunca era visto sem um livro sob o braço. Convocado, escolheu a carreira de oficial político. No Exército Vermelho, esses oficiais eram encarregados do engajamento ideológico e do moral das tropas.

A mãe de Svetlana, Anastassia Yakovlevna, nasceu em 1909 na região de Tula. Seus pais morreram jovens. Com a avó, foi procurar trabalho em Moscou. A fim de se registrar na Bolsa do Trabalho, Anastassia fingiu-se três anos mais velha. Casou mais tarde com um piloto, morto de rubéola pouco depois. Seu único filho morreria em circunstâncias trágicas aos cinco anos de idade.

Quando se casou com Pável Barachkov, o casal se instalou em Sokolniki, que, na época, ficava às portas da capital. Foi ali que, em 1930, nasceu seu filho, Lev, e, seis anos mais tarde, Svetlana. Pouco antes da Segunda Guerra Mundial, seu pai foi transferido para Liubertsi, perto de Moscou, de onde partiu para o front. Após o fim das hostilidades, a família acompanhou-o em todos os seus deslocamentos pelos territórios anexados imediatamente antes e logo depois da guerra. Königsberg na ex-Prússia Oriental, Jelgava na Letônia, Mukatchevo e Stry na Ucrânia Ocidental... Mal Svetlana se acostumava numa nova cidade, numa nova escola e fazia amigos, precisava se mudar de novo.

Essa vida nômade terminou em 1953. Pável Barachkov entrou para a Academia Militar Política. A família instalou-se em Moscou e conseguiu um quarto amplo para quatro num apartamento comunitário. Os Barachkov tinham apenas outra família como vizinhos. O prédio, recente, situava-se na avenida da Paz, perto da Exposição Agrícola, futuro VDNKh.** Cansado de incessantes peregrinações, Barachkov aceitou permanecer na Academia como professor. Viria a aposentar-se com a modesta patente de tenente-coronel e a trabalhar num aeroclube.[1]

Concluídos os estudos secundários, Svetlana não passou no concurso de admissão da Escola Superior de Línguas Vivas (futura Escola Maurice Thorez). No ano seguinte, 1956, foi admitida na Escola Normal Lenin. Era

---

*Ivan Turguêniev, escritor russo do século XIX.
**Exposição das realizações da economia nacional, grande parque compreendendo uns vinte pavilhões e inúmeras atrações.

a primeira iniciativa de uma faculdade experimental de história e filologia. O programa era de fato universitário, e o ensino em grande parte ministrado por professores da Universidade Lomonossov. Svetlana aprendeu inglês. Todavia, durante os dois primeiros anos, não se dedicou muito. Principalmente por causa do esporte.

Criança esperta e maliciosa, Svetlana não conseguia parar quieta no lugar. Cansado de vê-la sempre correndo em todas as direções, seu irmão Lev levou-a para um centro de atletismo no Dínamo. A escolha do clube foi puramente fortuita: este tinha boa reputação e ficava perto da casa deles. A decisão revelou-se bastante acertada. Svetlana logo mostrou seu talento, sendo selecionada para as corridas de 100 e 200 metros. Eis por que também se apresentou naquele encontro no estádio Dínamo antes da viagem para Lesselidze.

Svetlana também não deixou de perceber um rosto novo entre seus camaradas. Aliás, Vladimir não era um tipo que passasse despercebido. Bem alto, musculoso, físico sedutor, com um nariz reto, olhos alertas e um lábio inferior sensual, agradava às garotas. Mas os dois jovens só seriam apresentados um ao outro em Abkázia. Os atletas, que logo perceberam aquela atração mútua, zombavam amistosamente dos namorados.

Foi uma boa temporada para Svetlana. Após a corrida de revezamento do 2 de Maio, foi selecionada para a equipe nacional da URSS. Durante o Festival da Juventude, a seleção ficou concentrada na residência estudantil da Escola de Aviação de Moscou (MAI), na avenida Leningrado. Praticamente todas as noites, Valdimir, que em 14 de maio começara a trabalhar na fábrica SAM,[2] ia visitá-la. Enganando os colegas invejosos, Svetlana fugia pela janela para encontrar-se com ele.

Mas o festival não passava de um breve intervalo, um exemplo do que a vida poderia ser numa sociedade democrática. Jovens, vindos de todos os cantos do globo, comunicavam-se livremente. Era também uma festa: cantava-se e dançava-se nas ruas. Terminado o festival, a festa continuou para os namorados. Encontravam-se geralmente no bairro de Svetlana. Iam bater pernas na Exposição, um imenso parque com suas atrações, canoagem, múltiplos cafés e inúmeros bancos ao abrigo dos olhares indiscretos.

Volodia raramente se apresentava sem flores. Uma noite, arrancou-as de um canteiro do parque. Uma patrulha da milícia chegou, perseguiu e alcançou o casal. Svetlana teve tempo de esconder as rosas sob o casaco, ficando apenas com violetas na mão. Mesmo assim, os milicianos fizeram cara feia. Confusos, os namorados mostraram sua carteira do Dínamo, sociedade esportiva da milícia, entre outras coisas. Os policiais os repreenderam *pro forma* e os deixaram ir.

Nos dias de chuva, Svetlana muitas vezes levava o namorado para visitar lojas de antiguidades. Na época, estas eram bem sortidas: móveis antigos, quadros, joias... Passeavam por elas como num museu, com a diferença de que ali estava tudo à venda. Os preços eram bastante acessíveis, mas bem acima dos que os jovens podiam se permitir. Volodia compensava isso oferecendo-lhe ora um lenço de pescoço, ora um suéter, ao passo que Svetlana entrava em transe diante de um quadro ou gueridom. Ele era um gastador, e Svetlana mostrava-se sensível à sua generosidade.

Em agosto, Vladimir e Svetlana decidiram se casar. Comunicaram sua intenção primeiro aos Vetrov. Estes já desconfiavam que o filho, que fazia alguns meses só aparecia em casa para dormir, estivesse apaixonado. Vladimir ia completar 25 anos, terminara os estudos, ganhava a vida. Logo, seus pais não viram inconveniente algum.

Não foi o caso dos Barachkov. O pai adorava Svetlana, mas no fundo ainda a julgava uma menina. Se, às dez da noite, ela não estivesse de volta como ele determinara, esperava-a do lado de fora. Era também um homem severo. Ao saber da notícia, se fechou em copas. Não quis nem ouvir falar. Quase enlouqueceu. Primeiro, porque achava a filha jovem demais para se casar. Provavelmente também, porque almejava um destino mais auspicioso para ela. Nada tinha de pessoal contra Volodia, a quem conhecia, mas teria preferido um filho de boa família. Como aquele filho de general que Svetlana encontrava às vezes em casa ao voltar da escola. "O que ele faz aqui?" perguntava. "Está consertando a televisão", respondia o pai. Dois dias mais tarde, o rapaz estava novamente lá. "Puxa, a televisão ainda está enguiçada?" indagava ela, com uma expressão maliciosa.

Vladimir decidiu resolver o problema como homem. Apresentou-se na casa dos Barachkov para pedir a mão de Svetlana como manda o figurino.

SVETLANA

— Ela é muito jovem— argumentou Pável Barachkov. — Por que essa pressa? Deixe-a terminar os estudos!

Svetlana recusou.

— Pelo menos, testem seus sentimentos durante um ou dois anos. A menos que... Enfim, quero dizer, vocês dormem juntos?

— De forma alguma!

Quanto mais o pai insistia, mais a filha teimava, por espírito de contradição. Ainda mais que o casamento lhe oferecia uma oportunidade de fugir da tutela paterna, por demais rigorosa. A reunião deu em nada.

Os namorados resolveram então unir oficialmente suas vidas, mesmo contra a vontade do pai de Svetlana. Vladimir quis lhe dar uma aliança de ouro. Na época, os homens não usavam aliança, era considerado um hábito burguês. Somente um anel entrava no anular de Svetlana, que tinha os dedos muito finos. Porém, era pesado e custava o dobro dos outros: 62 rublos. Vladimir correu para pegar em casa alguns rublos que lhe faltavam e o comprou. Svetlana ainda o usa.

O cartório civil no bairro de Vetrov estava em obras. Casaram então no do bairro Kuibychevski, perto da estação de metrô Krasnosselskaia. Svetlana estava com tanto medo que se escondeu atrás de uma banca de jornais quando Volodia perguntou o caminho a um transeunte. Tampouco sabiam que precisavam de duas testemunhas. Felizmente, dois bêbados que se arrastavam no hall de entrada aceitaram assinar o registro. Era o dia 8 de dezembro de 1957.

Marido e mulher, beijaram-se e... cada um voltou para sua casa. Foi assim que viveram os dois meses seguintes: viam-se diariamente e separavam-se à noite. Mas a situação tornou-se insustentável. Um dia, Svetlana mostrou ao pai seu passaporte interno com o carimbo do cartório. Foi um choque terrível para Barachkov. Entretanto, Svetlana resistiu e se mudou para a casa dos Vetrov. Em várias ocasiões, seu pai quase foi pegar a filha de volta. Seriam necessários praticamente seis meses para que a tempestade amainasse.

3

Alegrias e esperanças de soviéticos comuns

Os Vetrov aceitaram a situação com muito mais naturalidade. Só no começo a mãe de Volodia demonstrou ciúmes. Além disso, Svetlana penou até encontrar a fórmula certa de chamá-la. "Maria Danilovna" soava como um vocativo exageradamente oficial, "mamãe" — o que é corriqueiro para uma sogra entre pessoas simples — parecia-lhe falso. Svetlana era para eles um ser de outra espécie. Mas os Vetrov logo viriam a considerá-la sua própria filha e a cercá-la de tanto amor quanto a Volodia. Como uma criança que seu filho tivesse levado para a casa.

Isso ainda era mais plausível na medida em que Svetlana não se parecia nada com uma mulher casada. Magra e franzina, aparentava quinze anos. Um dia, a moça do cabeleireiro da vizinhança lhe disse: "Por que pegou a aliança da sua mãe? Ela vai lhe passar um sabão quando souber!" Os vizinhos do prédio, por sua vez, comentavam que Volodia estava saindo com uma criança.

Moravam os quatro num cômodo de pouco mais de 12 metros quadrados. Os pais tinham sua cama. Os recém-casados dispunham, todas as noites, quatro cadeiras no recanto que restava, punham tábuas em cima e as forravam com um colchão. Não se queixavam: eram felizes.

Svetlana entendia-se bem com os sogros. Gostava de brincar com Ippolit Vassilievitch. Por exemplo, amarrava seus pés com um lenço quando ele

ALEGRIAS E ESPERANÇAS DE SOVIÉTICOS COMUNS 33

fazia a sesta no sofá. Ele acordava e não conseguia se levantar. "Ah, minha filhinha!" rosnava, fascinado. "Espera lá que vou te pegar!"

Ippolit Vassilievitch se incomodava porque Svetlana não tinha as maçãs do rosto salientes das matriochkas (bonecas de encaixe russas). "Filhinha", tinha o hábito de dizer olhando para ela com compaixão, "por que você é tão magrinha? Vou comprar peixe para você." E descia até a mercearia próxima para lhe comprar esturjão defumado. Ou então mandava vir de Saratov caviar em vidros de um litro para alimentá-la. Na época, esses gêneros tradicionais estavam ao alcance de todos.

Aparentemente, na vida de Vladimir, tudo corria às mil maravilhas. Exceto seu trabalho. Na fábrica, supervisionava a montagem e manutenção dos primeiros computadores. Entretanto, isso não tinha nada a ver com criação, e Vetrov entediava-se barbaramente. Além disso, as perspectivas de promoção eram mais do que problemáticas. O jovem engenheiro já começara a refletir no que poderia fazer de diferente quando recebeu uma proposta inesperada.

O KGB tinha lançado uma campanha maciça para renovar suas equipes. Os velhos quadros stalinistas estavam no ostracismo; era preciso substituí-los. Por outro lado, a Cortina de Ferro abria-se cada vez mais e os serviços secretos soviéticos sentiam uma necessidade urgente de reforços.

Seriam os recrutas dessa promoção que fariam a glória dos serviços especiais depois da guerra. Até mesmo seus adversários do lado ocidental partilhavam esse ponto de vista, entre eles Marcel Chalet.* "No período do pós-guerra", escreve ele, "devido à incipiente abertura do mundo soviético, os oficiais de informações eram um pouco obtusos. Não tinham desenvoltura para se integrar na nossa sociedade, falavam nossa língua com dificuldade. Eram facilmente identificáveis. Mais tarde, foram feitos esforços consideráveis no sentido de melhorar sua qualidade e transformá-los em cosmopolitas, aptos a se introduzir um pouco por toda parte, mais discretos, mais hábeis, mais impregnados de nossa cultura, muito mais bem instruídos etc. Tínhamos diante de nós uma geração de oficiais de informações de alto gabarito. Essa virada data do fim dos anos 1960.

---
*Diretor da DST de 1975 a 1982.

Depois disso, sentimos um relaxamento, provavelmente em virtude de um desânimo e de certa dose de contaminação ideológica. O Ocidente se distendia e impregnava pouco a pouco suas mentalidades."[1]

O KGB procurava entre jovens honestos e dinâmicos, preferencialmente de origens proletárias. Vladimir correspondia a todos esses critérios. Filho de operários, estudante aplicado e chefe de grupo na faculdade, séria formação técnica com uma especialização rara em computadores, oficial da reserva (a formação militar fazia parte dos estudos na MVTU), atleta de ponta e já membro do Dínamo, o que era mais um trunfo.*

Vladimir fica empolgadíssimo com essa proposta, ainda que, no início, seja lotado na contraespionagem. A atividade de oficial dos serviços secretos era cercada de uma aura de mistério e aventura, o que correspondia exatamente às suas aspirações. Era também uma grande honra fazer parte dos combatentes da sombra. Ainda assim, não aceitou imediatamente. Preferiu aconselhar-se junto a Svetlana, que, cada vez mais, decidia pelos dois. Sua mulherzinha ficou deslumbrada. Aquilo era muito romântico para ela, que sempre sonhara ser espiã ou bailarina clássica.

Em 9 de julho de 1959, o engenheiro da fábrica SAM, Vetrov, escreveu um pedido destinado ao chefe da direção do KGB para a região de Moscou, o major-general Svetlitchni M.P.: "Peço-lhe a gentileza de aceitar enviar-me para a escola do Comitê da Segurança de Estado. Farei jus à confiança que depositaram em mim."[2]

A carteira de trabalho de Vetrov, a verdadeira, exibe orgulhosamente essa menção na data de 20 de agosto de 1959: "Dispensado de seu posto em função da transferência para o Comitê da Segurança de Estado." A verdadeira carteira falsa fabricada no KGB iria qualificá-lo como empregado da organização Caixa Postal 991 nos três anos seguintes, fazendo-o engenheiro diretor em 18 de junho de 1960 e dispensando-o em 18 de setembro de 1962 "em razão de sua transferência para outro local de trabalho".[3]

---

*O esporte desfrutava do mesmo prestígio no KGB quanto em geral na sociedade soviética. Generais em atividade tinham lugar no conselho desse clube. O movimento se fazia nos dois sentidos. Por um lado, procuravam-se atletas de talento para encaixá-los em seguida na milícia ou no KGB. Por outro, a prática dos esportes era intensamente encorajada entre o pessoal desses organismos.

ALEGRIAS E ESPERANÇAS DE SOVIÉTICOS COMUNS   35

Foi assim que, no retorno universitário de 1959, Vladimir começou um novo curso de dois anos na Escola de formação do pessoal operacional Dzerjinski.* Na época, o estabelecimento tinha sua sede no beco Bolshoi Kisselny, a quinze minutos de caminhada da casa dos pais de Vetrov. Seus colegas lembram-se de um rapaz supertalentoso, mas preguiçoso, que não se destacava da massa dos estagiários em nenhuma especialidade.

No fim de um ano, a carreira tão promissora correu o risco de terminar antes de ter começado. Khrutchev, que a princípio esperava reformar o KGB, pensava agora em sangrar o monstro que ele não tinha certeza de poder controlar. Após uma onda de dispensas no exército, o primeiro-secretário do PCUS decidiu promover cortes radicais nos efetivos da Segurança de Estado. Os cortes de pessoal planejados eram de tal ordem que se cogitava até o fechamento da Escola Dzerjinski.

Considerados todos jovens especialistas, os estagiários não podiam ser simplesmente jogados na rua. Foram então reunidos para que o problema lhes fosse exposto, sendo solicitado aos que o desejassem que partissem por espontânea vontade. Em trinta homens, apenas cinco ou seis desejaram recuperar a liberdade. Vetrov não estava entre eles. Pois corria um rumor segundo o qual o serviço de informações do KGB, a PGU, não seria visada pelo corte de pessoal. Ao contrário, preparava-se para uma ofensiva de grande envergadura no estrangeiro.

A PGU era o sonho de todos os membros do KGB. Os oficiais de informações formavam uma casta à parte que gozava do maior dos privilégios na sociedade soviética: poder ir ao estrangeiro. A diferença entre aqueles que "saíam" e os que se restringiam à residência em sua pátria era flagrante. Não apenas os primeiros tinham oportunidade de viajar, ver a vida de outros povos e alargar seu horizonte como, além disso, bastava uma temporada extensa no estrangeiro para uma pessoa resolver todos os problemas da época: comprar um apartamento, um carro, móveis, vestir apropriadamente toda a família. Uma missão suplementar lhe garantia uma vida confortável até a morte. E, quando se trabalhava regularmente no mundo capitalista,

---

*Felix Dzerjinski, fundador da Tcheka, ancestral do KGB.

como faziam oficiais de informações e diplomatas, alcançava-se o ápice das possibilidades oferecidas pela sociedade comunista!

Vetrov terá essa sorte única. Sua candidatura, junto com a de alguns colegas, foi selecionada pela direção de pessoal da PGU. Agora ele partiria para uma formação mais especializada e puxada na Escola Superior da Informação nº 101 do KGB, futuro Instituto Andropov. Internamente, era conhecida como "Escola da Floresta", pois situava-se no meio de um bosque, a leste de Moscou, depois da comuna de Balachikha. Até a fragmentação da URSS, essa zona era proibida aos estrangeiros, sendo necessária uma autorização especial até mesmo para visitar Vladimir ou Suzdal, joias da arquitetura russa antiga. E isto, por todos os motivos. Era lá que estavam instalados um importante centro de controle de mísseis, a caserna e os centros de treinamentos das tropas de choque do KGB, além de muitos outros organismos, ainda ontem ultrassecretos.

Os estagiários dormiam na escola. Aos domingos, os que desejassem podiam obter autorização para ir a Moscou. Muitos dos que vinham de longe preferiam ficar, pois o estabelecimento tinha o aspecto de uma estação balneária. Charmosos sobrados de madeira em meio aos pinheiros, alamedas calçadas, quartos com duas camas, um refeitório onde a cozinha e o serviço eram melhores que em muitos restaurantes da capital. Da mesma forma, a biblioteca era mais bem equipada que a maioria das grandes bibliotecas públicas de Moscou. Lá encontravam-se livros proibidos, porque julgados antissoviéticos ou pura e simplesmente "reacionários", como as obras de Nietzsche e Schopenhauer, além de periódicos estrangeiros que o soviético comum não tinha o direito de ler.

Porém, ali, todos aqueles *Express*, *Monde*, *Times*, *Spiegel* faziam parte do processo de formação. Assim como os filmes em versão original projetados semanalmente. Vetrov, que aprendera inglês na escola secundária e na faculdade, preserva-o como língua facultativa ou "segunda língua", de acordo com a expressão consagrada. Sua "língua principal", em caráter operacional, seria doravante o francês.

O estudo de uma língua viva dava a possibilidade de abordar o mundo exterior diretamente, falar com estrangeiros sem ser por intermédio de um intérprete, ter uma noção de obras filosóficas ou históricas não mar-

ALEGRIAS E ESPERANÇAS DE SOVIÉTICOS COMUNS   37

xistas por outro viés que não o das citações engenhosamente forjadas por seus críticos, saber das notícias do planeta sem ser pela seleção restritiva, dirigida e distorcida do *Pravda* ou dos *Izvestia*. Era, além disso, uma ferramenta que permitia servir à sua pátria no campo entrincheirado do imperialismo apodrecido. A catequização ideológica dos estagiários era ainda mais intensa. Estudo puxado do marxismo-leninismo, crítica das principais doutrinas burguesas, seminários para avaliar o efeito do que se considerava a vacina contra as doenças contagiosas dos modos de pensamento capitalistas, revisionistas, esquerdistas, nacionalistas...

Todavia, um tempo considerável nos horários era dedicado à formação específica. Recrutamento e direção de agentes, escritas secretas, codificação e decodificação, campana e contravigilância, abastecimento e coleta dos arquivos mortos* estão, ao lado de muitas outras, entre as disciplinas do currículo do perfeito espião, que todos necessitavam meses para assimilar. Esses procedimentos eram ensinados por ex-oficiais de informações, depois controlados durante as operações. Por exemplo, um dos exercícios consistia em despistar e semear eventuais seguidores** que eram apenas os estagiários da vigilância móvel do KGB, os quais tinham por missão seguir os "suspeitos" sem que eles percebessem. Entretanto, a teoria não era negligenciada: os futuros oficiais de informações estudavam a história do KGB, assim como a estrutura e o funcionamento dos serviços secretos estrangeiros contra os quais deviam operar. Ao fim de dois anos, os estagiários, bem preparados também por sólidos estudos superiores, estavam prontos para ir à luta.

Engenheiro por formação, Vetrov especializou-se na informação científica e técnica. Entre suas numerosas conquistas profissionais, uma pelo menos também seria útil à família. Foi na Escola da Floresta que Vetrov aprendeu fotografia, que durante anos seria o seu hobby. Torturava Svetlana horas a fio para tirar fotos dela. Faria centenas de diapositivos durante sua viagem com ela à França.

---

*Ou BLM, esconderijos de documentos.
**No jargão dos serviços secretos, os agentes encarregados de seguir pessoas ou pistas levam também os nomes de pisteiros, seguidores. O KGB òs chama também de sapateadores.

Nesse ínterim, o jovem casal se mudou. Pois Svetlana só fez multiplicar seus sucessos no esporte. Em 1959, tornou-se campeã da URSS no revezamento 4 por 100. E manteve durante dois anos seu lugar na seleção nacional de atletismo, na qual permaneceria até 1965.

Vladimir teve alguma participação nisso. Sabia que a mulher tinha talento para a corrida, mas também sabia que era um pouco preguiçosa. Decidiu então treiná-la. Embora não tivesse mais tempo de se dedicar ao atletismo, ele afinal era um especialista. Ao constatar que Svetlana tinha o pé frágil, comprou o tipo de colchão utilizado nos ginásios esportivos, fazendo-a pular todas as manhãs na ponta dos pés. Svetlana viajava muito: períodos de treinamento, competições... Volta e meia Vladimir dava um jeito de tirar suas férias na primavera e viajar com a mulher para o Sul, onde a seleção nacional realizava sua pré-temporada.

No fim de 1960, o Dínamo decidiu premiar a corredora concedendo-lhe um quarto num apartamento comunitário. Esse clube rico e prestigioso construíra muitos prédios nos bonitos bairros da capital. Este situava-se no nº 37 (atualmente 33) da avenida Kutuzov, defronte ao prédio residencial do Comitê Central do PCUS, onde morava, entre outros, Leonid Brejnev. Finalmente, o casal conseguiu abandonar o exíguo quarto onde os Vetrov moravam a quatro.

Era a primeira casa deles e eles a arrumaram com amor. O quarto era grande e bem iluminado. Os Vetrov compraram bonitos móveis de carvalho vermelho, um sofá, um belo tapete chinês com rosas azuis...

Ali, tinham apenas dois vizinhos, e estavam bem distantes da balbúrdia da rua Kirov. Ludmilla Mikhailovna Bernstein dirigia um birô de estudos na fábrica Ilitch. Era uma ex-combatente, atiradora de elite, mulher culta e educada. Vivia na contramão de todos os dogmas judaicos: o porco era seu prato predileto. Sua mãe, já idosa, era tão simpática quanto a filha. Os quatro locatários se entenderam às mil maravilhas, nunca passando a chave nas portas de seus respectivos quartos.

Foi nessa atmosfera sossegada que um dia Vladimir ficou sabendo que ia ser pai. Louco de alegria, começou imediatamente a ler tudo que dizia respeito à gravidez. Enchia a mulher de recomendações extraídas dos diferentes livros e revistas: convinha fazer tal tipo de ginástica, comer mais frutas... Nunca voltava sem lhe ter comprado quilos de frutas, que se espalhavam em toda parte ao alcance da mão, pela casa inteira.

Vladimir sonhava com uma filhinha, bonita como a mulher, que pretendia batizar de Svetlana. Entretanto, foi um menino que nasceu em 1962 na maternidade Grauermann, menino a quem ele seria mais ligado que a qualquer outro ser humano.

O casal escolheu o prenome: Vladislav. Svetlana ainda estava de resguardo e Vladimir foi sozinho ao cartório. Entretanto, a funcionária deve ter escutado mal o prenome e escreveu "Viatcheslav" na certidão de nascimento. Vladimir não prestou atenção: estava nas nuvens. Svetlana, que percebera o equívoco, explodiu em soluços: "O que você fez? Estragou a vida do meu filho!"

Pois, de acordo com a norma soviética, a certidão de nascimento era um documento inalterável como o passaporte: ainda que um prenome fosse registrado com um erro de ortografia, seu filho deveria usá-lo tal como registrado pelo Estado. Ao retornar ao cartório, Vladimir devia estar com a cara tão amedrontada que as funcionárias tiveram pena dele. Refizeram a certidão, rindo: "Se sua mulher continuar descontente, volte. Faremos uma terceira."

Durante muito tempo, Vladik só reconheceu os pais. Entretanto, sua mãe, que voltara à vida esportiva, era frequentemente obrigada a se ausentar uma semana, dez dias. Embora adorando o filho, Vladimir não tinha como cuidar dele, pois trabalhava. Na véspera de suas viagens, Svetlana levava o pequeno Vladik para a casa dos pais. Assim que ela virava as costas, o menino começava a soluçar. "Saia rápido!", gritava-lhe o pai. "Ele vai se acalmar." Svetlana partia, angustiada.

Vladik punha-se a chorar sempre que seu outro avô, Ippolit Vassilievitch, aparecia na soleira de sua casa. O velho imobilizava-se no vão entreaberto da porta e chorava também: "Meu próprio neto não quer me aceitar!" Para Maria Danilovna, Vladik era uma coisa sagrada. Ela mesma reconhecia de bom grado que seu amor pelo seu único neto era patológico. Foi um período muito feliz para toda a grande família.

E também cheio de esperanças. Pois, em 1962, Vladimir terminou sua formação como oficial de informações. Cogitava-se então enviá-lo para os Estados Unidos ou a França, pois ele agora dominava suficientemente bem o inglês e o francês. Para concluir sua formação e enquanto aguardava sua designação para uma residência do KGB no estrangeiro, Vetrov foi nomeado para o posto de engenheiro do Departamento das Relações Exteriores do GKET (Comitê de Estado do Conselho de Ministros da URSS para a Técnica Eletrônica). Assumiu suas funções em 20 de setembro de 1962 e iria exercê-las até 15 de agosto de 1965. Obviamente, tratava-se de um emprego de fachada: um funcionário soviético que operasse no estrangeiro devia estar em condições de dizer onde trabalhou anteriormente. Outra vantagem ligada a esse emprego era que ele lhe permitia habituar-se a lidar com estrangeiros, alguns dos quais poderiam, além disso, atestar suas funções num organismo civil.

O GKET localizava-se na passagem Kitaiski, em frente ao hotel Rossia recém-construído. Ficava a dez minutos de caminhada da sede do KGB: o serviço de informações soviético ainda não se mudara da Lubianka.* Difícil dizer em qual dos dois Comitês de Estado Vetrov passava mais tempo. Não fazia muitas confidências à mulher sobre seu trabalho, exceto no que se referia a questões que teriam reflexos em suas vidas. Tudo que ela sabia é que ele estava se especializando no equipamento eletrônico de aviões e mísseis.

Svetlana terminou os estudos na Escola Normal Lenin em junho de 1961. Recebeu o que era considerado um "diploma livre", o que significava que não era obrigatoriamente nomeada. Pois os Vetrov esperavam ser enviados em missão ao estrangeiro. Em seguida, Vladik nasceu. Svetlana ganhou peso. Com medo de ficar gorda, retornou ao esporte. Reintegrou a seleção nacional de atletismo e o esporte voltou a ocupar um grande espaço em sua vida. Diziam-no amador, mas isso também era uma enganação. A partir de um certo nível, era um emprego em tempo integral. Estágios de treinamento na primavera, no outono, competições intermináveis entre os dois... Era, a propósito, um emprego bem remunerado. Svetlana recebia uma bolsa esportiva cujo montante era superior ao salário de um engenheiro. Mas sua

---

*Sede do KGB. Iria mudar-se para Yassenevo em 1972.

ALEGRIAS E ESPERANÇAS DE SOVIÉTICOS COMUNS — 41

nova situação de mulher de um oficial do KGB também lhe trouxe alguns dissabores. Por exemplo, não tinha direito, por razões de segurança ligadas à atividade do marido, a ir disputar competições nos países capitalistas. Não foi autorizada a ir aos Jogos Olímpicos de Roma, em 1960. Não pôde ir, com sua equipe, nem à Inglaterra nem aos Estados Unidos.

Entretanto, o tempo passava, e Vladimir continuava a fazer parte do pessoal da Central. Svetlana, que se entediava em casa, conseguiu um emprego no museu da Batalha de Borodino. Havia lá um famoso panorama circular com objetos reais e maquetes em primeiro plano e imensas telas pintadas no fundo, dando a impressão de um quadro vivo. Era um estabelecimento militar dirigido pelo general Nikolai Andreievitch Kolossov. Um pouco cansado de ter coronéis como pesquisadores e guias, ele enfeitava seu pessoal com algumas mulheres bonitas. O conhecimento da campanha da Rússia napoleônica e da história da civilização francesa que iria adquirir no museu prestaria um grande serviço a Svetlana quando ela fosse à França. Além disso, o Panorama se situava no fim da avenida Kutuzov, perto do arco do triunfo, logo a vinte minutos de caminhada da casa dos Vetrov.

Nesse ínterim, o casal se mudou mais uma vez. Em 1963, trocou seu quarto e o dos pais de Svetlana e se instalaram todos num três-quartos situado no terceiro andar de um prédio quase defronte, na avenida Kutuzov 22. Vladimir, Svetlana e os pais dela saíram um pouco do aperto. Era um prédio residencial do Comitê Central do Partido construído em 1939. Na época de Stalin, havia no sótão metralhadoras protegendo sua passagem quando ele ia para a residência de Kuntsevo.* Os Vetrov teriam como vizinha uma funcionária da oficina de carros do Comitê Central do PCUS. Pouco depois, graças ao apoio do KGB, iriam ocupar seu apartamento para finalmente viver em família.

A missão tão esperada chegou no verão de 1965. Vetrov foi designado para a França, nomeação cobiçadíssima na PGU. Entretanto, ela não se de-

---

*De toda forma, como a avenida Kutuzov permanece até hoje uma "artéria governamental", para ser locatário desse prédio é preciso passar por um interrogatório de segurança. A não ser que lhe dê na telha atirar, por trás de uma cortina, num Chefe de Estado passando em caixão aberto em uma limusine blindada.

veu de forma alguma a míticos protetores. Simplesmente, após a traição de Nossenko,* a PGU viu-se obrigada a convocar um grande número de seus agentes "queimados" e espalhados pelo mundo. A residência parisiense do KGB** achava-se particularmente desfalcada. Elemento talentoso e promissor, Vladimir fará parte dos jovens oficiais que preencherão os postos vagos.

Em 16 de agosto de 1965, foi oficialmente integrado ao Ministério do Comércio Exterior, que, nos cinco anos seguintes, lhe serviria de cobertura. Assim, aos 33 anos, Vetrov teve finalmente a oportunidade de se impor na carreira que escolhera.

---

*Iúri Ivanovitch Nossenko, oficial da 2ª Direção Geral do KGB (contraespionagem), ofereceu seus serviços à CIA em junho de 1962. Em fevereiro de 1964, desertou para o Ocidente. Mais tarde, suspeito de ser uma "isca", passou quatro anos, em condições abomináveis, numa prisão especial da CIA. Reabilitado por essa agência de informações em outubro de 1968, tornou-se seu conselheiro para assuntos soviéticos.
**No jargão dos serviços especiais soviéticos, a residência é o conjunto de agentes secretos instalados num país sob diversas fachadas (os franceses dizem poste; os americanos, station). O chefe é designado como "residente".

4

Vida de sonho!

No imaginário coletivo dos russos, a França e sua capital ocupam um lugar muito especial. É um foco de cultura, onde a multidão é composta de poetas e pintores, onde os homens são galantes e inteligentes e as mulheres belas e elegantes. Todos os seus moradores têm uma vida folgada, as pessoas cantam e dançam na rua, os namorados passeiam beijando-se a cada dez metros.

Essa imagem romântica data pelo menos do Iluminismo e foi Catarina, a Grande, quem fez dela uma vasta publicidade em seu império largamente inculto. A nobreza russa julgava um dever aprender francês. Tudo que vinha da França era endeusado como a própria encarnação do belo e do racional. A guerra contra Napoleão não mudara nada nisso, a despeito do encarniçamento dos combates e do número de vítimas. Nem mesmo o regime soviético, que substituíra os valores nacionais pelos de classe e que, no plano econômico, se inclinava mais para a Alemanha, conseguiu arrefecer a sedução da cultura francesa aos olhos dos russos.

No fim de agosto de 1965, emocionados, os Vetrov, acompanhados do pequeno Vladik, desembarcavam no aeroporto Le Bourget. Atravessaram toda a cidade: os grandes bulevares, o Opéra, a Place de l'Étoile... Inúmeros logradouros cuja própria evocação soava como um canto mavioso aos ouvidos de um russo. Enfim, viram-se diante de sua futura casa, o imponente prédio residencial da colônia soviética no bulevar Suchet 16, no XVIº *arrondissement*. Radiantes, saíram do automóvel da Representação Comercial que fora recebê-los no aeroporto.

Uma surpresa os aguardava. Uma vida de sonho em Paris? Conversa fiada! Dispunham de dois quartos num apartamento comunitário, pior que em Moscou. Em cada andar, havia uma dezena de cômodos abrigando seis ou sete famílias. Banheiros nas duas pontas do corredor, uma cozinha para todos. O térreo e três andares para os soviéticos que residiam na capital francesa e o quarto servindo de hotel para os de passagem. Resumindo, um belo formigueiro!

Os moradores do bairro, pessoas ricas que geralmente ocupavam um andar, quando não um palacete por família, batizaram o prédio dos soviéticos de "a pequena Administração Renault". De manhã, os homens dirigiam-se ao escritório em fileiras cerradas. À noite, voltavam como um vagalhão aproximadamente à mesma hora.

Toda a vida dos Vetrov em Paris seria feita de contrastes. Duas sociedades, duas culturas, dois modos de existência se opunham. Pois os representantes de todas as nações estrangeiras tentavam levar consigo seus usos e costumes. As diferenças culturais já bastavam para criar diversas situações ridículas. E que dizer do duelo de duas ideologias hostis, irreconciliáveis!

No andar dos Vetrov, havia membros do KGB, oficiais do GRU* e representantes comerciais "limpos", isto é, não lotados em nenhum serviço secreto soviético. Todos, incluindo as mulheres, sabiam quem era quem. O nível dos locatários era bem mediano.

Um exemplo. Assim que chegaram, os Vetrov ficaram impressionados com a ausência de bêbados nas ruas. Então viram um e soltaram um suspiro de alívio. Quer dizer que Paris não era assim tão diferente de Moscou. Ao se aproximarem, contudo, perceberam tratar-se de seu vizinho, representante de Mejkniga, central de importação-exportação de livros.

Outro exemplo. Na época dos sovietes, a expressão "cozinha comunitária" foi substituída, na linguagem cotidiana, por metáforas mais clássicas, como "um ninho de víboras" ou "aranhas numa redoma". Na verdade, era

---

*Glavnoiê Razvedovatelnoiê Upravleniyê, "informação militar soviética".

VIDA DE SONHO! 45

ao mesmo tempo um bazar, um Café du Commerce para damas e uma liça onde se enfrentam beldades, elegâncias e intelectos. Vetrov nunca ia lá. Svetlana era obrigada a aparecer para preparar as refeições ou simplesmente esquentar a água para o chá. Tentava fazer isso fora das horas de afluência, ao meio-dia ou à tardinha. Caso contrário, logo se criava um caso. Eis por que Vladmir tentava fazer sua mulher sair o mais frequentemente possível.

Foi com grande alívio que, menos de um ano após sua chegada, os Vetrov se mudaram para um dois quartos que ficava em cima dos escritórios da Representação Comercial. Era um belo edifício situado na rua de la Faisanderie 49, também no XVI° *arrondissement*. No prédio ao lado morava Valéry Giscard d'Estaing. Não foi pequena a surpresa dos Vetrov ao constatarem a simplicidade do estilo de vida desse importante personagem, então ministro das Finanças e dos Assuntos Econômicos. Nenhum guarda em frente ao seu prédio. Mais de uma vez o viram, com a família, num minúsculo Austin Morris, que ele mesmo dirigia. Vez por outra, viam-no passeando, sempre sem escolta, no Bois de Boulogne. Que contraste com os ministros soviéticos cujos caminhos praticamente nunca cruzavam com os de simples cidadãos!

Agora Vladimir tinha apenas dois lances de escadas para descer e chegar ao seu escritório. Ou então ao escritório de seu superior imediato, residente-adjunto para o ensino científico e técnico, que, titular de um passaporte diplomático, ocupava oficialmente o posto de representante comercial adjunto. O chefe da delegação comercial continuava sendo um funcionário "limpo".

Os membros do KGB oficialmente lotados na embaixada podiam facilmente negligenciar suas funções oficiais. Uma vez protegidos atrás das portas do belo palacete construído no reinado de Luís XIV na rua de Grenelle 79, não tinham contas a prestar a ninguém, exceto a seu residente. Os oficiais de informações, que operavam acobertados por diversos organismos soviéticos, eram, por sua vez, obrigados a fazer todo um trabalho oficial antes de atacar sua principal função, a espionagem.

Vetrov ocupava o posto de engenheiro principal, encarregado dos assuntos das empresas de importação-exportação soviéticas especializadas em eletrônica e aparelhos de controle e mensuração. Não era de forma alguma uma sinecura. Incumbia-lhe administrar os dossiês em curso, entabular negociações com industriais e comerciantes franceses, ciceronear delegações soviéticas, redigir relatórios analíticos e obter informações relativas à conjuntura mundial, aos preços dos produtos etc. Mas a fachada da Representação Comercial também constituía uma vantagem para os membros do KGB: seus parceiros franceses formavam o meio privilegiado no qual eles procuravam recrutas.

Por outro lado, os "comerciantes" soviéticos viviam com muito mais liberdade que seus colegas diplomatas. Os franceses cercavam-nos de atenções: cada modesto delegado podia arrancar-lhes um contrato que podia lhes proporcionar uma fortuna. De uma hora para outra, os Vetrov descobriram as "larguezas dos grão-duques".

Um dos homens de negócios, que os fez descobrir todo o brilho da Cidade Luz, chamava-se Albert Gobert. Era um judeu de Odessa, proprietário de uma grande indústria química e de um negócio de perfumes. Também investia no comércio, principalmente com a URSS. Em particular, negociava com Vetrov a compra de helicópteros soviéticos. Seus dois irmãos mais velhos também eram industriais e comerciantes; um morava nos Estados Unidos, o outro na Grã-Bretanha. Albert chegaria a convidar os Vetrov para um jantar em família com seus irmãos, o que era uma evidente marca de amizade.

Gobert era casado com uma beldade extravagante, Marguerite, ex-manequim de Christian Dior e dona de um restaurante russo, o Kalinka, onde os dois casais fizeram diversas refeições memoráveis. Mas Gobert fazia questão de convidar seus amigos russos para restaurantes e cabarés mais chiques: Maxim's, Ledoyen, Lido, Alcazar... Em mesas próximas, jantavam um duque de Windsor, um Jean-Paul Belmondo, uma Nina Ricci. Lembranças inesquecíveis e eternas para os dois russos.

As conversas à mesa giravam quase sempre em torno de projetos em curso, mas, rapidamente, descambavam para assuntos mais mundanos ou íntimos. Gobert era um homem simpático que sentia prazer em agradar aos outros. A companhia dos Vetrov, pessoas abertas e sem antolhos ideo-

VIDA DE SONHO! 47

lógicos, proporcionava-lhe bons momentos quando ele "rodava" com as delegações soviéticas. Eis, como exemplo, um episódio significativo.

A fim de fazer as honras de "Paris by night" para uma importante delegação liderada por um certo Kozakov, vice-ministro da Indústria Aeronáutica, Gobert convidou-o para ir ao Folies-Bergère. Vendo pela primeira vez tantas pernas nuas juntas, o vice-ministro ficou com medo: e se alguém dissesse a quem de direito que ele apreciava os chamarizes do Ocidente decadente? Ficou então de mau humor e não parava de repetir a quem quisesse ouvir que os espetáculos soviéticos eram nitidamente melhores. No entreato, fez menção de ir embora. Gobert sentiu-se sem chão: o contrato da compra dos helicópteros estava por um fio. Foi Svetlana quem salvou a situação. "Pois eu gosto muito do espetáculo", disse ela, sorrindo. "O senhor faça como preferir; vou ficar até o fim." Uma mulher pode permitir-se o que é impossível para os homens, cujas relações são regidas por formalidades profissionais. Kozakov viu-se obrigado a ficar. Ao deixar o music-hall, era todo sorrisos.

Gobert apreciou essa intervenção, e os Vetrov agora iriam formar uma espécie de equipe de socorro ambulante. Vladimir regozijava-se com isso. Seu amigo, que nada tinha a ver com os serviços secretos franceses ou soviéticos, o fez conhecer muita gente interessante.

Os Vetrov levavam uma vida em grande estilo, mesmo quando não estavam com seus parceiros franceses. Desde sua chegada, Vladimir dispunha de um carro de serviço, um Peugeot 403 preto, com uma placa francesa terminando em SR 75. Detalhe que, como conta Marcel Chalet,[1] divertia muito os olheiros da DST: SR era uma abreviação comum para "Services de Renseignements" [Serviços de Informações]. Depois, conseguiu um 404 verde bem escuro, quase preto. Vladik Vetrov ainda se lembrava do número da placa: 4048 FG 75. Uma placa francesa era uma grande vantagem em relação aos carros com placa CD (corpo diplomático): esses veículos podiam circular por toda parte sem chamar a atenção da polícia.

Vetrov não o utilizava apenas para o trabalho. Durante o verão, praticamente todos os fins de semana, iam em família visitar os arrabaldes de Paris, os castelos do Loire ou então a costa atlântica. Frequentemente passavam uma noite na Normandia ou na Bretanha, à beira do mar.

Aliás, os Vetrov não eram os únicos a se oferecer mimos desse tipo: outras três ou quatro famílias de oficiais de informações viviam com a mesma liberdade. Em grupo, faziam até autênticas viagens. Houve um ano em que os feriados do 1º de Maio duraram quatro dias. Quatro famílias de membros do KGB partiram para o Midi. Perto de Lyon, os Vetrov perderam o trem e percorreram sozinhos a Côte d'Azur, Nice, Mônaco...

No caminho de volta, passaram pelos Alpes. Não longe de Grenoble, pararam para almoçar num pequeno restaurante onde jamais um russo pusera os pés. O dono os fez provar do seu vinho. Vetrov pegou uma garrafa de vodca no porta-malas do carro. Os fregueses do restaurante juntaram todas as mesas e durante algumas horas foi uma apoteose da amizade franco-soviética, de que Svetlana ainda hoje se lembra.

No verão, as famílias dos funcionários transferiam-se para o campo. Pois a Representação Comercial possuía uma datcha, bem mais agradável que a residência secundária da embaixada. Na verdade, era um castelo que em outros tempos pertencera ao ministro das Finanças do governo de Vichy. Com a Libertação, o colaboracionista fugiu para a Alemanha e os comunistas, que formavam o novo conselho municipal de Montsoult, venderam sua propriedade aos soviéticos por um saco de moedas de ocupação. Os russos logo iriam degradar esse cantinho do paraíso, assim como os solares outrora luxuosos de seu próprio país. Em 1969, quando a ex-castelã viu o estado de sua bela moradia, explodiu em soluços.

Não obstante, foi ali que se desenrolou uma grande parte da vida dos Vetrov. Montsoult situa-se no Val-d'Oise a 24 quilômetros a norte de Paris. Os homens iam para lá todas as noites depois do trabalho. No domingo, jogavam vôlei. Frequentemente, era Svetlana quem se agitava na quadra, enquanto Vladimir tomava conta do filho. Depois, os perdedores iam comprar uma caixa de cerveja na mercearia do lugar. Cozinhavam salsichas, contavam piadas, as crianças brincando em volta.

Os amantes do vôlei, e da vida no campo, tinham outro refúgio. Era Mantes-la-Jolie, uma das residências secundárias da delegação soviética que o embaixador teve a gentileza de pôr à disposição do pessoal da em-

VIDA DE SONHO!

baixada e, na verdade, de toda a colônia parisiense. Nessa datcha oficial é que eram coletivamente celebradas as grandes festas: o aniversário da grande revolução de outubro, o Dia do Exército Soviético, o 1º de Maio. Nessas ocasiões, vinham convidados de outras cidades, por exemplo de Marselha; embaixadores e conselheiros de "países irmãos" eram igualmente convidados. Nunca os franceses. Em todo caso, os soviéticos, exceto os de alto escalão— embaixador, adido militar ou conselheiro cultural —, não tinham o direito de convidá-los para suas casas, provavelmente para não revelar um modo de vida essencialmente comunitário.

Como em Montsoult, a verdadeira vida começava no verão. Seria na quadra de vôlei que Stanislav Sorokin encontraria pela primeira vez os Vetrov.[2] Sorokin fazia parte da contraespionagem interna da PGU, encarregada de vigiar os oficiais de informações e, mais genericamente, todos os soviéticos, a fim de prevenir qualquer cooptação por um serviço secreto rival. Operava sob a cobertura da delegação da URSS na Unesco.

"Os Vetrov não passavam despercebidos", conta ele. "Era um belíssimo casal. Svetlana parecia uma modelo: muito bonita, esbelta, pernas compridas... Muitos homens, eu mesmo, não conseguiam desgrudar os olhos dela. Mas ela era acima de qualquer suspeita, sociável mas mantendo suas distâncias. Nunca um olhar ambíguo... Em todo caso, era sempre vista na companhia do marido e do filho, Vladik, o qual, por sua vez, era tratado como uma verdadeira Barbie versão masculina. Todo embonecado, mudava de roupa duas vezes por dia. Era visível que os pais o adoravam: sempre mimando-o. E Vladimir: alto, esbelto, sorridente, rosto franco. Todos os três pareciam sair de uma fotografia de revista. Vasculhando na minha memória desse período em que começamos a conviver, e embora sabendo que tipo de homem Vetrov era na realidade, não encontro um pingo de tinta preta no quadro que eles formavam. Eram perfeitos."

Convém dizer que, no fim da temporada dos Vetrov na França, a atmosfera na colônia evoluirá muito. Em meados dos anos 1960, ainda havia relativamente poucos "protegidos". Mas, progressivamente, a nomenklatura tomará consciência das oportunidades oferecidas pela vida no estrangeiro, principalmente em Paris. Os recém-chegados eram, em sua maioria, filho ou genro de Fulano. Passavam quase o tempo todo vadiando, deixando a tarefa de trabalhar a cargo dos que não podiam se prevalecer de um nascimento privilegiado ou um belo casamento. Estes últimos em geral pulavam de alegria ao ocupar um desses raros postos no estrangeiro reservados aos burros de carga. Isso era inevitável: de um jeito ou de outro, a residência do KGB tinha de produzir.

Os recém-chegados viviam na realidade modestamente. Usavam roupas soviéticas, guardando suas compras parisienses para deslumbrar mais tarde seus conhecidos moscovitas. Faziam compras nos Monoprix ou, às escondidas, no Tati. Contavam cada centavo. Os piqueniques alegres dos domingos logo seriam esquecidos e a mercearia perto do castelo de Montsoult abriria falência.

Contra esse pano de fundo, os Vetrov extrapolavam cada vez mais, pois seu estilo de vida situava-se nitidamente acima da média de seus compatriotas. Svetlana fazia suas compras na avenida Victor-Hugo, onde se tornara uma *habituée*. Em geral, Vladimir acompanhava-a. Sentia prazer em estar em condições de vesti-la como ela merecia e em constatar a cada instante que tinha uma mulher bonita e elegante. Svetlana comprava seus sapatos e suas bolsas na Christian Dior; seus tailleurs e casacos ostentavam a grife Ted Lapidus ou Pierre Cardin...

Naturalmente generoso, Vladimir era, além disso, como muitos russos, sujeito a impulsos. Embora levando uma vida confortável, o casal obrigava-se, não obstante, a economizar no intuito de comprar um carro em Moscou. Porém, no dia em que comemoravam seu aniversário de casamento, Vetrov exclamou: "Azar o do carro! Venha, vou comprar uma roupa linda para você!" E levou Svetlana ao Mersey para lhe dar um elegante tailleur vermelho. Svetlana ainda o tem até hoje.

Nos detivemos nesse ponto aparentemente insignificante, mas nada o é no mundo da espionagem. A opinião generalizada segundo a qual os Vetrov viviam acima de seus recursos data dessa temporada na França.

Vetrov podia aceitar propinas dos industriais franceses em contato com ele no âmbito de suas atribuições na Representação Comercial? Uma grande empresa não se furtaria a dar uma pequena comissão ao delegado soviético que lhe arranjasse um contrato considerável em detrimento de

VIDA DE SONHO!

um concorrente e no limite inferior da margem. Vetrov com certeza não agia dessa forma. Em primeiro lugar, corria muitos riscos como oficial do KGB para se lançar ainda em tramas escusas com seus parceiros franceses oficiais. Depois, porque no início da era brejneviana os funcionários do Comércio Exterior preferiam um presente caro: uma vitrola estéreo, por exemplo. A percentagem sobre cada transação só viria a se generalizar sob o reinado, liberal, de Gorbatchev.

A explicação está em outro lugar. Em contato com diversos comerciantes parisienses, Vetrov tinha a possibilidade de comprar mais barato mercadorias cobiçadíssimas como rádios portáteis, televisores, gravadores, aparelhos hi-fi, jeans, móveis etc. As maiores marcas ocidentais, as mesmas encontradas nas lojas mais chiques de Paris. Vladimir, que tinha muito tato, não demorou a perceber o partido que podia tirar disso. Para início de conversa, botou no bolso todos os notáveis da colônia. O residente do KGB, seus assessores, o ministro-conselheiro e até o embaixador em pessoa sabiam que bastava lhe pedir que ele comprava pela metade do preço, vamos supor, o rádio Satellite, que então causava furor.

Por outro lado, a loja da Representação Comercial reservada à colônia teria lucrado amplamente com suas relações. Pois, além de vender vodca, caviar e outras gulodices russas, ela também comercializava produtos ocidentais. Estes eram comprados em quantidades impressionantes, a preço de atacado, com isenção da taxa de exportação e outras facilidades concedidas aos estrangeiros. Com a colônia soviética em Paris contando vários milhares de indivíduos, os revendedores e atacadistas franceses conquistavam clientes importantes e regulares. As comissões podiam vigorar na mesma proporção. Em comparação com os industriais, os riscos eram nitidamente menores: as "combinações" com comerciantes podiam ser qualificadas como "gestão hábil", com lucros para todos, e não como corrupção. Todavia, no sistema soviético, era um crime fazer "caixa dois".

Era a generosidade de Vetrov que neutralizava em grande parte os invejosos. Na realidade, era esse traço de caráter que o distinguia do grupo dos jovens operacionais ambiciosos. Com ele, nunca se colocava a questão de saber quem pagava as consumações. Em sua maioria, os soviéticos viviam modestamente e sempre se espantavam quando convertiam o preço de um sorvete ou um refrigerante em rublos. Eram muitos a morar nesse bairro. Além da Representação Comercial, tínhamos, na esquina da rua de la Faisanderie com a rua Longchamp, a missão militar; um pouco adiante, a escola da embaixada e dois prédios residenciais, na rua du Géneral-Appert e na Place de Mexico. Stanislav Sorokin morava no n° 52 da rua de la Faisanderie, defronte dos Vetrov. À noite, Vladimir, alguns colegas e ele encontravam-se às vezes numa *brasserie* da esquina para tomar uma cerveja (maneira de falar) e jogar no bilhar elétrico. Na época, era o grande hobby da colônia soviética e até o residente adjunto vinha às vezes se juntar a seus subordinados. Jogavam por equipes: dois contra dois ou três contra três, e os perdedores pagavam uma rodada. Pois bem, Vetrov considerava uma questão de honra pagar as cervejas mesmo quando chegava atrasado e se contentava em observar o jogo.

Uma parte de suas generosidades era mais oficial. Por exemplo, quando a equipe da embaixada era convidada a Montsoult para uma partida de vôlei, o representante comercial instituía um prêmio para os vencedores. "Duas caixas de vinho branco e a mesma quantidade de tinto já pareciam um gesto principesco", lembra-se Stanislav Sorokin. "Mas também podiam ser duas caixas de champanhe ou então uma garrafa de vodca e uma lata de caviar para cada um. Nossa equipe era uma cabeça mais alta que a da Representação Comercial. Não tínhamos interesse em derrotá-la. Íamos a Montsoult para nos abastecer como alguém vai a uma loja onde tudo é de graça. Teoricamente, o prêmio era patrocinado pelo chefe da Representação, mas todo mundo sabia que era Vetrov quem tomava essa iniciativa e cuidava de tudo. Pergunto-me até se ele não pagava o prêmio de seu bolso. Mas talvez seja um exagero."

Isso não impediu que, pouco a pouco, Vetrov ganhasse ares de um pequeno alcaide, que podia muito graças às suas relações ocultas e que gastava sem contar. Mas um alcaide simpático e afável.

Suspeito, como história, para um espião operando no estrangeiro? Ainda mais para os olhos de um oficial de contraespionagem como Sorokin. "Hoje eu concordo", admite. "Até mesmo pelo fato de Vetrov participar de todas as festas, grandes ou pequenas, e de todas as competições esportivas. Ele queria esse papel de factótum generoso. E a gente comentava que, fazendo

VIDA DE SONHO!

parte da Representação Comercial, ele tinha muito mais possibilidades de comprar pela metade do preço o que só era possível sonhar na União Soviética. Mas queria que todos desfrutassem disso. Claro, isso também lhe servia de fachada: vários diplomatas ou funcionários de alto escalão, residindo em Paris ou vindos em missão, só compravam aparelhos de TV ou vitrolas por intermédio daquele rapaz competente, solícito e que não ligava para o dinheiro. Nem seus colegas nem seus vagos conhecidos viam nada a censurar naquilo, uma vez que também usufruíam de suas larguezas. Mas na época éramos educados de uma tal maneira e a atmosfera geral era tão controlada que eu não imaginava que Vetrov fosse capaz, por exemplo, de receber uma comissão sobre as compras feitas na loja da Representação Comercial ou, mais tarde, na da embaixada. Achávamos que com nosso salário, mais do que confortável comparado à URSS, era possível receber com a mesma generosidade que em Moscou. E era o que faziam os Vetrov."

A terra tremeu sob seus pés em 1968. Em consequência de um erro cometido por ele mesmo ou uma denúncia, Vetrov foi acusado de maquinações. O processo correu nos bastidores, e nossas testemunhas foram incapazes de detalhá-lo, mas é incontestável que se tratava de algumas tramoias comerciais. Um homem menos hábil teria sido repatriado incontinenti e, se não levado à justiça, pelo menos expulso do KGB e do Partido. Entretanto, os tributários de Vetrov, o residente Krokhin em primeiro lugar, tomaram resolutamente sua defesa. O escândalo foi rapidamente abafado. Tanto que Vladimir ainda permaneceu dois anos na França.

Existe porém outra explicação possível para a abastança em que viviam os Vetrov. Para aqueles que conviveram com eles, era Svetlana quem usava calça comprida no lar. Mais fraco, Volodia não conseguia refrear os desejos dela. Teria então tomado o partido de encobrir as maquinações de sua mulher. Pois as testemunhas da época presumem que ela levava objetos para Paris a fim de vendê-los. Provavelmente objetos de arte ou pedras preciosas. Em Moscou também os Vetrov viviam melhor do que qualquer soviético que tivesse passado cinco anos no estrangeiro. Portanto, teria havido igualmente um tráfico no sentido inverso.

Alguns apontam, além disso, o fato de Svetlana ter feito parte da seleção nacional de atletismo, que viajava muito ao estrangeiro. A cada viagem, os atletas, que recebiam diárias irrisórias, levavam malas cheias de objetos — caviar, joias, artesanato caro — para revendê-los, no mercado negro, no estrangeiro. O produto desse contrabando servia para comprar mercadorias tão simples como roupas, calçados ou gravadores cassete, impossíveis de achar nas lojas soviéticas. Uma vez escoado seu estoque a um preço alto na URSS, os felizes eleitos que tivessem a oportunidade de sair regularmente de seu país viam-se com uma soma dez, quinze ou vinte vezes maior que seu investimento inicial. Observemos também que eram as viagens ao Ocidente que davam mais lucro. Ora, Svetlana, depois que Vladimir entrara para o KGB, não podia mais viajar senão pelos países socialistas, nitidamente menos interessantes nesse aspecto. Só lhe restava então escutar as conversas sobre as proezas de suas camaradas, o que só fazia aumentar seu despeito. Em Paris, afirmam as más línguas, ela não tinha nada a aprender e muito a ganhar...

Quanto ao contrabando de caviar ou de pedras preciosas, tornava-se cada vez mais uma prática comum. Gozava de muito prestígio principalmente nas casas dos diplomatas soviéticos. Pois os titulares dos passaportes verdes estavam isentos do rigoroso controle alfandegário, no aeroporto de Cheremetievo de Moscou. Os Vetrov, por sua vez, tinham passaportes de serviço azuis, entregues ao pessoal não diplomático dos organismos soviéticos no estrangeiro, bem como aos membros das delegações importantes. Em muitas situações, estes últimos eram mais úteis que os passaportes vermelhos dos técnicos, professores, turistas e outros menos votados. Mas não na alfândega. Em caso de contrabando, o titular de um passaporte de serviço, que traía assim uma maior confiança do Estado, corria o risco de uma punição mais grave. Mas isso era na teoria. Na prática, as coisas eram muito mais simples. Pessoas inteligentes sempre levavam consigo uma bonita caneta ou isqueiro para entregar ao sujeito da alfândega, à guisa de lembrança, junto com sua declaração aduaneira. Perante um inspetor mais tenaz, safavam-se deixando um pacote de cigarros americanos ou um jeans. O principal era não ter na mala um livro de Soljenitsin ou afins.

Embora levassem uma vida aparentemente mais livre, os membros do KGB e suas famílias eram obrigadas a coerções mais severas sob outros aspectos. As mulheres de funcionários "limpos", tanto diplomatas quanto

VIDA DE SONHO! 55

agentes administrativos, compravam frequentemente por intermédio de conhecidos no comércio. Por exemplo, graças a um chefe de seção numa loja de departamentos que lhes vendia produtos com desconto. O procedimento era formalmente proibido às companheiras dos oficiais de informações. Pois era assim que um serviço rival podia arrastar sua presa para um tráfico ilícito. Em seguida, ele tentaria recrutar o marido ou comprometê-lo a fim de expulsá-lo.

Da mesma forma, quando um oficial de informações começava a viver acima de seus recursos, isso deixava imediatamente a contraespionagem com uma pulga atrás da orelha. Este era até um dos indícios mais seguros de que alguma coisa estava acontecendo. Um exemplo recente foi fornecido por Aldrich Ames.* Na PGU, serviço de informações do KGB, as investigações internas eram então efetuadas pelo departamento de segurança do Segundo Serviço (contraespionagem). Aquele mesmo do qual Stanislav Sorokin fazia parte.

O assunto merece uma digressão. Teoricamente, o Segundo Serviço — que era representado em todas as residências do KGB no estrangeiro — era encarregado ao mesmo tempo de penetrar nos serviços rivais e impedir a contaminação de suas fileiras e da colônia soviética em seu conjunto. Esse esforço, muito mais complexo do que, por exemplo, a informação política ou técnico-científica, necessitava de homens não apenas bem formados, mas talentosos.

Como em toda parte, os talentos eram raros. Não convinha esperar encontrar muitos num organismo menosprezado e considerado o reduto dos espiões. Em virtude disso, um serviço tão primordial para toda agência de informações como a segurança interna tinha um quadro na verdade medíocre. Os informantes que o Segundo Serviço recrutava na França não eram absolutamente funcionários da seção soviética da DST que procuravam infiltrar-se na residência parisiense do KGB, mas vendedoras russas da loja da embaixada e mulheres de policiais que corriam para lhes contar com quem haviam cruzado na Tati. Em vez de detectar indícios alarmantes, como o suntuoso estilo de vida de alguns membros do KGB, eles escuta-

---

*Agente americano do KGB operando no seio da CIA, identificado e julgado em 1994.

vam os mexericos. Evidentemente, enquanto lidavam com fofocas entre vizinhos, não tinham tempo de rastrear eventuais infiltrados.

Para encerrar o assunto, observemos que acabamos saindo do domínio das certezas relativas à vida de Vladimir Vetrov. Até aqui, nos baseávamos principalmente nas lembranças, às vezes confirmadas por documentos, de sua mulher e seu filho, bem como em alguns conhecidos de longa data. Os pais de Vetrov, sua infância e juventude, o início de sua vida em comum com Svetlana não apresentam nada que possa constituir um testemunho a seu favor ou contra ele. De agora em diante, ao lado das faixas de terra firme, caminharemos quase sempre sobre areias movediças.

5

Os mistérios de Paris

Homem dinâmico e com talento para as atividades de informações, Vetrov trabalhava com entusiasmo. Na época, não era o único: toda aquela fornada de oficiais de origem modesta era da mesma têmpera. Frequentemente críticos a respeito do regime brejneviano, nem por isso estavam menos convencidos da superioridade dos ideais comunistas. Permeáveis aos valores ocidentais, permaneciam bons patriotas. Gostariam muito de viver num país livre e rico, mas em sua terra natal, na União Soviética. Profissionalmente bem formados e ambiciosos, eram motivados pelo sucesso. Sucesso queria dizer ao mesmo tempo fornecer um bom trabalho para sua Central, espionar o GRU e o MID* e prevalecer sobre os serviços secretos francês e americano. E isso sem negligenciar a contrapartida esperada: ser condecorado, receber um galão, em suma, fazer carreira. Para a maioria, a informação era um esporte em que se lutava contra o adversário, mas em equipe. Numa equipe, há sempre estrelas, mas o jogo é jogado num espírito de ajuda e respeito mútuos.

Esse estado de espírito dependia muito do residente, isto é, do chefe de posto do KGB. Na época de Vetrov, este era Aleksei Alekseievitch Krokhin, que já atuara na França, entre 1950 e 1954.[1] Para sua segunda estada, che-

---

*Ministério das Relações Exteriores soviético.

gou um ano depois de Vetrov, em 1966, e retornou em 1974. Era o homem perfeito para a equipe de operacionais daquela geração.

Krokhin tinha então entre 55 e 60 anos. De estatura mediana, espadaúdo, usava um bigode fino, como alguns heróis interpretados por Mastroiani na época. Sua mulher era uma ex-bailarina clássica. De uma maneira geral, ele tinha a reputação de ser sensível à beleza feminina. Também gostava de esportes. Como mancava um pouquinho, apaixonou-se pelo pingue-pongue. Mandou instalar mesas até na sede da residência do KGB na embaixada. Encorajava seus oficiais a jogar mesmo durante as horas de escritório e ele mesmo se juntava a eles às vezes. Seus oficiais dedicavam-lhe estima e afeição. Foi provavelmente sob as ordens de Krokhin que a residência do KGB em Paris realizou suas melhores performances.

Oficialmente, Krokhin ocupava o posto de ministro-conselheiro. Mas suas funções reais eram um segredo-de-polichinelo. O que é atestado por essa história anedótica, mas verdadeira. Em 1966, para a festa do 14 de Julho, todo o corpo diplomático em grande gala — ternos e gravatas borboletas — alinhara-se nos jardins do Eliseu. De Gaulle aproximou-se dos representantes da embaixada soviética, todos seus conhecidos. Apertou a mão do embaixador Zorin: "Vossa Excelência!" Depois, para Krokhin: "Meu general!"

As relações entre o residente e Vetrov eram excelentes. Krokhin não parava de estimular o jovem oficial, que se torna cada vez mais safo. Uma mulher bonita e que sabia agradar, Svetlana o ajudava muito em seu trabalho. A princípio Sergueï Kostine mostrou-se cético ao escutá-la: "Nós trabalhamos juntos." Mas ele não tardaria a saber que, nos corredores da PGU, Svetlana era considerada a principal operacional do casal. Por conseguinte, apesar dos eventuais exageros de ambos os lados, seu papel no êxito profissional do marido nessa época não devia ser desprezível.

O agente mais conhecido recrutado por Vetrov em Paris foi sem dúvida Pierre Bourdiol. Estamos em condições de revelar seu codinome para o KGB: "Borde". Esse engenheiro de 42 anos da Thomson-CSF era casado e tinha filhos. Conheceu Vetrov no Salão dos Componentes Eletrônicos de 1970.[2] Simpatizante soviético, foi recrutado "com bases ideológicas". Apesar

OS MISTÉRIOS DE PARIS

disso, era remunerado, como todos os informantes do KGB nessa época. Destacado por sua empresa para o CNES* depois para a SNIAS,** supervisionava o equipamento eletrônico para o satélite franco-alemão Simphonie e, entre 1974 e 1979, para os foguetes Ariane.[3] A princípio, as tecnologias francesas no domínio aeroespacial estavam atrasadas cerca de dez anos se comparadas com as soviéticas. Segundo um dos oficiais manipuladores de Bourdiol, o KGB volta e meia dizia precisar de documentos fornecidos por ele, apenas para se certificar de que as coisas continuavam correndo bem. Contudo, durante 13 anos, Bourdiol seria considerado, segundo a terminologia do KGB, "um agente particularmente valioso".

A reputação da excelência de Vetrov viu-se definitivamente consolidada após o recrutamento de outro francês, de um calibre ainda mais potente que Bourdiol.*** Além disso, no momento de sua partida, Vetrov deixaria a seu sucessor uma boa equipe de agentes e vários estudos de "alvos" avançados.

Segundo Marcel Chalet, a DST rapidamente identificou Vetrov como membro do KGB.[4] As campanas eram insuficientes para controlar um oficial de informações. Foi então que entrou em cena um personagem que iria desempenhar um papel capital na história de Vladimir Vetrov.

Nascido em 1927, Jacques Prévost era um alto executivo na empresa Thomson-CSF: supervisionava os contratos com a União Soviética. O francês não teve dificuldade alguma para entrar em contato com Vetrov. Especialista em eletrônica, esta era de toda forma passagem obrigatória na sociedade francesa.

Mas Prévost tinha um duplo interesse em estabelecer boas relações profissionais e humanas com o simpático russo. De um lado, o sucesso da Thomson-CSF no mercado soviético dependia, em grande medida, de seu interlocutor direto na Representação Comercial. De outro, identificado

---

*Centro Nacional de Estudos Espaciais.
**Sociedade Nacional Industrial Aeroespacial.
***Infelizmente, não podemos revelar nenhum detalhe sobre esse homem, cuja existência nos foi revelada por uma de nossas testemunhas, pois resta alguma chance de que ele continue desconhecido pela DST. Pelo menos, essa testemunha nunca ouvira falar da prisão desse infiltrado, e, por uma razão evidente, não queremos que ele seja objeto de prisão após a publicação deste livro.

como oficial de informações atuante, Vetrov deveria ser seguido de perto: assim poderiam sondar seu estado de espírito e colher indícios importantes.

Em seu nível, Jacques Prévost não precisava prestar favores pessoais à DST. Aliás, "os ilustres" da contraespionagem francesa raramente eram remunerados. Mas sua empresa possuía um setor "armamentos", Thomson-Brandt, que estava na vanguarda do progresso e devia se precaver contra toda tentativa de penetrarem seus segredos industriais. Por exemplo, o tubo de onda progressiva tão cobiçado pelos soviéticos. Todavia, esse dispositivo figurava na lista do Cocom,* tendo, por conseguinte, sua exportação proibida para os países socialistas. Os regimes do Leste não podiam então senão roubá-lo ou comprá-lo clandestinamente. A Thomson, além disso, trabalhava com codificação. Todas as embaixadas da França no estrangeiro eram equipadas com teletipos Myosotis. Assim, era compreensível que essa empresa fosse fortemente vigiada e até mesmo infiltrada pela DST.

Sem incluir os informantes com quem a contraespionagem francesa pode contar na base, nas diferentes divisões da Thomson-CSF, Jacques Prévost era o interlocutor da DST no nível da direção. Na verdade, as relações entre a Thomson e a DST derivavam mais de trocas naturais de bons procedimentos. A Thomson assinalava à DST todos os soviéticos interessantes que caíam em seu campo de visão e a abastecia com detalhes referentes a seu caráter, sua vida privada, seus hábitos e vícios. Em contrapartida, a DST retribuía a empresa resolvendo todo tipo de problemas burocráticos. Por exemplo, depois de uma intervenção da Thomson, um ministro soviético recebeu o visto francês em menos de 24 horas e não no prazo dos vinte dias regulamentares. Em outra ocasião, a empresa conseguiu obter a nomeação em Paris de um soviético que figurava na lista vermelha da DST. A contraespionagem francesa sabia até mesmo fechar os olhos para algumas transferências de tecnologias obtidas pelos agentes do KGB como Vetrov, esse tipo de atividade significando para a Thomson a construção de uma rede comercial e, para a DST, uma rede pura e simplesmente, capaz de ser explorada oportunamente. Para seus relatórios, Prévost reportava-se a um

---

*O Cocom (Comitê de coordenação para o controle multilateral das exportações) zelava para impedir a venda dos equipamentos e tecnologias ocidentais de ponta aos países do bloco soviético. Criado em 1949, agrupava 17 Estados industrializados.

OS MISTÉRIOS DE PARIS

jovem comissário da DST que seria levado a desempenhar um papel chave no que ainda não se tornara o caso Farewell: Raymond Nart.

Para Nart, Prévost era pura e simplesmente, segundo sua própria expressão, "um agente de Vetrov", mas "por necessidade comercial". Uma situação que podia passar por ambígua, mas que não chocava absolutamente Nart: "Não, não, era um bom patriota, mas um bom negociante também..."[5]

Rechonchudo, vivo, extremamente educado e experiente, Prévost é um homem cosmopolita. Quando Éric Raynaud o encontrou na casa dele em 2009, o ex-representante da Thomson nada perdera de sua amabilidade e sobretudo de sua vivacidade, com uma memória ainda relativamente precisa sobre fatos ocorridos não obstante há mais de trinta anos. Uma memória, é verdade, competentemente preservada por um grande arquivo que listava com precisão todos os elementos do caso que se encontram em suas mãos.

No âmbito de suas atividades profissionais, Jacques Prévost tinha desenvolvido um tecido de relações na União Soviética particularmente denso, que incluía vários responsáveis de nível ministerial. Prévost gabava-se de ser o único francês na URSS a dispor de uma rede desse tipo, o que, à exceção de um Alexandre Doumeng,* está na ordem do plausível. Por essa razão, despertara imediatamente o interesse dos serviços secretos franceses. Antes de pertencer à DST, Prévost atuou dessa forma como agente no Sdece, antes de o estado-maior do Eliseu, competente no assunto, decidir entre as duas agências e o designar para a DST, sem perguntar muito a opinião ao primeiro interessado, por sinal.

Mas voltemos ao fim dos anos 1960. Nessa época, Prévost adquiriu o hábito de convidar os Vetrov todos os meses para almoçar ou jantar. Em uma ou duas ocasiões, Prévost levou a mulher, o que conferia um tom de intimidade a essas relações, no fim das contas, oficiais. Passavam algumas horas num bom restaurante parisiense ou no campo. Algumas vezes, outros executivos da Thomson ou parceiros — reais ou presumidos — juntavam-se a eles. Frequentemente, Vetrov e Prévost viam-se por ocasião da pas-

---

*Alexandre Doumeng: homem de negócios francês (grupo Interagra) e comunista apelidado de "o milhardário vermelho".

sagem de uma delegação comercial soviética. Pouco a pouco as relações tornaram-se cada vez menos formais, quase amistosas. Vetrov desconfiava que interessava a Prévost tanto pela Thomson-CSF quanto pela DST? Era possível: a residência parisiense do KGB tinha uma lista, sempre atualizada, dos intermediários presumidos de seu principal adversário. Nesse caso, Vetrov podia mesmo ser encorajado por seus superiores a cultivar essa relação preciosa e relatar após cada encontro seus menores atos e gestos.

Entretanto, a partir dessa época, Prévost ficará impressionado por um traço de Vetrov absolutamente surpreendente da parte de um soviético expatriado, logo forçosamente privilegiado: "Ele falava muito, e já emitia críticas virulentas contra seus superiores, o Partido, e até contra o regime inteiro. Por essa razão, sempre me inclinei a desconfiar um pouco dele."

A propósito, durante o verão de 1970, aconteceu um estranho episódio.[6]

Foi algumas semanas antes do planejado repatriamento de Vetrov, provavelmente numa noite de sexta-feira, Svetlana não se lembra mais muito bem. Ela estava com o pequeno Vladik no castelo de Montsoult. Vladimir devia encontrar-se com eles depois do expediente. Entretanto, anoiteceu e Vetrov ainda não tinha chegado. Svetlana estava cada vez mais preocupada. Ainda mais que, obviamente, a datcha da Representação Comercial possuía uma linha telefônica. Já esperava o pior, mas nada contou a seus amigos. Afinal de contas, seu marido podia ter ido cumprir uma missão urgente por conta do KGB. Vladimir só telefonou para ela na manhã seguinte. Evitou naturalmente contar por telefone o que lhe acontecera, e Svetlana só viria a saber do acidente quando estivessem juntos.

Cumpre dizer que, segundo sua mulher, Vetrov sempre a consultava quando estava diante de uma situação embaraçosa, mesmo se o que tivesse a revelar o desabonasse. Svetlana tinha um espírito muito mais prático e nenhuma decisão importante era tomada à sua revelia. Melhor, a maior parte do tempo era ela quem tinha a última palavra. Mas, por uma vez, Vladimir contou à mulher uma história inverossímil.

Ele saía de uma reunião de negócios que envolvia a Representação Comercial. Como sempre, tomaram um trago, mas ele não estava sequer tonto. Já deixava Paris em direção a Montsoult quando seu 404 teria sido abalroado por outro veículo. Era incapaz de descrevê-lo, pois teria perdido a consciência na hora. Quando voltou a si, não havia mais ninguém. Para ele, essa história era inexplicável.

Diante dessa situação desesperada, Vetrov alertara seus dois contatos parisienses mais próximos. Albert Gobert reagiu como amigo fiel e generoso, oferecendo-se para lhe comprar um carro novo. Mas isso ficava para depois. Foi Jacques Prévost quem resolveu o problema mandando consertar rapidamente o bom e velho Peugeot. Aliás, segundo ele, o conserto teria saído bem mais caro que um carro novo.[7] Fosse à custa da Thomson fosse da DST, isso é um fato. Com todas as reservas que fazemos a esse relato, uma coisa é clara: ao agir assim, Prévost salvou a carreira de Vetrov.

Mas por que um banal acidente, sem danos corporais ou fatais, ganhou tanta importância? No sistema soviético, a reação da embaixada era previsível e não prenunciava nada de bom para Vetrov. Um soviético devia manter-se sóbrio e respeitar as leis e os costumes do país onde residia. Acima de tudo, um membro do KGB devia servir de exemplo a todos os seus compatriotas. Apesar das excelentes relações de Vetrov com seu residente, um delito tão grave como um acidente de carro em estado de embriaguez e com um carro de serviço era para ser punido com um repatriamento sumário e talvez, mais tarde, a proibição de sair da URSS. Krokhin poderia ter-lhe dado uma cobertura se o acidente tivesse acontecido durante uma missão, mas ficava mais difícil num âmbito privado. Ainda mais que o acidente ocorreu em seguida a manobras comerciais não muito claras.

Dois outros esclarecimentos impõem-se a respeito desse incidente.

Em primeiro lugar, Vetrov era um ás no volante. Todos os oficiais de informações eram formados como motoristas profissionais. Bastava ver o retorno dos membros da residência do KGB de um programa no campo um domingo à noite. Era sempre uma corrida, na qual cada um tentava provar ao outro que era melhor piloto que ele. Não paravam de trocar de faixas de rolamento, costuravam, espremidos no fluxo de veículos, ultrapassavam atravessando a linha contínua ou usando a calçada.

Mas Vetrov reinava sobre essa equipe de semiprofissionais. Certa vez, pilotos de automóveis soviéticos deviam participar de uma corrida com carros de passeio no circuito de Mônaco de Fórmula 1. Um piloto ficou doente. Vladimir recebeu uma proposta para substituí-lo a fim de não enfraquecer a equipe. Logo, é pouco provável que a causa do acidente de Vetrov tenha sido a falta de experiência ou a presunção. Além disso, a estrada estava seca nesse dia.

E, como se não bastasse, não era a primeira vez que Vladimir pegava no volante depois de beber. A vida de um delegado comercial é feita de coquetéis, refeições regadas a álcool e drinques ingeridos praticamente em todos os encontros. Por sua constituição física, Vetrov tolerava bem o álcool. Além de tudo, beber sem ficar bêbado fazia parte de sua formação na Escola da Floresta. Sendo membro do KGB, ele devia além disso se controlar. Por fim, nessa noite, Vetrov devia ir a Montsoult. Eram apenas 24 quilômetros de distância, mas era mais do que voltar da rua de la Faisanderie após um jantar informal. Ainda mais que ele corria o risco de cruzar com seus colegas. Certamente não o entusiasmava aparecer de porre perante o chefe da Representação Comercial, pois as relações entre os dois homens eram bastante frias.

Dito isto, vemo-nos apesar de tudo obrigados a admitir que Vetrov podia ter interesse em minimizar a dose ingerida aquela noite. Svetlana poderia lembrá-lo do acidente sempre que ele quisesse dirigir após um copo a mais. Pode ser, portanto, que Vladimir tenha inventado toda essa história para a mulher com o único objetivo de encobrir o fato de que na realidade ele poderia muito bem e da mesma forma, em estado de embriaguez, ter colidido com um poste.

Muitas coisas não batem nesse caso. Por que o carro que teria abalroado o Peugeot de Vetrov desapareceu? Nenhuma ocorrência, nenhuma troca de coordenadas, necessária para o seguro, ninguém chamou a polícia ou a ambulância, uma vez que Vetrov teria desmaiado. Seria porque seu carro foi abalroado por bandidos que fugiram na hora? Ou todo esse acidente foi uma armação?

Os oficiais do KGB que tiveram conhecimento do processo judicial de Vetrov inclinam-se por essa hipótese. Mas nunca podemos esquecer que, muito frequentemente, os organismos, como os indivíduos, funcionam por mimetismo, atribuindo ao outro lado os reflexos que eles próprios teriam manifestado. O KGB certamente não teria deixado de explorar um acidente fortuito para abordar um alvo de recrutamento, sendo até capaz de montar uma operação desse tipo de ponta a ponta.

O mesmo não se dava com a DST, que, ao contrário do KGB, não era um Estado dentro do Estado. Por conseguinte, segundo todas as probabilidades, não apenas a DST não foi a instigadora do acidente, como ficou demonstrado que só foi informada dos fatos bem mais tarde. E por todos os motivos.

Jacques Prévost continuou tranquilamente, segundo as trocas de favores mútuos perfeitamente azeitadas entre a DST e a Thomson, a manter os serviços franceses a par do comportamento dos parceiros soviéticos com os quais estava em contato. Entretanto, esperou o momento certo de lhe fornecer essa valiosa informação, provavelmente temendo a utilização que a DST podia fazer dela com respeito a Vetrov. Prévost só contaria a Nart o acidente bem depois da partida do casal para Moscou. Uma vez de volta ao redil, seu parceiro não corria mais o risco de uma abordagem de recrutamento por parte da DST, que não tinha o direito de operar fora do Hexágono, e os interesses comerciais da Thomson seriam assim preservados.

Provavelmente para compensar essa leitíssima infração à regra da "troca de favores", Prévost descreveu-lhe com requinte de detalhes os sentimentos de Vetrov antes de sua partida: "Ele está estranho. Me disse que gostava muito da vida na França, pela mulher e pelo filho também. E depois começou a chorar. Enfim... Ele não quer voltar."[8]

Mais tarde, Prévost se deu conta de como tivera razão ao agir dessa forma. Nart prontamente tentou convencê-lo a oferecer a Vetrov a ajuda de seu país: "Se ele quiser ficar na França, diga-lhe que providenciamos isso. Mas procure mostrar-se o mais neutro possível. Tem a família dele; não sabemos o que eles pensam. A coisa precisa vir dele."

Uma das regras de ouro da profissão exige que a abordagem nunca seja feita durante o primeiro contato com o alvo. O recrutamento pode fracassar, mas as relações devem ser resguardadas. Eis por que num certo estágio surge um "amigo" que assume esse papel ingrato e sai de cena diante de alguma adversidade.

No caso, lembra Svetlana Vetrov, Jacques Prévost apresentou a Vetrov um certo "Pierre". Era um ex-jogador de rúgbi, membro da seleção nacional. Tinha estatura para isso: alto, espadaúdo, musculoso. Tinha um visual sedutor e não lhe faltava simpatia. O KGB tinha certeza de que ele integrava os serviços secretos franceses.

Do lado francês, afirma-se que nenhuma iniciativa formal foi tomada por nenhum dos agentes da DST. Prévost, por sua vez, nos responderia que se tratava simplesmente de um de seus amigos, chamado Jean-Paul, e que este não tinha absolutamente nada a ver com o mundo da espionagem.

Os Vetrov, portanto, jantaram duas ou três vezes com "Pierre" e Jacques Prévost. Seus programas são de caráter exclusivamente social. Por exemplo, uma noite — em 6 de março de 1970, Svetlana guardou o cardápio do restaurante —, os franceses levaram os Vetrov ao Franc Pinot, restaurante-cabaré na ilha Saint-Louis. Dizia-se que o estabelecimento tinha Salvador Dalí entre seus frequentadores. Na véspera, o pintor jantara lá com algumas beldades. Gostava de vê-las dançar na pista enquanto ele permanecia em sua mesa numa galeria.

Quando ficaram a sós, Vladimir terminou por lhe confessar, com uma expressão displicente: "Jacques me ajudou a consertar o carro. Na verdade, eles estão me propondo uma defecção." Svetlana caiu das nuvens. Embasbacada, fica sabendo que "Pierre" e Prévost até mesmo levaram Vetrov para visitar Parly II, bairro residencial onde eles poderiam morar caso se decidissem pela defecção em vez de retornar a Moscou. Vladimir rejeitou a proposta, mas nada estava perdido. Tudo que ele vira na França naqueles cinco anos, tudo em que refletira, as comparações que fizera entre os dois sistemas pareciam dar frutos.

Prévost relatou-nos o caso sob um ângulo mais sutil. Em resposta a um dos incontáveis queixumes de Vetrov com relação à sua volta à Rússia, o representante da Thomson lhe disse um dia: "Ora, se não quiser voltar para Moscou, então fique." Vetrov, que captara perfeitamente a natureza da proposta, exclamou então que aquilo era impossível para ele, basicamente por causa de sua família, a que permanecera na Rússia, mas sobretudo por Svetlana.

OS MISTÉRIOS DE PARIS

Entretanto, ao falar com a mulher sobre essa oferta, ele pareceu consultá-la. Svetlana hoje tem certeza de que, se ela tivesse dito sim, os Vetrov teriam "escolhido a liberdade", segundo a expressão consagrada. Mas ela era ligada demais a seu país e a seus parentes. Disse não. A questão não seria mais colocada por eles. Como veremos mais tarde, esse apego ao país natal era amplamente partilhado por Vladimir, mas manifestamente a questão do asilo político passou-lhe mesmo assim pela cabeça. Tudo então sugeria que Vetrov procurava testar Svetlana. Se sua mulher se declarasse favorável, a resposta à oferta de Prévost teria certamente sido outra, e o destino de Vladimir Vetrov ganharia um contorno bem diferente.

Nart ainda hoje duvida de que a proposta tenha sido feita a Vetrov. Pois, se este último tivesse resolvido ficar na França, o escândalo teria sido considerável, "queimando" completamente Prévost na URSS. O que não era nem do estilo nem do interesse do representante, ou de sua empresa.

Não é difícil explicar por que Vetrov evitou comunicar a abordagem a seus superiores, como era seu dever. O raciocínio deles era previsível: "Ninguém aborda assim um indivíduo qualquer. Se eles tentaram recrutá-lo, foi porque ele lhes deu o pretexto." Se assim fosse, Vetrov não teria mais tido nenhuma chance de ser designado para operar num país ocidental. No melhor dos casos, conseguiria uma missão na África ou na Ásia. No pior, corria o risco de ficar para sempre em Moscou. Para um membro da PGU, isso representava o fim da carreira.

Entre parênteses, se a DST tivesse percebido essa sutileza do raciocínio soviético, sua missão teria sido muito mais fácil. Bastaria abordar sistematicamente todo oficial de informações identificado. Se ele recusasse, era obrigado a partir; se aceitasse, devia colaborar ou jogar um jogo duplo. A DST teria ganho em todas as alternativas.

Após o fracasso da abordagem, Raymond Nart contentou-se em desencavar o dossiê de Vetrov na base de dados central do serviço. Tratava-se na verdade de uma simples ficha de papelão (ainda estamos longe da informatização dos arquivos) recapitulando o histórico e os elementos básicos a respeito do "alvo". Antes de classificar o dossiê, acrescentou uma menção em vermelho: "Em caso de nova manifestação do alvo, ou de pedido de visto, favor avisar com urgência R23", o código pessoal interno do próprio Nart.[9]

Cumpre fazer justiça a Prévost: se Vetrov pôde guardar uma boa lembrança de suas relações com os franceses, foi também graças à sua habilidade, que não excluía um sentimento de amizade pelo parceiro soviético. Após o acidente, e independentemente da tentativa de abordagem, a gratidão de Vetrov por Prévost era absoluta. Sua amizade, que até então repousava apenas numa relação de trabalho, ganhou uma dimensão mais profunda, principalmente aos olhos de Vetrov.

Antes de sua partida, num estilo muito afetuoso, o russo não hesitou em dizer-lhe: "Jacques, tenho plena consciência do que você fez por mim. Saiba que não me esquecerei." E acrescentou solenemente: "Sim, juro que um dia irei retribuir-lhe.[10]"

6

A volta ao redil

Os Vetrov retornaram a Moscou em 1970, no fim de julho, encerrando uma viagem rotineira para um oficial do KGB. Vladimir correu para ver o pai, vítima de uma apoplexia recente. Prostrado numa cadeira, Ippolit Vassilievitch não reconheceu mais o filho. Morreria em 10 de agosto.

Na PGU, Vladimir foi lotado na Direção T, especializada na informação científica e tecnológica. Era uma divisão relativamente nova, criada em 1967, enquanto Vetrov estava em missão na França.

Sem ser deslumbrante, sua carreira no KGB era bastante honesta. A série de recrutamentos que ele efetuara na França lhe valeu ser indicado por Krokhin para uma condecoração importante. Uma ordem da Estrela Vermelha ou da Bandeira Vermelha costumava recompensar o serviço frutífero de um oficial de informações no estrangeiro.

Curiosamente, Vetrov não recebeu nenhuma delas. Em sua passagem por Paris, seria de fato promovido a tenente-coronel, o que era normal para sua idade e tempo de serviço. Mas nenhuma condecoração. Como os oficiais presentes na lista conseguiam sua medalha quase automaticamente, Vetrov achou aquilo uma injustiça, quase uma ofensa. A PGU provavelmente soubera do comportamento um tanto leviano e da vida larga dos Vetrov em Paris. Em todo caso, essa decisão não poderia ser atribuída à abordagem da DST: se o KGB tivesse alimentado a menor suspeita, Vetrov seria sumariamente exonerado.

Outras decepções profundas o esperavam. Deixando Paris, deixava, além de agentes formalmente recrutados, um grande número de estudos de alvos avançados. Em pratos limpos, isso significava que muitos de seus contatos franceses já haviam sido cooptados por Vetrov e estavam dispostos a colaborar com o KGB. Os colegas de Vladimir recém-chegados, que deram o golpe de misericórdia em presas descobertas, rastreadas e subjugadas por ele, receberiam condecorações prestigiosas, mesmo ainda atuando na França. Vetrov ficou irritadíssimo com isso.

Chegou a dizer, num momento de exasperação: "Fui estúpido de não aceitar fazer o terceiro ciclo na faculdade! Eu estaria tranquilo, doutor, diretor de departamento... O que vim fazer nesse caos!" Mas Vladimir perdia as estribeiras mais provavelmente para ser consolado pela mulher. Suas dificuldades ainda eram passageiras; suas cóleras, apenas acessos de mau humor. Na época, ainda estava longe de desprezar o KGB.

Mas tinha consciência de que a atmosfera na Casa Grande evoluíra. Seus sucessores em Paris não eram pessoas como ele, que não gozava de nenhuma proteção nos altos escalões. No fim dos anos 1960, os postos no Ocidente tornaram-se uma exclusividade da nomenklatura. Como regra geral, os membros das residências do KGB usavam a cobertura da imunidade diplomática. Com isso, a profissão teoricamente perigosa de oficial de informações não apresentava mais riscos para a vida ou a saúde. A pena mais grave que se podia infligir a um diplomata pego em flagrante delito de espionagem era a expulsão. Além disso, as vantagens da vida em Paris, Londres ou Nova York eram múltiplas e manifestas. Após as Relações Exteriores e o Comércio Externo, a multidão de incontáveis filhos, genros e sobrinhos privilegiados lançara-se de assalto ao serviço de informações do KGB. A atmosfera na PGU começou a se degradar com maior rapidez.

Nessa época, o ressentimento de Vetrov ainda não era agudo. Uma vez digeridas as ofensas ligadas à sua volta da França, sua vitalidade natural voltou a prevalecer. Afinal de contas, ainda tinha diante de si uns bons 15 anos até o fim de sua carreira. E continuava a fazer parte dos agentes operacionais, destinados a outras viagens ao estrangeiro.

Prova disso é que Vetrov não foi integrado à equipe da Lubianka, e em vez disso recebe outra função de fachada. Era no Ministério da Indústria

A VOLTA AO REDIL

Radiolétrica, de certa forma herdeiro do Comitê de Estado para a Técnica Eletrônica, onde ele trabalhara antes de sua partida para a França. Embora se dedicasse principalmente aos dispositivos eletrônicos, o Ministério mantinha relações oficiais com o estrangeiro. Em 19 de novembro de 1970, após ter tirado férias e regularizado sua saída do Ministério do Comércio Exterior, foi nomeado para o posto de chefe do Departamento Estrangeiro da Direção-Geral das Relações Econômicas, Científicas e Técnicas. Supervisionava todos os contatos com os países capitalistas em nome de seu novo Ministério. Ao mesmo tempo, continuava a se apresentar de tempos em tempos com seus relatórios na sede do KGB. Mas, com relação à sua Casa, era apenas uma pausa entre duas missões no estrangeiro.

O Ministério tinha sua sede no beco Spasso-Nalivkovsky, atrás da embaixada da França. Vetrov retomou a vida de um funcionário soviético. Chegava ao escritório às 9h, saía às 18h.[1]

O serviço de relações exteriores de um Ministério faz parte do âmbito exclusivo da nomenklatura. Prova disso, os dois amigos que Vetrov fez entre seus colegas não eram qualquer um: Anatoli Kirilenko, responsável pelos países socialistas, era filho de um membro do Politburo, Andrei Kirilenko; Vladimir Maximov teve a sorte de casar com a filha de Piotr Dementiev, ministro da Indústria Aeronáutica.

"Max" foi um amigo muito próximo de Vetrov. Era um ótimo sujeito, embora sem caráter. Apesar de se entender bem com a esposa, seu casamento com a filha de um figurão comunista acabou com sua vida. Em casa, era menos que nada: tudo que havia à sua volta pertencia à mulher, tudo que ele conseguira foi graças ao sogro. O qual, por sinal, não se abstinha de alardear isso na época. Maximov sonhava ir trabalhar no estrangeiro para se livrar da tutela opressiva desse sogro ministro.

Consequência ou não de todas essas frustrações, "Max" era alcoólatra. Em sua companhia, Vetrov também se entregava à bebida. Na era Brejnev, "porres" na véspera dos feriados, por ocasião de um aniversário ou simplesmente para comemorar um sucesso profissional, eram institucionalizados, ou quase isso, na maioria dos organismos soviéticos. Com uma frequência cada vez maior, Vetrov voltava para casa bêbado.

Tinha até mesmo um caso com uma secretária. Mas ainda dominava a situação e seus arroubos. Assim que Svetlana ficou sabendo, ele rompeu com a amante e obteve, "beijando-lhe as mãos e os pés", diz ela, o perdão da mulher. Esta teria ainda exigido que ele assinasse um compromisso solene, prometendo-lhe nunca mais ter relações extraconjugais.[2] O fato denota bem o papel de Svetlana no casal e a influência que exercia sobre o marido.

Em Moscou como em Paris, os Vetrov não se diluíam na massa soviética.[3] Seu apartamento, num dos bairros mais chiques da nomenklatura, era mobiliado e decorado de maneira luxuosa. Uma escrivaninha Luís XV, um armário de marchetaria do século XVIII, outros móveis antigos decoravam o living. As paredes exibiam quadros antigos. Embora as obras dos mestres não estivessem ao alcance dos Vetrov, todas as telas eram de um nível excelente e escolhidas com bom gosto. Com formação universitária e apaixonada por arte, Svetlana passava grande parte do tempo percorrendo as lojas de antiguidades em busca de novos objetos de valor.

O salário, bem razoável, de Vetrov gira em torno de quinhentos rublos por mês. E suas compras são na realidade caras: a escrivaninha Luís XV custara dois mil e quinhentos rublos e o armário de marchetaria, três mil e setecentos. Entretanto, o casal conseguia arranjar o dinheiro para cada compra. Em parte, graças à conta que tinham no Vnesheconombank (Banco do Comércio Exterior).* Por outro lado, oficialmente os Vetrov não podiam ter feito muitas economias durante sua temporada na França. À guisa de comparação, um de nossos entrevistados, que passou sete anos na residência do KGB, conseguiu juntar apenas 14 mil rublos nesse período. E

---

*Até mesmo os soviéticos que tinham trabalhado no estrangeiro não tinham direito a possuir divisas. Depositavam parte do salário na contabilidade de seu estabelecimento, a Representação Comercial no caso de Vetrov. A contabilidade ficava com seus francos, dólares, dinares, piastras ou qualquer outra moeda estrangeira, as convertia pelo câmbio oficial em rublos ditos transferíveis e as depositava na conta do interessado no Vnesheconombank. Este último podia extrair daí bônus chamados *certificats* com os quais ele pagava suas compras em lojas especiais, as Beriozkas, que vendiam produtos importados não encontrados em outros lugares. Havia um tráfico em torno dos *certificats*: os soviéticos que não os possuíam compravam no mercado negro por quatro ou cinco vezes o preço oficial.

mais, ele os considerava uma soma enorme. Somos então obrigados a crer que parte da fortuna dos Vetrov tinha uma origem oculta.

Stanislav Sorokin, que foi colega de Vladimir durante toda a sua temporada em Paris, e sua mulher encontraram, no inverno de 1971, com os Vetrov numa grande loja de móveis na avenida Lenin em Moscou. Os Sorokin hesitavam em comprar um espelho de três faces que lhes parecia muito caro: 124 rublos. Enquanto ponderavam, deram uma volta pela loja. Ficaram maravilhados diante de uma mobília completa para dormitório. Os móveis eram brancos, o que na época parecia tão extravagante quanto um piano de cauda ou um Mercedes da mesma cor. Mas o preço era exorbitante: cerca de três mil rublos. Foi quando eles avistaram os Vetrov.

— Ah, que beleza! — exclamou Vladimir, após ter cumprimentado os conhecidos. — Gosta?

— Nada mal — admite Svetlana.

— Quer comprar?

Svetlana dá de ombros.

— Resolvido, vamos comprá-los.

Sorokin se lembrará desse episódio durante anos. E esta era um pouco a impressão de todos os ex-colegas da residência parisiense. O bordão era: "Vetrov fez uma grana com suas transações parisienses."

Mas, além do pequeno capital acumulado na França, havia outra explicação, igualmente válida. As maiores coleções de obras de arte soviéticas foram formadas porque seus proprietários sabiam onde comprar barato e onde revender caro. Por exemplo, trocava-se um quadro por uma ninharia na casa de uma velhinha, filha ou mulher empobrecida de um pintor, ator, até mesmo um alto funcionário. Vendia-se a um novo-rico clandestino preocupado em investir os rublos que não podia gastar abertamente. A cada objeto que passava por suas mãos, os colecionadores faziam uma margem mais do que confortável, e perfeitamente legal. Havia um leque de outros procedimentos inteligentes. A pessoa virava um frequentador das lojas de antiguidades, que em Moscou se contavam nos dedos de uma das mãos. Seus gerentes consideravam uma satisfação reservar um belo móvel ou quadro e telefonar para um cliente fiel que conhecia o jogo. Pois este último nunca comprava fiado. O sistema era mutuamente lucrativo.

O *expert* da loja avaliava por um preço mínimo ou nitidamente abaixo de seu valor real o objeto sugerido por um particular para revenda. Depois, sem jamais expô-lo, o pessoal da loja passava-o para um cliente, que o recompensava generosamente em dinheiro vivo.

Examinamos com vagar esses detalhes para rechaçar, entre outras coisas, a versão mais tarde amplamente aceita nos corredores da PGU, segundo a qual Vetrov teria sido, durante sua temporada parisiense, um agente generosamente remunerado dos serviços especiais franceses.

Ao deixar a França, nem por isso Vetrov cortou os laços que o uniam a esse país, e mais particularmente a seu amigo Jacques Prévost.

Em 1972-1973, este último ia com bastante regularidade a Moscou por conta da Thomson-CSF. Um dia, Vetrov telefonou para seu hotel, o Rossia, e solicitou uma entrevista. Instantes depois, encontraram-se no saguão e saíram ambos de carro. Então, subitamente, Vetrov sacou sua carteira de tenente-coronel do KGB e lhe mostrou: "Aqui está", disse ele, "será que continua a aceitar ser meu amigo?" Prévost, que sem conhecer precisamente sua patente, não ignorava o pertencimento de seu parceiro ao KGB, respondeu-lhe que naturalmente, aquilo não mudava nada para ele. Imediatamente, Volodia, como ele o chamava, convidou-o para jantar. Prévost iria assim duas ou três vezes à casa dos Vetrov.*

Os russos gostavam de receber em suas casas. Svetlana e Vladimir consideravam uma questão de honra empanturrar Prévost de caviar, ovas de salmão, esturjão defumado e outras iguarias locais. Era tudo servido em bandejas de prata, mas estas não custavam nenhuma exorbitância nas lojas que vendiam objetos antigos. O francês pareceu apreciar todo aquele luxo. Desejando sem dúvida lisonjear seus anfitriões, um dia chegaria a lhes dizer: "No meu país, apenas um Rothschild poderia se permitir possuir móveis assim."

Por sua vez, no fim da primeira refeição, Vetrov viu-se obrigado a externar novamente gratidão por suas providências depois do acidente: "Fique

---

*Sendo oficial do KGB, Vetrov não podia frequentar os estrangeiros a não ser por razões de serviço e com a autorização expressa de seu estabelecimento. Uma vez que Prévost era considerado seu objeto de estudo, ele devia obter essa autorização sem problema.

A VOLTA AO REDIL

sabendo, Jacques, não esqueci o que você fez por mim, e chegará o dia em que pagarei minha dívida."

Em outra ocasião, Prévost viajou na companhia da mulher, a quem Svetlana serviu de cicerone em Moscou, visitando a galeria Tretiakov, o museu de Belas-Artes Púchkin... Um domingo, os Vetrov passaram para pegar os amigos franceses em seu hotel, o Leningradskaia, e os levaram para visitar Serguiev Possad (Zagorsk na época soviética), sé oficial da Igreja ortodoxa russa.

Jacques Prévost estava igualmente acompanhado do amigo Jean-Paul, mas é sobretudo a presença da mulher que sugere que nenhuma nova abordagem foi feita. Era por essa razão que Prévost, ciente de que o KGB não ignorava sua qualidade de "espião de honra", hesitava em levá-la a Moscou. Com a mulher na linha de frente, era difícil imaginar o intermediário da Thomson fazer uma proposta de defecção a um agente do KGB. Aliás, Vladimir tampouco disse qualquer coisa à esposa, e Svetlana tem certeza de que o teria feito se houvesse recebido outra abordagem formal, mais insistente.[4]

Mas outro fato iria convencer Vetrov do desinteresse da DST por ele. Em 1972, a PGU propôs-se a enviá-lo como olheiro do KGB em Marselha sob a cobertura do posto de cônsul. Havia lá, afora o cônsul geral, que pertencia efetivamente às Relações Exteriores, um posto de cônsul ocupado tradicionalmente pelo KGB e outro destinado ao GRU.

De qualquer ponto de vista, seria uma promoção que curaria de uma assentada todas as feridas infligidas ao amor-próprio de Vetrov. Essa intenção também comprova que as contrariedades ligadas à condecoração prometida e jamais concedida estavam mortas e enterradas. Da mesma forma, sem o saber, o KGB daria um belo presente à DST, que poderia prosseguir confortavelmente o assédio a seu velho alvo. A paciência é uma virtude necessária a qualquer um que queira ser bem-sucedido. Na arte da informação mais que em qualquer outro domínio. O retorno de Vetrov à França teria dado à DST uma excelente oportunidade para resolver a situação. Todavia — pasmem! —, a credencial lhe foi negada.

Raymond Nart, cujas instruções internas eram não obstante claras, afirma não ter sido posto a par desse pedido de credencial. Logo, é provável que a informação nunca tenha chegado ao serviço. Era o ministério das Relações Exteriores quem fornecia os vistos diplomáticos; as instruções da DST nesse domínio eram para limitar ao mínimo o número de residentes soviéticos. Para um serviço que carecia cruelmente de pessoal, o afluxo de diplomatas soviéticos considerados agentes de informações tornava impossível o controle efetivo sobre suas manobras. Reduzir o número de residentes soviéticos seria aliás uma preocupação constante da DST, e isso até a famosa expulsão em massa dos diplomatas de 1983, estreitamente ligada ao caso Farewell, como veremos adiante.

De uma forma bem irônica, foi certamente essa mesma preocupação que originou o desencontro que provocou a recusa de credencial a Vetrov. A abertura do consulado de Marselha somava-se à abertura de outro consulado, em Estrasburgo, duas oportunidades para o KGB multiplicar o número de agentes infiltrados. As discussões fluíam bem entre o Quai d'Orsay e as autoridades soviéticas, até ficarem tensas e resultarem numa limitação segundo cotas rigorosas, cotas que terão sido fatais à concessão de uma credencial para Vetrov.

Vetrov deve ter interpretado essa recusa de outra forma: se os franceses lhe fechavam as fronteiras, era então, aparentemente, porque a DST desistira dele. Ora, se Vetrov se recusa a ser seu informante, ela por sua vez não quer um oficial de informação ativo e perigoso em seu território. Foi assim que ele explicou a situação à sua mulher. O fato de Jacques Prévost nunca mais lhe ter telefonado confirma essa hipótese.

Inversamente, isso atesta de maneira categórica que não apenas Vetrov não tinha aceitado a proposta de colaboração da DST como também não lhe dera esperança alguma. Pois, caso contrário, teria tido as portas mais do que abertas para esse posto de cônsul em Marselha.[5]

O fato é que após sua partida da França Vetrov só voltaria a sair da URSS em 1973. Nesse ano, passaria, por conta do KGB, uma semana na Suíça. País neutro, que provavelmente não pedira a opinião da DST.

7

À sombra dos bordos

Tanto no Ocidente como no Leste, vigorava entre os serviços secretos do mesmo bloco um sistema de troca de informações sobre seus adversários. No Ocidente, essa bolsa de troca de informações era conhecida como "Totem". Em qualquer país da Aliança Atlântica em que um membro do KGB fosse identificado, todos os outros desfrutavam desse dado. Assim que recebia um pedido de credencial ou visto no qual figurasse, entre os locais de destinação precedentes, Paris, Washington ou Bonn, toda a contraespionagem otaniana adquiria a certeza de obter elementos sobre o envolvido junto a seus aliados.[1]

Eis por que, quando, no fim de 1973, o KGB cogitou de enviar Vetrov para o Canadá, o oficial não esperava muita coisa dessa tentativa. Ora, contrariando toda expectativa, ele obteve o visto canadense. Esse mistério permanece sem solução. É improvável que a DST tivesse ocultado de seus colegas da GRC* o vínculo comprovado de Vetrov com o KGB. Será que, mesmo colocando-os a par, ela teria minimizado o perigo representado por esse oficial talentoso e agressivo? Será que pretendia dar sequência a seu estudo de Vetrov no país de seus primos quebequenses em vez de no

---

*O Serviço de Segurança da GRC (Gendarmerie Royale du Canada) ou, segundo sua sigla inglesa, RCMP (Royal Canadian Mounted Police Security Service) é a principal agência de contraespionagem desse país.

seu? Ou teria feito os canadenses vislumbrarem a eventualidade de uma abordagem comum? O fato é que, provavelmente informada pelos franceses, a GRC nem por isso deixou de aceitar a chegada dos Vetrov.

Em abril de 1974, Vetrov pede demissão do Ministério da Indústria a fim de ser nomeado para o posto de chefe dos engenheiros na Representação Comercial da URSS em Montreal. Os anos transcorridos desde sua temporada parisiense não mudaram nada em seu status: mesmo posto de fachada, mesma patente de tenente-coronel. Ambicioso, Vetrov não podia deixar de pensar nisso.

Nem por isso estava infeliz antes de partir para o estrangeiro. O Canadá tinha, na nomenklatura, uma excelente cotação na lista dos países mais frutíferos. Os Vetrov teriam à sua frente muitos anos de vida confortável e a perspectiva de um futuro materialmente assegurado. Isso também prova que Vladimir continuava a fazer parte do pessoal na ativa. Por outro lado, a vida de um agente operacional com seus riscos e alegrias é um poderoso estimulante. As sensações tornam-se mais violentas, e os instantes em que nos sentimos intensamente aqui e agora são muito mais numerosos.

Vladimir viajou sozinho. Svetlana ficou esperando o fim do ano escolar de Vladik, que estava na sexta série. Eles chegariam no mês de junho, junto com um alegre grupo de colegiais que reencontravam os pais para as férias. Aliás, Vladik seria obrigado a voltar a Moscou para o retorno às aulas, que, na União Soviética, era em 1º de setembro. Pois a colônia russa no Canadá tinha apenas uma escola primária.

Os Vetrov alojaram-se em Rockhill, no nº 4850 da estrada da Côte-des-Neiges. Era um grande e confortável conjunto residencial, podemos até dizer luxuoso, dando para um magnífico parque que subia em direção ao pico do monte Royal. Svetlana não gostou do lugar, que julgou um pouco monótono; todavia, muitos canadenses poderiam invejá-la.* O condomínio era formado por cinco torres com comércio miúdo e serviços no interior

---

*Devemos muitos esclarecimentos e observações criteriosas referentes à vida dos Vetrov no Canadá a Peter Marwitz, ex-oficial do Serviço Secreto da GRC (Serviço canadense da informação de segurança, ou, de acordo com a sigla inglesa, CSIS, Canadian Security Intelligence Service). Ele entrou em contato com Sergueï Kostine por intermédio das Éditions Robert Laffont na esteira da publicação de *Bom-dia, Farewell* em maio de 1997. A correspondência que se seguiu permitiu elucidar muitas zonas de sombra ou, pelo menos, lançar outras luzes sobre o caso.

À SOMBRA DOS BORDOS

do complexo. Havia um minimercado, uma oficina, uma tinturaria, um salão de cabeleireiro, um estacionamento subterrâneo, uma piscina, em suma, todo o necessário para se viver com plena autonomia. Isso iria se verificar muito prático no inverno, quando uma tempestade de neve bloqueasse as estradas, e a televisão e o rádio recomendassem aos moradores que permanecessem em casa.

O dois-quartos dos Vetrov é simpático e confortável. Sacada, ar-condicionado, uma bateria completa de armários, uma cozinha bem equipada com portinholas baixas abrindo-se nos dois sentidos, como num saloon... Mas a mobília era antediluviana: o apartamento ficou alugado dois anos para a Representação Comercial.

Outra desvantagem, Rockhill era bastante fora de mão, e Vetrov tinha de ir regularmente a dois lugares diferentes. Primeiramente, ao consulado-geral da URSS, situado na avenida do Museu 3655, que abrigava a residência do KGB. Para chegar lá, eram apenas quatro quilômetros. Em contrapartida, seu local de trabalho oficial, a Representação Comercial soviética, ficava a mais de dez quilômetros de distância, no bulevar Pio IX4370, ao lado do estádio olímpico, na época ainda um canteiro de obras. O inconveniente era que, no início da estada, Vetrov ainda não dispunha de um carro de serviço. Isso o deixava furioso. Não apenas não tivera promoção desde Paris como não lhe haviam dado um meio de locomoção próprio. No Canadá, com as distâncias e o culto tipicamente americano do automóvel, esta era uma necessidade vital. Entretanto, Vetrov devia saber muito bem o que não ignoravam os caçadores de espiões canadenses: um dos carros da residência sofrera um acidente pouco antes de sua chegada. Para substituí-lo, era preciso percorrer um circuito burocrático, e isso exigia tempo.[2] Mas Vetrov não cessava de ruminar contra o que sentia como uma humilhação pessoal.

Para se dirigir ao centro da cidade, precisava pegar o ônibus. Qual o problema? Quatro linhas passavam pelo seu bairro, e o acesso era tranquilo. Mas outra família soviética residia em Rockhill. Era o residente da GRU, o serviço de informações militar. Como seu escritório situava-se igualmente no consulado-geral, não lhe custava nada deixar Vetrov quando tinha de ir à residência do KGB. Às vezes, até, um colega fazia um desvio para passar e pegá-lo. Entretanto, Vladimir continuou a xingar seu superior. Apenas no fim de três ou quatro meses, comprou, com verba do serviço, um Ford azul metálico.

No Canadá, Svetlana também conseguiu um emprego. Em Montreal, havia umas oito crianças russas de sete a 11 anos e não existia escola russa a não ser em Ottawa. Mas a capital ficava a três horas de carro logo, não era prático. A solução foi encontrar uma professora para os alunos de Montreal. Diplomada na Escola Normal, Svetlana foi considerada a melhor candidata. Dessa forma, passou a ir cinco dias por semana à Representação Comercial, onde um aposento fora reservado ao ensino. Como numa escola rural, dava uma aula de aritmética, outra de leitura, uma terceira de história, enquanto os outros faziam seus deveres.

Seus cento e cinquenta dólares canadenses por mês constituíam um suplemento apreciável ao salário de Vladimir. Pois os soviéticos recebiam somas irrisórias, calculadas a partir de preços que remontavam aos anos 1950. Por exemplo, Vetrov ganhava mensalmente 440 dólares enquanto o montante de um seguro-desemprego era na época setecentos dólares. Ao contrário do que se pensa, os membros do KGB não se beneficiavam de nenhum suplemento em divisas a seus salários de funcionário "limpo".

Os Vetrov acharam os canadenses mais acessíveis que os franceses. As pessoas lhes dirigiam com mais facilidade a palavra na rua. Bastava beber uma coca com alguém para que este passasse a tratá-lo como "meu amigo". É verdade que, no dia seguinte, ele não conseguia mais se lembrar. O nível de vida era nitidamente mais elevado do que na França: os carros eram maiores e mais numerosos, os apartamentos mais espaçosos, mais chiques.

Era uma nação de indivíduos saudáveis, fortes, bonitos. Os homens eram altos e se cuidavam muito. Nas vitrines dos salões de beleza, eram mais numerosos que as mulheres. Uns ficavam sentados embaixo do secador do cabelo, outros cuidavam das mãos. E havia em Montreal tantos salões de cabeleireiro quanto floristas. Da mesma forma, os canadenses gostavam de roupas vistosas: casacos vermelhos, verdes, príncipe de gales. A princípio chocada, Svetlana habituou-se rapidamente e era assim que passaria a vestir Vladimir daí em diante.

À SOMBRA DOS BORDOS

A colônia soviética em Montreal era infinitamente menor do que em Paris. A embaixada e outras delegações situavam-se em Ottawa. Na capital do Quebec, havia apenas poucas dezenas de funcionários da Representação Comercial, do consulado-geral e da OACI (Organização da Aviação Civil Internacional).

Self-made men como Vetrov eram ainda mais raros do que no fim de sua estada em Paris: a era brejneviana estava em seu auge. Por exemplo, o delegado soviético da OACI era o próprio filho de Gueorgadze, secretário do Soviete Supremo, típico mafioso astuto e ganancioso frequentador dos corredores do poder. Sua mulher era filha de um marechal. Instalaram-se em seu apartamento duplex com o luxo que caracterizava a nova aristocracia comunista. Traço significativo, Vladislav Gueorgadze estava no Canadá sob um falso nome. Não porque fosse membro do KGB ou da GRU (era "limpo"), mas para evitar qualquer "provocação" contra sua pessoa.

A equipe da Representação Comercial não era numerosa. Vetrov incumbia-se dos assuntos de várias empresas de importação-exportação, incluindo domínios tão alheios à sua especialidade como a medicina ou o cinema. Como em Paris, fazia de A a Z todo o trabalho de um delegado comercial.

Operar para o KGB no Canadá era um desafio! A Divisão B (contraespionagem) da GRC era "uma das mais modernas e agressivas de toda a contraespionagem ocidental". Vinda de Peter Wright, um dos responsáveis duros do MI5 (a contraespionagem britânica), a apreciação é de peso.[3] Com efeito, os canadenses conseguiam vigiar praticamente cada soviético em cada um de seus deslocamentos. É o que diz Svetlana, e talvez seja um exagero. Mas devia ser válido para os seis oficiais de informações soviéticos comprovados que operavam então em Montreal.[4]

Em Paris, os Vetrov moraram em prédios pertencentes à embaixada. Ali, no Canadá, sabiam-se vigiados. Um dia, um lustre que iluminava a mesa da sala de estar explodiu ruidosamente, espalhando cacos pela sala toda. Svetlana tinha certeza de que embutia um dispositivo de vigilância qualquer. Para discutir um problema delicado, eram então obrigados a sair de casa. Imediatamente, um homem ou uma mulher começava a segui-los, sem sequer dar-se ao trabalho de disfarçar.

Nas lojas, a curiosidade dos homens encarregados de vigiá-los gerava cenas curiosas. No supermercado, Svetlana, generosa, dava sempre um jeito para que o perseguidor visse o que ela punha no carrinho. Em outra ocasião, enquanto compravam para Vladimir um casaco de couro inglês, bem caro, o informante girava em círculos quase torcendo o pescoço. Irritado, Vetrov mostrou-lhe a etiqueta com o preço e o disse para ele em voz alta.

No quarto, havia um armário enorme, espécie de despensa. Frequentemente, os Vetrov divertiam-se deixando pedaços de linha no vão da porta, que deviam cair caso esta fosse aberta. Por mais de uma vez, encontraram-nos no assoalho. O porteiro do prédio era um bom colega: de vez em quando Vetrov dava-lhe uma garrafa de vodca comprada na loja da Representação Comercial. Às vezes, o porteiro sussurrava para os Vetrov após tê-los cumprimentado: "Vocês tiveram visita."

Eis outro episódio ilustrativo. Um dia do mês de agosto, Vladimir viajara para Toronto a negócios. Algumas horas depois de sua partida, ao meio-dia, o interfone tocou:

— Senhora Vetrov? Somos da polícia. Soubemos que a senhora foi atacada.

— Eu? — espanta-se Svetlana. — Mas de jeito nenhum!

— Foi o que nos comunicaram. Podemos subir?

Svetlana concordou e telefonou imediatamente para a Representação Comercial para avisá-la daquela visita inesperada.

Dois sujeitos corpulentos, beirando os dois metros, apresentaram-se: um moreno e um ruivo. Ambos bem-apessoados e bem-vestidos. Svetlana os fez sentar, ofereceu-lhes uma bebida (eles recusaram) e charutos cubanos (eles se serviram). Os policiais explicaram que Svetlana e Vladik teriam sido atacados durante um passeio. Svetlana asseverou-lhes que era mentira. Em seguida, os canadenses fizeram-lhe algumas perguntas banais. Quinze minutos depois, foram embora.

Todavia, durante todo esse tempo, não pararam de olhar furtivamente à esquerda e à direita, como se quisessem memorizar a disposição de cada objeto no aposento. Svetlana achou que era para instalar uma "fonte"* ou porque ela teria desativado uma por inadvertência.

---

*No jargão dos serviços secretos, um microfone escondido. Peter Marwitz, entretanto, bem colocado para saber, nega o pertencimento dos dois homens ao seu serviço. Supõe que os visitantes faziam realmente parte da polícia, a menos que toda essa história tivesse sido inventada. Observemos aqui que ele não negou os outros detalhes mencionados por Svetlana relativos à vigilância de que era objeto o apartamento dos Vetrov.

Qualquer deslocamento para outra cidade devia ser notificado às autoridades com 48 horas de antecedência, mesmo no caso dos não diplomatas como Vetrov. A notificação especificava o número de pessoas que viajaria no carro, bem como seus nomes. Svetlana fez assim duas ou três viagens a Ottawa. Em todas elas, um carro da polícia começava a ultrapassá-los, depois emparelhara com eles por alguns instantes, o tempo de encarar cada passageiro do veículo.

Vladik recorda-se como o pai e um de seus amigos do KGB, Anatoli D., foram a um encontro clandestino. (Tal como ele vê agora. Na época, tinha apenas 12 anos e nem sequer sabia que Vladimir pertencia ao KGB.) Foram todos os três no carro de D., que tinha uma placa local. Em vez de pegarem a autoestrada, percorreram artérias vicinais, às vezes de terra batida. Perderam-se, mas, como estavam na estrada fazia duas horas, Vladik desconfiava que tinham ultrapassado o limite além do qual a circulação sem autorização era proibida.[5] Na verdade, o menino achava que já estavam nos Estados Unidos. Então, num fast-food de beira de estrada, Vetrov foi conversar com um cara enquanto Vladik e titio Tolia jogavam bilhar elétrico.

Perante vigilância tão draconiana, o chefe do KGB em Montreal tomara o partido de não agitar muito o pano vermelho diante da contraespionagem canadense. Era preferível viver pacificamente a ser expulso, com todos os aborrecimentos que isso representava para Moscou. Entretanto, o tom dos despachos enviados à Central era triunfante. Qualquer operação banal, como o encontro com um agente ou a obtenção de um documento confidencial, era alardeada como um grande sucesso.

Os filhinhos de papai da residência do KGB tinham tudo a perder em caso de fracasso e pouco a ganhar arranjando problemas. Vetrov, por sua vez, continuava motivado por uma ação dinâmica e produtiva. Não era protegido de ninguém, e sabia que ninguém lhe daria de bandeja uma promoção ou a estrela de coronel. Essa atitude gerou inúmeras altercações na residência. Com o tempo, um verdadeiro conflito iria opô-lo a seu superior.

O residente do KGB em Montreal chamava-se Igor Bolovinov. Era um louro bonitão, na casa dos cinquenta, vaidoso além da conta. Os dois homens haviam operado juntos durante três anos em Paris. Já naquela época, suas relações careciam de afeição (maneira de falar), mas na França pelo menos tinham um status idêntico. Svetlana estava convencida de que Vladimir era cotado como um excelente operacional, ao passo que Bolovinov não tinha mérito particular algum, a não ser o talento de redigir relatórios favoráveis a si próprio. Era, muito evidentemente, o que Vetrov lhe dizia. A contraespionagem canadense, que considerava uma questão de honra fazer o perfil psicológico mais completo possível do residente russo em Montreal, descrevia Bolovinov como um homem de aspecto militar, severo até, mas respeitado por seus subordinados.[6]

Em todo caso, no Canadá, Bolovinov viu-se chefe de Vetrov, e isso teria bastado para estragar a vida deste último. A situação, tal como ele a descrevia para Svetlana, era clássica para a informação soviética nessa época: para um, a temporada no Canadá era quase uma viagem de lazer; para o outro, era uma luta permanente em que ele tinha de ser o melhor. Além disso, Bolovinov temia que Vetrov cobiçasse seu posto. Svetlana omitirá mencionar que, já no Canadá, seu marido bebia muito, talvez até além da conta, uma vez que a GRC estava a par.[7]

O que é verdade é que nas estações do KGB no estrangeiro o residente era o único soberano depois de Deus. A reputação e a promoção de seus subordinados dependiam em oitenta por cento da nota que ele lhes dava. Como regra geral, bastava exigir a promoção de um operacional para que a Central respondesse favoravelmente a seu pedido. Evidentemente, o chefe de posto evitava atacar os "empistolados". Em contrapartida, os oficiais sem nenhum protetor eram reduzidos à subserviência. Cabia a eles expor-se ao risco e, além disso, eram obrigados a satisfazer a todos os caprichos de seu senhor. Um exemplo típico é fornecido por um residente do KGB em Helsinque que estava construindo uma sauna em sua datcha perto de Moscou. Durante meses, todos os seus oficiais a caminho da capital foram obrigados a carregar grandes pedras em suas bagagens.

O que precede explica claramente os riscos que Vetrov corria ao entrar em conflito com seu superior. Ele não podia ignorá-los, mas, aparentemente, era demasiado orgulhoso para baixar a guarda.

No início do ano de 1975, em torno do mês de fevereiro, um membro da Central foi a Montreal em missão de inspeção. Vetrov passou com ele uma noite inteira discutindo na "bolha".* Falaram essencialmente dos métodos de trabalho a ser aplicados em face da contraespionagem canadense. Mas não estava excluído que o conflito entre Vetrov e Bolovinov já tivesse vazado: ou indiretamente, ou porque Bolovinov queixara-se de Vladimir num despacho. Nessa hipótese, o inspetor podia ter sido encarregado, entre outras coisas, de julgar tal história.

Vetrov ainda não sabia que só lhe restavam poucas semanas de Canadá.

---

*Cômodo refratário que permite que se fale sem temer as escutas.

8

Um caso tenebroso

Em março de 1975, menos de um mês após sua chegada, Vetrov foi chamado de volta a Moscou por razões ainda hoje pouco claras. Eis a versão mais completa do que aconteceu: é a de Svetlana.[1]

Ela possuía uma joia antiga comprada numa loja de antiguidades de Moscou. Era um magnífico broche de ouro enfeitado com safiras e diamantes. A joia necessitara de um reparo: dois brilhantes haviam se soltado. Svetlana também tinha um anel antigo em que faltava um pequeno diamante. Os ourives eram então raros em Moscou e era preciso inscrever-se numa lista de espera, voltar regularmente para cumprir os trâmites e às vezes mofar um dia inteiro na fila para entregar um objeto a ser reparado. Teria então, diz ela, levado essas joias para Montreal a fim de restaurá-las. Ela não podia levar muitos objetos de valor em suas viagens ao estrangeiro: as alfândegas soviéticas viam isso com grande desconfiança. O que, entre outras coisas, contradiz essa hipótese dos consertos é que Svetlana só se decidiu a mandar executá-los depois de vários meses.

O fato é que no inverno de 1975 ela foi consultar um joalheiro dono de uma grande loja no coração de Montreal. Era um estabelecimento familiar: o dono era ajudado pela mulher e pelo filho adulto, que estava com uma das pernas engessada. Um pastor-alemão passeava entre os mostruários vigiando os clientes.

Ao ver o broche, os olhos do joalheiro se acenderam:

— Mas são safiras verdadeiras! Sabe, madame, que quase não existem mais?

Svetlana ignorava isso. Mas o joalheiro mostrara-se tão excitado que ela teve um vivo pressentimento e pensou consigo: "Nunca mais verei meu broche!" Perturbada, mal ouviu as explicações do joalheiro que examinava agora seu anel e sugeria substituir seu diamante por um pequeno rubi. Uma nova pergunta arrancou-a de suas reflexões:

— Essas joias estão no seguro? — perguntou o joalheiro.

— Não.

O homem deu de ombros: afinal de contas, aquilo era problema do cliente. Perguntou a Svetlana se tinha mais alguma coisa para consertar. "Como uma idiota", diz ela hoje, pois inicialmente não tinha a intenção de mandá-lo consertar, retirou do dedo médio outro anel engastado com uma bela esmeralda. Preferia usá-lo no anular, mas ele ficava folgado nesse dedo.

O joalheiro pegou os três objetos e lhe passou um recibo. As joias estariam prontas dali a uma semana, no sábado seguinte.

Mas no sábado os Vetrov foram receber um amigo no aeroporto. Só apareceram na loja na segunda-feira.

Que coisa estranha! As vitrines estavam vazias, uma confusão reinava no interior. O joalheiro avistou-os e apertou o botão que destrancava a porta. Pálido e ainda tremendo de emoção, contou-lhes que, na última sexta-feira, chegara uma dama elegante. Evidentemente, ele a deixou entrar. Começou a lhe mostrar suas joias quando ouviu uns rumores atrás da loja. Sua mulher foi verificar, mas voltou imediatamente com dois homens mascarados que já tinham matado seu cachorro. Era um assalto.

Bem informada, a dama apontou para os seus cúmplices onde estavam os objetos mais caros. Na mesma oportunidade, os criminosos esvaziaram o caixa e as gavetas do balcão, que continham, entre outras coisas, as joias restauradas de Svetlana.

Na hora, os donos não pensaram nos prejuízos. Sabiam que um bando violento circulava por Montreal. Era seu quarto golpe e, nos três anteriores, tinham eliminado todas as testemunhas.

Curiosamente, os bandidos foram embora sem molestar a família. Saberemos mais tarde que o chefe da quadrilha morava no bairro e a conhecia de longa data.

O joalheiro comunicou todos os objetos roubados à polícia. Especialmente as joias dos Vetrov, das quais chegou a fazer um desenho.

— Pena que não estivessem no seguro — acrescentou. — No caso de joias antigas, o reembolso poderia alcançar várias vezes seu preço real.

— Que sorte eles não terem matado os senhores! — disse-lhe Vetrov, solidário.

— Imbecil, ele é que deve nos consolar! — retrucou Svetlana em russo. — Eles serão reembolsados integralmente pelo seguro. E nós perdemos tudo.

A quadrilha seria identificada numa estação de esqui algumas semanas mais tarde. Instalara-se numa mansão vazia. Uma vizinha, que sabia que seus donos nunca vinham no inverno, viu luz nas janelas e chamou a polícia. Os ladrões abriram fogo e morreram todos na escaramuça. Na mansão, a polícia recuperou um certo número de joias roubadas.

Ao saber da notícia pelos jornais, os Vetrov voltaram ao joalheiro. Nesse ínterim, este tinha sido convocado ao comissariado, onde reconhecera diversos objetos. Entretanto, as joias dos Vetrov não faziam parte do lote.

Segundo Svetlana, foi só então que os Vetrov teriam sabido que os soviéticos não tinham direito de levar joias para consertar; só podiam comprá-las. Na oportunidade, teria dito ao marido:

— Não conte isso para ninguém. Paciência, perdido, perdido. Senão, vamos ter problemas.

Como veremos, nem ela imaginava estar tão certa.

Peter Marwitz, então oficial da contraespionagem canadense, efetuou pesquisas que confirmam, à exceção de pequenos detalhes, uma história que parece saída de um filme de Melville.[2] O assalto em questão aconteceu no dia 17 de janeiro de 1975 na joalheria Ernest Robert. Na rua Beabien, 536, Este. Foi muito comentado pelo fato de ter sido cometido por dois criminosos conhecidos, já procurados pelo assassinato de 13 pessoas na Gargantua, boate de Montreal. O primeiro chamava-se Fernand Beaudet;

o segundo, Richard Blass. O terceiro homem no golpe era ninguém menos que o irmão de Richard Blass, Michel. Para desviar a atenção do joalheiro, os criminosos utilizaram efetivamente uma mulher, Ginette Charron. As joias, de valor estimado em 50 mil dólares canadenses, foram em parte encontradas pouco depois, durante a prisão de Michel Blass em seu domicílio de Boucherville. Em 23 de fevereiro, foi a vez de Fernand Beaudet ser preso, provavelmente na mansão vazia mencionada por Svetlana. Quanto a Ginette Charron, preferiu entregar-se espontaneamente à justiça. Richard Blass foi morto pelos policiais naquele mesmo ano de 1975. Em linhas gerais, o relato de Svetlana parece portanto estar exato.

Aliás, é curioso ver, pela primeira vez nessa história, um crime comum misturar-se a um caso de espionagem.

Mas voltemos aos Vetrov. Uma noite, era fim de fevereiro ou início de março, Vetrov sugeriu à mulher um passeio. Svetlana não fez pergunta alguma. Pela expressão de seu rosto, compreendera que Vladimir precisava lhe falar longe das grandes orelhas da GRC.

O casal foi passear no grande parque contíguo a Rockhill, como fazia muitas vezes por simples prazer. O lugar respirava harmonia e paz, talvez por causa das lápides do cemitério de Nossa Senhora das Neves, bem visíveis através dos galhos ainda nus do parque. Percorreram o caminho Remembrance e se dirigiram ao lago dos Castores. Foi numa aleia deserta que Vetrov lhe anunciou a má notícia. Segundo informações obtidas pela residência do KGB, a contraespionagem canadense estaria se preparando para prendê-lo. Pois, embora oficial de informações, Vetrov não estava coberto pela imunidade diplomática. A informação devia provir de uma boa fonte, pois decidiram repatriá-lo sem demora.

Além disso, a fim de não deixar a GRC com a pulga atrás da orelha, o KGB planejou tudo para que Vetrov viajasse sozinho para Moscou, como se se tratasse apenas de uma ida e volta a negócios. Svetlana deveria permanecer em Montreal durante um tempo a fim de dissimular.

Entretanto, um dispositivo complexo foi acionado no aeroporto Dorval de Montreal. Vladimir fingia acompanhar uma delegação oficial de volta a Moscou. Como fez várias vezes, embarcou no avião a fim de instalá-la e não voltou mais. Levava com ele apenas uma pequena bolsa de viagem com seu nécessaire de toalete e presentes para Vladik e a sogra. Segundo Svetlana, uns 15 soviéticos, mobilizados para dar cobertura aos membros do KGB em caso de dificuldade, só dariam um suspiro de alívio quando o avião da Aeroflot decolasse e desaparecesse nas nuvens.*

Svetlana recusa-se a ver um elo entre a história das joias e sua convocação prematura a Moscou. Segundo ela, nessa época, seu marido lhe contava tudo. Se houvesse uma relação entre essa decisão e a história das joias, Vladimir lhe teria dito: "Veja a merda em que estou por causa das suas malditas pedras."

Apesar de tudo, esse elo seria lógico. Ainda mais que, quando Vetrov chegou a Moscou, menos de um ano após sua partida, disse ao filho que sua convocação deveu-se ao roubo das joias que Svetlana e ele tinham deixado para consertar sem saber que era proibido. Na época Vladik era muito pequeno para fazer perguntas, mas tem certeza de que foi a explicação que recebeu.

Eis outra versão do episódio. Um dos contatos de Sergueï Kostine na PGU foi encarregado de redigir um relatório sobre as atribuições de Vetrov no serviço, tendo acesso, dessa forma, ao dossiê de trabalho de Vetrov no KGB.[3] Nele, encontrava-se a explicação por escrito de Svetlana, que afirmava ter levado as joias para consertar, ignorando ser proibido, e que Vladimir não sabia de nada. Vetrov corroborava esta última afirmação numa curta nota manuscrita.

O contato concluiu daí que a contraespionagem interna da PGU (o departamento 5K) no fundo estava convencida de que o casal levara essas joias para o Canadá para revendê-las lá. O joalheiro teria aceitado colocá-las à venda e tudo teria corrido bem se não houvesse acontecido o assalto. Depois do golpe, o joalheiro foi obrigado declará-las à polícia

---

*Peter Marwitz afirma que a história da partida de Vetrov para Moscou é demasiado teatral. Para ele, o soviético estava acompanhado apenas por um de seus colegas da residência de Montreal. A contraespionagem canadense esperava que Vetrov conseguisse abafar o caso na PGU e voltasse para o Canadá. Veremos um pouco mais à frente por que a GRC pôde esperá-lo.

junto com outros objetos roubados. Provavelmente nem desconfiava que essa inocente operação comercial era considerada um delito grave pelas autoridades soviéticas.

A contraespionagem canadense certamente estava mais bem informada e teria aproveitado essa oportunidade para abordar Vetrov. Mas, sabendo-se em falta e pelas mesmas razões que em Paris, o oficial não teria relatado isso a seus superiores.

Evidentemente, Vladimir recusou-se a ceder à chantagem e a GRC teria se vingado: teria encarregado a polícia de enviar à embaixada da URSS uma carta a ser entregue a Vetrov. Como ela esperava — senão podia enviá-la diretamente a seu domicílio ou à Representação Comercial —, a correspondência foi aberta e lida. A carta abordava o roubo das joias pertencentes aos Vetrov e pedia-lhe que se apresentasse à polícia, a pretexto de que as joias não estavam no seguro, sendo conveniente fazer uma avaliação de seus preços. O KGB devia concluir disso que os Vetrov praticavam negócios ilícitos.

Por mais estranho que possa parecer, nenhum documento do dossiê de Vetrov faz alusão a uma tentativa de recrutamento. São apenas suposições de seus colegas, bem colocados para saber como operavam seus adversários. Assim como os operacionais, os responsáveis da PGU deviam imaginar que os serviços canadenses não podiam perder aquela oportunidade. Mas Vetrov não relatou a abordagem de recrutamento, como era seu dever. Só pelo caso das joias, ele já era passível de repatriamento. A intervenção da polícia canadense agravou seu caso. Estas são as conclusões de um colega de Vetrov que conhecia bem a praxe e a rotina de sua corporação.

A terceira versão é de Peter Marwitz, ex-oficial da contraespionagem canadense. Caso verdadeira, como a prudência nos sugere admitir, ela muda de ponta a ponta nossa visão da passagem de Vetrov pelo Canadá. Em primeiro lugar, Marwitz nega que a GRC tenha infiltrado uma carta na embaixada da URSS, à guisa de vingança ou por outra razão qualquer. Esta carta, se houve realmente uma, não podia emanar senão da verdadeira polícia, que, por sua vez, ignorava que a venda das joias era ilícita aos olhos das autoridades soviéticas. "O Serviço", afirma Peter Marwitz falando da GRC, "não tinha razão alguma para prejudicar Vetrov, ao contrário, tinha tudo a ganhar ajudando-o."[4] E por todos os motivos. "Vetrov bebia muito, e tinha terminado por se servir nos estoques destinados aos agentes. Foi abordado por um terceiro, um recrutador canadense. Dias antes da sua partida para Moscou, encontrou um representante do Serviço e aceitou colaborar com a GRC após ter recebido uma grande soma em dinheiro. Na realidade, Vetrov foi nosso antes de pertencer à DST."[5]

O que pensar dessa afirmação? Se for verdadeira, gera mais perguntas do que dá respostas.

Com efeito, se Vetrov aceitara operar por conta da GRC, essa agência deve ter lembrado isso a ele, diretamente ou por intermédio da CIA ou do MI6 (serviço de informações britânico). É normal um agente formalmente recrutado ser intimado a produzir mesmo depois de mudar de posto e país. Ora, nada atesta que Vetrov tenha colaborado com a GRC após seu retorno a Moscou.

Por outro lado, por que não pensou nisso mais tarde, quando resolveu oferecer seus serviços ao Ocidente? Se já era visado pela contraespionagem canadense, por que ir procurar outro patrão? Porque isso teria tornado o primeiro contato muito mais difícil? Ou porque ele sabia que a GRC estava infiltrada pelo KGB?

Acabou, claro, que a GRC não informou a DST que Vetrov aceitara colaborar. Entretanto, a agência francesa tinha ciência da passagem de seu ex-alvo pelo Canadá. Quando recebeu mais tarde a oferta de Vetrov, ela deve ou pode ter pedido a seus colegas canadenses, sob um pretexto banal, um complemento de informações referente a ele. Ora, nenhum indício autoriza essa suposição.

Seria um "engodo" de Peter Marwitz, astuciosamente inserido entre tantas retificações criteriosas feitas ao texto de *Bom-dia, Farewell*, uma vez que sua correspondência com Serguëi Kostine teria adquirido um tom amistoso? Nunca é agradável atribuir más intenções a pessoas que lhe são simpáticas, mas fazia parte da profissão ser simpático, ganhar a confiança de uma pessoa e conservá-la após ter insinuado de passagem uma mentirinha. Afinal de contas, esta não era uma técnica comum, caros "soldados do front invisível", seja qual for o seu lado?

Interrogado sobre a questão no meandro de uma conversa, Raymond Nart, que entretanto nada dissera até então, efetivamente nos confirmou que a agência canadense tentara sem sucesso recrutar Vetrov, e de uma maneira muito mais formal que a DST no momento da partida do russo de Paris.

Seja como for, o fato de Vladimir Vetrov ter sido chamado de volta enquanto sua mulher permanecia no Canadá fragiliza a hipótese segundo a qual sua partida prematura estava diretamente ligada ao tráfico de joias, com ou sem uma abordagem de recrutamento consecutiva. Pelas normas de praxe, os Vetrov teriam sido ambos repatriados urgentemente.[6] Não, devia haver outra coisa, a questão das joias — que veio bem a calhar — servindo apenas de cortina de fumaça. O que corrobora essa suposição é que, em vez de ficar em Montreal dois ou três dias — e aliás tampouco vemos direito o interesse disso —, Svetlana permaneceu no Canadá um mês inteiro!

Ela se lembra disso como de um pesadelo: foi provavelmente o mês mais comprido que vivera. Sozinha na casa, com apenas mais um soviético em todo o condomínio. De manhã, ia encontrar sua eclética classe na escola improvisada da Representação Comercial. O vizinho russo — o residente do GRU; ironicamente, as pessoas do KGB chamavam seus colegas rivais militares de "vizinhos", e vice-versa — dava-lhe uma carona, mas às vezes ela tinha de pegar o ônibus. A todo momento, temia ser interpelada pela contraespionagem. O medo só alternava com o tédio. De tempos em tempos, amigos vinham lhe fazer companhia ou a convidavam à casa deles.

É inconcebível, sem uma razão imperiosa, o KGB ter deixado em liberdade no estrangeiro, e durante período tão extenso, uma soviética acusada ou suspeita de praticar contrabando. Tampouco teria feito isso se houvesse qualquer perigo para sua segurança. E daí? No fim de longas conversas com seus contatos na PGU, Sergueï Kostine chegou à seguinte conclusão: toda aquela pequena trama foi indispensável para camuflar um agente duplo do KGB.

Imaginemos que a Linha K* (contraespionagem interna e segurança dos membros da colônia soviética) tivesse sido informada de que um dos agentes manipulados por Vetrov era na realidade uma "gangorra"** que colaborava com a GRC. Cumpria esperar que a contraespionagem canadense estendesse uma armadilha para Vetrov a fim de pegá-lo em flagrante delito e prendê-lo. Era então urgente extraí-lo do Canadá. E foi o que se fez.

Entretanto, a fonte de tal informação devia ser extremamente valiosa para ser protegida dessa forma. Podia tratar-se, por exemplo, de um oficial da GRC recrutado pelo KGB. Logo, Vetrov teria partido sozinho para Moscou a fim de evitar que a contraespionagem canadense tentasse estabelecer a proveniência do vazamento de informação e localizasse aquele agente. Dessa forma, sua partida não teria tido, aos olhos dos caçadores de espiões canadenses, o aspecto de uma retirada catastrófica.

Apesar de seus temores, num país democrático como o Canadá Svetlana não corria riscos reais de ser importunada. Por outro lado, nesse tipo de coisa, o fator tempo conta muito. Quanto mais Svetlana permanecesse sozinha em Montreal, mais as suspeitas da GRC relativas a um eventual quinta-coluna estariam adormecidas. Aos olhos dos investigadores canadenses, Vetrov podia ter-se adoentado em Moscou e sido obrigado a seguir um tratamento prolongado. Em todo caso, esta era uma hipótese que eles deviam agora estudar. Cada dia era suscetível de trazer novas pistas, afastando assim o perigo da fonte.[7]

O procedimento era corriqueiro para o KGB. Em geral, para maior segurança, o envolvido, no caso Vetrov, podia ignorar a verdadeira razão de sua convocação. Isso explicaria por que, no dia de seu retorno a Moscou, Vladimir dissera ao filho que fora chamado de volta em virtude da história das joias. Porém, uma vez mergulhado de novo nas águas turvas de seu serviço, com suas correntezas secretas, ele terminou por saber da verdade. A prova é uma observação de Vetrov feita à mulher quando ela finalmente retornou. Apesar de tudo ter corrido bem, Svetlana estava furiosa — emagrecera, não pesava mais que 53 quilos, como antes do nascimento de

---

*Uma Linha é o conjunto dos agentes do KGB operando no estrangeiro para um domínio da informação; no caso, a contraespionagem.
**Agente duplo.

Vladik: "Vocês são todos loucos no KGB! Me deixar enfurnada sozinha um mês inteiro!" Então, Vladimir alegou um imperativo: "Precisávamos mostrar aos parisienses que eu ainda podia voltar." Essa frase, de que Svetlana se lembra muito bem sem entender seu sentido, nos permite sair da bruma canadense e penetrar no que se anunciava como a noite moscovita.

Contrariando todas as expectativas, essa análise, inteiramente baseada em hipóteses e deduções, foi endossada por Peter Marwitz. Ele chegou a revelar o nome de um espião do KGB no seio dos serviços secretos canadenses: Gilles Germain Brunet.[8] Infelizmente, não temos nenhum outro detalhe sobre esse personagem.

9

Contrariedades urbanas e alegrias bucólicas

Seja qual for a verdade, o episódio canadense volta a deixar em suspenso o futuro de Vetrov no KGB. Sua partida de Montreal podia muito bem ser explicada pela preocupação com sua segurança e a de um importante informante canadense do KGB. Por outro lado, houvera efetivamente uma infração grave de sua parte no caso das joias. Durante meses, Vetrov passaria por entrevistas na Direção K, para não dizer interrogatórios. Estava deprimido, falava pouco e recusava-se a comentar, na frente da mulher, qualquer coisa que se referisse a seu trabalho.

Tudo só viria a ser esclarecido vários meses após seu regresso, no verão de 1975. No fim das contas, a PGU decidiu conservar Vetrov. Mas sua carreira como operacional estava encerrada. Não teria mais posto de fachada e iria trabalhar no "Bosque".*

Dessa forma, perdeu a principal vantagem de pertencer à PGU e iria padecer seu principal inconveniente: não havia mais chance de ele ir para o estrangeiro. Nem para lá operar, nem sequer como turista. Porque, por um lado, sabia muitas coisas e, por outro, não confiavam mais plenamente nele.

Essa circunstância foi uma das causas do sentimento rancoroso de Vetrov. Teria valido mais a pena ter permanecido um simples engenheiro,

---

*Apelido do novo quartel-general do serviço de informações soviético em Yassenevo, do outro lado do periférico, para onde a PGU se mudou em 1972.

para quem uma temporada no Ocidente é um devaneio doentio porque irrealizável. Mas tomara gosto por uma vida folgada e confortável. Dali em diante, esta lhe era vedada por uma decisão que certamente lhe pareceu injusta. À sua volta, seus ex-colegas, entre os quais alguns muito menos talentosos, inteligentes, motivados e produtivos que ele, iam trabalhar um em Paris, outros em Genebra ou Nova York... Vetrov naturalmente devia conhecer histórias de deslizes, provavelmente mais graves que o seu, mas que eram protagonizados por "empistolados". Nesse caso, o escândalo era rapidamente abafado e, a fim de que fosse logo esquecido, o filhinho de papai em falta ia sacudir as pulgas em algum lugar na Suécia ou na Nova Zelândia. Era possível cruzar com ele alguns anos mais tarde saindo de um carro novo, vestido com apuro e falando de uma suntuosa datcha que acabara de comprar.

Isso no que se refere ao aspecto pessoal dos inconvenientes de sua aventura canadense. Mas havia também o aspecto burocrático. Na realidade, sua nova nomeação era fruto de um paradoxo, o que quase sempre, no sistema soviético, era o equivalente da lógica. Vetrov foi designado para o posto de assistente* do chefe do 4º Departamento (Informação e Análise) da Direção T (de Tecnologia) da PGU. Isso parece coerente: esse departamento era inteiramente formado por oficiais julgados inaptos ao trabalho operacional, mas que a PGU resolvera manter até a aposentadoria, por uma ou outra razão. Existia outra explicação, comum a todos esses oficiais postos na geladeira: todos sabiam muita coisa para poder circular em liberdade. Do ponto de vista da carreira, o setor era um degradante depósito de lixo com uma equipe sem motivação e tradicionalmente propensa à bebida.

O paradoxo é que agora o trabalho de Vetrov consistiria em coletar e sintetizar os relatórios das residências do KGB, espalhadas pelo mundo, relativos à informação científica e técnica. O mesmo que entregar as chaves do galinheiro à raposa! Um oficial pouco seguro operando numa residência do KGB no estrangeiro apenas corria o risco de revelar os segredos desta última: seu estafe, seus agentes, seus métodos de trabalho, o funcionamento

---

*Não confundir com um adjunto, funcionário com importantes responsabilidades e suscetível de um dia substituir o chefe de departamento. Sem ser técnico como o de uma secretária, o posto de assistente era em regra geral um beco sem saída na hierarquia de um departamento.

do serviço geográfico na Central. Agora, Vetrov se veria em condições, se decidisse trair, de entregar todo um setor de atividades do KGB, desvendando sua filosofia, seu funcionamento, seus procedimentos e centenas de nomes de oficiais e agentes em ação no Ocidente.

Por uma ironia do destino, os serviços ocidentais não desconfiaram que o interesse que eles tinham em continuar com "o estudo" de Vetrov se multiplicara. Ora, ao contrário, segundo Vitali Karavachkin, futuro chefe do departamento francês da Segunda Direção-Geral do KGB (contraespionagem), que pôde longamente estudar seu dossiê, pareciam obcecados com ele. Após ter se vingado do oficial no que referia aos soviéticos, a GRC teria decidido revelar sua qualidade de membro dos serviços de informações comunistas ao mundo inteiro. Passado um certo tempo do retorno de Vetrov a Moscou, um jornal canadense publicou um artigo bem documentado sobre as atividades do KGB citando explicitamente Vetrov entre outros espiões comprovados. As publicações desse gênero raramente eram possíveis, a menos que um serviço especial quisesse deliberadamente deixar vazar esse tipo de informação. Reproduzido ou não pela imprensa de outros países, os especialistas fariam um bom uso do artigo. A carreira internacional de Vetrov parecia encerrada.[1]

Com a ajuda do tempo, o trabalho de Vetrov para a PGU pareceu voltar à normalidade, prova de que a história canadense não fora na realidade muito grave — ainda que nada nunca fosse esquecido no sistema do KGB. Vladimir revelou-se tão competente na análise quanto o era na direção de agentes. Por conseguinte, tinha nas mãos a possibilidade de terminar sua vida ativa num posto estável e bem remunerado, ainda que condenado a permanecer em Moscou e com reduzidas chances de promoção. Prova disso: em 1977, por ocasião dos sessenta anos do KGB, ele recebeu, entre os melhores oficiais, um diploma de honra assinado por Andropov, chefão do KGB, que logo viria a ascender ao topo da pirâmide do poder soviético.

A avaliação em sua ficha de serviço, documento interno redigido por seus superiores, era, a despeito do estilo habitualmente austero e impessoal, muito positiva: "Em pouco tempo, dominou um novo campo de atividade. Sua atitude para com suas obrigações profissionais é criativa e cheia de iniciativa. Teve uma participação atuante na vida social da coletividade.

CONTRARIEDADES URBANAS E ALEGRIAS BUCÓLICAS   99

Foi eleito duas vezes membro do birô do partido de seu departamento. Durante o último ano, foi juiz de instrução militar."[2] Destaquemos de passagem esta última menção, que se revelará significativa na sequência.

Um pouco mais tarde, Vetrov foi inclusive selecionado para uma promoção. A Direção T possuía, desde 1970, um centro de pesquisas, apelidado ironicamente Nilopukh,* cujos escritórios ficavam no bairro da estação fluvial do Norte. No fim dos anos 1970, planejava-se expandir seu campo de atuação transformando-o num Instituto dos Problemas da Informação. Basicamente, pensava-se em criar um departamento analítico, e o nome de Vetrov chegou a ser cogitado para dirigir esse novo serviço. Em seu caso particular, seria uma dupla promoção: o posto de chefe do departamento dava-lhe automaticamente direito à patente seguinte de coronel. Mas a nomeação se arrastava.

Nesse ínterim, Vetrov descobriu uma paixão inesperada. Nascido num velho bairro de Moscou, era um empedernido urbanoide. Tudo que conhecia do campo eram datchas localizadas a meia hora de carro ou de trem de uma grande cidade. Como a de seus amigos Grekov, perto de Leningrado, onde os Vetrov passaram diversos verões após seu retorno do Canadá. E então, não mais que de repente, Vladimir contraiu o vírus que fazia furor nessa época entre os moscovitas. Era o campo, o verdadeiro: o das isbás, longe das estradas praticáveis, sem eletricidade. Vetrov iria apaixonar-se perdidamente por essa vida completamente diferente e que ele não conhecia.

Eis como tudo começou. Privada das butiques ocidentais, nem por isso Svetlana deixara de ser uma ilustre elegante. Tinha vários compromissos e sua mãe, que morava com eles, ajudava-a nas tarefas domésticas. Svetlana então se entretinha com quadros, antiguidades e a compra de roupas novas.

Um dia, por exemplo, entrou num ateliê de moda na rua Kuznetski-Most, 18. Esse gênero de estabelecimento situava-se entre um ateliê de

---

*Esse epíteto reflete bem a pouca estima que os operacionais dispensavam aos trabalhos de estudos. O instituto era dirigido por um certo Lopukhin, cujo nome, sob sua forma sucinta, significa "imbecil", o que dava "Centro de Pesquisas Imbecil".

confecção e uma grife de alta-costura. Lá eram feitas roupas sob medida, mas sobretudo modelos originais em um ou dois exemplares. O ateliê da rua Kuznetski-Most estava então na crista da moda em Moscou. Foi lá que começou a carreira de dois costureiros russos de renome internacional: Slava Zaitsev e Valentin Yudachkin. Entre os clientes do ateliê, Svetlana Alliluieva* e as mulheres e filhas da alta nomenklatura em atividade. O desfile das novas coleções da grife era um evento para o qual era convidado o corpo diplomático. Um simples mortal não tinha a menor chance de assistir a um.

A diretora do ateliê, Galina Vassilievna Rogatina, considerava um dever receber pessoalmente as clientes fiéis. Principalmente as que compravam modelos originais, caríssimos. Svetlana Vetrova fazia parte desse grupo. As relações entre as duas mulheres logo passaram à informalidade.

Svetlana sabia seduzir. Assim que aparecia, percebia-se uma mulher atraente, de personalidade, com bom gosto, classe. Sabia o que queria, o que era uma vantagem não desprezível numa cliente. O que não estragava nada; ela era sociável. Em geral, Svetlana chegava acompanhada do marido, Volodia, simpático e igualmente comunicativo. Ao responder a uma pergunta da diretora do ateliê, disse que era engenheiro eletrônico num instituto de pesquisas na avenida de Leningrado. Galina não acreditou nele: Svetlana já lhe falara de suas temporadas na França e no Canadá. Mas Galina achava normal que um membro do KGB inventasse outra coisa.

Seu marido, Aleksei Vassilievitch, trabalhava no UPDK.** Era um excelente motorista e mecânico. Tinha sido mecânico do adido militar iraquiano em Moscou e motorista dos embaixadores sueco, belga, luxemburguês. Aleksei fazia um tipo bem diferente da mulher. Galina era culta e cheia de requintes; ele era um homem do povo: simples e direto.

---

*Filha de Stalin.

**Upravleniyê po obslujivaniyu diplomatitcheskogo korpusa, Direção para a logística do corpo diplomático do Ministério das Relações Exteriores. Organismo governamental encarregado da construção e manutenção dos prédios diplomáticos, da contratação do pessoal soviético, dos serviços básicos, do lazer dos estrangeiros residentes em Moscou etc. Assim, o MID atuava como intermediário incontornável para as missões estrangeiras não apenas em suas relações com os organismos oficiais como no que se refere a todo problema de logística.

Um sábado, os Vetrov apareceram no ateliê de Rogatina sem nenhuma razão especial: tinham ido à loja de animais em frente. Falaram de banalidades, especialmente da vida em Moscou, que era insuportável durante o calor do verão. Galina teceu loas à vida campestre. Como consequência do êxodo rural, muitas casas estavam à venda em lugares fabulosos e não muito distantes da capital. Os Rogatin haviam comprado por uma ninharia uma excelente isbá a 250 quilômetros, na estrada de Leningrado. A aldeia ficava no meio das florestas, cheias de champignons e bagas, e dava para um rio pitoresco, o Tvertsa. Maravilhados, os Vetrov anotaram o endereço e prometeram dar uma olhada.

Foram até lá no fim de semana seguinte. A trilha que levava à aldeia era impraticável para um carro normal, e eles percorreram os últimos dois quilômetros a pé. As paisagens eram efetivamente esplêndidas. O rio serpenteava em meio às florestas e campos de linho inteiramente azuis. Pássaros cantavam, cogumelos cresciam nos flancos das trilhas. Por um caminho de sirga datando do tempo de Catarina, a Grande, e pontilhado por passarelas de pedra através dos riachos, os Vetrov e os Rogatin percorreram mais dois quilômetros até o vilarejo de Kresty.

Foi amor à primeira vista. Três isbás sobre uma colina sobranceavam um meandro do rio Tvertsa. Velhos salgueiros e tílias miravam-se nas águas coloridas pelo sol poente. E o silêncio era absoluto. Paciência se não havia eletricidade: no mês de junho, o dia ia até meia-noite, e as noites à luz de vela tinham seu charme inimitável.

Por 1.700 rublos (o equivalente a menos de quatro salários mensais de Vladimir), os Vetrov compraram uma magnífica isbá com um estábulo sob o mesmo telhado. Essa aquisição representou um acontecimento importante em suas vidas. Vladimir, que não parava de remoer suas mágoas devido à sua insatisfação no KGB, sofreu uma metamorfose. Descobriu dentro de si uma segunda natureza, a do camponês e proprietário, e não perdia uma oportunidade de ir para "suas terras".

Na verdade, era todo um quinquênio de obras que esperava os Vetrov. De 1977 a 1981, passam em Kresty todas as suas férias de verão e todos os seus fins de semana, ou quase todos. Vladimir pisava fundo quando dirigia: em menos de três horas, estavam lá. Deixavam o carro na residência do ex-proprietário da casa, que passara a morar na beira da estrada de Leningrado. Se tivessem móveis ou objetos pesados para transportar, por um litro de vodca ou uma caixa de cerveja alugavam uma carroça de fazenda atrelada a um cavalo. Ao lado do trator, era o único meio de locomoção pelas trilhas de terra cheias de barrancos. Senão, percorriam a pé esses quatro quilômetros e, ao avistarem seu vilarejo, berravam pela vizinha, tia Katia. Esta chegava com uma balsa e fazia com eles a travessia do Tvertsa.

Ao contrário de muitos moscovitas que compravam uma isbá apenas para fazer longos programas nas florestas, pescar ou caçar, os Vetrov iam ao campo sobretudo para fazer reformas na casa. Pretendiam transformá-la numa verdadeira residência secundária.

Um carpinteiro que vinha com eles de Moscou desmontou o estábulo e construiu uma espécie de chalé. Os Vetrov arrancaram o papel de parede, símbolo de conforto para os aldeões, a fim de deixar à vista um magnífico acabamento de madeira. Separaram o grande aposento com divisórias, levaram para lá móveis rústicos, uma cadeira de balanço, tapetes, peles, castiçais. Svetlana caiou a estufa, que cobriu em seguida com desenhos e ornamentos. Vladimir e Vladik construíram no quintal dos fundos uma varanda com uma roda de carroça pendurada em duas correntes. O conjunto dava a impressão de uma casa de aristocratas empobrecidos, como pretendia Svetlana.

Entre os objetos descobertos na casa, um velho ícone, todo encardido de sebo. Svetlana limpou-o para pendurá-lo num canto. Apenas como elemento de decoração, pois, evidentemente, ninguém era religioso na família de um oficial do KGB.

Outro achado estava fadado a desempenhar um grande papel no destino de Vladimir. Ao arrancarem as tábuas do estábulo, Vladik e ele descobriram um cutelo artesanal fabricado por um ferreiro da aldeia. Com uns bons vinte centímetros de comprimento, formava de perfil um losango achatado, com duas lâminas obtusas e a ponta bem fina. No campo, aquelas ferramentas serviam para degolar os porcos. O cutelo estava todo enferrujado e sem o cabo. Vetrov mandou restaurá-la numa oficina do KGB. Limpo e equipado com um novo cabo, teria o aspecto de um punhal de paraquedista.

CONTRARIEDADES URBANAS E ALEGRIAS BUCÓLICAS   103

Vetrov iria mantê-lo sempre no porta-luvas de seu Lada. Afinal, nunca se sabe com quem vamos topar numa trilha deserta da região de Kalinin!*

Era com gosto que Vetrov passava seus dias no campo consertando coisas. Raramente saía para colher bagas ou champignons. Por exemplo, passou um fim de semana inteiro construindo uma espécie de abóbada ligando a estufa a uma viga. Ficou superorgulhoso disso e nunca deixava de enfatizar para todas as visitas que fabricara a abóbada com as próprias mãos.

Impulsivo, desperdiçava muito tempo e energia. Por exemplo, se precisava de uma tábua, nunca tomava a medida. Pegava o serrote e zap! estava feito. Que azar: a tábua saíra muito curta. Pegava outra e, sem desdobrar seu metro, cortava-a em dois minutos. Agora saíra comprida demais. Acontecia-lhe fazer três ou quatro tentativas antes de chegar ao comprimento correto. O episódio é revelador da natureza de Vladimir.

A casa era cercada por um grande jardim e, no primeiro outono, os Vetrov fizeram uma excelente colheita de maçãs. O inverno de 1978-1979 seria insolitamente rigoroso, chegando a 45 graus negativos, e todas as macieiras congelaram. Svetlana compensaria essa perda com platibandas de morangos e canteiros de flores.

Para os moscovitas, as relações com as pessoas do lugar tinham uma importância capital. Os Vetrov levavam sacos inteiros de salsichas, queijos, conservas e outros gêneros impossíveis de encontrar no campo para oferecer a seus vizinhos. Em contrapartida, tinham certeza de que nada aconteceria às suas casas, nem incêndio nem arrombamento. Os aldeões que iam visitá-los eram recebidos com um copo de vodca ou chá com iguarias. Eram todos tão diferentes das pessoas que os Vetrov frequentavam em Moscou e dotados de uma personalidade tão forte! Entretanto, Vladimir não dá muita intimidade aos camponeses, que não tinham as mesmas noções de higiene e que ele achava toscos. Já Svetlana, que, no verão, passava grande parte do tempo no campo, adorava fazê-los falar e passava horas em sua companhia.

---

*Hoje, região de Tver.

Em Kresty, havia apenas duas moradoras permanentes, duas velhas babuchkas.* Tia Katia, proprietária da balsa, tinha uma vaca e cabras. Os Vetrov compravam-lhe leite, creme fresco, queijo branco, bem como legumes de sua horta. Maria Makarovna tinha sido camareira na casa de Lev Tolstói Júnior, filho do grande escritor. Sempre tinha histórias sobre a vida de sua família e os costumes da sociedade russa no início do século. Na falta de televisão, era uma das principais distrações dos veranistas.

Lidiai, o guarda florestal, era outra personalidade marcante das redondezas. Morava na aldeia vizinha de Telitsyno. Grandes olhos azuis, traços infantis, era o gênio bom da região, de uma generosidade e pureza espantosas. Os Vetrov encontravam-no muitas vezes na casa dos Rogatin, que ficava separada da de Lidiai pelo Tvertsa.

No fundo, os dois casais encontravam-se sobretudo no campo. Aleksei, que sabia fazer tudo com as mãos, transformara sua propriedade numa espécie de rancho americano. Tinha até consertado dois tratores, que lhe serviam de meio de locomoção entre sua casa e a estrada de Leningrado. A aldeia ficava mais perto da casa deles, e os Rogatin haviam sido os primeiros a se instalar na região e eram muito hospitaleiros. Por essas três razões, sua casa servia de eixo para todos os moscovitas que compravam uma isbá nos vilarejos dos arrabaldes. Num dia de tempestade, o casal viu-se carente de roupas secas: umas depois das outras, três famílias, entre elas os Vetrov, bateram à sua porta para se aquecer e trocar de roupa antes de seguir adiante.

Eventualmente, os Rogatin levam os amigos para um programa em Kresty, a aldeia mais bonita dos arredores. Os Vetrov, que eram ambos muito sociáveis, tinham sempre uma garrafa ou duas no estoque.

O convívio com os Rogatin apresentava outra vantagem importante para Vladimir. Em Moscou, encontrar uma boa oficina de carros era um verdadeiro pesadelo. Era preciso acordar às 5 da manhã para estar, no momento da abertura, entre os dez felizardos que conseguiriam deixar seus carros no conserto. Os mecânicos eram em sua maioria grosseiros e gananciosos e cobravam o dobro do que o cliente já pagara de prestação

---

*Velhas (literalmente: avós).

CONTRARIEDADES URBANAS E ALEGRIAS BUCÓLICAS 105

pelo carro. Ainda assim, as pessoas frequentemente se viam obrigadas a refazer em outro lugar boa parte do trabalho matado. Além disso, como os donos dos automóveis não eram autorizados a assistir aos consertos, os mecânicos podiam facilmente retirar uma peça boa do carro para substituí-la por uma que estava por um fio. Achar um bom mecânico, estar disposto a lhe pagar o dinheiro que ele quisesse, era um verdadeiro desafio.

Aleksei era um ás em mecânica. Bastava-lhe pôr o motor para funcionar e percorrer uma centena de metros com um carro para identificar, de ouvido, todos os seus defeitos. Fazia os consertos com rapidez, com desenvoltura e por um preço mais que razoável. Além disso, os Rogatin moravam bem no centro, no cais de Smolensk, num enorme prédio em estilo staliniano, cujo térreo era ocupado pela melhor loja de quadros antigos de toda Moscou, da qual os Vetrov eram clientes assíduos. Não demorou nada para Aleksei vir a cuidar integralmente da manutenção de seu Lada 2106 azul-escuro que eles haviam comprado na volta do Canadá.

De tempos em tempos, Vladimir levava um colega. Aleksei já tinha muitos clientes do KGB. Para começar, a UPDK, que o empregava, podia ser considerada uma filial da contraespionagem, de tal forma era infiltrada. Além disso, um dos velhos amigos dos Rogatin chamava-se Valery Toka-rev.* Sem conhecer pessoalmente Vetrov, era, como este, oficial da Direção T, tendo sido inclusive o último manipulador de Pierre Bourdiol. Tokarev, que era realmente íntimo dos Rogatin, apresentou a Aleksei uma boa dúzia de seus camaradas da PGU, que se tornariam seus clientes permanentes. Se nos detivemos tão extensamente sobre esse fato de aparência insignificante, é porque ele irá revestir-se de grande importância.

A despeito das relações mantidas no campo e em Moscou, os dois ca-sais não se consideravam amigos de fato. Os Rogatin achavam Vladimir um pouco arrogante às vezes. Um dia, Aleksei teria até uma altercação com ele. Vetrov deixara escapar um "caipiras" falando de seus vizinhos camponeses. Rogatin não admitia que se desdenhasse das pessoas que os alimentavam e que não eram de forma alguma piores que os moradores da cidade grande.

---

*Nome alterado.

Foi isso também que impediu Galina de se ligar mais estreitamente a Vetrov. Ela tinha a sensação de que, após ter passado uma temporada no estrangeiro, onde as pessoas viviam nitidamente melhor que na União Soviética, Vladimir não conseguia mais aceitar as realidades russas. Para ele, aquilo era uma subvida, e tudo que o cercava não era digno dele.

Essa observação é muito importante, pois revela o que parecia ser o traço principal de Vetrov. Havia nele um ser superior — um aristocrata ou um ocidental, ao passo que ele não era nem um nem outro — que olhava com um olhar condescendente os aborígenes numa praia onde ele mesmo não passava de uma visita. Por trás dessa fachada, havia um filho de operários e neto de camponeses russos que amava o campo, a simplicidade e a intimidade das relações típicas dos russos.

Dependendo do contexto e das circunstâncias, ele apresentava ora uma, ora outra face de sua personalidade.

10

A crise

Alguns psicólogos falam da crise dos cinquenta anos. É uma fase em que os homens tomam consciência do fato de que tudo que eles não realizaram até aquele dia nunca mais o farão. Uma idade em que todas as suas potencialidades já se realizaram ou, pelo menos, se manifestaram, em que não se deve mais esperar por uma nova dádiva milagrosa. Os que estão em plena atividade, e utilizam com sucesso seus talentos, atravessam essa fase sem senti-la dolorosamente. Não pensam senão no tempo que passa e nos poucos anos que lhes restam para consumar sua obra. O mesmo não acontece com aqueles que, embora se sabendo talentosos e promissores, não se realizaram. Estes têm o hábito de adiar de um ano para o outro a realização que recuperaria o tempo perdido e os colocaria de uma assentada no lugar que merecem. Mas eis que, ao se aproximarem dos cinquenta, subitamente, percebem que o futuro não lhes pertence mais. Que estão no fim da carreira e nunca serão o que já não são.

Desde a escola, Vladimir considerava-se nitidamente acima da média: primeiro aluno em matemática, depois bom aluno de uma das escolas superiores mais puxadas. Tinha mudado completamente de campo de atividade ao entrar para o KGB, mas nesse caso também estava entre os melhores operacionais de seu serviço. Além de seus talentos naturais, não faltavam a Vetrov nem perseverança nem vontade para realizar uma brilhante carreira. Todavia, aos 48 anos, via-se sem nenhuma perspectiva e simplesmente tenente-coronel.

O regime comunista achava-se em decomposição, lenta mas visível. Os oficiais de informações, em contato direto com as realidades ocidentais, podiam comparar a seu bel-prazer os respectivos valores dos dois sistemas. O socialismo não se saía bem na comparação.

Além dessa erosão externa, tudo apodrecia no interior.[1] Como disseram, na PGU, os recrutas dos anos 1970 formavam um contraste chocante com relação à geração dos anos 1960.

A degradação do serviço não contrariava apenas Vetrov. Seu vizinho de mesa de trabalho era um ex-combatente, piloto de caça. Era Herói da União Soviética. Faltaram-lhe apenas três aviões abatidos para ganhar uma segunda citação. Ele também estava escandalizado com o que via à sua volta e vez por outra jogava lenha na fogueira que consumia Vetrov: "Quer dizer que foi para isso que lutei na guerra?!"

Mas se o veterano estava no fim da linha, Vetrov, mais jovem, sentia cada nova promoção em posto ou em patente de um "empistolado" como uma ofensa pessoal. Não dormia mais por causa disso. Svetlana procurava consolá-lo:

— Mas por que fica se atormentando desse jeito? É o sistema, você não conta nada.

— Acha que sou um fracassado?

— De jeito nenhum. Mas você não é filho de ministro. E não sabe — não quer — fazer concessões. Quer que o julguem por suas qualidades, mas eles estão se lixando para isso!

— Tudo bem, mas tenho como chefes incapazes que não valem meu dedo mindinho!

— E daí? Quanto tempo de serviço você ainda tem? Quatro anos? Você tem sua família, Vladik entrou na faculdade. Temos nossa isbá de que você gosta tanto. Você vai se aposentar. Passaremos o verão inteiro no campo. Do que mais precisa?

O amor-próprio masculino impedia Vetrov de ver as coisas com esse olhar. Desde o seu retorno do Canadá, trabalhava no mesmo posto. As promessas de nomeá-lo chefe do departamento analítico no Instituto dos Problemas da Informação da PGU arrastavam-se. A partir de julho de

A CRISE

1979, depois de haver se mudado para Yassenevo, esse instituto adotou uma nova agenda e um novo organograma. Entretanto, seu superior não tinha pressa em deixá-lo partir. Mágoa ainda mais profunda, há mais de dez anos, desde sua missão em Paris, era tenente-coronel. Tudo bem, um homem sem proteções e sem façanhas espetaculares não podia ser general. Como diziam no exército: "Coronel é uma patente; general, um golpe de sorte!" Mas um oficial devia terminar a carreira pelo menos coronel. Era um nível mínimo, aquém do qual um militar era considerado um fracassado. Todos os que se reformaram com uma patente inferior se sentiam frustrados e alimentavam complexos.

A situação atormentava de tal forma Vetrov que ele se viu disposto a tudo, até a se humilhar. Um dia tomou coragem e foi falar com seu chefe, Vladimir Aleksandrovitch Dementiev. Este último nunca fora um operacional; era quadro do Partido Comunista e tinha sido nomeado para esse posto de responsabilidade na PGU mediante o batido pretexto do "reforço do pessoal".* Aos olhos dos oficiais que mais de uma vez sentiram o calor da ação, era um "empistolado": sem experiência profissional nem nenhuma contribuição de vulto à causa comum. Desnecessário dizer que Vetrov, e ele não era o único, julgava-se nitidamente superior a seu chefe em muitos aspectos.

Mas era a esse homem que Vetrov devia submeter sua requisição. Invocando sua aposentadoria, que se aproximava, solicitou uma promoção simples: do posto de assistente para o de assistente principal. Na realidade essa função equivalia à patente de tenente-coronel. Entretanto, se obtivesse um pequeno sucesso — como uma curta missão ao estrangeiro ou um importante estudo analítico —, tinha uma chance de virar coronel.

A reação de Dementiev foi violenta e totalmente "quadro do Partido": "O senhor está muito cheio de si! Uma promoção não se pede. Trabalha-se bem, com consciência e devotamento. Então seus superiores percebem você e podem agir dentro dos conformes. Mas assim! É realmente muita falta de modéstia!"

---

*Considerados a "nata" da sociedade, os quadros do Partido eram frequentemente nomeados no seio dos serviços julgados deficientes.

Porcaria de vida... Um assistente em fim de carreira aspira a ser promovido a assistente principal, mas isso lhe é recusado. Por que diabos fazer disso um carnaval? Esse incidente gogoliano, à primeira vista banal, irá não obstante figurar no inquérito de Vetrov quando a investigação se empenhar em estabelecer as motivações de sua traição.[2]

Outro homem, além de Vitali Karavachkin, estudou esse inquérito a fundo. Chama-se Igor Prelin. Há muito tempo reformado, esse coronel acha-se em excelente forma física e cheio de energia. Barbicha grisalha de intelectual sobre um magro rosto de militar, reflexos rápidos, uma memória de elefante, competente e, o que não depõe em nada contra ele, autor de vários livros e documentários... Prelin fez parte da contraespionagem interna da PGU durante um bom tempo. Francófono, passou várias temporadas no estrangeiro (nunca na França). O estudo da traição de Vetrov, um dos maiores sismos a abalar o edifício do KGB, fez parte de suas atribuições profissionais. Prelin nunca tentou nos ludibriar, dissimular um fato ou nos induzir a erro. Naturalmente, às vezes ele falava: "Não posso dizer seu nome" ou "A data, deixa pra lá, certo?", mas no conjunto é uma testemunha confiável. Logo, nos reportamos frequentemente a ele.

Repelido pelo chefe, prossegue Prelin, Vetrov nem por isso se rendeu, lançando uma nova ofensiva para tentar inverter a maré. Em 1981, redigiu uma análise profunda sugerindo uma reforma radical da informação científica e técnica. Para chegar a essa conclusão, Vetrov obteve autorização para estudar a produção de 38 agentes estrangeiros recrutados pela PGU nos diferentes países. Evidentemente, eram informações *top secret* que ele anotara em sua caderneta de trabalho conservada em seu cofre-forte. Sua análise resultaria num documento de cerca de vinte páginas explicando em que pecava o serviço e sugerindo toda uma série de medidas a serem tomadas a fim de amenizar as insuficiências constatadas. Vetrov analisava todos os estágios do processo: a pesquisa, a coleta, o tratamento, a exploração, a difusão e a proteção de informações. As mudanças a serem feitas no funcionamento do sistema envolviam tanto as residências no estrangeiro quanto as equipes de Yassenevo, incluindo os beneficiários das informações no seio do complexo militar-industrial.

A CRISE

Esse trabalho lhe tomara pelo menos um mês. Vetrov não hesitou em levar o manuscrito explosivo para casa. Svetlana, que se lembra disso, leu-o para corrigir eventuais erros de gramática e ortografia. Vetrov mandou datilografá-lo e submeteu-o, todo orgulhoso, ao chefe do departamento.

Como diria à mulher, por uma vez seu trabalho seria notado. Mas, na época, ninguém queria concentrar esforços na PGU. A máquina funcionava sozinha. Havia um amálgama familiar entre as residências e a Central (para aqueles que tinham direito a sair para o estrangeiro). As pessoas galgavam os escalões, recebiam insígnias... Então por que complicar a vida?

Seja porque as conclusões de Vetrov foram superficiais e sem valor, seja porque a tarefa foi julgada como da alçada de um superior, esse trabalho foi simplesmente relegado aos arquivos. As recomendações de Vetrov viraram pó, e suas ambições também. Sucedendo-se a uma primeira ferida profunda em seu amor-próprio, esta última mágoa viria a se revelar decisiva na reviravolta que sua vida sofreria.

Às desilusões e insatisfações profissionais vieram acrescentar-se aborrecimentos familiares. Os Vetrov estavam casados há mais de vinte anos. Segundo seus amigos e conhecidos, as escapadas sentimentais faziam parte da vida do casal. Não apenas do lado de Vladimir. Svetlana enganava-o da mesma forma, e isso fazia tempo. Alguns chegam a afirmar que ela é que teria começado. É possível. Devemos observar que, de uma forma geral, a maioria das minhas testemunhas inclinava-se, ao falar do casal Vetrov, a atribuir seus deslizes à mulher e a arranjar desculpas para o marido.

No fim dos anos 1970, Svetlana teria tido um caso com um certo Boris S., irmão de um cosmonauta conhecido. Era um homem de primeira linha: bem-apessoado, seguro de si, cheio de charme. Tinha uma situação prestigiosa e invejável, fazendo parte da equipe do parque de helicópteros de Brejnev.

Os amantes não se escondiam muito. Vladimir conhecia bem o sujeito, que era amigo comum da família há anos: tinham feito atletismo juntos. Foram vistos várias vezes a três: Boris ia até a casa deles. Mais de uma vez, Svetlana e ele foram a Kresty com o Volga de Boris para lá passar um ou dois dias. Os Rogatin até mexeram com Vetrov a respeito: "Você não tem medo de deixá-los vir sozinhos, você que não tem eletricidade no campo?" Vetrov respondia com outro gracejo. Mas, no fundo, não podia ignorar a verdadeira natureza de suas relações. Evidentemente, seu amor-próprio sofria. Aliás, ele não sabia dissimular. Precisava desabafar com os outros; fazia parte de sua natureza. Vários de seus colegas da PGU, a par de seus problemas pessoais, declararam que ele recebeu muito mal o adultério de Svetlana.

Boris estava loucamente apaixonado. Além disso, tinha uma bela carreira à sua frente. Vladimir agora era um homem encostado, cujo principal acontecimento futuro seria provavelmente sua aposentadoria. O casal aproximava-se de suas bodas de prata. Vladimir não oferecia mais à mulher nenhum dos encantos da novidade. Svetlana conhecia-o de cor e salteado. Mas, pesando tudo, talvez tenha sido justamente por isso que ela não quis refazer sua vida.

Pois hoje Svetlana afirma que Vladimir a adorava. Era cheio de atenções para ela, executava seus menores caprichos, não parava de acariciá-la, paparicá-la. Antes de ir para o trabalho, exigia que ela o beijasse. Assim que chegava ao escritório, lhe telefonava. Não porque tivesse coisas concretas a lhe perguntar. Simplesmente, começava a pressioná-la: "O que está fazendo? Aonde vai hoje à tarde? O que vai fazer à noite?"

De volta do trabalho, se a mulher demorasse a recebê-lo, amarrava a cara:

— Por que não me beija, Raposa?

Era o apelido afetuoso que lhe dera.

— Pronto, aqui está seu beijo. Seu jantar está servido na cozinha.

— Ora, venha também!

— Estou sem fome.

— Então simplesmente faça-me companhia.

Segundo Svetlana, foi sempre assim durante vinte anos de casamento.

Além disso, Vladimir adquirira de tal forma o hábito de deixar as coisas a cargo dela que havia atividades de sua vida em comum em que ele não passava de um executante, sem se dar ao trabalho de refletir. Ia fazer

A CRISE

compras com um papelzinho que listava tudo que tinha de comprar. Bem embaixo do seu prédio havia uma grande loja de alimentação.

— Tinha um presunto muito bom — dizia ele ao voltar.

— Espero que tenha comprado... — respondia Svetlana.

— Não!

— Mas por quê?

— Você não falou nada!

Svetlana repreendia-o brincando, e ele ficava contente. Esse tipo de coisa apaziguava-o.

Quando evoca o último período de sua vida em comum — estamos no outono de 1980 —, Svetlana admite que Vladimir viu-se manifestamente carente. Ela passava, diz ela, todo o tempo cuidando dos filhotes de seu casal de shih-tzu. Com maior grau de probabilidade, era porque outro homem ocupava seus pensamentos. A propósito, ela reconhece que esse período durou cerca de seis meses: os filhotes, por sua vez, tiveram tempo de crescer e encontrar donos.

No fim desses seis meses, Svetlana constatou subitamente que o marido mudara. Não lhe telefonava mais do escritório, não exigia mais carícias. Ela compreendeu que outra mulher entrara em sua vida. No início pensou em lutar, mas o amor-próprio prevaleceu. Que alguém pudesse preferir outra mulher a ela já era uma ofensa. Ela iria acrescentar a isso a humilhação de lutar pelo homem que lhe era infiel!

Evidentemente, diante do jornalista-escritor que foi interrogá-la acerca da vida do marido, Svetlana não disse que o adultério de Vetrov podia ser apenas uma desforra. Na verdade, em suas conversas com Sergueï Kostine, nunca estiveram em pauta Boris ou as aventuras sentimentais dela. Em sua indignação em face do caso, aparentemente sério, do marido, ela não pensava provavelmente no dela própria. Afinal, não é humano recusar aos outros o que nos permitimos a nós mesmos?

Seja como for, as relações entre os esposos degradaram-se um pouco mais. Seu estilo de vida também mudou. Antes, era uma casa aberta, cheia de vida. Vladimir podia chegar, sem avisar à mulher, com cinco ou seis colegas para almoçarem em casa. Os convidados eram na maioria colegas de Vladimir na PGU e alguns amigos "limpos" que haviam trabalhado com ele no Ministério da Indústria Radioelétrica. Svetlana então corria para fazer compras.

Passou a voltar sozinho, em geral tarde, e — cada vez com maior frequência — bêbado. Uma noite, Vetrov foi *entregue* em casa por uma colega que também mal se sustinha de pé. Parecia uma louca com o gorro de pele escorregando sobre uma orelha. Entretanto, fora de sua parte um ato heroico: Vladimir era incapaz de pronunciar uma palavra. Sem ela, teria sido recolhido por uma patrulha e despachado para uma clínica de desintoxicação. Svetlana e Vladik permitiram que a dama acariciasse um cãozinho e depois a botaram num táxi.

Na manhã seguinte, Svetlana não conseguiu conter sua raiva.

— Você se dá conta do que fez? Volta para casa com uma mulher apenas um pouquinho menos bêbada do que você! Não tem vergonha?

Alguns dias mais tarde, a dama, que, sóbria, era antes simpática, voltou para pegar um filhote. Era uma tradutora da Direção T, cujo escritório era contíguo ao de Vetrov. Disse a Svetlana que outra colega dela gostaria muito de vir pegar um cãozinho também. Por uma intuição fulgurante, Svetlana deduziu que era "a outra". Ao mesmo tempo, pensou que, se a amante de Vladimir fazia questão de aparecer, não era para olhar para ela, a esposa enganada, mas para bisbilhotar como eles viviam. Para avaliar o que poderia conseguir como patrimônio se convencesse Vetrov a ir viver com ela. Svetlana disse então secamente à dama que os outros cãezinhos já estavam prometidos a amigos.

Um ano mais tarde, Svetlana voltou a se deparar com essa tradutora, que lhe confirmaria que seu pressentimento tinha fundamento: era de fato a amante de Vladimir, Ludmilla Otchikina,* que queria visitá-la. A dama lhe teria igualmente dito que tinha sido Otchikina quem tomara a iniciativa de conquistar Vetrov. "Na realidade", observou, "eu também poderia estar no lugar de Ludmilla. Estávamos todos juntos bebendo e farreando. Ela tinha mais audácia, só isso."

---

*Nome alterado.

A CRISE   115

Svetlana afirma que, sem poder ir pessoalmente, Ludmilla teria dado um jeito de impor sua presença na casa dos Vetrov, telefonado sem parar e sem dizer quem era.

Citamos essas informações relativas a Ludmilla com todas as reservas. Não podemos esperar que uma mulher fale bem da rival. E nunca é demais lembrar que, nesse período, Svetlana tinha um amante.

Vetrov bebia cada vez mais. Agora era raro voltar sóbrio para casa. Svetlana não aguentava mais e resolveu ter uma explicação com o marido.

— Olhe para você — disse ela. — Virou um beberrão, um sujeito acabado. Eu compreenderia se fosse por amor. Mas o amor enobrece e você degringola. Como podem tolerá-lo no KGB? Mas eu não sou como eles, chega!

Vladimir pareceu despertar. Abraçou-a e cobriu-a de beijos, pedindo-lhe perdão. Disse-lhe que ela era seu único amor, que não entendia o que acontecera com ele. A paz voltou ao lar. Mas no dia seguinte ele saiu para trabalhar e começou tudo de novo.

Dali em diante, Svetlana passou a viver cada vez mais a vida dela e ele a dele. Não demorou e não tinham mais nada em comum a não ser o filho e os bens: o três-quartos na avenida Kutuzov, os quadros e móveis antigos, sua casa de campo à qual eram tão afeiçoados...

Svetlana reconhecia cada vez menos o marido. Em poucos meses, ele se transformara em outro homem. Eram os mesmos traços do rosto, era o mesmo corpo. Mas outra criatura parecia habitá-lo, uma criatura malvada, rancorosa que falava e agia diferentemente de Volodia. Com um sentimento de horror místico, Svetlana surpreendia-se cada vez mais a ruminar que não era ele. Em outros tempos, falaríamos de possessão, feitiço ou outro truque de magia negra. Mulher do século XX, ela pensava no imenso arsenal de recursos de condicionamento psíquico nas mãos do KGB ou dos serviços secretos estrangeiros. Seu marido fora condicionado? Administraram-lhe drogas à sua revelia? Todas as manhãs rechaçava esses pensamentos delirantes; todas as noites eles voltavam, mais consistentes.

Svetlana acabou pifando. Uma noite, ao chegar do trabalho, Vetrov não reconheceu mais sua casa. Estava tudo de pernas para o ar. Os quadros estavam fora da parede, duas malas ao lado da porta de entrada. Não teve tempo nem de pedir explicações: sua mulher desabafou tudo que represara semanas a fio.

— Vivemos uma longa vida juntos, partimos do zero. Acumulamos tudo que possuímos ajudando-nos mutuamente. E agora você tem outra mulher que quer botar a mão em tudo. Muito bem! Acha que eu ligo? Estou me lixando! Pode pegar o que quiser: quadros, móveis, até as roupas que você me deu. Suas roupas estão nas malas. Pegue tudo e fora daqui!

Vladimir não estava louco. Tinha consciência de que, se deixasse seu porto seguro, ficaria à deriva. Conseguiu acalmar a mulher, mas isso não alterou nada no panorama.

Svetlana lembra-se de outra briga. Voltando do trabalho, Vladimir não a encontrara em casa, pois ela estava passeando com os cães. Encontrou-a na praça que margeia o Moscova.

— Por que me exclui da sua vida? É como se eu não existisse.

— Tem razão — disse Svetlana. — Risquei você da minha vida. Depois que você virou adulto, fui eu que o ajudei e apoiei. Sempre defendi você, mesmo quando estava errado. Mas acabou. Você passou dos limites. Agora não posso e não quero mais perdoá-lo. Você não existe mais para mim.

Tenha ou não Vladimir lhe insinuado nessa ocasião que ela também tinha culpa no cartório, Svetlana arrependeu-se disso mais tarde. Ainda hoje, recrimina-se. Acha que, se não tivesse rejeitado Vladimir por despeito, sua vida talvez não tivesse sofrido aquela derrapagem descontrolada.

Assim, num momento crítico de sua vida, Vetrov viu-se sozinho. Não tinha mais nada a esperar do lado do KGB, que só lhe inspirava ódio e asco. Ele, que se acostumara a desabafar seus problemas com a mulher, não podia mais dirigir-lhe a palavra. Todos o julgavam um homem acabado, um alcoólatra. Ele iria mostrar a todos que eles estavam enganados a seu respeito. Tomavam-no por um pau-mandado em fim de carreira? Iria tornar-se uma grande figura do mundo da espionagem, daquelas que influenciavam nos destinos do mundo e no curso da História. Achavam que ele tinha chegado ao fundo? Ele se vingaria reduzindo a pó, sozinho, os esforços de milhares de indivíduos, de toda a Linha. Pensavam que ele era apenas um beberrão que não juntava mais coisa com coisa? Ele iria montar uma operação sofisticada que eles seriam incapazes de deter.

Para realizar essa reviravolta em seu destino, bastava pôr-se do outro lado da barricada. Lá, do outro lado do espelho, o preto era branco e o branco era preto, os contornos dos objetos se diluíam no ar e o difuso ganhava forma. Paciência se estava brincando com fogo e se o menor passo em falso era capaz de causar sua perda. O sucesso da empreitada que ele vai realizar iria redimi-lo de todas as humilhações e todas as insatisfações de sua existência.

Vetrov estava prestes a dar o pulo. Certo de seu talento e confiante em sua estrela, não sabia que estava pulando no vazio.

11

O salto mortal

"O homem que decide trair nunca formula a coisa nesses termos", diz Igor Prelin, especialista no assunto. "Não, ele queria valorizar sua experiência, no máximo barganhá-la. Ou então saciar sua vingança, prejudicar o serviço ou o regime que ele detestava. Em todos esses casos, ele tinha de estabelecer uma ordem de prioridades. Se o importante para ele fosse sua segurança, ele se dirigiria aos britânicos. Estes pensariam em tudo, ele teria uma excelente cobertura durante sua manipulação, haveria um procedimento de defecção, tudo isso. Os que só se interessavam pelo dinheiro estabeleciam contato com os americanos. Estes não olhavam para as despesas. Enfim, os homens que queriam ao mesmo tempo a grana, a segurança, o reconhecimento e tudo o mais, iam aonde? Bravo! Isso mesmo, ao KGB. Mas no caso de Vetrov, isso era impossível."[1]

Após vinte anos de trabalho no KGB, Vetrov estava consciente de que o manancial de conhecimentos que ele já possuía e as informações que podia obter em seu posto de analista não tinham preço para qualquer agência de espionagem estrangeira. Ele não podia ignorar o cuidado extremo e a amplitude de recursos que um grande serviço de espionagem, como a CIA, dispensava à manipulação de uma fonte no KGB ou no GRU. Para cada caso, os americanos criavam uma célula especial composta de vários indivíduos que planejavam a manipulação até o último detalhe. Se seu informante estivesse no Ocidente, como Penkovski em Londres ou Nossenko em Genebra, várias pessoas iam a seu encontro para sabatiná-lo e montar a segurança de suas entrevistas. Além do mais, os americanos mostravam-se extremamente generosos: conta bancária numerada na Suíça, presentes principescos, patente elevada em sua própria hierarquia militar...

Se a história do recrutamento de Vetrov pela GRC é verdadeira, o que aliás não devemos excluir, será que pelo menos ele pensou em voltar a fazer contato com seus amigos canadenses? Por uma ou outra razão, não fez isso.

A despeito de todas as iscas lançadas pelas grandes agências de informações ocidentais, Vetrov fixou sua escolha no serviço secreto de um país que, a priori, não pretendia uma ação internacional de envergadura no domínio da espionagem. Além disso, não escolheu uma agência de informações que, pelo menos, tivesse o hábito de dirigir agentes, mas um serviço de contraespionagem para o qual essa tarefa seria nova. Como explicar essa escolha?

Para o beneficiário, a DST, essa decisão pareceu natural. Ela se deveria, em primeiro lugar, à francofilia de Vetrov e, pensam os chefes da contraespionagem francesa, à "atração cultural (pela França) daquela sociedade burguesa russa da qual sua família provinha, onde era de bom-tom ter governantas francesas."[2] Ora, já sabemos que a tese das origens burguesas ou latifundiárias de Vetrov é falsa. Marcel Chalet fala igualmente das "excelentes abordagens feitas pela DST a pessoas em contato com os meios soviéticos que permitiram descobrir a reviravolta sofrida pela vida de Vetrov e intervir na hora certa a fim de tirar o melhor partido no sentido de nossas atividades."[3] Como o leitor verá, nada mais longe da verdade.

Teoricamente, para todos os membros do KGB que já tinham operado em Paris, a DST era seu inimigo número um, o que frequentemente levava à infração das regras tácitas do jogo, com recursos a golpes abaixo da cintura. Nada de excessivamente criminoso, um pneu furado aqui, um para-brisa estilhaçado ali, a fim de melhor controlar uma campana... Evidentemente, esse comportamento era de certa forma inevitável para um serviço que enfrentava uma hidra de mil cabeças. Como vimos, e provavelmente graças a Jacques Prévost, Vetrov não teve do que se queixar com relação a esses procedimentos.

Mas isso é apenas um parêntese. Por mais francófilo que fosse, Vetrov era acima de tudo um profissional da informação, e os aspectos operacionais de sua defecção, ainda que pudessem se somar a certas afinidades mais sentimentais, devia prevalecer sobre todas as outras considerações.

Três circunstâncias importantes presidiram na realidade a escolha de Vetrov. Escolha que, aparentemente aberrante, seria a razão principal do fantástico êxito do que mais tarde ficou conhecido como operação Farewell.

Em primeiro lugar, sua segurança. Vetrov estava bem situado para saber a que ponto os principais serviços especiais ocidentais estavam infiltrados pelo KGB. A CIA não era exceção, nem as outras agências de informações, nem o Sdece. Ora, não se tratava absolutamente de uma operação suicida que ele planejava. Desse ponto de vista, a DST apresentava então uma série de vantagens não desprezíveis.

Por um lado, a França não era considerada um inimigo de fato na URSS. Era, ao contrário, um dos pilares da distensão e o interlocutor privilegiado do regime brejneviano nos assuntos internacionais. Quanto a seus serviços especiais, o KGB — envolvido num impiedoso braço de ferro com a CIA — não os levava muito a sério.

Depois, porque um serviço de contraespionagem é, por definição, muito mais difícil de penetrar. Os caçadores de espiões são, na maioria, mais patriotas, mais conservadores, menos permeáveis às influências e às tentações que os oficiais de informações. Vetrov, que tinha acesso a muitos documentos provenientes da residência parisiense do KGB, podia ter a certeza de que no momento de sua traição a DST não estava infiltrada. Enfim, como esse serviço policial não operava no exterior, seria o último a ser suspeitado pelo KGB de se entregar a uma manipulação. Ora, é a identificação dessa agência adversária que é primordial para a contraespionagem.

O segundo aspecto do problema que levou Vetrov a escolher a DST foi a relativa facilidade do primeiro contato. Os membros do KGB não ti-

O SALTO MORTAL

nham autorização para conviver com os estrangeiros a não ser em caso de necessidade profissional. Além disso, tinham obrigação de prestar contas por escrito de cada um de seus contatos. Mas isso concernia apenas aos agentes operacionais. Toda relação com os estrangeiros era explícita e categoricamente proibida aos analistas. Como era um deles, Vetrov não tinha nenhum argumento a apresentar se fosse surpreendido conversando com um estrangeiro. Vetrov sabia dos enormes riscos corridos por Penkovski — que, ao contrário dele, tinha o direito e até mesmo a obrigação profissional de sociabilizar com os estrangeiros — para travar relações com os serviços de informações do mundo livre.* Ele tampouco ignorava quantas vezes, acreditando num engodo, os ocidentais tinham devolvido ao KGB documentos secretos que lhes chegavam às mãos por parte dos soviéticos junto com uma oferta de colaboração, queimando assim um verdadeiro traidor. Ele, pelo menos, tinha uma porta de entrada direta e discreta na DST graças a Jacques Prévost.

Por fim, a terceira razão é que, graças à sua temporada parisiense, Vetrov certamente devia conhecer bem os franceses, suas qualidades e defeitos. Numa empreitada arriscada como a que ia tentar, era primordial estar familiarizado com a mentalidade de seus parceiros e poder prever seus reflexos diante dessa ou daquela situação, boa ou desastrosa. Afora o plano profissional, Vetrov devia ter apreciado a vida tranquila na França, país próspero e bem organizado, onde tudo é feito para o conforto e o prazer, onde as pessoas são sorridentes e educadas e onde a influência do Estado é imperceptível. Além do mais, como se verificará mais tarde, ao escolher a França, que, como dissemos, nunca foi realmente considerada um país hostil na União Soviética, a sensação de traição de Vetrov devia ser bem menos pronunciada do que se tivesse escolhido o inimigo jurado de seu país, ou seja, os Estados Unidos.[4]

---

*Esse grande informante ocidental no GRU abordou dois estudantes americanos na rua, entregando-lhes um envelope com a oferta de sua colaboração. Não tendo recebido resposta, Penkovski fez várias tentativas, igualmente suicidas, com executivos comerciais britânicos e canadenses. Dessa forma, tentou contato com três serviços de informações ocidentais até o dia em que a CIA foi finalmente procurá-lo, oito meses após a entrega da carta aos estudantes. Cf. em especial J. Schecter, P. Deriabin: *The Spy Who Saved the World*, Nova York, Charles Scribner's Sons, 1992.

Entretanto, em ocasião alguma encontramos de sua parte a formulação explícita de um apego à democracia. Para Vetrov, a liberdade não era absolutamente um conceito filosófico ou ideológico, mas um modo de vida sem coerções adaptado à sua personalidade; em suma, o direito a uma vida boa.

Possivelmente, como todos os soviéticos que tinham olhos abertos, ele não sentia nenhuma simpatia pelo regime existente, que estagnava no marasmo, na corrupção, na arbitrariedade e no nepotismo. Como todo mundo, contava piadas sobre a múmia viva que era Brejnev e repetia boatos sobre escusos negócios mafiosos aos quais estariam ligados sua família e seu séquito. Porém, produto da sociedade, Vetrov devia raciocinar como a maioria de seus compatriotas e contemporâneos: o regime brejneviano é vergonhoso, mas a doutrina marxista-leninista está correta. Ou, como dizia um chiste popular: "O comunismo é inelutável." Acrescentemos a isso que o sentimento de enraizamento comunista na URSS era sólido, sentimento característico não apenas dos soviéticos como da quase totalidade dos "kremlinólogos". Do lado russo, então, nada no comportamento de Vetrov permite considerá-lo um combatente da sombra contra o sistema comunista ou um precursor da Perestroica. Essa suposição, que se apresentou como uma certeza para a DST e a mídia francesa, fez rir todos os soviéticos que conheceram Vetrov.

Do lado francês, evidentemente, a versão é outra. Lembremos inicialmente que Jacques Prévost já ficara impressionado com as declarações vingativas de Vetrov a respeito de seus superiores e até mesmo do Partido, o que parecia indicar uma rejeição do regime bastante precoce (ver p. 62). Para Raymond Nart, Vetrov era um trânsfuga no lugar certo. "É um caso único, é o tipo que empreende uma defecção intelectualmente, mas permanece no seu país porque é muito ligado à sua terra."[5] Sua decisão fatal teria então se tornado possível por um fenômeno de desvinculação progressiva em relação a seu meio ambiente. "Um sujeito que viveu no Ocidente, que retornou para viver numa sociedade de mentira e confinamento, fatalmente um dia ou outro vai enlouquecer", deixa escapar Nart. Ideologicamente, Vetrov não tinha mais nenhum tipo de comprometimento, sentimental

O SALTO MORTAL

e profissionalmente ainda menos. Acima de tudo, alimentava um ódio visceral pelo KGB, instituição que era difícil para os ocidentais distinguir do regime soviético inteiro. Farewell não teria então executado um salto mortal, teria simplesmente dado um passo.

Tudo leva a crer que as motivações que lhe atribuíam a DST e o KGB correspondiam meramente ao estereótipo dominante na consciência coletiva de um ou outro dos dois serviços secretos. Aos olhos da DST, era a rejeição do regime e a sede de liberdade. Aos olhos do KGB, sua iniciativa teria uma única palavra chave, o mercantilismo.[6] O leitor poderá constatar que, no caso, o KGB, que não obstante teria supostamente um melhor conhecimento da situação, estava de fato mais afastado da realidade que sua adversária francesa.

Essas simplificações podem se revelar perigosas quando se trata de julgar a decisão de um homem de colocar em jogo sua vida e o bem-estar de sua família. No caso de Vetrov, tratava-se antes de um emaranhado de pulsões internas e causas externas.

Encabeçando essa lista, somos tentados a colocar a confusão e o profundo isolamento vividos por Vetrov pela primeira vez desde que era adulto. Não tinha mais família. Sua mulher — na qual sempre buscara apoio — não lhe dirigia mais a palavra. Era um homem que perdera o norte. As noções de bem e mal não faziam mais sentido algum para ele.

Nesse desvario enxertava-se um sentimento doloroso de frustração e ódio pelo serviço ao qual dera o melhor de si. Ah! O KGB considerava indigno um de seus operacionais mais talentosos? Não! era ele, Vetrov, que julgava indigno de si aquele conglomerado de vadios e corruptos. Mas decerto havia também o desejo de se realizar, de sair de uma vida sem brilho nem futuro, de desempenhar um papel de primeiro plano antes que o pano caísse. Vetrov formulava isso possivelmente de uma maneira mais pragmática. Simplesmente, resolveu mostrar a todos que não gostavam dele — a seus parentes, amigos, colegas, a todos em suma — de que aço era forjado.

Ao contrário do que afirmou o KGB, nada atesta que o aspecto material e financeiro ganharia a importância que poderia ter tido para um materialista como Vetrov. Manifestamente, ele era movido por sentimentos bem mais fortes, e não pelo simples chamariz do lucro. Tudo indica que à medida que sua sede de vingança se aplacava Vetrov parecia saborear cada vez mais as vantagens que lhe proporcionava sua nova situação de fonte remunerada. A evolução de seu relacionamento com sua amante Ludmilla parece igualmente ter influenciado nos aspectos materiais da manipulação. Como veremos mais tarde, os únicos pedidos categóricos de Vetrov nunca disseram respeito senão a presentes cuja natureza não deixava dúvida acerca de seu destinatário.

Abordemos agora o aspecto técnico da operação de contato. Dissemos que, como analista do KGB, Vetrov estava proibido de frequentar estrangeiros. Era uma proibição absoluta, uma espécie de camisa de força, que facilitava o trabalho da contraespionagem interna da PGU. Sendo assim, embora Vetrov soubesse a quem se dirigir para ganhar imediatamente a confiança da DST, o mero fato de contatar Jacques Prévost era difícil.

Para ele, pelo menos. Pois seu amigo francês continuava a supervisionar os contratos soviéticos na Thomson-CSF e, a esse título, viajava regularmente a Moscou. Segundo seu dossiê no KGB, desde maio de 1963, quando passou seus dez primeiros dias na URSS (foi em Kiev, por ocasião de um salão), Prévost totalizava várias dezenas de viagens ao país, que tinha para ele cada vez menos segredos e cuja língua ele manejava bem. No fim dos anos 1970, a visão do aeroporto de Cheremetievo já era rotineira para ele. Pois, com vistas aos Jogos Olímpicos de Moscou, a Thomson vencera a licitação internacional para o reequipamento da televisão soviética. Contrato de peso: centenas de milhões de francos em investimentos, centenas de especialistas e técnicos fazendo a ponte aérea entre os dois países e um grande canteiro de obras em Moscou, onde seria construído o novo Centro Técnico da Televisão Soviética.

No auge dos preparativos dos JO, em 1979, Jacques Prévost fez cinco viagens a Moscou: uma por mês, de fevereiro a maio, e outra em outubro, para avaliar o trabalho realizado. Todavia, em 1980, ano dos Jogos Olímpi-

O SALTO MORTAL

cos, não havia mais muita coisa a fazer em Moscou. Só retornou então uma vez, de 14 a 18 de outubro. Ele não podia saber, mas este era justamente o período em que Vetrov procurava desesperadamente um meio de entrar em contato com ele.

Aparentemente, a DST não esperava mais nada de seu alvo de estudo soviético. A última vez que Prévost telefonara para Vetrov tinha sido em torno de 1973, quando ele estava na companhia de "Pierre". Seguiu-se para ele o fechamento do território, que punha um ponto final à abordagem da DST. Amizade? No mundo da espionagem, esta só se justifica quando corresponde a uma necessidade profissional. Amizade pura e simples é um luxo inútil e perigoso.

Quanto a Vetrov, era muito arriscado para ele informar-se, mesmo que discretamente, sobre um estrangeiro. Vladimir só viu um jeito de reatar o contato com Jacques em dezembro de 1980.

Eis como:

Svetlana tinha um irmão, seis anos mais velho. Lev Barachkov era uma personalidade conhecida. Ator por formação, era um astro da canção soviética, algo decadente (sumiria completamente do circuito alguns anos mais tarde), mas ainda popular no fim dos anos 1970. No outono de 1980, ele devia partir em turnê para o estrangeiro. Era na Hungria que se achavam estacionadas as tropas soviéticas. Mas, sob Kadar, era o país mais liberal da Europa do Leste, de certa forma o polígono de testes da comunidade socialista. Ao contrário da União Soviética, lá a correspondência destinada ao estrangeiro não era aberta, pelo menos sistematicamente.

Vladimir pediu então ao cunhado que enviasse, durante sua turnê, um cartão postal banal a um amigo francês. Era um simples pedido de encontro, estando subentendido que Prévost devia voltar a Moscou para encontrá-lo. Os termos da mensagem eram mais que prudentes: Vetrov tinha de ter uma justificativa caso a carta fosse interceptada pelo KGB. Barachkov, como a maioria dos soviéticos, considerava as medidas de segurança impostas pelo KGB uma espécie de paranoia, e a censura uma vergonha. Aceitara então, sem perguntas, prestar o favor (*fig. 2*).

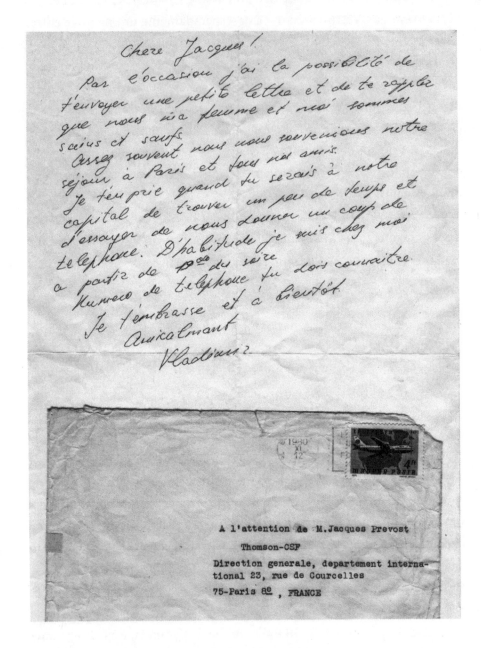

Fig. 2 A primeira carta a Prévost, postada na Hungria.

O SALTO MORTAL   127

A DST não se mexeu.[7] Na verdade, Prévost não teria corrido grandes riscos dirigindo-se à capital soviética e telefonando para Vetrov, como o fizera antes, aliás. Se a DST não respondera a esse primeiro chamado no qual nada tinha a perder e tudo a ganhar, isso se deveu apenas a um fator subjetivo. Calejado nos jogos duplos, o serviço francês vê armadilhas em toda parte. Por outro lado, sendo um serviço de contraespionagem, teoricamente a DST só tinha interesse em ter um informante no KGB se este pudesse informá-la sobre as atividades de sua residência em Paris. Ainda não lhe ocorria a ideia de que pudesse desempenhar um papel em matéria de informações fora do território francês, o que extrapolava, em ambos os casos, o âmbito de suas atribuições legais. Ela estava na situação do caçador que matava passarinhos no seu quintal a quem teriam convidado para um safári. Vetrov, possivelmente, pensava isso mesmo.

Passaram-se dois meses, o suficiente para ele constatar que a primeira tentativa de contato falhara. A carta podia não ter chegado ao destinatário, ou então seu tom era vago demais para que Prévost compreendesse que precisava reagir sem demora. Seja como for, Vetrov decidiu voltar à carga.

Em fevereiro de 1981, foi organizada uma exposição no Centro de Comércio Internacional de Moscou, também conhecido como Centro Armand Hammer.* Apesar da proibição de se comunicar com os estrangeiros, Vetrov não corria um risco exagerado indo até lá. Há sempre uma margem entre os regulamentos e sua aplicação, e na URSS ela era grande. Tratava-se de um salão do material eletrônico, havia empresas francesas entre os expositores e Vetrov era especialista em ambos esses domínios. Tinha sempre a desculpa de que estava ali a trabalho, para verificar os aperfeiçoamentos introduzidos nos dispositivos que ele outrora proporcionara ao KGB e assim por diante.[8]

Uma vez no Salão, Vetrov logo detectou um homem que sobressaía entre os expositores franceses. Era um representante de Schlumberger vindo de Paris, chamado Aleksandre de Paul. Não conseguimos estabelecer se Vetrov o conhecia desde sua temporada na França nem se sabia que Paul

---

*Homem de negócios americano, incentivador do intercâmbio comercial Leste-Oeste. Muito respeitado na URSS por ter negociado seus primeiros contratos com Lenin em pessoa.

era, igualmente, um ilustre correspondente da DST. As duas hipóteses são prováveis, pois Vetrov entregou a De Paul outra mensagem destinada a Jacques Prévost. Esta era muito mais explícita. Entre outras coisas, teria escrito: "O senhor precisa compreender que para mim se trata de uma questão de vida ou morte.[9]"

Na realidade, essa segunda mensagem chegou à DST junto com a primeira.[10] Lá, Raymond Nart fora promovido depois do retorno de Vetrov a Moscou, tendo se tornado chefe da seção soviética da DST. Mas não lidava mais diretamente com Prévost, o que ocasionara um ligeiro atraso na transmissão da primeira mensagem. Contudo, o dossiê Vetrov reapareceu, e "R23" adquiriu imediatamente "a certeza de que se trata de uma oferta de colaboração."[11]

Não deixaram, porém, de considerar a eventualidade de se tratar de um golpe montado pelo KGB. Daí a importância da escolha da pessoa a ser enviada em missão de reconhecimento.

Pela lógica, essa tarefa incumbia a Prévost. Em primeiro lugar, conhecia Vetrov pessoalmente e não poderiam lhe apresentar alguém diferente sob esse nome. Depois, Prévost conhecia-o quase intimamente e teria probabilidades de detectar uma eventual provocação. Enfim, sendo um colaborador da DST, ele teria mais garantias caso se visse confrontado com uma situação imprevista.

Nart então perguntou a Prévost qual era a data de sua próxima viagem a Moscou. Como a eventualidade de uma armação do KGB ainda era possível, não espanta que Jacques Prévost não fizesse questão de cumprir essa missão na Rússia pessoalmente. Uma coisa era fazer a ponte aérea entre Paris e Moscou para negócios, outra era responder a um SOS de um oficial do KGB! Além disso, Prévost também mudara de posto no início dos anos 1970, e suas idas e vindas a Moscou eram muito menos frequentes. Foi portanto conscienciosamente que Prévost respondeu que, mesmo com assuntos ainda pendentes na União Soviética, assuntos que exigiam sua presença lá, nada estava planejado por ora.

O tom urgente da mensagem, e a inércia leviana demonstrada pelo serviço ao recebê-la, levou Raymond Nart a se mexer e procurar rapidamente outro contato para responder ao chamado de Vetrov.

O SALTO MORTAL

Por que não De Paul? Ele também, como vimos, conhecia Vetrov e não era um estranho para a DST. Schlumberger tinha até um gabinete na câmara de comércio de Moscou, e sua volta portanto não despertaria nenhuma suspeita. Mas De Paul apresentava a mesma desvantagem de Prévost: poderia ter sido identificado como agente disfarçado. Logo, sua candidatura seria igualmente descartada e não ouviremos mais falar dele nessa história.

No fim das contas, a DST decidiu transmitir a mensagem por um de seus parceiros amadores, inteiramente inocente aos olhos do KGB. Foi Prévost quem sugeriu o nome do representante geral de sua empresa em Moscou. Ainda mais que este regressaria para lá dentro de poucos dias.

O homem em questão nem desconfiava disso, naquela manhã de fevereiro de 1981, ao entrar no escritório de seu patrão e amigo, Jacques Prévost. Mas, para compreender direito a sequência, é melhor conhecê-lo.

12

O cavaleiro da aventura

Nascido em 7 de janeiro de 1923 em Paris, Xavier Ameil representa por si só todo um leque de estados e condições sociais. É, por exemplo, o distante descendente do coronel Ameil do 24º Regimento dos Caçadores a Cavalo, feito general e barão do Império na esteira da batalha de Wagram. Mas viveria toda a sua vida ativa sem ostentar os títulos nobiliárquicos. Apenas quando se retirasse para a Touraine, onde o pertencimento à nobreza tinha sua importância, assumiria o título de barão. O pai de Xavier Ameil fizera o curso da Escola dos Altos Estudos Comerciais (HEC) e representava o setor metalúrgico de uma empresa importante, Japy, para a região parisiense. Morreu jovem, quando Xavier tinha apenas doze anos. Sua mãe era neta, filha e irmã de engenheiros. Viúva com seis filhos, ensinou-os a se virar sozinhos, sem nada pedir a ninguém.

Xavier cresceu em Paris. Depois do vestibular, também ingressou na Politécnica, deixando a escola no fim de dois anos. Pois estávamos em 1944, em plena Libertação. Xavier ingressou na divisão Leclerc e terminou a guerra em Estrasburgo. Uma empresa, a Sociedade Alsaciana de Construções Mecânicas, financiou-lhe dois anos de estudos na Escola de Telecomunicações. Fez ainda mais por Xavier: Foi na Alsaciana que ele conheceu uma adorável secretária executiva.

Claude Goupil de Bouillé era filha de um aristocrata de Bourgueil. Educação católica, vestibular, estudos de direito e de secretariado. Depois

O CAVALEIRO DA AVENTURA　131

de se casar com Xavier Ameil em 1951, parou de trabalhar. O casal teria dois filhos, um menino e uma menina.

Em 1953, Xavier Ameil entrou na CSF, onde viria a ocupar o cargo de diretor adjunto do laboratório de pesquisas. Sua mais bela performance data dos anos 1963-1965. Na época, reuniu uma excelente equipe de engenheiros e construtores que criaria uma maravilha de tecnologia, os teletipos Myosotis. Essas máquinas de criptografia seriam instaladas em todas as embaixadas da França no estrangeiro. Um imenso mercado para a CSF: mais de um bilhão de francos. E também uma realização de vulto aos olhos do governo francês, uma vez que o diretor do projeto, Xavier Ameil, foi feito cavaleiro da Legião de Honra.

A concepção dos teletipos seria tão inovadora que a partir deles se fabricaria um derivado a ser integrado no sistema Rita (rede integrada de telecomunicações do exército nos anos 1982-1983). Era na verdade um emissor-receptor que permitia transmitir ordens vocais cifradas. O aparelho foi julgado de ótima performance, uma vez que foi adquirido até pelo exército americano.

Em 1978, para gerir um vultoso contrato relativo à modernização da televisão soviética visando os JO de Moscou, a Thomson-CSF instalara uma importante antena na câmara de comércio franco-soviética, no bulevar Pokrovski 4-17, em Moscou. A empresa já tinha um representante lá, mas, considerando esse novo contrato, não dava mais conta do trabalho. Precisava de um delegado geral experiente e competente, e ofereceu esse posto a Ameil. Este já fizera duas viagens à União Soviética: quinze dias em junho de 1969 e cinco semanas em novembro-dezembro de 1978. O país lhe agradava e ele não temia as responsabilidades. Aceitou, então, instalando-se em Moscou com a esposa em 5 de janeiro de 1979.

Os Ameil tinham herdado de seus predecessores um modesto três-quartos na rua Vavilov. Claude não gostou nada de morar num conjunto habitacional de terceira categoria. Mas mudar de apartamento não era tão simples, e, o principal, Xavier só pensava em seu trabalho. Todo o dinheiro de que dispunha era destinado ao escritório, cada vez mais bem equipado.

A propósito, o casal não era de muita badalação. Xavier tinha muitos conhecidos britânicos, mas Claude não falava inglês. Os Ameil recebiam

franceses de vez em quando, sobretudo depois que Claude passara a trabalhar voluntariamente na biblioteca da embaixada. Apreciavam muito a
cultura russa e não perdiam nenhuma apresentação do Bolshoi. Era com
infinitas precauções — possivelmente exageradas — que visitavam uma
amiga russa francófona.

Xavier ia frequentemente a Paris para resolver problemas pendentes,
realizando, de acordo com seu dossiê no KGB, sete viagens em 1979, seis
em 1980. Após o projeto olímpico, a Thomson-CSF assinou imediatamente
dois outros contratos de vulto: a construção de uma fábrica de comutadores
telefônicos no Ural e a instalação de um sistema de vigilância e telecoman-
do informático para os gasodutos. Foi com essa finalidade que, no fim de
fevereiro, 15 dias apenas após sua viagem precedente, Ameil voltou mais
uma vez à sede de sua empresa no bulevar Haussmann, 173.

Já falamos das trocas de favores entre a Thomson-CSF e a DST e do papel
de Jacques Prévost. Este sempre negou isso diante de seu subordinado e
amigo. Contudo, Xavier Ameil, que não era tão ingênuo assim, não ficou
nada surpreso quando seu chefe lhe apresentou um emissário da DST,
sentado em seu gabinete. O homem que se levantou para lhe apertar a mão
chamava-se Rouault. Mais tarde, Ameil ficaria bastante surpreso ao saber
seu apelido: "o Matador". Era um homem bonito de cabelos castanhos e
traços finos, com ares de notável espanhol. A realidade era mais modesta.
Rouault era auxiliar de Raymond Nart.

Prévost expôs brevemente o caso a seu subordinado: o estrito necessário.
Um de seus contatos soviéticos, Volodia,* um membro do KGB, lançara-lhe
um pedido de socorro. Segundo ele, era uma questão de vida ou morte.
Xavier aceitaria telefonar para ele em Moscou para lhe transmitir uma
mensagem oral?

Ameil concordou imediatamente. Quando lhe perguntamos por que
fez isso, 14 anos mais tarde, ele admitiu nunca ter-se feito a pergunta. A
resposta que forneceu, com um sorriso cândido, quase constrangido, foi

---

*Ameil só conhecerá Vetrov ao longo de sua aventura como Volodia, diminutivo de Vladimir. Só
saberá seu sobrenome bem mais tarde, quando o caso Farewell vazar na imprensa.

O CAVALEIRO DA AVENTURA

bem simples: "Porque gosto de prestar um favor." Mas, ao dizer isso, não pensava em seu chefe Prévost, nem na DST, nem em seu país, mas apenas num homem em dificuldade, um amigo de Jacques, que estava com problemas na União Soviética, o que podia acontecer com muita gente.

No que se refere à questão da escolha do mensageiro, Ameil refletiu sobre ela. Segundo ele, a DST acreditava piamente tratar-se de um pedido de socorro, mas não suspeitava que dali pudesse sair alguma coisa significativa. Preferiu então enviar uma cabra em vez de um lobo para verificar aquele assunto mais de perto.

A DST tinha suas razões para agir dessa forma. "Um amador tem o defeito de não possuir formação, mas tem a vantagem de não ser suspeito aos olhos da contraespionagem", diz Igor Prelin. "Pesando bem os dois lados, era de toda forma um trunfo. Ameil nunca era vigiado nem sequer objeto de suspeita."[1] Hoje, porém, sabemos que Jacques Prévost, por sua vez, estava identificado pelo KGB como agente da contraespionagem francesa desde 1974. O dossiê de Ameil era virgem. Seu "anjo da guarda" na UPDK fizera relatórios bastante elogiosos sobre ele: o delegado da Thomson tinha o hábito de lhe relatar todos os pequenos problemas que enfrentava. Os informantes da contraespionagem soviética descreviam-no como um personagem com a cabeça um pouco nas nuvens, mas um sujeito direito, culto e educado.

Enfim, o KGB não mudou de opinião a seu respeito, ainda que seu papel nesse caso de espionagem tenha sido estabelecido de forma inequívoca. Pois no caso de Ameil não era uma máscara, mas sua verdadeira natureza.

Por um curioso acaso, um dos autores deste livro, Sergueï Kostine, conhecera o casal em Moscou, no início de 1980. Claude Ameil e ele mesmo filmaram uma comédia, *Um dia, vinte anos depois*. Ela representava uma francesa, vinda no seio de uma delegação visitar uma numerosa família soviética, e ele fazia seu intérprete. Como rezava o roteiro, chegou a dirigir o automóvel dos Ameil, um Renault 20 branco, no qual uma incrível história estava prestes a começar.

Catorze anos mais tarde, em setembro de 1994, Kostine telefonou para os Ameil, durante uma passagem por Paris. Levara o videocassete com seu filme, que o casal não vira. Apesar desse longo período sem contato, Claude mostrou-se contentíssima com seu telefonema e o convidou para passar o fim de semana na casa deles na Touraine. Foi assim que ele se viu num lindo priorado no meio dos bosques, onde o casal passa grande parte do ano.

Nada autorizava a crer que Xavier fosse aceitar rememorar sua peripécia. Mas ele e a mulher prestaram-se de boa vontade ao desejo de seu convidado. Passaram uma manhã e uma parte da tarde a discorrer, diante de um ditafone, sobre sua aventura moscovita. Primeiro Xavier, enquanto Claude estava na missa, depois Claude, enquanto Xavier ia à igreja.

Todo o seu depoimento respira autenticidade. Xavier é um homem de uma cultura espantosa. Profissionalmente, conhece as técnicas, mas se interessa também por história, economia, arboricultura e sem dúvida por muitos outros domínios que não tivemos tempo de evocar. Para ele, o caso Farewell foi uma aventura decerto apaixonante mas marginal, sem um impacto com uma significação de peso em sua vida. Da mesma forma, Claude, bem a par do caso, não tem propensão alguma a inventar. Suas observações denotam a mesma probidade, bom-senso e humor.

Os Ameil nunca tentaram roubar ou depreciar o papel dos outros. Se tinham um lapso de memória, não tomavam o partido de inventar. Se havia coisas que eles julgavam não poder revelar — como o paradeiro dos Ferrant, o casal que devia substituí-los em Moscou —, diziam-no com todas as letras. Nunca, na medida em que pudemos julgar, procuraram dissimular as coisas. Em todo caso, seu papel nessa história é de tal ordem que eles não precisavam disso. Seu relato foi o de pessoas que fizeram o que consideravam seu dever, que não tinham nada a se censurar e nenhuma vantagem a tirar disso. Salvo esquecimento, podemos então considerar essa vertente do caso como verídica e suficientemente completa.[2]

Após aceitar a missão da DST, Xavier Ameil chegou a Moscou em 4 de março de 1981. Não quis telefonar para Vetrov de seu apartamento, receando que seu telefone estivesse grampeado. Mas, assim que chegou, ligou para a casa dele de uma cabine pública.

Da primeira vez, quem atendeu foi Svetlana, que lhe disse para ligar à noite. Foi o que ele fez.

Dessa vez, foi Vladimir quem atendeu.

— Alô!

— Bom-dia! É Volodia? — perguntou-lhe Ameil em francês.

— Sim.

— Sou um amigo de Jacques Prévost. Tenho uma mensagem a lhe transmitir.

Vetrov entendeu imediatamente. Sugeriu um encontro no dia seguinte em frente à Berioska, loja reservada aos estrangeiros, na rua Bolchaia Dorogomilovskaia.[3] Ameil conhecia o lugar e concordou prontamente.

Dirigiu-se a esse encontro sem nenhuma preocupação. Estava convencido de que veria um pobre coitado em situação difícil e que lhe prestaria um favor transmitindo-lhe a mensagem da DST. Seu papel terminaria aí.

Ameil estacionou seu Renault em frente à loja. Vetrov chegou a pé. Os dois homens apertaram-se as mãos e entraram no carro: no mês de março em Moscou, ainda é pleno inverno.

Para comprovar efetivamente que vinha da parte de Jacques Prévost, Ameil mostrara a Vetrov o cartão de visita de seu superior. Em seguida, transmitiu-lhe a mensagem:

— Jacques me encarregou de lhe dizer que todas as fronteiras dos países membros da Comunidade Europeia estão abertas para o senhor. A França está pronta para recebê-lo caso consiga se evadir.

A resposta de Vetrov deixou-o pasmo:

— Mas não posso partir! Quero trabalhar com a DST durante três anos e estou cheio de informações para passar.

Através do vidro, Vetrov lançou um olhar furtivo para fora. O lugar não era o ideal para encontros clandestinos. Um estrangeiro fazendo compras poderia atrair os olheiros do KGB.

— Vamos dar uma volta de carro, que tal? — perguntou-lhe o russo.

Ameil aquiesceu. Contornaram o restaurante vizinho e pegaram a avenida Kutuzov. Antes de alcançarem o cais, viraram numa ruela e pararam.

— Pronto! — disse Volodia, estendendo-lhe uma folha de papel dobrada. — Para começar, eu lhe pediria que lhe transmitisse isso.

— A quem? A Jacques Prévost?

Vetrov não compreendera.

— Claro que não, a seus superiores.

— Justamente, meu superior é o Sr. Prévost.

— Quer dizer que... O senhor não é da Casa?

— Não

— Não?

— Não. Só posso transmitir isso a Jacques Prévost.

Vetrov não acreditou em seus ouvidos. Na sua cabeça, ao chamado de um membro do KGB, um serviço secreto rival só podia responder despachando para o local um de seus oficiais, um dos melhores, além de tudo. Mas, em todo caso, um profissional naturalmente negaria seu pertencimento ao serviço. Seja como for, Jacques saberia a quem transmitir o documento.

— Bom, vá lá. Pegue — disse Vetrov.

Ameil pegou a folha e percorreu-a rapidamente. As notas eram manuscritas. A despeito de tudo que pudesse pensar seu interlocutor russo, Xavier era realmente um estranho no mundo da espionagem. Para ele, aquilo era uma garatuja sem importância. "Bom, ele está gozando da minha cara!" rumina.

— Escute, cavalheiro — disse em voz alta —, isso tudo aqui não é novidade para ninguém.

Disse isso apenas de pirraça. Porque era francês, porque achava que o outro estava zombando dele. Mas então foi Vetrov a sentir-se melindrado:

— Pois bem! Da próxima vez o senhor terá coisas muito mais interessantes, verá.

— Ótimo, combinado! Veremos.

Foi assim que, imperceptivelmente, Ameil transpôs a linha de demarcação que separava o portador de uma mensagem quase amistosa de um agente de ligação num caso de espionagem. Apesar disso, tinha consciência de que esse prolongamento oferecia grandes riscos para ele. Sendo empresário, não tinha a cobertura da imunidade diplomática e iria para a cadeia se o KGB pusesse as mãos nele.* Entretanto, não hesitou um segundo. Quando, anos depois, lhe perguntei a razão disso, ele riu:

---

*O empresário Grevile Wynne, súdito britânico, tinha sido agente de ligação entre o MI6 e seu informante do GRU, Oleg Penkovski. Preso na Hungria, foi transferido para Moscou e condenado a oito anos de prisão. Se cumpriu apenas um ano, foi porque o KGB correu para trocá-lo por seu agente clandestino Konon Molody (Gordon Lonsdale), que já cumprira três anos de prisão na Grã-Bretanha.

O CAVALEIRO DA AVENTURA

— Pois bem, porque gosto das coisas um pouco arriscadas. Pensei: "Isso é divertido. É um verdadeiro romance policial. E, uma vez que ele vai produzir coisas interessantes, melhor vê-las."

Para o encontro seguinte, Vetrov, que parecia ter planejado todo o lado operacional da questão, pediu-lhe que se dirigisse à pracinha atrás do museu da Batalha de Borodino.[4] Ameil não conhecia o lugar. O russo ensinou-lhe o trajeto. Ficava a três minutos de carro dali, logo antes do arco do triunfo, na avenida Kutuzov. Propôs reencontrá-lo na sexta seguinte, dia 13 de março, às 19 horas. Ameil aceitara, e os dois homens se separaram.

Naquela mesma noite, Ameil escreveu a Jacques Prévost uma carta que enviaria no dia seguinte, com a folha manuscrita, pela mala diplomática. Nela contava seu encontro com Vetrov. A primeira frase resumia o que sentia no fundo: "Parece que estamos num romance policial."

Quando voltassem a se encontrar em Paris, Prévost diria a seu contato de Moscou: "Eu, no seu lugar, nunca teria continuado." Não queria com isso dizer que tinha sido uma imprudência estouvada da parte de Ameil aceitar um reencontro com Vetrov. Mas, pura e simplesmente, insistia em jogar um jogo para fazer crer que não trabalhava para a DST. Prévost chegou a dizer a seu amigo que a primeira carta lhe criara um embaraço. Mas também admitiu ter ficado boquiaberto, de tal forma as notas de Vetrov eram valiosas. Por outro lado, levando-se em conta que algumas daquelas informações provinham do exterior, normalmente caberia ao Sdece manipular essa fonte. Prévost afirmou: "Hesitei em enviar esse papel à Piscina,* onde eles nem sempre ehh... são muito astuciosos."

Felizmente, era apenas uma frase para desviar as suspeitas. Pois se, contra a vontade de Vetrov, suas anotações tivessem aparecido no bulevar Mortier, sua carreira de agente duplo poderia ter terminado muito mais cedo.

Entretanto, o teor da mensagem da DST para Vetrov suscitava uma interrogação perturbadora. Teria ele mentido ao afirmar que todas as fronteiras dos membros da Comunidade Europeia estavam abertas para

---

*No jargão dos serviços secretos, apelido do Sdece, Serviço de Documentação Exterior e de Contraespionagem (a partir de 4 de abril de 1982, DGSE, Direção-Geral da Segurança Externa), serviço de informações francês, com sede na caserna de Tourelles, no bulevar Mortier, 128, em Paris.

ele? Se a DST dissera a verdade, que disposições poderia tomar sem fazer seu infiltrado correr muitos riscos? Mistério...

Outra questão é por que Vetrov fixou um prazo de três anos para sua colaboração com o serviço secreto francês. Após interrogar alguns de seus conhecidos, chegamos à seguinte conclusão. Isso correspondia à data na qual ele podia solicitar sua reforma. Sendo tenente-coronel, podia fazê-lo aos 45 anos com a condição de ter acumulado 25 anos de serviço efetivo. Em março de 1981, Vetrov já completara 48 anos de idade. Todavia, tendo entrado no KGB em 1959, deveria parar normalmente em 1984. Logo, três anos mais tarde.

Mas era um prazo bem longo. Pois, na vida de um agente duplo, o tempo não é contado em anos mas em dias, quando não em horas.

13

Uma robinsonada da espionagem

No encontro seguinte, Ameil não se indagara mais se devia continuar ou não. Dali em diante, considerava seus encontros com o espião russo um dever. Pois Volodia lhe entregara o nome de dois agentes do KGB na França. Ameil conhecia um deles pessoalmente: Pierre Bourdiol, engenheiro na Thomson-CSF.

Instantaneamente, o empresário francês percebeu a extensão dos estragos que podia causar a seu país um único agente trabalhando para o KGB. Sabia que Bourdiol era o responsável por todos os documentos relacionados com o Symphonie, satélite franco-americano, que ia frequentemente aos Estados Unidos, trazendo de lá um grande volume de informações. Sem falar daquelas a que tinha acesso na França.

Mais tarde, quando os colegas de Vetrov na PGU soubessem desse fato, ficariam ainda mais chocados do que Ameil, mas por outra razão. Pois, para um oficial de informações, os agentes que ele recruta pessoalmente são sagrados. Ele pode trair seu país, transmitir documentos confidenciais, revelar as fontes dos outros... Mas vender um indivíduo cuja confiança ele conquistou é a última das baixezas. Depois de uma atitude desse tipo, Vetrov não poderia mais contar com a compreensão de seus ex-colegas.

O outro agente desvendado pelo oficial era igualmente um francês, que trabalhava para a Texas Instruments. Vetrov também entregou a Ameil duas brochuras, as quais ficou de devolver ao KGB na segunda-feira seguinte.[1]

Ameil já cogitara num jeito de fotocopiá-las. Desde o início, tomara o partido de não falar de Volodia com ninguém. Estava fora de questão dirigir-se à embaixada. Tinha, aliás, na época, a instrução de Prévost de nunca ir lá, exceto para enviar cartas pela mala diplomática. Era um princípio inabalável da Thomson manter suas distâncias. Em primeiro lugar, seus representantes tinham contatos privilegiados com ministros soviéticos, de dar inveja aos funcionários da embaixada. Depois, a empresa tinha frequentemente pontos de vista divergentes daqueles dos diplomatas. Por fim, Ameil estava convencido de que a embaixada não podia guardar nenhum segredo. Ele ainda não sabia o quanto estava certo.*

Descobriu então uma solução melhor. Como durante o fim de semana havia poucas distrações em Moscou, Ameil adquirira o hábito de ir trabalhar uma das tardes no escritório. Fazia tempo que o pessoal da câmara de comércio nem se mexia mais ao vê-lo, menos ainda o plantonista que, na entrada, devia assinalar ao KGB todas as idas e vindas insólitas. Sozinho na sede da Thomson, Xavier podia aproveitar-se disso para usar num bom ritmo a grande Xerox durante duas ou três horas.

Na verdade, Ameil, que não recebera nenhuma instrução em matéria de informações, foi obrigado a inventar tudo, como Robinson em sua ilha deserta. Claro, metade do trabalho era feita por um profissional. Porém, daquela forma, Vetrov não podia imaginar que estava lidando com um amador. Nunca, ao longo de todas as semanas que iriam durar seus encontros, Vetrov fez perguntas a Ameil sobre a maneira como eram organizados a reprodução dos documentos e seu encaminhamento até Paris.

Por seu turno, não passava pela cabeça do francês consultar sua fonte sobre este ou aquele problema concreto imprevisto. Baseava-se no senso comum, em sua experiência dos homens e das situações e... na sua boa sorte. Era improvisação, diria sua mulher. Entretanto, parece inverossímil que um diletante tenha executado a proeza de manipular, num país policialesco como era a União Soviética naquela época, um informante de tamanha importância. Porém, é um fato. Somos da opinião de que três circunstâncias permitiram a Ameil atravessar ileso o campo minado que foi sua vida em Moscou em março-abril de 1981: a decisão, desde o início,

---

*Ver o caso dos Myosotis, cap. 31.

UMA ROBINSONADA DA ESPIONAGEM

de agir sozinho; sua reputação de homem completamente estranho às atividades clandestinas; e, acima de tudo, uma sorte incrível.

Ao comparecer aos encontros com Vetrov, Ameil não tomava nenhuma precaução de rotina. Mal certificava-se de que, atrás dele, não havia um homem escondendo o rosto no jornal assim que ele se voltava. Tinha razão: a capacidade de detectar uma eventual vigilância faz parte do ofício. Quando não se é formado, isso é inútil e perigoso, pois você só faz atrair para si a atenção daqueles que, para você, permanecerão invisíveis.

O problema da fotocópia, portanto, estava resolvido. Todavia, no seu encontro seguinte, no dia 20 de março segundo toda a probabilidade, Vetrov apareceu com uma pasta enorme, de pelo menos duzentas páginas. Era provavelmente o célebre dossiê Smirnov, chefe da VPK (Comissão Militar-Industrial), que iria permitir reconstituir todo o sistema da informação tecnológica graças a documentos assinados pelos mais altos funcionários soviéticos, Andropov à frente, nessa época ainda presidente do KGB. Mas para fotocopiar cada papel, era preciso abrir a pasta, pegar o documento, copiá-lo, depois rearquivá-lo, abrir o documento seguinte e assim por diante. Xavier percebeu que, sozinho, não daria conta da tarefa.

Claude acompanhava frequentemente o marido ao escritório aos sábados ou domingos. Secretária por formação, ajudava-o a selecionar a correspondência, batia uma carta ditada por ele ou, justamente, fazia fotocópias. A questão era que até aquele momento Xavier não dissera uma palavra à sua mulher acerca da aventura na qual embarcara.

E por todos os motivos. Assim que chegaram em Moscou em 1979, a atmosfera de Moscou, para Claude, estava carregada de suspeição. Como muitos franceses, ela estava convencida de que eram permanentemente vigiados... O que achava mais irritante é que ninguém sabia o que se podia fazer e o que era proibido. "Nunca tínhamos a impressão de ter permissão para respirar até o fim", diz ela. Portanto, Claude fizera questão de dizer mais ou menos isto ao marido:

— Saiba de uma coisa, Xavier. Se você se meteu num caso de espionagem qualquer, arrumo a minha mala e vou embora.

Foi este seu *gentleman's agreement*. Naquele momento, Xavier não tinha interesse em colocá-la a par dos fatos. Também é verdade que o atormentava dissimular qualquer coisa para a mulher. Não era o estilo de suas relações.

Um acontecimento insignificante ajudou-o a passar às confidências. Xavier ficara de telefonar para Volodia marcando um encontro. Estacionou o carro perto de uma cabine e foi fazer a ligação. Dera ocupado na casa dos Vetrov. Precisou então tentar mais uma vez antes de voltarem para casa. E inventar um motivo para não querer fazê-lo em casa. Xavier então entrou novamente no carro e prendeu o cinto. Mas só arrancou depois de contar tudo.

Catorze anos mais tarde, dando de comer a dois cães enormes e carinhosos que guardam a propriedade, Claude hesitou em responder por que ela não executou sua ameaça.

— Não faço ideia. Porque achei que meu interesse pessoal devia vir depois.

Mas também percebera que lhes acontecia alguma coisa de extraordinário e apaixonante e que podia ser útil ao seu país e ao Ocidente inteiro. O que mais a fez mudar de opinião foi a lista de franceses colaboradores do KGB, entre eles Bourdiol. Alguma coisa rebelou-se em seu íntimo diante daqueles traidores.

Claude aceitou passar uma tarde inteira de domingo no escritório da Thomson-CSF para ajudar o marido a fotocopiar o volumoso dossiê. Entraram por uma boa parte da noite, mas os malditos documentos não acabavam nunca. Esgotado, o casal foi embora após ter fotocopiado uns cento e cinquenta papéis de uns cerca de duzentos. Foi a única entrega de que Ameil não conseguiu dar conta.

Ele também precisava resolver outra questão importante: a expedição do material. A primeira carta a Prévost viajara com a mala diplomática. Para enviar as fotocópias de alguns dossiês, Ameil aproveitara a partida de uma delegação da Thomson-CSF composta de vips, dispensados do controle alfandegário. Mesmo assim, Xavier tomara o cuidado de não escrever nada de punho próprio nos dois grossos envelopes dirigidos a Jacques Prévost.

Mas dessa vez não havia solução imediata para expedir a fotocópia do volumoso dossiê. Recorreu então a um funcionário do serviço comercial da embaixada. Contou-lhe uma falsa história de ofertas por feixes hertzianos. Embora o representante da Thomson-CSF não tivesse o direito de enviar documentos, mas apenas cartas, o grosso envelope lacrado partiria mesmo assim. Em seguida, novas delegações de vips da empresa desembarcariam em Moscou, e o problema estaria resolvido até a derradeira entrega.

Circunstância curiosa, durante toda sua carreira de agente de ligação, Ameil agiu às cegas. Seu russo era antes rudimentar: sabia dizer apenas bom-dia e obrigado ou decifrar o nome das ruas e estações de metrô. Correra então enormes riscos para transmitir as informações recebidas de Vetrov, sem nenhuma certeza quanto a seu valor. Este poderia ter lhe dado papéis sobre a formação de contadores ou a correspondência de um estabelecimento de cura. Emanando de seu organismo, que, como todos os serviços oficiais, tinha a mania do sigilo, os documentos mais banais teriam sido carimbados com as letras "KGB" no seu cabeçalho e a menção "secreto".

A adrenalina dos primeiros encontros baixara. Na hora marcada, Ameil passava em frente ao museu da Batalha de Borodino e virava à direita na rua do Ano 1812, perpendicular à avenida Kutuzov. Estacionava o carro e observava calmamente a praça antes de entrar no Lada azul-escuro de Vetrov. Os dois homens conversavam por um instante.

No seu segundo encontro, a franqueza de Vetrov permitiu ao francês fazer-lhe a pergunta que o intrigava desde o início:

— Por que está fazendo isso?

Vetrov explicou-se de bom grado. Estava enojado com o sistema de espionagem soviético, queria destruí-lo. Porém, durante a conversa, Ameil percebeu igualmente que Volodia estava frustradíssimo com seu serviço, revelando até um desejo de vingança. Em nenhum momento esteve em pauta o pretenso ódio de Vetrov pelo regime soviético.

Uma proposta de Volodia chegou a chocar seu manipulador francês, de tal forma era vingativa:

— Dê-me coisas para procurar que vocês sabem que eles não vão conseguir. Vou apontá-las para que os nossos trabalhem em cima delas.[2]

Na sexta-feira seguinte, por mais estranho que fosse, era ele, o amador, quem fazia esta observação para o profissional:

— O senhor não toma muitas precauções. Não verifica se é seguido.

Vetrov respondera-lhe com uma fórmula de despreocupação fatalista tipicamente russa:

— Isso não tem importância.

Depois voltara-se para pegar no banco de trás um saco plástico com o dossiê contendo os maiores segredos da espionagem tecnológica soviética. Ameil colocou-o embaixo do braço, apertou a mão de Volodia e caminhou sem pressa até o seu carro.

Ao escutar o relato de Ameil, não podemos nos abster de sorrir imaginando documentos destinados a contribuir para a queda do regime displicentemente transportados em plena fortaleza comunista.

— Pois é — diz Ameil. — Foi justamente por isso que deu certo. Nós não tomávamos precauções.

Vetrov deixou-lhe a impressão de alguém direto, sincero, até simpático. Ao contrário do que afirmaria o KGB, o russo nunca levara o assunto de sua remuneração ao seu primeiro agente de ligação francês.

Em contrapartida, logo depois, pediu-lhe sem cerimônia se podia lhe arranjar uma garrafa de uísque. Na época, era um inferno arranjar meio litro de vodca, então... Então Ameil, que conhecia os problemas dos soviéticos e também seu costume de levar pequenos presentes para os amigos, iria lhe oferecer uma garrafa de alguma bebida forte praticamente a cada encontro, por gentileza e solidariedade masculina. Volodia não lhe deu a impressão de ser um alcoólatra. Vetrov aparentemente tentava não revelar a seu manipulador francês sua inclinação cada vez mais imperiosa pela diva garrafa.

Em seguida, igualmente não muito depois, Vetrov lhe falou de sua amante, a quem se via na obrigação de dar presentes. Não esqueçamos, estávamos em 1981, quando qualquer camiseta ocidental era uma coisa raríssima e portanto bastante cobiçada e apreciada. No encontro seguinte Ameil levou para ele o que tinha ao alcance: uma calculadora e um despertador elétrico.

Em outra ocasião, Vetrov pediria ao francês para lhe comprar algumas joias. Ameil, lembremos, agia exclusivamente por conta própria e pagava tudo do próprio bolso. Logo, foram bijuterias — um anel e um colar — que ele comprou numa Beriozka. Vetrov ficou satisfeito; contentava-se com pouco.

Segundo Claude Ameil, seu marido não estava particularmente preocupado ou excitado, comportando-se com naturalidade durante todo aquele período. Este, aliás, correspondia a uma atividade intensa no escritório.

UMA ROBINSONADA DA ESPIONAGEM

Xavier tinha outros assuntos para tratar. Mas partira do princípio de que era impossível suspeitar dele no que quer que fosse, o que lhe conferia uma serenidade convincente. Ameil é um sujeito objetivo e, além disso, destemido. Ainda assim, sua mulher julgou-o um tanto leviano, considerando as poucas precauções que tomou.

A maior emoção dos Ameil nessa época data do fim de abril. Aproveitando o fim de semana, que juntava com os feriados do 1º de Maio (na URSS, havia dois dias feriados; o 1º e o 2 de maio), o casal decidiu proporcionar-se um cruzeiro aéreo pela Ásia Central. Ora, pouco tempo antes da viagem programada, Vetrov trouxe um novo dossiê. Ameil teve tempo de fotocopiar os documentos e devolvê-los. Mas não via nenhuma possibilidade de enviar as fotocópias para a França. Na véspera de sua partida, achou-se com aquele pacote de dinamite nos braços.

O que fazer? O delegado geral da Thomson-CSF não tinha cofre-forte em seus escritórios. Apenas gavetas que fechavam com chave. Mas seria aconselhável guardar ali documentos tão explosivos? Ainda mais que, até aquele dia, elas ficavam sempre abertas. O simples fato de trancá-las chamaria a atenção dos auxiliares do KGB, o que não faltava na representação. Fora de questão também deixar os documentos na embaixada ou com um amigo. Desistir da viagem? Não! Eles mereciam um pouco de repouso depois daquelas semanas tão cheias.

A caminho do aeroporto, em seu carro, Xavier ainda não decidira nada.

— E se eu deixasse o troço no porta-malas? — sugeriu à mulher.

— Mas você ficou mesmo maluco? — protestou ela. — E se o carro fosse arrombado ou roubado no estacionamento?

A viagem de lazer virou um calvário. De Alma-Ata a Tachkent, em meio aos suntuosos monumentos de Samarcanda ou na velha cidade de Bukhara, Ameil não se separava de uma pasta que levava debaixo do braço. Só a deixava com a mulher enquanto ia ao banheiro. Dormia com ela debaixo do travesseiro.

O mais espantoso é que, no momento de tomar o avião para Paris, nos primeiros dias de maio, Ameil manteve-a o tempo todo debaixo do braço. Diante do agente alfandegário soviético, enquanto seus pertences passavam pelos raios X, ele não escondia seu orgulho por não ter posto os documentos na mala. Preferia pensar nisso em vez de numa saída caso lhe pedissem para abrir a pasta. Por mais "inconsciente" que fosse, percebia o risco que corria.

Em 11 de maio, no dia seguinte às eleições presidenciais em que François Mitterrand fora eleito, Ameil teve a segunda reunião com os membros da DST. Dessa vez, Rouault estava acompanhado por Raymond Nart, seu chefe. Os dois caçadores de espiões escutaram com um ouvido curioso todas as peripécias de sua "robinsonada". Ao contrário de Ameil, eles já sabiam do valor dos documentos que ele transmitira. Entretanto, o tom da conversa foi bem frio: nada de congratulações ou elogios, apenas uma discussão sobre as disposições a serem tomadas para o futuro.

Eles já tinham refletido o que convinha fazer com sua cabra inocente, que nesse ínterim havia se metamorfoseado em raposa. Estava claro para eles que a tarefa era demasiado perigosa para um diletante, por mais talentoso que este fosse. Nart comunicou a Ameil que ele seria substituído por um profissional. Não quis dizer o nome dele, falando vagamente de um militar da embaixada, um sujeito que ele conhecia e em quem depositava inteira confiança, que estava em Moscou já havia um tempo e que...

— É Ferrant? — perguntou Ameil espontaneamente.

Nart ficou pasmo.

— O senhor o conhece?

— Sim, muito bem.

O pessoal da embaixada francesa não era muito numeroso. Na verdade, quem promovia os contatos desse lado era Claude. Ela trabalhava na biblioteca, local assiduamente frequentado por Madeleine, mulher de Patrick Ferrant. As duas mulheres simpatizavam. A partir daí, os casais convidaram-se várias vezes para jantar.

Mas Nart pediu um último favor a Ameil. O representante da Thomson não viu nenhum inconveniente em fazer a intermediação entre Ferrant e Volodia quando retornasse a Moscou.

Se por um lado ele agora estava fora do jogo, por outro sua segurança poderia ver-se ameaçada em caso de fracasso da manipulação. Nart sugeriu entregar-lhes, a Xavier e sua mulher, passaportes diplomáticos. Assim, no pior dos casos, ele correria apenas o risco de uma expulsão. Depois de

UMA ROBINSONADA DA ESPIONAGEM

refletir, Ameil recusou. Aquilo poderia, ao contrário, chamar a atenção para eles, e, dessa forma, o KGB chegar a Volodia. Depois, como contas pagas fazem bons amigos, Nart fez questão de reembolsar o que Ameil gastara com Vetrov.

Também prometeu ao representante da Thomson em Moscou, que lhe seria grato por isso, não explorar as informações fornecidas por Vetrov até o regresso dos Ameil à França. Em todo caso, era igualmente no interesse da manipulação, se quisessem que ela acontecesse. Obviamente, algumas medidas foram tomadas sem delongas. Bourdiol, principalmente, seria transferido para outro posto, mas poderia considerar a medida uma promoção, ainda que tivesse menos acesso a informações confidenciais. E, sobretudo, garantira Nart, não haveria mais prisões nem expulsões de membros do KGB, nada que pudesse deixar a contraespionagem com a pulga atrás da orelha.

Na realidade, Ameil ficou superaliviado de dar um fim àquela história. Não somente em virtude dos riscos. Sentia-se constrangido diante de sua empresa, que, com aquilo, vira-se arrastada numa história de espionagem. Jacques Prévost até mesmo julgara de bom alvitre pôr a par o PDG da Thomson-CSF, Jean-Pierre Bouyssonie. Informação difusa, do tipo: "À nossa revelia, nos envolvemos, junto com a DST, num caso de grande importância para a segurança da França e de todo o Ocidente. Podemos continuar?" Bom patriota, o chefão da Thomson-CSF deu seu aval.

Ameil também se sentia constrangido diante dos soviéticos, do pessoal da representação e seus parceiros. Embora soubesse que alguns deles eram obrigados a fazer relatórios para o KGB, odiava-se um pouco por ter traído sua confiança ao ajudar, por sua vez, os serviços secretos de seu país. Em todas as hipóteses, e apesar da imensa vantagem que a França tirou do caso Farewell, ele é da opinião de que a reputação da Thomson-CSF ficou manchada na Unidão Soviética.

Durante suas viagens a Paris, Ameil teria vários outros contatos com os membros da DST. Fosse para esclarecer este ou aquele detalhe de seu relato, fosse para dar um esclarecimento sobre o caráter de Volodia. Por exemplo, voltaria a estar com Nart, que dirigia a manipulação de Farewell, com seu auxiliar Rouault e também, mais tarde, com Yves Bonnet, responsável pela

DST a partir de dezembro de 1982. Jamais teve a honra de conhecer Marcel Chalet, que estava à frente da operação.

Quanto a Volodia, Ameil reencontrou-o apenas uma vez, em 15 de maio, para lhe transmitir procedimentos visando o primeiro contato dele com seu sucessor. Durante seu antepenúltimo encontro, no fim de abril, Ameil tinha justamente tratado com ele da transmissão dos poderes a outra pessoa, mais qualificada para aquele tipo de operação. Vetrov compreendera e, percebendo que a manipulação ia finalmente poder se profissionalizar, aproveitou-se disso para erigir o perfil ideal do primeiro contato em questão: "Uma mulher, se possível. O melhor seria que nos encontrássemos no mercado de Tcheriomuchki, sexta-feira. Ele é bastante frequentado, mas a reconhecerei sem dificuldade."

Vetrov sabia que, apesar do contingente de seus efetivos, a contraespionagem soviética não tinha possibilidades materiais de seguir mulheres, mesmo as dos oficiais de informações comprovados. Ele conhecia o lugar: era um dos mercados kolkhozianos mais bem abastecidos da capital e ele ia lá de vez em quando para comprar frutas e legumes frescos.

Após um último aperto de mão caloroso, Ameil despediu-se de Volodia, e partiu para comunicar, pela última vez, as exigências de Farewell à DST.

14

Páscoa florida para a DST

Agora tentemos ver a operação pelos olhos de Vetrov e da DST.

O que devia pensar Vetrov da atitude da DST a seu respeito? Vista de Moscou, ela devia parecer um movimento de gangorra.

Durante sua temporada na França, a DST — por intermédio de Jacques Prévost — cercara-o de atenções e, na véspera de sua partida para Moscou, lhe oferecera asilo político. A despeito de sua recusa, ela continuara a cultivar seu contato na União Soviética, sempre graças a Prévost. Portanto, de 1965 a aproximadamente 1973, o soviético desfrutou de todas as regalias da contraespionagem francesa. Em seguida, depois da última viagem de Prévost, a DST pareceu ter riscado de sua lista o nome de Vetrov. Recusou-lhe mesmo o visto de entrada na França, onde poderia ter prosseguido seu esquema durante vários anos (lembremos que Vetrov não podia saber que se tratava de um cochilo administrativo). Nessa época, Volodia aparentemente não representava mais nenhum interesse para eles. Porém — novo movimento da gangorra —, a DST não impediu seus aliados canadenses de lhe abrir sua fronteira. Terminara por esquecê-lo, uma vez que Prévost, que desde então fez dezenas de viagens à URSS, nunca mais dera sinal de vida ao amigo.

E eis que Vetrov lançava-lhe um SOS. A DST percebeu então que seu antigo alvo de estudo poderia lhe fornecer uma mina de informações sobre a espionagem soviética na França. Entretanto — a mensagem transmitida por Ameil dizia isso claramente —, caberia a Vetrov virar-se para chegar ao Ocidente. Bom, não era sua intenção abandonar a União Soviética, mas o homem a quem a DST recorreu para manipulá-lo em Moscou não tinha o aspecto de um profissional experiente. Logo, o que pensar de tudo isso? Aparentemente, na falta de respostas para suas perguntas, como bom russo fatalista, Vetrov tomara o partido de agir com o que tinha.

Observemos agora como a situação se apresentava do lado da DST.

Nesse início de 1981, a DST ainda era um serviço muito pouco familiarizado com a luta contra a espionagem dos países do bloco do Leste. A razão disso era acima de tudo histórica. Criada em 1945, após a Libertação, a DST dedicava-se então principalmente à perseguição dos ex-colaboracionistas. Voltara-se em seguida para a luta contra as ações ditas subversivas ligadas às guerras de descolonização na Indochina, na Argélia contra a FLN, depois contra a OAS. Durante todo esse período, às vezes seriam os próprios serviços secretos americanos que realizariam missões de informações sobre expedientes do KGB na França, informando às autoridades francesas regularmente. Dessa época datam sem dúvida as boas relações mantidas pela DST com os serviços americanos, o que explicaria alguns desdobramentos posteriores do caso.

Foi somente a partir do fim dos anos 1960 e início dos 70 que a DST passou a se dedicar efetivamente à contraespionagem contra os serviços secretos dos países do Leste. Em contrapartida, a DST não estava qualificada para a manipulação de agentes nem para agir no exterior. Não tinha sequer um agente nas ruas de Moscou.

A informação francesa, porém, não tinha mais escritório na capital soviética. O que existia, com, aliás, poucos agentes (duas a três pessoas em período normal), fora desativado por Alexandre de Marenches, diretor do que era então o Sdece no início dos anos 1970. Ainda que, como nos afirmou uma fonte autorizada e fidedigna, a informação francesa conservasse fontes que seriam manipuladas durante seus deslocamentos fora da Rússia, a França desistia assim da ação secreta no campo de seu principal inimigo. A coisa parecia na época tão inverossímil que o KGB lançou uma gigantesca investigação para ficar com a consciência tranquila. No fim de dois anos de incessantes operações de verificação, a contraespionagem soviética

PÁSCOA FLORIDA PARA A DST

chegou à conclusão de que o Sdece efetivamente fizera as malas, estimando impossível agir em Moscou em virtude do draconiano regime policialesco.

No que diz respeito à informação militar, domínio no qual os franceses eram reputados entre os melhores, existia na embaixada da França em Moscou uma base do Segundo Birô cujo nome oficial era "birô do adido militar". Entretanto, os funcionários do Segundo Birô não estavam mais bem situados que a DST para cumprir missão tão complexa e delicada como a direção de agentes. Além disso, que serviço cederia um caso tanto excepcional quanto promissor a um rival?

Outro esclarecimento importante, ao contrário do serviço de informações que era o Sdece, a DST trabalhava sob a égide do Ministério do Interior, e não do Ministério da Defesa. Seu estafe era policial, e não militar, com uma cultura, mentalidades e métodos herdados da gestão dos informantes da polícia. Com efeito, os famosos "sorrateiros" estavam acostumados a evoluir de maneira totalmente independente em seu próprio meio e a tomar decisões unilaterais, por sua própria conta e risco, sem recorrer a quem quer que fosse. Um tipo de perfil curiosamente parecido com o de Vladimir Vetrov.

Seja como for, naquele mês de março de 1981, com o tesouro recolhido por Xavier Ameil em Moscou, a DST viu-se confrontada com um duplo e tremendo desafio. Um era puramente operacional: o serviço, vamos repetir mais uma vez, não tinha experiência alguma na manipulação de agentes no estrangeiro, o quadro de suas atividades sendo estrita e juridicamente limitado ao território nacional. O outro desafio era mais político. O caso vinha à tona em pleno período da campanha presidencial na França e logo após a eleição de Ronald Reagan nos Estados Unidos, a qual marcava uma nítida distensão nas relações Leste-Oeste.

Dois homens iriam administrar esses dois desafios, chegando a incorporá-los em seu estilo próprio e personalidade: o comissário de polícia Raymond Nart e seu superior, o diretor da DST Marcel Chalet.

Em 1996, os dois homens recusaram-se a encontrar Sergueï Kostine para a primeira versão deste livro. Foi apenas em 2003 que aceitaram revelar a Éric Raynaud as zonas de sombra que continuavam a obscurecer o caso.

Quando Raynaud encontrou os dois homens num café parisiense perto da Prefeitura, ficou impressionado com o visual indefectível da dupla. Os dois personagens pareciam diretamente saídos de um filme policial francês dos anos 1970, cada um evoluindo num registro bem distinto do outro mas perfeitamente complementar. Marcel Chalet mostrara-se um homem sutil e refinado, exprimindo-se num francês extremamente castiço, tomando o cuidado de jamais contradizer seu interlocutor. Naturalmente, a paixão pela ação secreta transparecia em suas boas maneiras, mas a moderação volta-va imediatamente a prevalecer quando se tratava de abordar a dimensão política das atividades da contraespionagem. Estava-se então perante um homem de nível ministerial, evoluindo como um peixe dentro d'água entre os grandes deste mundo. Para repetir a expressão de Raymond Nart, que não conseguia esconder sua admiração pelo seu superior, Marcel Chalet era "de uma grande classe".

Raymond Nart, por sua vez, tinha claramente o perfil do tira de ação. Com um quê de astúcia, logo presumimos ser um perito em manipulações de todo tipo. Mas, nesse mundo de confusão que é o da espionagem, a gran-de qualidade de Nart parece ter sido saber permanecer objetivo e metódico, e sempre procurar as soluções mais simples. Manifestamente, o inspetor não era do gênero de especular horas sobre as filigranas de um dossiê. Quando Éric Raynaud o interrogou sobre uma das zonas de sombra da operação e ele se arriscara a uma explicação um pouco elaborada, Nart contentou-se em sorrir sutilmente e responder que a verdade era bem mais simples, e que "foi justamente por termos feito simples que a coisa funcionou".

Entretanto, as coisas não pareciam tão simples assim quando o dossiê lhe chegou às mãos pela primeira vez. Pois, por mais inacreditável que possa parecer, na recepção da dupla mensagem de Vetrov, Raymond se achava, em virtude de circunstâncias excepcionais, praticamente sozinho. Seu superior direto, Désiré Parent, diretor adjunto de contraespionagem, estava ausente; quanto a Marcel Chalet, estava hospitalizado. Foi portanto por iniciativa própria que ele optou por responder ao chamado de Vetrov e "recrutou" Xavier Ameil para lançar a manipulação. Quem, no KGB, serviço secreto mais temido do mundo, poderia ter imaginado que naquele

PÁSCOA FLORIDA PARA A DST

instante preciso achava-se diante dela um único homem, que ainda não conseguira reportar-se a seus superiores? E isso durante várias semanas.

Quando evocava esses primeiros instantes da operação, e os riscos de contaminação por parte do KGB, Raymond Nart respondia com sua voz seca e cantante de comissário do Sudoeste: "Nesse serviço em que ninguém lhe pede satisfações, você pode levar anos girando em círculos. Eu não ia perguntar a um ministro se devia esperar um terceiro sinal."[1]

Sendo a DST um serviço cujos efetivos não tinham comparação com os das grandes potências, como a CIA ou o KGB, a simplicidade era de toda forma uma necessidade material imposta pela própria desproporção das forças em confronto. Porém, reproduzindo o mito de Davi contra Golias, a história demonstrou várias vezes que esse tipo de confronto incita o mais fraco a recorrer a armas ou técnicas que os mais fortes não conseguem sequer imaginar...

Por exemplo, a intervenção de Ameil, que, mesmo sendo um leigo, aceitou imediatamente coletar documentos e poupar toda uma etapa para a DST. Raymond Nart não precisou pesar prós e contras, nem se perguntar se aquilo não era um golpe montado pelo KGB, nem exigir de Vetrov provas de sua boa-fé. Como veremos adiante, o valor das informações falava por si só.

Em princípio legalista, Raymond Nart nem por isso deixava de ignorar que a eficiência do serviço às vezes exigia flertar com os limites do que autorizava o poder judiciário, e que o imperativo do sigilo tolerava certas transgressões. Operando fora do território, esse limite fora transposto, e isso em detrimento do Sdece, único organismo habilitado a operar no estrangeiro. Como várias vezes em sua carreira, Raymond Nart preferiu assumir suas responsabilidades — "e assumi-las em caso de fracasso", esclarece —, em vez de tergiversar e procurar cobertura reportando-se a autoridades superiores.

Na realidade, seria ridículo e injusto recriminar a DST por extrapolar o âmbito de sua competência legal. Há missões impossíveis de cumprir entre 8 horas da manhã e 6 da tarde ou entre Dunkerque e Céret, mas jamais um quilômetro além das fronteiras da França. Apesar de suas atribuições estatutárias, a DST dispunha de relações fora do território nacional. Principalmente na embaixada da França em Moscou, mas também no escritório do adido militar. O fato de Raymond Nart haver pensado em Patrick Ferrant, um homem a quem ele conhecia pessoalmente, não parece nada fortuito.

Mas voltemos ao mês de março de 1981. Ao receber os pacotes de Xavier Ameil, Raymond Nart, ainda sozinho, cercara-se finalmente de um colaborador, Jacky Debain, e de um tradutor que ele trancava num gabinete para traduzir a massa de informações que lhe chegava às mãos. Durante todo esse período, a preocupação constante do comissário era envolver o mínimo possível de pessoas: "Uma pessoa, tudo bem, duas é o limite, três é uma multidão." A equipe trabalhava sem descanso. O tradutor entregava dez páginas por dia, sem desconfiar da proveniência dos documentos. A pilha ia aumentando. Nart saboreava antecipadamente a surpresa que preparava para Marcel Chalet...

Passado um tempo, assim que saiu do hospital, Chalet recebeu um telefonema de Nart pedindo-lhe uma audiência.

— É grave? — perguntara Chalet.

— De modo algum — respondera seu subordinado, no tom mais displicente possível.

Acompanhado por seus dois colaboradores, dirigiu-se ao gabinete de Chalet; depois, "nesse dia memorável", esclarece solenemente, colocara sobre a mesa um pacote de cerca de 300 páginas, "todas oriundas das mais altas instâncias do KGB".

— É uma brincadeira? — perguntou Chalet, estarrecido.

— Eu não me permitiria — respondeu Nart.

Ainda sob o choque, o chefão da DST evocou imediatamente a eventualidade de uma armação, mas Nart não teve dificuldade alguma, diante da pilha de documentos colocados sobre a escrivaninha, para convencê-lo de que o resumo das informações obtidas excluía essa hipótese: "Teria sido preciso que eles tivessem dedicado a isso uma equipe de cerca de oitenta pessoas, análoga a uma rede inteira, ao mesmo tempo sacrificando incontáveis agentes pacientemente recrutados... Impossível."

Rapidamente convencido da importância do dossiê, Marcel Chalet nem por isso deixara de colocar a questão da gestão política do caso. As eleições se aproximavam. A França escolheria um novo presidente dentro de dois

PÁSCOA FLORIDA PARA A DST 155

meses, o que supunha, em caso de vitória da esquerda, um novo governo, uma nova administração, e portanto novos atores a entrar no sigilo. Uma multiplicação de interlocutores que desagradava profundamente ao chefão da DST, não em virtude de sua coloração política — Chalet considerava-se acima de tudo um servidor do Estado —, mas por uma razão puramente técnica.

"Por que correr o risco de falar do caso à equipe no comando na época, equipe que poderia ser substituída de uma hora para a outra? Não julguei urgente trazer o caso à baila porque havia, a partir desse instante, um elemento que pesava muito e que era a necessidade de preservar perante e contra todos uma fonte que se revelava absolutamente excepcional", diz ele.[2] A consciência profissional de Marcel Chalet era tamanha que o levou a proibir Raymond Nart de lhe revelar a identidade de Vetrov, melhor maneira para ele de não revelá-la a seus superiores, no caso de ser interrogado por eles.

O diretor da DST decidiu então esperar o resultado das eleições presidenciais para informar seus futuros superiores, e concentrou-se com seu auxiliar nos aspectos operacionais do caso.

Para começar, era preciso atribuir um codinome ao seu informante. Para evitar que este último permita identificar o agente, alguns serviços secretos têm uma lista de pseudônimos pronta. Pega-se o primeiro disponível, com a condição de que não haja nenhuma relação com a pessoa a quem se refere. Os membros da contraespionagem soviética riram muito ao saber que, durante grande caçada ao agente duplo de codinome "Sacha" lançada pela CIA nos anos 1960-1970, foram vigiados especialmente aqueles com o prenome Alexandre (do qual Sacha, em russo, é o diminutivo).[3] Não era este o método soviético.

Marcel Chalet cumpriu essa tarefa da maneira mais elegante. Formado em inglês, Chalet conhecia bem a língua de Shakespeare. Tomou então o cuidado de embaralhar as pistas optando por uma palavra inglesa. Assim, se houvesse uma fuga, o KGB pensaria antes numa manipulação americana ou britânica e não procuraria necessariamente do lado francês. Depois, o nome escolhido, Farewell, significava "Adeus", o que fazia pensar num caso arquivado. Isso poderia efetivamente refrear o empenho do KGB em identificar essa fonte. Por fim, havia nesse pseudônimo um lado humano de certa forma comovente da parte de um ás da contraespionagem. Escrito em duas palavras, *fare well* quer dizer "Comporte-se bem" ou "Faça boa viagem". E era, diz Chalet, "o que desejávamos ao nosso homem em Moscou, do fundo de nossos corações."[4]

Em seguida, tratava-se de terminar o mais rápido possível com as improvisações do início da manipulação e em primeiro lugar — segundo a expressão de Nart — com "o heroísmo inconsciente" de Xavier e Claude Ameil. O casal continuava desprovido de passaportes diplomáticos e logo colocado numa situação de extrema vulnerabilidade no caso de as coisas virem a dar errado.

Chalet evocou então a possibilidade de recrutar um diplomata. Mas Nart respondeu-lhe que tinha "o que é preciso". Para substituir o representante da Thomson, mencionou-lhe pela primeira vez um tal de Patrick Ferrant, em missão em Moscou com a mulher e cinco filhas, onde ocupava as funções de adido militar na embaixada da França. Na verdade, Nart conhecia Ferrant da época da nomeação deste para o secretariado da Defesa Nacional; era ele quem fazia a ponte entre o Ministério da Defesa e a DST sobre alguns dossiês delicados.[5]

Nascido em 1940, em Pas-de-Calais, Patrick Ferrant formou-se na escola militar de Saint-Cyr. Falava inglês e tinha conhecimentos de russo e búlgaro. O oficial foi nomeado para o posto de adido militar adjunto em Moscou em agosto de 1980, onde chegou, recorda-se ele, no último dia dos Jogos Olímpicos, "enquanto os corredores da maratona terminavam seu percurso."[6]

Quando Ferrant voltou a Paris nesse dia de abril de 1981, convocado pelo Ministério da Defesa, era a princípio para participar de uma reunião de rotina de adidos militares em missão nos países do Leste. No que se referia à reunião, Ferrant viu-se no gabinete daquele que acabava de ser nomeado, em 1º de fevereiro de 1981, chefe de estado-maior dos Exércitos: o general Jeannou Lacaze em pessoa. Ferrant surpreendera-se ao ver também presente Raymond Nart, acompanhado de seu superior, Désiré Parent.

Como bom militar — e ex-oficial da Legião Estrangeira —, Lacaze é um homem sem rodeios: "É o seguinte, Ferrant, vamos lhe pedir uma coisa e lhe rogamos encarecidamente que aceite. Você vai precisar fazer um contato em Moscou. O Sr. Nart vai lhe explicar."[7]

PÁSCOA FLORIDA PARA A DST

Então Nart lhe explicou o caso, e, sem desenvolver muito, colocou em perspectiva sua importância e implicações. "Ah, sim, a propósito", interrompeu Lacaze. "Como primeiro contato, o cara, de lá, queria que fosse uma mulher. Então você vai precisar encontrar uma na embaixada." Pego de calças de curtas, Ferrant sugeriu uma de suas colegas, uma mulher que trabalhava numa missão humanitária, mas alertando que "isso pode ser delicado". Após uma breve reflexão, Lacaze, sempre muito direto, replicou-lhe: "Mas, escute, por que não sua mulher?" Ferrant não tira o corpo fora: "Ah, sim, meu general, eu não tinha pensado nisso. Mas, efetivamente, do ponto de vista da manipulação, é realmente muito mais simples."

Na saída da reunião, Nart tinha com que estar satisfeito. Ameil poderia finalmente sair da manipulação, e as vantagens apresentadas por seu substituto para supervisionar Farewell não eram desprezíveis. Acima de tudo, ele tinha a cobertura da imunidade diplomática. Era, além disso, um militar disciplinado, escrupuloso e discreto.

Mas Ferrant também apresentava alguns inconvenientes, e não dos menores. Um agente secreto deve, antes de qualquer coisa, passar despercebido: físico comum, estatura mediana, nada que salte aos olhos. Ainda que, em Moscou, usasse sempre trajes civis, Patrick Ferrant era o próprio modelo do oficial de cavalaria. Cabelos curtos, bem raspados, passo militar. Nart chegou a lhe pedir que deixasse o cabelo crescer para que os milicianos moscovitas não ficassem tentados a lhe bater continência quando se cruzassem. Conselho seguido por Ferrant mas que provocaria em contrapartida uma reação de seu superior na missão militar em Moscou, o general Laurent. Este último tinha aliás sido consultado por Lacaze sobre o perfil de Ferrant, mas ignorava tudo acerca da manipulação. Irritado com o novo "visual" de seu subordinado, mudança cuja explicação ignorava, faria um dia a seguinte observação a seu auxiliar: "O senhor deveria cortar o cabelo."

Para completar o quadro, Ferrant media exatamente 1,98 metro. No meio de uma multidão, sua cabeça era visível a 50 metros, o que podia facilitar imensamente a tarefa das equipes de vigilância.

Por fim, e o KGB devia ter consciência disso, o trabalho de Ferrant em Moscou, afora suas funções de representação, consistia principalmente em comprar ou consultar informação "aberta", isto é, livros ou estudos referentes aos temas militares. Também podia fazer visitas guiadas a certas regiões da União Soviética, mas nada comparável às atividades de um agente secreto. Por outro lado, era o único candidato disponível em Moscou. Como volta e meia nesta aventura, é igualmente infringindo a praxe vigente no mundo da espionagem que a escolha é feita, guiada pelas necessidades. Mas, independentemente disso, a DST não prestava muita atenção nesses detalhes.

Antes de seu retorno à URSS, durante um ou dois dias, Ferrant e Nart dissecaram suas condições de vida em Moscou para estabelecer o contexto mais natural para a manipulação. Um esquema ágil e rudimentar, considerando a escassa experiência da DST nesse domínio. "Grosso modo, era: vire-se!", lembra-se Ferrant. Em contrapartida, Nart insistira em seu princípio fundamental: "Não podemos lhe dar um esquema de ação. Mas, de toda forma, é a simplicidade que vai fazer isso dar certo."

Naturalmente, Nart também preparara um sistema de contatos entre Ferrant e Vetrov, "inspirando-se nos princípios ensinados em todas as escolas da informação, copiando ademais algumas ideias das técnicas científicas de nossos adversários".[8] Em geral, esse sistema era baseado no uso de intermediários, o que permitia evitar o contato entre o agente e seu cooptador.

Armado com esses parcos recursos, Ferrant partiu novamente em 30 de abril de 1981 para Moscou,[9] onde o esperava seu encontro com Xavier Ameil...

15

Um caso familiar

Xavier Ameil encontrou-se com Patrick Ferrant em Moscou em 13 de maio. O contato foi rápido: os dois homens encontraram-se no saguão da embaixada da França, e então foram dar uma volta a pé. "Não era de fato muito prudente", admite hoje Ferrant, "porque nunca dávamos passeios desse tipo. Tudo que saía um pouco da rotina era ruim, mas bom..."

Ameil transmitiu-lhe o local e a hora do encontro e descreveu-lhe Vetrov sucintamente. Entregou-lhe igualmente um par de brincos para Vetrov, provavelmente destinado a Ludmilla, que devia servir de sinal de reconhecimento. A conversa durou apenas alguns minutos, e, no fim, Xavier voltou a ser um ilustre representante da Thomson-CSF.

Faltava agora a Ferrant informar àquela que ia desempenhar um papel preponderante na manipulação e que estava naquele momento a léguas de imaginar o que iam lhe pedir. Com o caso Farewell, uma nova Marianne entrava na galeria das espiãs francesas. Aquela que se tornaria para o KGB a enigmática "Marguerite", que era seu codinome, chamava-se, no registro civil, Madeleine Ferrant.

O único laço que unia até aquele dia Madeleine ao mundo da informação era seu casamento com um oficial do Segundo Birô. Sua vida era a família: o casal tinha cinco filhas, que moravam todas com os pais em Moscou. Madeleine Ferrant, Moretto de solteira, tinha então outras coisas com que se preocupar sem ser correr para um encontro com um espião russo.[1]

Foi de uma maneira antes direta, um pouco no espírito da empregada pelo general Lacaze com ele, que Patrick Ferrant pediu a ajuda da mulher.

Na véspera do encontro com Vetrov, Ferrant convidou-a para dar um passeio a pé até o Moscova, como eles faziam frequentemente quando o clima permitia. Após terem conversado coisas banais por um instante, Patrick Ferrant abordara francamente o assunto: "Bom, agora, minha querida, vou lhe pedir uma coisa. Você teria de ir ao mercado e, lá, encontrar um sujeito (Ferrant repetiu a descrição rápida que Ameil lhe fizera de Vetrov). Ele possivelmente vai levá-la em seu carro e certamente lhe entregará alguns documentos. Você só precisa trazê-los sem se deixar prender."

Madeleine Ferrant ficou completamente pasma: "Mas que história é essa?" Seu marido explicou-lhe brevemente que alguém estava lhe pedindo esse favor e que, para o primeiro contato, a pessoa a ser encontrada preferia lidar com uma mulher. Entretanto, Madeleine nada tinha de aventureira. Como seu marido, sempre tentara ser discreta, cultivando uma forma de modéstia herdada de seu fervor religioso. Vendo-se diante do fato consumado, Madeleine Ferrant não teve muita escolha, e a mãe de família preparou-se, não sem angústia, para sua missão de espionagem.

Em primeiro lugar, estava programado que Vetrov a levaria em seu carro. Logo, não havia razão nenhuma para Madeleine ir ao mercado no seu próprio veículo, como fazia normalmente. Iria ao mercado de ônibus elétrico. Porém, para que as coisas parecessem mais naturais e em conformidade com seus hábitos, Patrick deixaria o carro na oficina para fingir um conserto e assim justificar o deslocamento de sua mulher em transporte público. Na manhã do sábado 22 de maio[2] de 1981, Madeleine pegou então a linha 4, que deveria conduzi-la ao mercado Tcheriomuchki.

De seu lado, Vetrov saiu de Yassenevo. Pretexto oficial para sua ausência no posto: tinha de ir ao Instituto de Pesquisas do Ministério da Indústria Aeronáutica. Os colegas do serviço de informações búlgaro haviam presenteado a PGU com dez obuses de canhão de avião Erlikon. Depois de explodir oito no polígono de testes, os dois restantes foram reservados para ser estudados a fundo a fim de melhorar a proteção de seus alvos eventuais ou — quem sabe? — servir de protótipo para um produto análogo soviético. Os obuses não eram volumosos: um pouco maiores que dois cartuchos de metralhadora de grosso calibre.[3]

UM CASO FAMILIAR

O mercado situava-se no bairro sul da capital, a uns vinte minutos de carro do Kremlin. Toda essa zona fora reformada no fim dos anos 1950 e início dos anos 1960, em plena campanha de construção dos conjuntos habitacionais khrutchevianos. Era de certa forma o feudo da intelligentsia científica com dezenas de institutos de pesquisa nos arredores. O mercado em si compunha-se de um grande pavilhão retangular com duas entradas e uma área contígua com várias fileiras de bancadas para exposição dos produtos.

Vetrov fez questão de verificar tudo pessoalmente, in loco. Estacionou o carro no estacionamento do Instituto de Pesquisas para a Indústria Ligeira, na rua Vavilov, 69. Permaneceu um momento no volante observando os arredores. Nada suspeito: pessoas indo e vindo com suas sacolas e redes de provisões. Iam comprar rabanetes, pepinos frescos e temperos.

Sem se apressar, Vetrov saiu do carro e fechou a porta com chave. Deixou passar um bonde e atravessou lentamente a rua Vavilov. No momento em que chegava ao ângulo do pavilhão, vindo da avenida Lenin, uma jovem mulher carregando um cesto de provisões atravessou a rua.

Muito tempo depois dos fatos, Madeleine Ferrant rememorou sua chegada ao local num estado de angústia extrema. Após descer do ônibus elétrico, enquanto se aproximava do mercado, foi assaltada por um enxame de pensamentos. Para ela, obviamente, uma francesa em Moscou era facilmente reconhecível numa multidão, e o KGB decerto estava a par de seus atos e gestos. Esperava a todo momento ver surgir carros da milícia para prendê-la e provocar um grande escândalo. "Isso não deixava a menor dúvida para mim", diz ela. Foi sentindo-se como uma condenada, avançando resignada para o cadafalso, que ela se aproximou do mercado Tcheriomuchki...

Madeleine reconheceu Vetrov imediatamente, mas não deixou transparecer nada. Passou a cesta para o outro braço e desapareceu no pavilhão. Vetrov, por sua vez, pôde constatar que, contrariando seus temores, a francesa não fora seguida.

Acendeu um Pall Mall. Ele, que nunca fumara, mesmo durante os longos festins à moda russa, passara a consumir mais de um maço por dia nos últimos meses. Vetrov deixou Madeleine fazer tranquilamente suas compras a fim de que elas pudessem cobrir em sua sacola de provisões o dossiê que ele pretendia lhe entregar. Para matar o tempo, foi até uma banca de jornal. Enquanto olhava as capas de revistas exibidas nas vitrines, observou, por dever de consciência, as cercanias através dos vidros. Não restava dúvida: o caminho estava livre.

Comprou um jornal enquanto terminava o cigarro. Em seguida, contornou discretamente o pavilhão e se instalou na saída. Madeleine foi pontual: apareceu às onze em ponto. Avançou até a ponta da calçada para abrir caminho e se voltou, procurando-o com os olhos. Percebendo Vetrov, ficou imóvel. Nenhum movimento suspeito atrás. Vetrov foi até ela.

— Bom-dia, sou Volodia.

— Bom-dia! — ela respondeu, visivelmente nervosa.

— Vou lhe dar uma carona no meu carro — ofereceu Vetrov.

"Marguerite" seguiu-o até o estacionamento do instituto. Entretanto, no momento em que Vetrov abria a porta do passageiro, ela entrou em pânico.

— Sabe, acho que prefiro o ônibus elétrico.

Evidentemente, estava com medo de entrar. Suas angústias continuavam a atormentá-la: "Para mim, os estrangeiros eram todos identificados. Então, entrar no carro de um soviético era assinar meu crime." Além do mais, considerando o que ele fazia, aquele russo podia igualmente ser um louco perigoso.

Isso não agradou Vetrov. Decerto o volumoso dossiê que ele trouxera entraria com facilidade na cesta, mas nunca se sabe o que pode acontecer num ônibus. Por exemplo, um assalto. Não, Vetrov tinha de tranquilizar a francesa a todo custo.

— A senhora não tem absolutamente nada a temer — disse, com um largo sorriso. — Acredite em mim, é muito mais seguro.

"Marguerite" estava com os nervos à flor da pele para poder refletir. Obedeceu a seu instinto e entrou no Lada.

Vendo-a tão tensa, Vetrov puxou conversa.

— Como veio?

— De ônibus elétrico.

— Não é prático. Da próxima vez, aconselho-a a pegar o metrô até a estação Lenin Prospekt, e em seguida o bonde na rua Vavilov.

UM CASO FAMILIAR

— Que próxima vez? — protesta ela. — Pois vim aqui hoje apenas para um primeiro contato; depois, terminou. Não sou uma profissional, sou mãe de família, não vou continuar nessa.

Silêncio opressivo... A fim de rompê-lo, Vetrov deu um jeito de encaixar uma observação e falou sobre sua família, justamente. Assim ficou sabendo que a família de "Marguerite" era a mais numerosa de toda a colônia francesa de Moscou.

Apesar disso, durante todo o trajeto, "Marguerite" não parou de se virar nervosamente para espreitar os carros da milícia, "prestes a aparecer". Sua casa ficava no máximo a 15 minutos de carro do mercado. Entretanto, Vetrov pegou a avenida Lomonossov e foi até a avenida Kutuzov.[4] Depois, virou à direita e rumou para o cais do Moscova, o que não tranquilizou sua passageira. "Conheço itinerários mais simples. Não faço ideia de por onde passamos", lembra-se. "Pensei, agora ele vai me levar para não sei onde. Eu não estava nada tranquila."

Só alcançaram a praça Oktiabrskaia, defronte da embaixada da França, uma hora mais tarde. Vetrov deixou a francesa perto do hotel Varsóvia e foi para o seu escritório, em Yassenevo.

No fim das contas, a coisa não correra tão mal assim. Mecanicamente, Vetrov virou à direita para ir até o QG da PGU. Dirigiu durante alguns minutos pensando no que tinha para fazer no escritório. Subitamente, lembrou-se: tinha de deixar os obuses! O segundo pensamento foi ainda mais fulgurante: os satânicos objetos estavam na sacola que ele acabara de dar a "Marguerite". Mesmo fazendo meia-volta, o congestionamento não permitiria que ele alcançasse a francesa ainda que a interpelasse na barba de seus colegas da 7ª Direção do KGB que vigiavam a Maison de France. Vetrov resignou-se então à sua sorte, como vinha fazendo, aliás, já fazia um tempo.

Nesse ínterim, Madeleine, com os nervos esgotados, levou seu "pacote" para casa. Foi então obrigada a enfrentar outro perigo: Natacha, sua faxineira russa. Como todo o pessoal doméstico que trabalhava no corpo diplomático, ela tinha o dever de fazer relatórios ao KGB. Madeleine correu direto para o gabinete do marido e lá escondeu o dossiê trazido do mercado.

Patrick, que a encontrou um pouco mais tarde, perguntou-se se não forçara demais a barra. Mas, enfim, pelo menos a missão estava perfeitamente cumprida, e a colheita era de primeiríssima linha. Abriu a sacola de plástico e nela descobriu uma volumosa pasta presa por dois pequenos barbantes e ao lado... dois pequenos obuses. Engenhocas que poderiam explodir a qualquer instante no seio de sua pequena família. Porém, diante da espessura do dossiê, Ferrant tomou subitamente consciência da enormidade do assunto. Voltou então à embaixada no mesmo dia para fotocopiar os documentos, pois o material tinha de ser devolvido a Vetrov no domingo, e com aqueles barbantes todos o dossiê não era tão fácil assim de manipular.

À noite, recuperada de suas emoções, Madeleine revelou-lhe sua reticência em voltar a se encontrar com Vetrov: "Já tive minha dose de adrenalina. E depois não sou qualificada para esse tipo de expedições. Se for o caso de discutir algum documento, sou totalmente inepta para isso." Ferrant lhe prometeu que, após devolução do dossiê, ele mesmo faria os contatos com Farewell e que aquela era a última vez. Por sinal, a DST, a pedido de Vetrov, não falara de uma mulher senão para o primeiro contato.

No domingo por volta das 17 horas, após ter passado o dia na datcha da embaixada com amigos e suas cinco filhas, Patrick Ferrant deixou a esposa num estacionamento atrás da praça Borodino. "Onde a mamãe está indo?" perguntou a menor. "Comprar pão. Acabou o lá de casa", respondeu o pai, observando sua mulher se afastar.

Madeleine chegou com cinco minutos de atraso. Vetrov a esperava em seu carro. Fez-lhe um aceno amistoso através do vidro. Ela entrou ao lado dele e lhe estendeu uma sacola de plástico com os dossiês. Vetrov jogou-o no banco de trás e lhe pediu igualmente os obuses. Ela lhe respondeu que não estava com eles e que de toda forma ele teria de resolver aquilo com seu sucessor, que estaria na sexta-feira seguinte à mesma hora na praça Borodino. Vetrov aquiesceu e não insistiu.

E os pequenos obuses, então? Vetrov certamente arranjara uma explicação para aquele sumiço a seus superiores. Entretanto, em seu inquérito, o enigma permanece intacto. Nem por isso os obuses em questão terminaram numa lata de lixo. Eles atravessariam a fronteira pela mala da missão militar da embaixada da França, transitariam em seguida pelo gabinete do general Lacaze, antes de se perderem definitivamente nos meandros da "grande esfinge".

A partir desse dia, e até o fim, Farewell seria manipulado por Patrick Ferrant. Madeleine continuaria entretanto a ir ao mercado todas as sextas-feiras como contato de urgência. Bem mais tarde em sua manipulação, quando passou a dispor de uma câmera fotográfica miniatura, Vetrov utilizaria novamente uma sacola de compras de "Marguerite" para nela insinuar alguns filmes.

Foi na sexta-feira seguinte, em 28 de maio, que Vladimir Vetrov e Patrick Ferrant se encontraram pela primeira vez. O contato foi caloroso. O russo estava sorridente, manifestamente satisfeito de encontrar aquele com o qual contava levar a cabo sua louca empreitada.

Ferrant apresentou-se: "Paul." Os dois homens deram-se tapinhas nas costas, à moda russa, andaram alguns passos e então Vetrov disse: "Bom, vamos sair de carro." Displicentemente, dirigiram-se para o seu Lada.

Sentado no carro, Ferrant tentou expor seu plano de trabalho,[5] que repousava, em conformidade com o que ele brevemente estudara em Paris com Nart, sobre a utilização de "intermediários". Dirigiram-se ao novo complexo da Universidade Lomonossov nos Montes Lenin. A esplanada da universidade era contornada pela rua Kossyguin. No topo de um arranha-céu em estilo staliniano, havia um pequeno terreno de observação a partir do qual, com tempo bom, era possível admirar o panorama de Moscou. Lá embaixo, numa ladeira íngreme que descia para o Moscova, estendia-se um pequeno bosque riscado por aleias. O bairro era sossegado e arborizado. Muitas pessoas iam até lá para praticar jogging no verão ou esqui no inverno.

Era nisso que se baseava o cálculo da DST. "Paul" iria até lá para uma pequena sessão de ginástica matinal. Deixaria o vidro de seu carro entreaberto, de maneira que Vetrov pudesse enfiar documentos pelo vão...

Vetrov recusou imediatamente esse plano, antes mesmo que Ferrant tivesse tempo de expor o procedimento de devolução, bem mais complexo. Sabia que aquela zona era muito vigiada pela contraespionagem soviética, que já procedera no local a flagrantes de entrega de documentos. Mesmo sem esse aspecto, o bairro fora muito mal escolhido. Pois naquela mesma rua Kossyguin havia um grande terreno cercado por um muro cego. Uns 15 anos antes, datchas para os dirigentes soviéticos haviam sido construídas naquele parque fechado. Depois que os cardeais comunistas haviam se mudado para as aldeias governamentais a oeste da capital, aquela infra-estrutura servia para receber os hóspedes importantes em visita oficial a Moscou. Estes eram incontáveis, e alguns presidentes, primeiros-ministros ou secretários-gerais dos partidos irmãos tinham alguns motivos para temer um atentado. Por conseguinte, dezenas de pares de olhos observavam permanentemente o menor movimento nas paragens, em particular os carros com placas CD (corpo diplomático), suscetíveis de transportar, sob a capa da exterritorialidade, qualquer arma ou carga de explosivo.

Além disso, havia também os namorados no parque e as babuchkas passeando. Eram aliás estas últimas que, segundo Farewell, representavam o maior perigo. As velhinhas podiam revelar-se temíveis delatoras de tudo que lhes parecesse suspeito.

— Mas de toda forma precisamos estabelecer um plano de ligação — insistiu Ferrant.

— Não, justamente, temos de deixar de lado todas essas técnicas — respondeu Vetrov. — O que precisamos é parecer naturais. Sua artimanha dos intermediários, isso funciona no Ocidente, porque ninguém repara no que as pessoas fazem. Aqui, verá, um sujeito que chega e faz isso não é natural. O que temos de fazer é rir, ficar de pé, dar uns tapinhas nas costas e depois, sempre sorrindo, procurar um lugar para sentar. Isso ninguém achará anormal.

Ferrant não insistiu, registrando umas depois das outras as instruções de Vetrov. Para as trocas de informações, optaram igualmente por uma "natural" simplicidade: Vetrov lhe devolveria os documentos todas as sextas-feiras, na praça, atrás do museu da Batalha de Borodino. A cada encontro, marcariam a data da entrevista seguinte. Em caso de impedimento, o encontro de recuperação teria lugar na terceira sexta-feira de cada mês.

Como bom profissional, Vetrov acomodara todos os seus contatos clandestinos no trajeto de suas idas e vindas cotidianas. O mercado, uma vez por semana, tudo bem. Se um dia ele fosse seguido pelo KGB, seus perseguidores não teriam por que perguntar o motivo de ele estar naquele lugar àquela hora. Com sua mulher trabalhando no museu da Batalha de Borodino, ele passaria a princípio para pegá-la na saída de seu trabalho, logo após os passeios no Lada com o oficial cooptador. Além disso, todas as noites ele deixava o carro num estacionamento coberto a 300 metros dali.

Por seu turno, Ferrant agiria da mesma forma, e arranjaria várias desculpas. Por exemplo, descobriu, não longe do ponto de encontro, uma loja de calçados onde encomendou um par tão especial que ele lhe permitiu, como cliente insatisfeito, rechaçar os diferentes modelos sugeridos e multiplicar os encontros de uma semana para outra. Típico da vaidade francesa...

Esse encontro apresentou a mesma característica observada com Ameil e Madeleine Ferrant e que seria uma constante ao longo de toda a manipulação em Moscou. Na realidade, foi Vetrov quem impôs seu estilo: basicamente, contatos físicos em vez da utilização de intermediários e recusa das técnicas tradicionais de espionagem. Ferrant aliás nunca procuraria impor o que quer que fosse. O profissional era Volodia, e, além do mais, ele operava em seu terreno, "em seu domicílio". Após o surgimento do oficial francês, a operação conservou o mesmo perfil de quando se desenrolava com o amador Ameil. Virou uma automanipulação.

Na verdade, se Vetrov fazia questão de privilegiar os contatos físicos, era por uma razão que nada tinha a ver com o *modus operandi* de um mestre espião. Ela advinha de seu estado psicológico. Vetrov desejava simplesmente conversar com seu manipulador. Falar dos dossiês transmitidos, obviamente, mas também de todos os outros assuntos que lhe passassem pela cabeça, e Deus sabe que eles não faltavam nesse período de sua vida. Aliás, Vetrov não esconderia isso em seu primeiro encontro: "O que eu quero é falar francês com o senhor. Então o truque da caixa postal falsa não resolve o meu problema."

No decorrer de seus encontros, Ferrant compreenderia que esse aspecto tornara-se até primordial. "Isso parecia lhe trazer uma lufada de oxigênio e provavelmente tirá-lo dessa espécie de esquizofrenia em que ele vivia", diz ele. Poder conversar, o espírito totalmente livre, era um luxo ao qual

Vetrov já se habituara com Ameil e do qual, ao longo de toda a operação, só viria a desistir com má vontade.

Por exemplo, muitas semanas mais tarde, a DST conseguiria enfim amenizar, graças à utilização de uma Minox — câmera fotográfica miniatura —, uma insuficiência grave do primeiro período, que previa a entrega de documentos a serem fotocopiados ou fotografados e depois devolvidos a Farewell. Esse procedimento dobrava o número de encontros e, por conseguinte, os riscos a correr. Ao contrário, a utilização da Minox, graças ao encaminhamento direto dos filmes, limitava-os. Esse inegável progresso técnico e prático seria entretanto mal recebido por Vetrov, que via assim suas oportunidades de conversar reduzidas quase à metade. Felizmente, algumas explicações sobre documentos de caráter técnico justificavam encontros suplementares, assuntos por sinal rapidamente resolvidos por Vetrov a fim de melhor se dedicar aos dissabores de sua vida pessoal.

A bem da verdade, isso não aborreceu muito seu oficial manipulador. Com uma natureza curiosa por tudo, de aspecto simpático e acessível, Patrick Ferrant tinha, não obstante seu tamanho, o perfil psicológico ideal para manipular um personagem como Vetrov. Ao contrário da maioria dos diplomatas ocidentais em missão em Moscou, particularmente os americanos, Ferrant não vivia na psicose do KGB. Privilegiava, um pouco na tradição colonial do exército francês, o contato direto com a população. Considerava uma experiência apaixonante e uma grande sorte morar em Moscou, e aproveitava todas as oportunidades para conversar com os moscovitas: guardas da embaixada, caroneiros e até milicianos. Tendo um bom conhecimento da literatura russa, não deixava de interrogar seus interlocutores sobre tal personagem de Gógol ou determinada trama de um romance célebre, atestando uma atração cultural pela alma eslava que os russos sabem apreciar. A isso se somava uma real afeição pelos habitantes desse país e sua lendária resistência: "Penso que é um povo que merece um grande respeito. São pessoas que mostram grande resistência à dor, ao sofrimento, à pobreza, à miséria", dirá.

Além de Vetrov, Ferrant faria amizade com o motorista da embaixada, ex-motorista do marechal Rokossovski, um dos grandes capitães do Exército Vermelho durante a Segunda Guerra Mundial. Com ele, fazia frequentemente grandes passeios por Moscou durante os quais o velho homem lhe contava a época da "grande guerra patriótica".

Essa facilidade de contato também contribuiria para colocar Ferrant acima das suspeitas daqueles que o vigiavam. Como responsável pela residência onde se alojava o pessoal da embaixada francesa, Ferrant era um interlocutor privilegiado para todas as questões no âmbito da segurança e tranquilidade do que era conhecido como a Maison de France. Não perdia uma oportunidade para aprofundar suas relações com eles.

Por exemplo, uma noite os Ferrant saíram para jantar na casa de amigos. O miliciano anotou escrupulosamente a hora da partida, mas na volta o guarda estava ausente. No dia seguinte, Ferrant solicitou uma conversa com o oficial de plantão:

— Senhor oficial, devo comunicar-lhe um problema. Não vou fazer reclamação formal, mas ontem à noite, quando eu e minha mulher voltamos, o guarda estava ausente. Logo, ele não pôde anotar a hora do nosso retorno. O que faz com que, para o senhor, minha mulher e eu, na hora em que lhe falo, estejamos fora da cama e perdidos em algum lugar de Moscou.

— É mesmo.

— Mas não me agrada nada que seus superiores possam pensar isso, compreende?

— Sim, naturalmente, meu comandante. Mas faltam-me efetivos neste momento, está difícil.

— Compreendo, mas que isso não se repita.

Durante toda a sua temporada moscovita, Ferrant nunca mudaria de atitude. Um misto de espontaneidade e descontração que buscava sempre estabelecer uma forma de cumplicidade com seu interlocutor: "Quando eu chegava com a minha pasta recheada de produção Farewell, eu parava, brincava com eles. Imagino que assim era mais fácil para eles me vigiarem. Imagino que os relatórios teriam sido muito mais negativos para um sujeito que os tivesse desprezado ou desconfiado deles o tempo todo."

Ferrant sabia além disso aliar o útil ao agradável. Quando percorria a avenida Kutuzov para se dirigir ao seu ponto de encontro com Vetrov, oferecia-se frequentemente para carregar a bolsa de uma velha senhora.

Isso lhe dava uma excelente cobertura em caso de perseguição, ao mesmo tempo que lhe permitia familiarizar-se com as famosas babuchkas delatoras tão temidas por Vetrov.

Durante o mês de junho, Ferrant e Vetrov tiveram seis encontros. Todos no mesmo lugar, na praça atrás do museu da Batalha de Borodino. Nas sextas-feiras 5, 12 e 19 de junho, depois do trabalho, às 19 horas, Vetrov entregava-lhe documentos. Ferrant fotografava-os nos escritórios do adido militar. No dia seguinte, nos sábados, 6, 13 e 20 de junho, às onze horas, devolvia os documentos ao agente duplo.

Inovação introduzida por Ferrant depois que entrou em cena, Vetrov era remunerado. Nunca fez questão de ser pago, mas a DST insistiu: "Não, enfim, precisamos lhe pagar. Todo trabalho merece salário", diz-lhe Ferrant da parte de Nart.

Em 5 de junho, entregou-lhe então mil rublos.[6] A soma, sem ser desprezível, não era exorbitante: correspondia mais ou menos ao dobro de seu salário mensal. O KGB zombaria mais tarde da mesquinharia dos franceses, reputada lendária. Para a DST, a ideia era remunerá-lo razoavelmente, para evitar que a entrega de uma soma muito vultosa influísse em seu nível de vida e o fizesse ser notado pela contraespionagem do KGB. Segundo Ferrant, e isso durante toda a manipulação, esse aspecto parecia secundário a Vetrov, comparado à satisfação de se vingar de seu serviço e poder conversar horas na língua de Molière. Nunca faria diretamente a Ferrant pedidos explícitos de remuneração. As somas eram entregues por Ferrant de maneira bastante informal, um pouco como um "acerto" entre amigos, somas que em seguida ele passava para Nart como notas de despesa. Como vemos, nada a ver com os salários mirabolantes imaginados pelo KGB. Em contrapartida, Vetrov poderia pedir, e às vezes com insistência, presentes para o filho ou Ludmilla. Ferrant lembra-se muito bem disso, uma vez que foi Madeleine um dia quem experimentou um casaco de pele destinado a Ludmilla. Difícil também esquecer a vitrola da marca Sharp para Vladik. "Era uma engenhoca que pesava uma tonelada, e que mal cabia no portamalas. Eu realmente pelejei para lhe entregar", lembra-se Ferrant. Mas o que não teriam feito os dois homens para satisfazer o pequeno Vladik?

UM CASO FAMILIAR

As férias anuais de Ferrant estavam programadas para o mês de julho. Deveria ele permanecer até o último dia em que seu agente pudesse encontrá-lo e retomar seu posto logo no primeiro dia em que este último estivesse em condições de lhe trazer novas informações? Para muitos, incluindo os veteranos do KGB, a resposta afirmativa era a mais óbvia. Sorriam com um ar condescendente: "Mas para os franceses as férias são sagradas!" Igor Prelin, que manipulou dezenas de agentes em diferentes países, abre o mesmo sorriso condescendente, mas na realidade contra os críticos desse comportamento. "Se se trata de um agente valioso, nós, como os americanos e muitos outros serviços, podíamos encontrá-lo uma vez a cada seis meses ou mesmo uma vez por ano", diz ele. "Cada encontro é prenhe de riscos, sobretudo quando o agente é manipulado por um amador. E depois, não havia fogo, não estávamos no meio de uma guerra! O relatório da VPK? É uma vez por ano. A lista dos oficiais do KGB? Bom, Vetrov tinha cinco a seis nomes a acrescentar. Isso não podia esperar? Na África eu tinha um agente que estava disposto a me entregar novidades todos os dias. Seu interesse? Ele comia na minha casa e saía sempre com um pequeno honorário. Mas esse não era o caso de Vetrov."[7]

Provavelmente este também era o raciocínio da DST. Ferrant já formalizara suas datas; alterá-las poderia parecer suspeito para a contraespionagem soviética. Além disso, como nos esclarecerá o oficial francês, a produção Farewell secava singularmente durante esse período, o alto escalão do KGB também estava de férias... Em conformidade com um dos raros princípios de funcionamento de uma manipulação, Ferrant e Vetrov decidiram então não mudar nada nos hábitos, e o francês tirou suas férias na data estipulada.

A família mais numerosa da colônia francesa deixou Moscou em 26 de junho. Patrick voltaria em 29 de julho, e Madeleine com as filhas, em 22 de agosto. O moinho girava, e todos esses dados eram meticulosamente registrados no dossiê de Vetrov. Mas ninguém ainda desconfiava que esse obscuro adido adjunto era o estrangeiro mais perigoso residindo em Moscou.

16

Três presidentes: Mitterrand, Reagan e Victor Kalinin

Durante esses mesmos meses em que a manipulação de Farewell seguia seu curso em Moscou, o caso ganhou uma dimensão internacional. Em primeiro lugar, isso se deveu à chegada ao poder de François Mitterrand.

O novo chefe do Estado francês, eleito em 10 de março de 1981, desempenharia um grande papel nessa história. Não apenas porque desconfiava dos serviços secretos e estava obrigatoriamente de olho nas críticas de que a DST era objeto, mas também porque acabara de nomear ministros comunistas em seu primeiro governo e sabia que deveria pagar essa fatura no âmbito internacional.

Era público e notório que o novo presidente não via com bons olhos os serviços especiais. Em 1953, então ministro do Interior, fora vítima de uma maquinação policial e arrastado na lama como "traidor" e "agente de Moscou". Mais genericamente, os socialistas acusavam a DST de ser "um instrumento do poder da direita muito mais que um instrumento de defesa da Nação".[1] Portanto, para a DST, a eleição de Mitterrand não foi francamente uma boa notícia.

Além disso, casos recentes viriam ressuscitar sua lenda negra. O dos microfones descobertos no *Canard enchaîné* em primeiro lugar, que fizera rir a França inteira, mas também o caso Curiel, do nome de um homem de negócios egípcios assassinado em Paris em circunstâncias misteriosas. Isso valera a Marcel Chalet uma convocação ao gabinete de um promotor:

"Sabíamos que o serviço ia ser questionado, uma vez que havia gente do próprio Partido Socialista que chegava ao comando dizendo que era urgente suprimir a DST", lembra-se Marcel Chalet.[2] "Aliás, as coisas andaram rápido, pois logo depois da chegada de Gaston Defferre ao Ministério do Interior interpelei-o sobre alguns casos em que a DST era acusada de haver cometido atos repreensíveis. Pude, sem dificuldade, varrer todos esses rumores."

O chefão da DST teve então de suar para encontrar um ouvido atento e conciliador e entregar a bomba que mantinha comportadamente desativada em suas mãos havia quase três meses: "Cheguei lá devagar e com prudência, tentando a princípio formar uma ideia de quais podiam ser as desconfianças, do que seriam as inquietações básicas das pessoas com quem eu teria de lidar."[3]

Dirigiu-se primeiro a Maurice Grimaud, novo diretor de gabinete do ministro do Interior. Não obstante, Grimaud partilhava amplamente os pontos de vista de seus camaradas socialistas referentes ao serviço. "Nós chegávamos com muitos preconceitos e rancores, e uma grande desconfiança a respeito da polícia", admite. "Para nós, a DST era o condensado de todos os horrores possíveis. Era uma opinião muito exacerbada, mas quem manda tem sempre razão..."[4]

O início da primeira entrevista entre Maurice Grimaud e Marcel Chalet deixara no ar graves subentendidos. O chefe de gabinete de Defferre terminou por abordá-los de frente, principalmente no que se referia aos rumores sobre as atividades anti-ETA que teriam sido praticadas à margem da legalidade pela DST: "E, depois, teremos de abandonar certo tipo de operações", começou ele. Marcel Chalet protestou vigorosamente e garantiu a Grimaud que aquilo também não passava de invencionice, estando fora de questão a DST ter violado suas próprias leis. Chalet percebeu então, ao longo da conversa, que com argumentos sérios conseguiria convencer Grimaud de que as acusações contra o serviço eram totalmente infundadas. Uma certa confiança estabeleceu-se entre os dois homens. "Em pouco tempo", diz Chalet, "Maurice Grimaud se tornou bem mais cooperativo comigo. Senti que todas as desconfianças que ele pudera ter num certo momento haviam caído por terra e que eu podia ter um diálogo franco e direto com ele. Isso me deu a possibilidade de desembuchar minha história que me pesava como um fardo nas costas e lhe explicar que era urgente informar ao chefe de Estado, mas tomando todas as precauções possíveis."[5]

Essas precauções consistiam em limitar ao máximo a divulgação do caso. Aliás, esta seria a primeiríssima consideração levada por ele a Gaston Defferre, um pouco mais tarde, por ocasião de seu primeiro encontro. O novo ministro do Interior, ex-resistente, compreendeu perfeitamente tal necessidade. Mesmo assim, Chalet tomaria a precaução de testá-lo discretamente. Patrick Ferrant, como adido militar na embaixada da França, a princípio pertencia à esfera do Ministério da Defesa, onde outro velho companheiro de estrada de François Mitterrand, Charles Hernu, acabara de ser nomeado. Ora, este último constava há muito tempo dos arquivos secretos da DST, onde sua ficha apresentava-o como uma colaborador ocasional dos serviços secretos búlgaros, depois dos romenos, pelo menos durante dois anos, em 1956 e 1957. Da mesma forma, Chalet sabia que Hernu também fora objeto de uma nota da Securitate em 1962. Quando foi nomeado ministro da Defesa, Ceausescu em pessoa chegaria a pedir, sem sucesso, que o contato com Hernu fosse retomado.[6]

Após ter insistido sobre a urgência de avisar ao chefe de Estado, Marcel Chalet encaixou uma observação aparentemente banal:

— E depois teremos igualmente de pensar em avisar ao ministro da Defesa.

Defferre levantou-se de seu assento:

— Isso de jeito nenhum; ele é um agente soviético!

Completamente resserenado, Chalet passou às modalidades da informação do presidente da República. A partir desse instante, a colaboração entre a DST e o Ministério do Interior estabeleceu-se sobre as bases de uma confiança mútua que resistirá a todas as provações engendradas pelo caso. A presença dos comunistas no governo de união da esquerda mal era mencionada, a prudência nesse aspecto sendo mais que evidente.

Em contrapartida, para o presidente Mitterrand a nomeação de seus aliados comunistas criava um problema.* Os parceiros atlânticos da

---

*Em 23 de junho, quatro dirigentes do PCF foram nomeados no governo de união da esquerda: Charles Fiterman (Transportes), Marcel Rigout (Formação Profissional), Jack Ralite (Saúde) e Anicet Le Pors (Funcionalismo Público).

TRÊS PRESIDENTES: MITTERRAND, REAGAN E VICTOR KALININ 175

França, os Estados Unidos em primeiro lugar, reagiram violentamente. No dia seguinte a essas nomeações, o Departamento de Estado fez uma declaração oficial dizendo, entre outras coisas: "O tom e o teor de nossas relações como aliados serão afetados pela entrada de comunistas nesse governo, assim como todos os governos de nossos aliados ocidentais-europeus."[7] O próprio vice-presidente George Bush, ex-diretor da CIA (1976-1977) — logo, capaz de avaliar os riscos daí decorrentes para a defesa atlântica —, acabara de protestar em Paris, onde tinha sido recebido pelo novo hóspede do Eliseu.

Aparentemente, o presidente Mitterrand preferiu uma conciliação. Oficialmente e a fim de tranquilizar a opinião francesa, os socialistas mostraram-se indignados com o que consideravam uma ingerência nos assuntos internos da França. Mas, por outro lado, tentaram tranquilizar os americanos na medida do possível. Todas as disposições serão tomadas, eles diriam, para que os ministros comunistas não tenham conhecimento de informações relativas à segurança atlântica. E isso seria realmente executado: o primeiro-ministro Pierre Mauroy aplicaria na França as regras de acesso ao sigilo definidas pela Otan, privando assim os quatro ministros comunistas de qualquer possibilidade de habilitação ou nomeação para postos de alta responsabilidade no aparelho de Estado.[8] Por outro lado, Charles Fiterman, que assumira as funções mais delicadas entre seus colegas ministros, viu-se confiscado de parte de suas atribuições em matéria de organização dos transportes em tempo de guerra.[9] Apesar de tudo, quando François Mitterrand foi a Ottawa, para a sua primeira cúpula dos Sete, passou a impressão de um personagem pouco claro, quando não suspeito, aos olhos dos líderes ocidentais reunidos. O presidente francês não se chocou com isso. Pois acabara de lhe chegar às mãos um trunfo de primeira grandeza.

A DST escolhera o feriado do 14 de Julho para lhe dar provas de sua fidelidade. O chefe de Estado recebeu, a seu pedido expresso, seu velho amigo Gaston Defferre, acompanhado de Maurice Grimaud e Marcel Chalet. Os três homens foram recebidos pelo secretário-geral da presidência da república, Pierre Bérégovoy, num palácio do Eliseu ainda marcado pelo primeiro *garden-party* da esquerda no poder.

Defferre e Chalet já tinham avaliado a produção de Farewell e estavam seguros de sua importância excepcional. Mitterrand percebera imediatamente a amplitude desse caso para seu país, seu partido e sua imagem pessoal aos olhos do Ocidente. Pois ele era, por enquanto, o único líder do mundo capitalista a conhecer o sistema de pilhagem tecnológica praticada pela União Soviética, cuja envergadura era de tal ordem que punha na berlinda toda a política otaniana em matéria de defesa e segurança. Chalet expôs-lhe igualmente a urgência de informar o mais rápido possível aos "nossos aliados americanos" a natureza de algumas das informações transmitidas por Farewell, principalmente sobre o sistema de proteção por radar do território dos Estados Unidos, inteiramente desvendado pelo KGB. Além disso, acrescentou, seus serviços estavam em condições de fornecer dezenas de nomes de agentes duplos ocidentais do KGB ocupando os postos mais delicados, bem como de oficiais de informações soviéticos em ação no estrangeiro.

O presidente ficou tão satisfeito com essas informações que aceitou que a DST, cuja existência estava por um fio, prosseguisse a manipulação de Farewell, ainda que essa missão não lhe incumbisse e infringisse a lei. Chalet subiu nas nuvens: a partir desse dia a DST lutaria para ser o melhor serviço especial francês perante seus rivais do Sdece. Aliás, isso correspondia à realidade. Menos por causa das performances da DST no estrangeiro do que pelo nível da Piscina.

Ao chegar a Ottawa, foi com confiança que François Mitterrand tomou a dianteira, solicitando um encontro privado com o líder do mundo ocidental, o presidente Reagan. Na realidade, naquele 19 de julho de 1981, eles estariam diante de oito olhos: Claude Cheysson e Alexander Haig, respectivamente chefes das diplomacias francesa e americana, também presentes nesse encontro.

Com a participação dos comunistas no governo francês, a conversa entre os dois presidentes tinha tudo para ser tensa. Na realidade, passou longe disso. O *briefing* do encontro havia sido redigido por Richard Allen, primeiro conselheiro para segurança nacional do presidente Reagan. Para ele, um homem que havia participado da Resistência não podia morrer de simpatias por um regime totalitário como a União Soviética. A desconfiança de Reagan a respeito de Mitterrand era então muito mais contida do que se pôde crer na época.[10]

Quando Mitterrand finalmente colocou em pauta o dossiê Farewell, ao que parece a partir de um memorando redigido por Marcel Chalet, Reagan não captou de imediato seu alcance. Seus serviços iriam contentar-se em transmitir o memorando de Chalet ao homem ao qual ele era dirigido: o vice-presidente George Bush. Para evitar qualquer vazamento de informação, Marcel Chalet efetivamente privilegiou o contato direto com um de seus velhos conhecidos. Ele e Bush conheciam-se desde a época em que o vice-presidente americano ocupava as funções de diretor da CIA, de 1976 a 1977. Muito preocupado com a colaboração entre os serviços secretos da aliança, Bush sempre manifestara um interesse especial pelo trabalho comum entre a CIA e a DST. Os dois homens se apreciavam e se conheciam bem, e Chalet naturalmente lhe transmitira suas congratulações por sua eleição ao cargo de vice-presidente. Mas, se o chefão da DST se dirigiu ao ex-diretor da CIA, não foi apenas para limitar novamente o número de intermediários, mas acima de tudo porque desejava que "a discussão sobre o teor do dossiê e o aspecto técnico se desse no nível de peritos, e não num nível político".[11] O memorando de Chalet, partilhado por Mitterrand e Reagan, não fazia senão resumir o essencial sem entrar nos detalhes, sugerindo um esboço da etapa seguinte, a saber, um encontro Chalet-Bush.

Em agosto, Marcel Chalet efetuou a viagem inversa da de Bush dois meses antes. No aeroporto, um cicerone o aguardava, o qual, sem pronunciar uma palavra, o levou a seu hotel a bordo de uma limusine.

Na manhã seguinte, o mesmo guia passou, pegou-o e levou-o até a residência oficial do vice-presidente, situada não longe, em Maryland. Quando ele saiu do carro, Bush em pessoa o recebeu, e, ao mesmo tempo feliz e intrigado por revê-lo, interpelou-o em francês: *"Marcel, mais qu'est-ce qui se passe?"* ["Marcel, mas o que está acontecendo?"] Chalet tomou então consciência, não sem uma certa satisfação, de que em Ottawa Reagan não captara toda a importância do assunto, e que Bush estava completamente por fora.

Durante cerca de três horas, passeando pelo parque da residência, Marcel Chalet expôs a seu ex-colega todo o contexto do caso. Tomara cuidado de levar consigo um dossiê consequente tratando sobretudo dos aspectos americanos da produção Farewell, em particular da consolidação do sistema de defesa do território dos Estados Unidos. No fim desse pequeno passeio, Bush, visivelmente impressionado, contentou-se em deixar escapar, laconicamente: "Vou ter de dar uns telefonemas."

No dia seguinte, uma primeira sessão de trabalho seria organizada na CIA, da qual participariam William Casey, diretor da CIA, William Webster, chefe do FBI, e o almirante Inman, que acabava de deixar o posto de diretor da NSA,* diretamente envolvido no sistema de defesa por radar do território americano. Seria este o ponto de partida efetivo da colaboração mantida entre a DST e os serviços secretos americanos. Capaz de apreciar tecnicamente o valor das informações contidas no dossiê Farewell, Bush chegaria a revelar um pouco mais tarde que se tratava "da primeira incursão significativa do Ocidente por trás da Cortina de Ferro".

Após ter salvado a DST na França, o caso Farewell também representou para Marcel Chalet uma franca reconciliação entre a França e os Estados Unidos. Para quem dera seus primeiros passos na informação durante a Segunda Guerra Mundial, e que nutria desde esse período certa afeição pelos americanos, a satisfação não é fingida: "Esse caso tinha evidentemente o interesse de valorizar consideravelmente o sistema francês de informações. Quando nos lembrávamos do que haviam sido as relações franco-americanas recentemente, era uma situação totalmente inédita. A França capaz de apresentar aos Estados Unidos elementos decisivos para a orientação das atividades da aliança e a consolidação de seus meios de defesa: esta era uma situação totalmente nova, e eu estava particularmente sensibilizado com esse caso."[12]

Marcel Chalet não se enganara quanto às repercussões do dossiê transmitido: quando Ronald Reagan foi finalmente informado pelo seu amigo William Casey da importância do caso, ficou absolutamente estarrecido.

---

*NSA: National Security Agency, agência que agrupava as atividades de espionagem e contraespionagem eletrônica e tecnológica. Era tão secreta que ganhou o apelido de "No Such Agency".

TRÊS PRESIDENTES: MITTERRAND, REAGAN E VICTOR KALININ 179

"É o maior peixe desse tipo desde a guerra!" admitiria, quando tal confissão manifestamente não enaltecia os serviços secretos americanos.[13] Com efeito, aquele dossiê exigia a revisão de muitas certezas cultivadas pelo mundo livre. O presidente americano, que já não sentia grande simpatia pelo regime comunista, ver-se-ia dessa forma fortalecido para elaborar estratégias mais musculosas perante o bloco do Leste.

Depois disso, Ronald Reagan mudaria radicalmente a opinião que tinha sobre François Mitterrand. Com suas revelações, o presidente socialista marcava nitidamente adesão ao campo ocidental e a seus valores. O obscuro tenente-coronel do KGB que se preparava, naquele mesmo dia, talvez, para partir para sua aldeia sem eletricidade, impôs abruptamente o novo chefe de Estado francês como uma figura política ocidental de primeira grandeza. E como um homem em quem era possível confiar: suas relações com Ronald Reagan seriam doravante assíduas e calorosas.

Os dois presidentes e seus serviços implantaram uma série de medidas visando explorar ao máximo e com um mínimo de riscos as revelações do agente russo no interesse do Ocidente. Ainda estamos longe da exploração maciça das informações fornecidas por Farewell. Entretanto, agora o Ocidente tinha a obrigação de revisar discretamente seu plano de batalha, a começar, obviamente, pelo sistema de cobertura por radar do território americano contra um ataque surpresa.

Seria conveniente partilhar com outro Estado a exploração da produção de uma fonte em plena atividade quando cada nova pessoa a par do segredo multiplicava consideravelmente os riscos de queimá-la?

Duas circunstâncias ditaram essa escolha. Em primeiro lugar, é difícil imaginar um serviço secreto escamoteando para o chefe de Estado elementos de informação de significado tão capital, ainda mais quando a própria sobrevivência do serviço vinha sendo questionada.[14] Depois, o desejo do novo presidente francês de dar uma prova tangível da fidelidade de seu país ao lado ocidental estava aparentemente à frente de qualquer outra consideração.

Porém, independentemente de todo contexto político, era perfeitamente válida a opinião do chefão da DST segundo a qual "em todos os casos desse gênero, e seja qual for sua dimensão, somos de fato obrigados a apreciar comparativamente o tamanho dos riscos e a urgência das medidas a serem tomadas".[15] A utilização da produção Farewell "só fazia sentido se as revelações que trouxesse resultassem em medidas concretas: prisão dos agentes identificados, proteção reforçada dos objetivos ameaçados, revisão dos programas em curso, revisão das medidas de segurança reveladas ineficazes, reforço da vigilância dos oficiais de informações apontados, implantação de medidas restritivas de modo a paralisar sua atividade etc."[16]

Sendo do ramo, Farewell devia saber que o interesse político prevalecia sobre a segurança pessoal de um agente duplo. Este só era paparicado na medida em que as vantagens imediatas de uma cooptação fossem julgadas menos importantes que as informações que ela seria capaz de fornecer no futuro. Devia estar igualmente consciente de que, caso tais informações extrapolassem o âmbito dos interesses franceses, elas seriam comunicadas ao Estado atlântico concernido. Não podia fazer nada: eram as regras do jogo e, dando esse passo, ele se entregava de corpo e alma a seus novos senhores.

Durante esses grandes desdobramentos internacionais, Vetrov passava seu último verão em sua casa de campo de Kresty. Na época em que dois grandes do mundo ocidental se debruçavam sobre seu dossiê, ele convivia apenas com um presidente. Era Victor Kalinin, que presidia o kolkhoze da região.

Vladimir acordava cedo, apanhava dois baldes e ia pegar água no Tvertsa. Após o café da manhã, equipava-se com um martelo e um serrote e trabalhava até a noite. Então chegava a vizinha, Maria Makarovna, com seu estoque inesgotável de histórias, ou Jenia, o louco da aldeia vizinha de Telitsyno, que levava para pastar o rebanho kolkhosiano atrás da casa deles. De tempos em tempos, Vladimir e Svetlana reviam os Rogatin apreciando uma ou duas garrafas em torno de uma mesa posta no jardim.

Os Vetrov precisavam realmente de companhia. Svetlana e Vladimir continuavam sem se falar, apenas poucas palavras de primeira necessidade. Vetrov passava seu tempo com Vladik: tinham planejado construir uma varanda. E foi ao pregar uma tábua que ele fez uma confidência importante ao filho:

— Sabe, não voltarei mais aqui. Mas teremos terminado a varanda.

Vladik largou o martelo e fitou-o com um expressão indagadora:

— Não aguento mais; vou embora — continua Vladimir.

O filho, que conhecia a história da amante de Vetrov, ainda assim ficara perplexo:

— Com... com ela?

— É.

Vendo o filho desamparado, Vetrov apressou-se em tranquilizá-lo:

— Isso não mudará nada entre nós, você vai ver! Você é meu filho, vou ajudá-lo em tudo. Mas tenho de sair fora.

Entretanto, dois dias depois, ele passou para visitar os Rogatin em seu "rancho". Como marceneiro especialista, inspecionou os últimos aperfeiçoamentos que eles haviam introduzido em sua casa. Interessou-se principalmente pelo subsolo: o seu tinha três metros de profundidade e ele se perguntava o que era possível fazer com aquilo. Ele também tinha todo o andar de cima para arrumar: daria uma mansarda muito romântica.

— Ainda tenho dois anos pela frente — diz Vetrov. — Depois, peço minha reforma e venho morar aqui. Vai ser o máximo!

Assim como na antevéspera, diante do filho, ele estava sendo sincero. Mas, se dizia qualquer coisa, era aparentemente porque não sabia o que fazer.

Uma noite, chegou sozinho. Estava entediado: chovia sem parar havia dois dias. Como viu luz na janela, bateu no vidro e Galina correu para lhe abrir a porta. Naquele verão, os Rogatin tinham convidado um casal de amigos, Alina e Nikolai Botcharov. Estavam à mesa, e Vladimir aceitou com prazer juntar-se a eles.

O depoimento de Alina Ivanovna tem o valor de uma foto instantânea. Como uma fotografia ou retrato pintado para o qual posamos, é a impressão imediata que gera todo o seu interesse. Impressão não contrariada nem pelos atos anteriores de uma pessoa que conhecemos bem nem pelas retificações que seu comportamento futuro possa trazer. Dito isto, como para todo depoimento, impõe-se uma reserva aqui. A impressão depende também do material no qual o imprimimos. Diretora de um ateliê de moda, como sua amiga Rogatin, Alina é uma mulher bem simples. Sem duvidar de sua objetividade, devemos levar em conta que, para ela, Vetrov era como uma criatura vinda de um mundo inacessível ao comum dos mortais.

Quinze anos mais tarde, Botcharova guarda uma lembrança bem viva de um belo homem que a seduz imediatamente pelo charme. Forte, uma voz agradável, vestido com apuro, mesmo naquela aldeia perdida, as maneiras e o falar de um homem culto. Vladimir tinha, segundo sua expressão, o "verniz" de alguém que vivera no Ocidente.

Em primeiro lugar, Alina ficou impressionada com a franqueza desse hóspede tardio, que ela não obstante sabia ser oficial do KGB. Durante uma conversa geral aleatória, Vetrov revelou que Lenin teria morrido de sífilis, não se abstendo de criticar Andropov, o chefão do KGB. Em uma hora, falou mais do que o necessário para ser preso por "propaganda antissoviética". Talvez tomando consciência de haver perdido o controle, recomendou a seus interlocutores nunca abordar esses assuntos em Moscou, onde bastaria conectar um fio a mais no poste de luz defronte para gravar todas as declarações "sediciosas".

Pouco a pouco, Alina constatou que Vladimir não estava em seu estado normal. Parecia vítima de uma grande depressão psíquica. Essa impressão não fez senão aumentar quando eles ficaram sozinhos. Pois, como já estava tarde, Galina perguntou se Vetrov não queria dormir na casa deles. Quando todos foram para a cama, Vladimir e Alina ficaram conversando ainda por um tempo.

Visivelmente, Vetrov precisava falar. Alina lembra-se dele sentado num banco de madeira entre dois cães, o boxer dos Rogatin e o totozinho dos Botcharov. Enquanto os acaricia, ele fala de Ludmilla, por quem está loucamente apaixonado. Alina chegara a se espantar. Quem poderia ser aquela mulher que soubera agarrar em suas redes homem tão bonito, inteligente e casado com uma mulher tão bonita como Svetlana? Outra surpresa: em vez de alegrá-lo, aquele amor parecia estar na origem de um estresse permanente. Num certo momento, Vladimir chegou a se por a chorar na frente de Alina, que, afinal de contas, era uma desconhecida. O fato chocou-a sobremaneira, ainda mais que, a noite inteira, eles tinham bebido apenas chá. Pensava cada vez mais num distúrbio psíquico.

Alguns dias mais tarde, confirmou sua impressão de que Vetrov não se dava conta do que fazia. O homem elegante da outra noite chegara usando na cabeça o forro de uma *chapka*, gorro de pele russo. Estava realmente

TRÊS PRESIDENTES: MITTERRAND, REAGAN E VICTOR KALININ 183

muito esquisito: até mesmo os camponeses, que podiam usar o gorro sujo de seus avós, o teriam desprezado. Aleksei Rogatin disse vagamente que não seria mau fazer espetos de carne no quintal. Vetrov saiu imediatamente e voltou com um carneiro vivo comprado na aldeia. Um vizinho degolou-o e destrinchou-o. Mas os citadinos não sentiam vontade de comer um animal que, uma hora antes, balia do outro lado da janela. Vetrov também desistiu e levou a carne amontoada num balde. Evidentemente, era um homem que agarrava qualquer oportunidade de se distrair e driblar a angústia.

Em 31 de julho, Aleksei Rogatin comemorava seus cinquenta anos. Todos os seus amigos tinham vindo de Moscou para sua casa de campo: havia uns cinco automóveis estacionados em frente à sua isbá. Como crianças, os homens jogaram futebol, tendo como torcidas suas mulheres e os moradores de Telitsyno, que, separados pelo rio, nem por isso deixavam de acompanhar a partida sentados em suas escadas. Os Vetrov haviam sido convidados, mas só apareceram no fim de uma suntuosa refeição, e separadamente. Svetlana viera na scooter de um vizinho, com os dois cachorros nos braços. Um pouco mais tarde, Vladimir chegava cambaleante, já bastante bêbado.

No dia seguinte — os anfitriões e convidados preparavam-se para voltar para Moscou —, ele voltou sozinho. Queria aproveitar o ônibus que levava a maior parte do grupo.

— Galina, estou no fim das minhas forças — disse ele, chamando à parte a anfitriã.

Galina estava a par de seus tormentos.

— Em que posso ajudá-lo? Posso lhe servir uma bebida se você quiser "encher a cara". Mas é você que tem de resolver seus problemas com as mulheres.

— Sei disso. Eu só precisava desabafar.

— Tudo bem, venha nos visitar em Moscou.

Vetrov pareceu aliviado.

— Obrigado. Você tinha falado de uma bebida?

Mas durante o trajeto, não parou de se queixar. De vez em quando, um dos convidados, Vassili, ex-operacional do KGB também, que após as libações da véspera cochilava, levantava a cabeça e dizia, com uma expressão de censura:

— Parem com essa falação!

O fim das férias dará um fim a esse interlúdio às margens do Tvertsa. Nos últimos dias de agosto, Vetrov voltou a Moscou e a seus problemas. Estes não se haviam evaporado por si sós durante suas férias. Ludmilla exigia que ele se separasse de Svetlana. E seu jogo mortal com os franceses ia recomeçar...

Sua viagem sem bússola entrava em sua fase decisiva.

17

Uma equipe moscovita

Patrick Ferrant chegara de volta a Moscou no fim de julho. Em seu primeiro encontro após as férias, os dois oficiais estabeleceram as modalidades de seus contatos. A cada encontro, iriam confirmar a data da entrevista seguinte, que poderia variar em função das circunstâncias.

Na realidade, a frequência desses encontros dependia dos dossiês que passassem pelo escritório de Vetrov na Direção T. Farewell podia avisar Ferrant dos recebimentos programados, planejar suas entrevistas de maneira mais precisa. A princípio, o procedimento era sempre o mesmo: os documentos entregues deviam ser fotocopiados e depois imediatamente devolvidos. O grande medo de Vetrov, se é que ele tinha algum, era que seu manipulador se visse impossibilitado de restituir os documentos a tempo, e Ferrant se lembra de que as entregas nem sempre se efetuavam em condições ótimas.

Por exemplo, em 25 de agosto, dia de São Luís, Vetrov passaria para Ferrant uma pasta inteira de documentos que deviam imperativamente ser devolvidos na manhã de segunda-feira às 9 horas. Só que a embaixada já estava fechada, sendo portanto impossível usar a fotocopiadora sem chamar a atenção do KGB. O oficial francês não se desarmou. "Ok, eu pego", respondeu a Vetrov. Em seguida foi diretamente à missão militar e lá pegou todos os filmes fotográficos que encontrou, comprou alguns a mais e voltou para casa com a pasta. "Juntei tudo e, com a minha mulher, à noite, no corredor do apartamento, com a luz da cabeceira, e depois com a minha câmera Canon, gastamos talvez vinte filmes 24x36", lembra-se. "Minha mulher virava as páginas, ela tinha colocado música porque não sabíamos onde estavam os microfones e havia de toda forma os cliques da máquina."

No outono de 1981, Vetrov teria sete encontros clandestinos com Ferrant, na primeira e na terceira sexta-feira de cada mês: em 4 e 18 de setembro, em 2 e 16 de outubro, em 6 e 20 de novembro e em 4 de dezembro.[1] Os encontros se dariam quase todos às 19 horas, e, salvo algumas ligeiras variantes, no mesmo lugar, atrás do museu da Batalha de Borodino.

Como bom militar, "Paul" era pontual. Às 19 horas em ponto, Vetrov via sua esguia silhueta entrando na rua do Ano 1812. Ferrant vinha de ônibus comum ou ônibus elétrico. Uma vez, esclareceu para seu informante que tinha deixado o carro no estacionamento em frente ao restaurante Arbat na avenida Kalinin, da qual a avenida Kutuzov é um prolongamento. Dependendo da estação, "Paul" usava um longo impermeável verde-pistache ou um sobretudo da mesma cor com bolsos dotados de zíper sobre uma calça de veludo cotelê marrom. Quando estava frio, vestia um gorro de lã cinza. Antes de entrar em contato, os dois homens efetuavam um percurso de segurança complicado que lhes permitia certificar-se de que nenhum deles fora seguido (*fig. 3*).[2]

Apesar de todas as vantagens dessa manipulação, a DST ainda alimentava algumas dúvidas sobre a sinceridade de seu informante. O que não surpreende: a contraespionagem francesa estava de tal forma acostumada com jogos duplos que via embustes em toda parte. Vício profissional...

Por exemplo, durante seu segundo encontro de setembro, Ferrant transmitira a Farewell o bom-dia de um certo senhor Maurice. Dessa conversa, Vetrov deduziu que se tratava, no caso, de um chefe de "Paul" que supervisionava a operação a partir de Paris. Visto que Patrick Ferrant tinha como codinome um prenome que começava pela mesma letra do dele, era possível, por analogia, supor que "Maurice" não era outro senão Marcel Chalet.

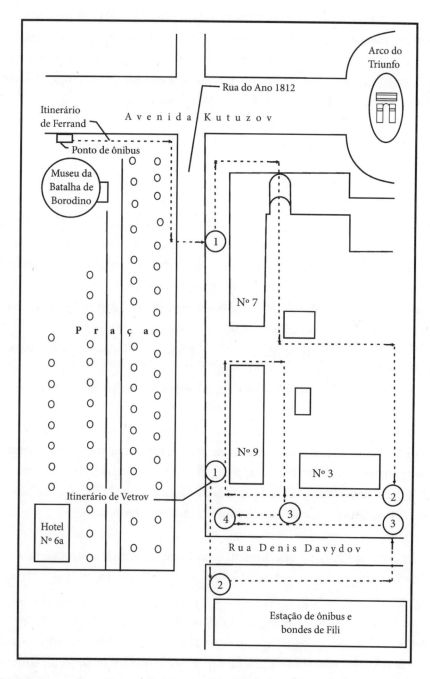

Fig. 3 Percurso de segurança de Vetrov e Ferrant: 1 a 3: contatos visuais; 4: ponto de encontro.

A abordagem do assunto foi bem sutil: "Maurice" estaria muito preocupado com a segurança de Farewell e lhe pedia todas as precauções necessárias. A propósito... Será que Farewell podia lhe explicar na mesma oportunidade o que o incitara a fazer contato com os serviços secretos franceses e a lhes fornecer as informações confidenciais?

Isso não representava problema algum para Vetrov. Durante o encontro seguinte com "Paul", entregou-lhe um bilhete, cujo teor era:[3]

"Caro Senhor Maurice,

"Agradeço-lhe pela sua preocupação com a minha segurança. Farei tudo que puder nesse sentido.

"O senhor me pergunta quem me decidiu a dar esse passo. Eu poderia lhe explicar da seguinte forma: é evidente que amo muito a França, que deixou uma marca profunda na minha alma, mas, ao mesmo tempo, odeio com repugnância o regime vigente em nosso país, essa ordem totalitária que esmaga a personalidade, a rispidez das pessoas. Em nossa vida, não há nada de bom; para resumir, é uma podridão."

A carta de Vetrov produzirá o efeito esperado: sua sinceridade nunca mais será questionada pelos franceses.

Além disso, Ferrant fazia-lhe frequentes perguntas precisas. Às vezes, o soviético estava em condições de respondê-las imediatamente. Caso contrário, no dia do encontro seguinte ele datilografava em seu escritório no KGB as respostas em sua máquina de escrever. Normalmente, era apenas uma página que ele entregava a "Paul" à noite. As longas listas de nomes e endereços dos oficiais da Direção T bem como as coordenadas dos agentes do KGB infiltrados entre os ocidentais eram escritas à mão.[4]

Em setembro, Ferrant entregou igualmente a Vetrov a famosa Minox, dada a Raymond Nart pela CIA. Essa primeira câmera era bastante rudimentar: uma bobina compreendia cerca de sessenta fotos, uma página inteira exigia duas fotos. Seria rapidamente substituída por uma outra câmera, da qual foram fornecidos dois exemplares, muito mais aperfeiçoada e miniaturizada, da largura de um polegar, podendo ser dissimulada com facilidade na palma da mão. Nart enviara dois de seus homens à CIA para aprenderem a utilizar aquela "pequena joia da tecnologia".[5] Ferrant

UMA EQUIPE MOSCOVITA

também receberia aulas sobre sua utilização durante uma de suas passagens por Paris e depois ensinaria a Vetrov dentro do seu Lada. A câmera era ajustada com a ajuda de um cordão em cuja ponta havia um alfinete que, uma vez repousado sobre o documento a fotografar, regulava a distância e a nitidez da foto. Esse alfinete também podia servir como um eficiente álibi. Se um colega de escritório entrasse subitamente em seu gabinete, Vetrov tinha apenas de fechar a mão para fazer a câmera desaparecer e fingir estar costurando um botão da camisa. As bobinas pareciam pequenas fitas cassete que se rebobinavam automaticamente no transcurso das fotos. Uma bobina podia conter até cento e sessenta clichês. Vetrov entregaria ao francês diretamente os filmes em sacos plásticos, muitas vezes em levas de dez, até vinte bobinas. Isso dá uma ideia um pouco mais precisa da autonomia bastante real de Vetrov, e da maior flexibilidade adquirida pela manipulação nos dias de encontro. Até então, os documentos fornecidos na sexta-feira deviam imperativamente ser devolvidos durante o fim de semana. Com a câmera miniatura, os encontros poderiam se desenrolar em qualquer dia da semana, agendados de comum acordo durante o encontro precedente.

Acima de tudo, a utilização da câmera reduzia consideravelmente a necessidade de contatos físicos. Com vimos acima, foi justamente por essa razão que Vetrov não recebeu esse progresso tecnológico com grande entusiasmo. Mas a DST não tinha o que fazer; para ela, convinha reduzir o número dos encontros. Nart insistira muito com Ferrant:

— Temos de reduzir a todo custo a frequência dos contatos. Vocês não podem mais zanzar desse jeito por Moscou com pastas repletas de documentos. Com a câmera, podemos reduzir os encontros a seis ou sete por ano, no máximo.

— Tudo bem, mas vocês precisam saber que ele precisa dos contatos, porque esta é uma de suas principais motivações — replicou Ferrant.[6]

Embora pudesse parecer secundária no contexto geral da manipulação, a possibilidade oferecida a Vetrov de poder falar livremente iria revelar-se determinante para seu precário equilíbrio psicológico. Pois, além das pressões inerentes à espionagem, era também a soma das contradições que Vetrov tinha de administrar diariamente que ameaçava esse equilíbrio.

Como vimos, Vetrov era dotado de uma personalidade extrovertida e amistosa na primeira abordagem, o que combinava bem com as exigências da suspeita permanente do mundo da espionagem. Além disso, ele devia tolerar cada vez menos a atmosfera de mentira e hipocrisia geral em que vivia. No âmbito de sua vida profissional, em primeiro lugar, o agente brilhante que ele tinha sido chocara-se com o nepotismo brejneviano dos anos 1970, quando a crença nos ideais do comunismo não era mais senão uma máscara necessária e indispensável à promoção. Viver num regime comunista impunha igualmente fingir acreditar na ideologia oficial, a dos belos amanhãs do socialismo triunfante que não correspondia senão de longe ao espetáculo da vida cotidiana. Essa sutil esquizofrenia na qual vivia o essencial da população era mais grave nos ex-residentes no estrangeiro como Vetrov, que, embora não pudesse abrir o bico, sabia que a vida parisiense não correspondia à descrição que dela fazia a propaganda oficial. Como vimos por ocasião de sua conversa na datcha com Alina Botcharova, Vetrov, aliás, pelejava para não sair dos trilhos do catecismo soviético.

A situação era igualmente crítica em sua vida pessoal. Seu casamento só continuava no interesse de seu filho, Vladik. Svetlana e ele continuavam a levar uma vida de casal que apenas mantinha as aparências de normalidade, e na qual cada um tinha suas respectivas relações extraconjugais.

Fosse para dar impressão de uma fidelidade a um regime odiado fosse para manter uma vida de família que se fazia em pedaços, Vetrov era então obrigado a viver num mundo duplo em total contradição com um temperamento *bon vivant* exaltado por uma grande verve.

Nesse contexto geral, podemos sem dificuldade imaginar a dimensão libertadora que assumiam seus encontros com Ferrant. Neles, Vetrov reencontrava a simplicidade, a franqueza e uma grande lufada de oxigênio que varria todos os não ditos opressivos de sua vida cotidiana. Após haver transposto o Rubicão da ilegalidade, Vetrov pretendia efetivamente desfrutar de sua liberdade de falar ao máximo.

Mas de que podiam então falar os dois homens, durante suas longas aventuras moscovitas?

"Da manipulação, bem pouco. Falávamos essencialmente dos aspectos pessoais de sua vida, bastante pessoais por sinal, com palavras macias decerto, mas era isso essencialmente", lembra-se Ferrant. Como procedia com o casal Rogatin, Vetrov revelava abertamente seus dissabores com Ludmilla a seus amigos. Com seu manipulador francês, as confidências iriam subir um grau suplementar no que se referia à intimidade: "Eu tinha virado um psicólogo; melhor, um sexólogo. Ele procurava explicações para um monte de coisas, principalmente para o fato de que 'não conseguia mais' com sua mulher, que, apesar disso, ele ainda amava. Ele repetia que, em compensação, tinha química com Ludmilla, mas aquela atração parecia mais irritá-lo do que outra coisa."

O segundo ponto parecia realmente preocupá-lo bem mais que o primeiro. "Eu percebi rapidamente que aquela amante tornara-se para ele uma fonte de aborrecimentos e problemas", confirmará Ferrant, sem conhecer de fato a evolução de sua relação com Ludmilla, assunto em que Vetrov não se detinha.

Para o sexólogo improvisado que se tornara o oficial francês, seu maior objetivo era acalmar Vetrov, propiciando-lhe o máximo de estabilidade possível a fim de que a manipulação não sofresse com isso. Tranquilizava-o como podia, garantindo-lhe de toda forma que "era normal, numa certa idade, não ser mais tão vigoroso quanto na adolescência, e também que todos ficam tentados a ver se a grama não era mais verde no gramado do vizinho". Banalidades que faziam um bem manifesto a Vetrov, reconduzindo-o para esquemas psicológicos normais, situados nos antípodas dos tumultos íntimos que vivenciava.

Entretanto, segundo Ferrant, a felicidade parecia ser uma questão de simplicidade para Volodia. A conversa incidiria naturalmente sobre suas casas de campo respectivas, o francês tendo igualmente uma residência secundária nos Pireneus. A datcha de Vetrov, as melhorias que pretendia fazer, a aposentadoria que passaria lá tranquilamente mais tarde, este era um assunto de conversa que ele apreciava.

As múltiplas descrições do lado russo que Vetrov lhe fez seriam para Ferrant uma oportunidade de observar outra faceta de sua personalidade, tão profunda quanto paradoxal para um "desertor" daquele calibre: "um patriotismo carnal que só os russos cultivam". Se Vetrov não tinha mais nenhuma ilusão sobre o regime a que servia, exibia um apego quase visceral à sua terra natal. Como se fossem íntimos, o assunto de seu filho Vladik voltava igualmente com muita frequência na conversa. Vetrov gostava de falar dele, de especular sobre seu futuro ou descrever seu caráter.

Como veremos adiante, foi em grande parte por essas duas razões que a DST explicaria a recusa sistemática de Vetrov de organizar seu procedimento de defecção, ou mesmo de evocar uma eventual partida para o estrangeiro.

Nesse estágio, somos naturalmente tentados a apontar as múltiplas contradições de um homem que enganava a mulher que amava e que traía o país que prezava. Porém, no calor de suas exaltadas conversas com Ferrant, essas contradições ainda não haviam se tornado inadministráveis para Vetrov.

Em suas incursões por Moscou, Vetrov jamais se separava de seu bom humor e de sua firmeza. Com a maior espontaneidade do mundo, levou seu manipulador, em seu carro, para conhecer a Moscou secreta, apontando-lhe os organismos mais sensíveis. Um dia, mostrando sua carteira do KGB ao guarda, entraria com seu carro e seu passageiro no pátio de uma fábrica de mísseis.[7] Por mais espetaculares que tais escapadas pudessem parecer, Ferrant nunca teria a sensação de que Vetrov assumisse riscos insensatos, de tal forma parecia permanentemente no controle da situação.

A propósito, no que se refere aos procedimentos de segurança, Vetrov daria mostras da mesma displicência segura que nos outros aspectos da manipulação.

Um dos procedimentos básicos desse tipo de operação referia-se à retirada do agente no caso de ele ser desmascarado. A DST não era, por razões evocadas acima, o serviço secreto mais bem equipado para operar tão longe de suas bases. Vetrov, que fizera a escolha dessa agência, conhecia obrigatoriamente seus limites nesse domínio. Entretanto, sempre que Ferrant tentava abordar esse tema com ele, ele adiaria a conversa para mais tarde e responderia resmungando: "Em todo caso, não há razão alguma para isso não dar certo." Além disso, como ele repetiria várias vezes para Ferrant, estava fora de questão para ele deixar um país que era o seu, onde vivia seu filho e onde ele se preparava para uma aposentadoria tranquila em sua datcha. Aliás, Vetrov previa uma manipulação de longo prazo, sendo capaz de evocar o sucessor de Ferrant, e até mesmo o sucessor deste, que ele se encarregaria de recrutar. "Não vamos parar por aqui, até que eles explodam. Temos de continuar",[8] insistia Vetrov, sempre revoltado contra o KGB.

Por outro lado, Vetrov não ignorava que a expectativa de vida de um agente duplo em plena Moscou era curta. Podemos então nos perguntar de onde lhe vinha tal segurança.

Inquestionavelmente, a certeza de ter escolhido com a DST um serviço ao mesmo tempo não infiltrado na França e acima das suspeitas do KGB em Moscou contribuiu muito para isso. Vetrov iria aí introduzir um procedimento de controle bastante típico da contraespionagem soviética: pediria a Ferrant que lhe trouxesse quantidades consideráveis de conhaque ou gim de marcas ocidentais, um gênero muito procurado na época em Moscou. Com essas preciosas garrafas, Vetrov organizaria festinhas em seu serviço que lhe permitiriam tomar regularmente o pulso dos caçadores de espiões do KGB.

"É muito simples", explicou Vetrov a Ferrant. "Convidarei para essas festinhas os responsáveis da contraespionagem. Se um dia eles tiverem suspeitas sobre mim, a primeira coisa que farão, antes mesmo de se reportar mais alto, será não vir mais se comprometer enchendo a cara comigo. Se isso acontecer, paramos tudo."

Isso era verdadeiro e falso. Ainda que o procedimento em si fosse astucioso, Vetrov não podia, sem despertar suspeitas, convidar para essas festinhas senão seus colegas da contraespionagem interna da PGU. Em contrapartida, não podia fazer o mesmo com os oficiais da Segunda Direção-Geral do KGB, que era o serviço de contraespionagem propriamente dito. Julgando agir com toda a segurança, Vetrov tinha aparentemente desdenhado o principal perigo que corria.

Entretanto, como afirmou Ferrant, Volodia dava sempre a impressão de ter tudo sob controle. O oficial francês não podia saber disso, mas Vetrov descobrira um jeito de sondar igualmente seus colegas da Segunda Direção-Geral.

Aleksei Rogatin, vizinho dos Vetrov no campo e mecânico oficial do carro deles, tinha um certo Yuri Aleksandrovitch Motsak entre seus múltiplos fregueses-amigos. Contatos informais mostram sempre uma utilidade toda especial. No caso, não era uma promoção, mas a vida mesma de Vetrov que poderia depender dessa relação. Pois Motsak era simplesmente o manda-chuva da seção França da Segunda Direção-Geral do KGB.

Era um italianófono que não conhecia nem a língua nem os métodos de trabalho de seus adversários. Sua nomeação fora decidida por considerações puramente burocráticas. Esse profissional dinâmico viria a subir na hierarquia. Ora, como o chefe da seção italiana ainda tinha anos de trabalho à frente, Motsak foi nomeado para chefiar a seção... francesa!

A sorte quis que Motsak e Vetrov tivessem problemas no mesmo dia com seus respectivos carros. Cruzaram-se no pátio do prédio, no cais de Smolensk, onde Aleksei fazia os consertos. Os dois homens descobriram rapidamente que trabalhavam no mesmo organismo e, logo em seguida, que partilhavam o mesmo gosto pelas bebidas fortes. Mas foi só depois da primeira garrafa que Vetrov se deu conta de que havia tirado a sorte grande.

Motsak recusou-se a encontrar com Sergueï Kostine. O que é compreensível: ele não desempenha um papel bonito nesta história, que, a propósito, o tramatizou profundamente. Contudo, se por um lado não temos muitos detalhes sobre suas relações com Vetrov, por outro sabemos que este último sempre dava um jeito de encontrar seu companheiro. Para eles, a unidade de medida não era um copinho, mas uma garrafa. Após o primeiro meio litro de vodca ou conhaque, era fácil para Vladimir tocar no assunto que o interessava. Imaginamos facilmente ele dizendo, por exemplo:

— Já não aguento mais mofar no mesmo posto há anos. Juro que vou pedir a vocês para ser transferido para a contraespionagem. Acha que me aceitariam?

— Por que não? Temos vários veteranos da PGU.

— Mas eu não teria muitos aborrecimentos com os franceses?

— Imagine! É um sossego só. Eles nunca tiveram agentes aqui. É um princípio deles.

Quaisquer que tenham sido as frases que os dois homens trocaram na realidade, vemos que Vetrov teve mil possibilidades de sondar seu interlocutor. Assim, durante toda a sua manipulação, sabia pertinentemente que o KGB continuava convencido da inércia dos serviços franceses.

Mas e se houvesse um erro grosseiro por parte de "Paul"? Ou se um acaso idiota arrancasse o véu que encobria sua segunda vida? Seja qual for o contratempo vivido por um informante — ele ser suspeitado, desmascarado ou procurado por outro crime —, este deve estar em condições de avisar o fato imediatamente ao seu manipulador. Em seguida, normalmente, ele some do mapa num esconderijo previsto para esse fim enquanto seus manipuladores realizam um procedimento para passá-lo para o estrangeiro.

No mesmo dia em que "Paul" falou de "Monsieur Maurice" e de seu pedido, disse a Vetrov que François Mitterrand estava inteirado de sua colaboração com a DST. O presidente da República teria ordenado a todas as embaixadas da França no estrangeiro que lhe entregassem imediatamente um passaporte francês ou visto de entrada assim que Farewell pedisse.

Como no caso da primeira mensagem da DST após seu pedido de socorro, imaginamos com dificuldade de que maneira essa medida poderia ter sido aplicada. Como informar à totalidade das representações diplomáticas francesas que, se um certo Vladimir Ippolitovitch Vetrov se apresentasse às suas portas, elas tinham urgentemente de lhe fornecer um visto, até mesmo um passaporte francês? Nesse caso, decorridos alguns dias, o KGB, que tinha ouvidos em toda parte, teria ciência de várias dezenas de fontes. Logo, isso era impossível. Segunda suposição: se era apenas uma instrução interna da DST não impedi-lo mais de ir para a França, vemos com dificuldade em que isso o beneficiaria na prática. Sendo analista de sistemas, Vetrov não tinha oficialmente o direito de sair do país e, portanto, de solicitar um visto para a França ou qualquer outro país da Aliança Atlântica que consultasse a DST. E então?

E então, das duas, uma: ou Vetrov devia se desmanchar todo diante do menor elogio dos franceses, e eles iriam se multiplicar de maneira espetacular, ou então ele devia estar louco de ansiedade.

Vimos que, desde o início de sua manipulação, Vetrov demonstrou sua intenção de ficar onde estava.[9] Isso calhava bem para a DST, sem no entanto isentá-la da obrigação de pensar na segurança de seu agente. Pois estava claro que essa felicidade não poderia durar eternamente. Considerando os riscos corridos, a necessidade urgente de retirada do informante podia surgir a qualquer momento. Uma regra primária da profissão consiste então em partir para um plano de evasão.

Vetrov levantou a questão durante o segundo encontro de novembro, dia 20. Sugeriu expor uma sinalização, por exemplo um vaso de flores, na sacada de seu apartamento. Bastaria Ferrant passar diariamente na avenida Kutuzov para ter certeza de que não acontecera nada a seu agente. Por ocasião de seus interrogatórios, Vetrov afirmaria que o francês não reagiu, como se ele não tivesse falado nada. Ferrant, ao contrário, declara que esse assunto tinha sido debatido várias vezes, mas que Vetrov esquivava-se dele com gracejos, imaginando uma queda providencial do vaso de flores sobre um dos olheiros do KGB de que o bairro pululava. É provável que o gracejo não tivesse feito rir seus inquisidores...

Entretanto, "Paul" voltaria por conta própria à questão em 4 de dezembro. Passavam de carro em frente ao prédio de Farewell. Este propôs a seu manipulador que entrasse no pátio para que ele pudesse lhe mostrar sua entrada. "Paul" se recusou, deixando escapar uma frase vaga, sugerindo que, em caso de necessidade, eles o encontrariam sem aquilo. Na realidade, Ferrant já observara, durante uma inspeção precedente, que o prédio vizinho tinha como locatários o marechal Ustinov, ex-ministro da Defesa, Yuri Andropov, chefão do KGB, e o próprio Brejnev. É compreensível que ele não fizesse muita questão de cair no campo de visão de um dos postos de vigilância fixos ou móveis. Vetrov não insistiu. Ferrant, por sua vez, sugeriu outro procedimento de urgência.

Um sábado, Farewell deveria ir, às 10 horas, ao mercado de Tcheriomuchki. "Paul" estaria em frente às bancadas de temperos. Estaria acompanhado de uma mulher da qual Vetrov deveria se lembrar e que, por sua vez, o veria para poder reconhecê-lo mais tarde. Quando isso fosse feito, quando ele tivesse uma necessidade urgente de encontrar seu interlocutor, Vetrov só precisaria ir ao mercado num sábado às 10 horas e certificar-se de que aquela francesa o vira. Então, no mesmo dia às 19 horas, Ferrant o esperaria atrás do museu da Batalha de Borodino. Se ao mesmo tempo Farewell precisasse lhe entregar urgentemente um documento, deveria, tomando todas as precauções necessárias, enfiá-lo na sacola de compras da francesa. Independentemente disso, à noite, "Paul" estaria na praça atrás do museu.

UMA EQUIPE MOSCOVITA

Como vemos, as disposições sugeridas por Ferrant não tinham nada a ver com um plano de evasão. Quando o francês abordasse o assunto como uma sequência normal do procedimento de alerta, Vetrov interromperia: "Ora, para de me encher o s... com essas chatices! Já disse, não partirei, e não há razão para isso."

Ainda assim, a pedido da DST, Ferrant voltaria à carga mais uma vez em meados de dezembro. Evocaria então a retirada de Farewell através da Hungria, ou outro país satélite, e também a possibilidade de acolhê-lo na embaixada da França, onde Raymond Nart lhe entregaria dois passaportes, um no seu nome e um no de seu filho.[10] Porém, mais uma vez "nada muito amarrado", admitiria o próprio Ferrant, com Vetrov julgando inútil se estressar com o problema.

A recente atitude de Vetrov a respeito do procedimento de retirada, em total contradição com afirmações feitas mais tarde sobre o mesmo assunto ao filho, poderia parecer incompreensível. Era por excesso de confiança, por fatalismo ou ainda por um puro desdobramento de personalidade que ele adotava esse estranho e duplo discurso? O fato é que jamais esse procedimento viria a ser definido com precisão. Essa situação não devia francamente perturbar a DST, muito pouco íntima desse tipo de operação e já sobrecarregada com a digestão da produção Farewell. Para Vetrov, ela só faria alimentar uma contradição a mais em seu comportamento geral: a de um profissional ciente de que esse tipo de procedimento era uma regra básica de toda manipulação de agente, mas que a transgredia irresponsavelmente e quase sistematicamente, bem como a todas as outras regras básicas da espionagem. Atitude que foi paradoxalmente a razão principal do incrível sucesso da operação.

18

Dois homens num Lada, e a reforma do mundo

Quando o assunto é espionagem, imaginamos que os encontros secretos entre um agente e seu manipulador transcorram tendo em vista puramente sua funcionalidade. Nada melhor que a rapidez das trocas para garantir a segurança dos envolvidos. Um dá, o outro pega. Mas, nesse caso também, a epopeia de Vetrov vai de encontro a todas as práticas da profissão.

Isso significa que Patrick Ferrant passaria longas horas no Lada de Vetrov: "Falávamos como amigos, ele me dava notícias da família, o que tinha feito no fim de semana, de sua casa no campo, do filho, de seus problemas entre esposa e amante. E depois falávamos da França."

Mais de vinte anos depois, quando Ferrant fez o relato de suas conversas, transmitiu-nos mais a impressão de estarmos lidando com dois colegas a passeio do que com uma missão de espionagem no coração do território do KGB.

Durante seus périplos por Moscou, praticamente nunca foram perturbados. Ferrant lembra-se apenas de um episódio em que as coisas poderiam ter acabado mal. Um dia, Vetrov estacionara junto ao parque dos Montes Lenin para explicar um documento a seu oficial manipulador. De repente, interrompeu-se: atrás deles, um miliciano vinha se aproximando lentamente do Lada. "Continue falando, continue falando" disse-lhe Vetrov com a maior naturalidade do mundo, enquanto vigiava o miliciano pelo retrovisor.

DOIS HOMENS NUM LADA, E A REFORMA DO MUNDO 199

Ao chegar à altura do assento do motorista, este debruçou a cabeça e observou-o durante alguns segundos que pareceram uma eternidade para Ferrant. Foi quando Vetrov levou a mão ao bolso interno que Ferrant temeu o pior... Então o miliciano voltou tranquilamente para onde estava. Vetrov descansou a mão no volante, e a conversa continuou como se nada tivesse acontecido.

Mais tarde, Ferrant se perguntaria o que poderia conter o bolso interno de seu amigo. Sua carteira de oficial do KGB? Como os milicianos sonhavam fazer parte do "casarão", ela teria certamente produzido seu efeito. Mas nesse bairro supervigiado, o homem que usava esse uniforme podia ser igualmente do KGB. Uma arma, então. Ferrant preferiu rechaçar essa ideia da cabeça, voltando a mergulhar nos documentos provenientes da Direção T.

Para terminar de "tranquilizá-lo", Vetrov evocaria em outra ocasião o destino que lhes esperava caso fossem presos: "Para mim, será uma bala na nuca. Para você, um acidente idiota, com sua mulher. Um caminhão, ou um tombo infeliz na chegada do metrô." Para Ferrant, que se julgava protegido pelo seu passaporte diplomático, essa descoberta dos métodos expeditivos do KGB não era das mais auspiciosas. Mas, afinal de contas, ele estava em missão, e, segundo sua própria expressão, tinha de "executar o serviço".

Na verdade, a grande preocupação do oficial francês durante toda a operação seria cumprir escrupulosamente com seu dever: "O que eu não queria é que o caso capotasse por uma estupidez da minha parte", admite. A irresponsabilidade de Vetrov decerto contribuíra para instalar a manipulação numa atmosfera de descontração, mas, como reconheceria mais abertamente Madeleine, a tensão para seu marido continuaria viva até a partida definitiva de Moscou.

Além disso, ainda que se desse conta quantitativamente da importância do caso, Ferrant estava longe de poder avaliar o caráter explosivo dos documentos que transmitia para Paris. Cumpre dizer que, ao contrário de Ameil, Ferrant tinha a mala diplomática à sua disposição. Na verdade, tratava-se da mala do Ministério da Defesa. Todos os documentos transmitidos transitavam pelo gabinete do general Lacaze, onde Raymond Nart ia regularmente despachá-los. Os documentos, portanto, não passavam mais por Jacques Prévost.

Após essa primeira missão, Ferrant cuidaria de outras coisas, outras operações, em outros países. "Trabalho, fazer o quê?", como ele dirá simplesmente. Foi apenas muito depois, no momento de sua aposentadoria, que ele tomou realmente consciência do papel desempenhado pelo caso no desfecho da guerra fria.

Segundo Ferrant, o contexto internacional da época exerceu uma inquestionável influência nas motivações de Vetrov, e mais particularmente o perigo de guerra. Como ele constataria com o russo das ruas, esse medo da guerra era quase estrutural na mentalidade do povo soviético. Foi assim desde as horas mais críticas da guerra fria ao fim dos anos 1950. Ferrant se lembraria que um dia, após ter simpatizado com uma mulher a quem deu carona, ela lhe disse antes de sair do carro:

— O senhor é muito simpático, é realmente uma pena que em breve nossos dois países estarão em guerra.

— Mas, afinal, por que deseja que haja guerra? — protestou Ferrant.

— Porque haverá guerra, todo mundo sabe — ela se contentaria em concluir com fatalidade.

Ferrant foi procurar explicações mais amplas com Vetrov. Para este último, o risco de guerra também estava nas mãos de seus superiores, e, como sempre que falava disso, os termos eram muito duros:

— Porque são uns burraldos — deixaria escapar.

O que Vetrov entendia por isso era que a corrupção e o nepotismo do regime tinham propelido a altíssimas responsabilidades pessoas totalmente incompetentes, e que, no contexto de multiplicação dos armamentos nucleares, isso podia se revelar extremamente perigoso. "Sua maior motivação era que ele sabia que seu país ia à guerra e que seria um massacre, que havia loucos à frente do exército e que podíamos muito bem nos ver diante de uma guerra atômica", lembra-se Ferrant.

Procuraria Vetrov com essa explicação uma forma de justificativa para sua traição, como se tivesse vestido a túnica imaculada do salvador da paz?

DOIS HOMENS NUM LADA, E A REFORMA DO MUNDO

Em todo caso, nunca deu a impressão a Ferrant de ter de se justificar do que quer que fosse, essa explicação sendo apenas uma nova ilustração do ódio à sua hierarquia.

Além disso, para o oficial francês, esse medo da guerra era uma realidade baseada num contexto de tensão internacional que hoje tendemos a esquecer. Por exemplo, em maio de 1981, no exato momento em que os dois homens percorriam as ruas de Moscou, Brejnev denunciou, numa mensagem secreta ao KGB, as novidades políticas implantadas por Reagan a respeito da URSS. Da mesma forma, tinha sido apenas algumas semanas antes que o presidente americano se divertira, durante um teste de microfone antes de seu discurso à nação, ordenando um falso bombardeio do território soviético. A brincadeira não agradara nada ao Kremlin e a imprensa soviética soltara os cachorros na irresponsabilidade e no amadorismo do novo presidente.

Mas o discurso mais inquietante era o do dirigente máximo do KGB, Yuri Andropov. Esse outro memorando interno, endossado pelo marechal Ustinov, ministro da Defesa, afirmava que a administração americana preparava-se realmente para um ataque nuclear. Num estilo marcial que nada tinha de tranquilizador, Andropov pedia ao conjunto de seus oficiais que se preparasse para isso. Essa operação, definida sob o codinome Ryan,* ia tornar-se a prioridade da informação militar soviética.[1]

Por iniciativa de Ferrant, as conversas entre os dois homens também abordariam assuntos da atualidade. O Lada de Vetrov transformou-se então no pequeno observatório privilegiado das relações Leste-Oeste, mergulhadas em plena guerra fria.

Em 1981, era difícil não abordar o assunto da Polônia, que desde as greves dos estaleiros de Gdansk em 1980 ocupava o proscênio. No outono, Vetrov assinalaria ao oficial francês a duplicação de todos os postos-chave do Estado polonês por pessoal soviético. Um preâmbulo claro ao golpe de Estado de Jaruzelski algumas semanas mais tarde. "Há alguma coisa prestes a estourar; vai ser uma bomba", avisara Vetrov.

---

*RYAN: Raketno Yadernoye Napadenie — Ataque Míssil Nuclear.

O ano de 1981 foi também o do atentado contra o papa polonês João Paulo II, símbolo da resistência psicológica ao comunismo nos países do Leste. Uma pedra considerável no sapato do Kremlin. O assunto foi abordado por Ferrant, e Vetrov se limitaria a lhe explicar que, no KGB, o atentado contra o papa era motivo de piada a respeito dos búlgaros, primeiros suspeitos nesse caso. Mais seriamente, lhe falaria de uma reunião realizada no Ministério das Relações Exteriores bem antes do atentado. Nela, Gromyko em pessoa declarara aos representantes dos membros do Pacto de Varsóvia que o problema com o papa ia ser rapidamente "resolvido". Mais tarde, com a ajuda de uma boa garrafa, Vetrov ouviu de seus colegas que "não restava dúvida alguma de que a origem do atentado estava em Moscou".

Na realidade, como bom profissional, Vetrov era antes reticente em abordar fatos genéricos ou de atualidade que não pudesse sustentar com documentos. Quando Ferrant lhe fazia uma pergunta que saía do domínio abordado por um dossiê, Vetrov não hesitava em avisar-lhe: "O senhor me faz perguntas que não estão no meu raio de ação. Logo, o que vou lhe dizer não passa de fofoca." Quando não havia resposta para perguntas mais precisas de Ferrant, Vetrov preferia dizer que não sabia. "Uma informação só é boa quando a fonte é segura", respondia, num tom didático. O oficial francês registrava, e prosseguia sua formação acelerada. Nunca teve a impressão de que Vetrov podia "embromá-lo" acerca de certos assuntos. Seu objetivo de destruição do KGB parecia prevalecer sobre qualquer outra consideração.

Era sobretudo no capítulo da informação tecnológica, no qual se distinguia como um expert, que o russo podia se estender. Vetrov parecia rejeitar seu próprio princípio. Segundo ele, a longo prazo, o recurso à pilhagem científica e técnica não podia deixar de se voltar contra seu próprio instigador. E usava uma metáfora: "É como um mau aluno que cola do vizinho. Se não pode mais colar, fica sem saída. Quando precisamos de um pino para um de nossos foguetes, nossos escritórios de pesquisa nem sequer se colocam a questão de saber que tipo de pino seria o mais apropriado, mas, sim, em que oficina de Cabo Canaveral poderemos encontrá-lo. Isso é um absurdo."

Mais uma vez, atribuía todos esses erros à estupidez e preguiça de seus superiores, observando a propósito que não faltavam engenheiros na União Soviética. Vetrov evocaria igualmente seu famoso relatório redigido logo antes de sua defecção, aquele que, precisamente, sugeria uma reforma da informação científica e técnica da URSS. Embora Ferrant não tivesse conseguido botar as mãos nesse documento, ele devia conter a maioria das observações que Vetrov lhe fazia sobre seu serviço. Incompetência, protecionismo, falta de visão, a Direção T parecia ser um condensado de tudo que o horrorizava no seio do KGB. Para ele, o exemplo do ônibus espacial Buran era revelador desse estado de espírito. Antes mesmo de se fazer a pergunta sobre sua utilidade, e por simples mimetismo ou medo de serem deixados para trás na corrida dos armamentos, os soviéticos lançariam seu próprio projeto de ônibus espacial, concebido em grande parte a partir da pilhagem da tecnologia ocidental. A nave voaria apenas uma ou duas vezes. Quando perguntarem depois da guerra fria aos engenheiros por que eles projetaram aquela nave, alguns responderão que não faziam ideia, que se tratava apenas de copiar os americanos.

Sobre esse mesmo assunto, Vetrov fez-lhe o relato de uma reunião interna da Direção T realizada em Kaliningrado e da qual ele próprio tinha participado. Brejnev em pessoa a presidia. Ela concernia justamente ao projeto do ônibus espacial americano. O secretário-geral do Partido preocupava-se com a resposta a dar a esse novo desafio tecnológico americano. Brejnev tinha pedido expressamente aos especialistas do KGB para que esquecessem a propaganda oficial e por uma vez "dissessem a verdade". À primeira pergunta, sobre o perigo representado pelo ônibus espacial para a segurança do país, a resposta tinha sido que essa notícia-ameaça podia ser mortífera. À segunda, sobre a capacidade do complexo militar-industrial a ser enfrentado, a resposta tinha sido positiva, "mas com a condição de interrompermos todos os outros programas de pesquisa". Uma confissão de impotência mal dissimulada. Naturalmente, nenhuma solução tecnológica foi encontrada durante a reunião. Em contrapartida, decidiu-se que, nesse ínterim, tudo estava valendo para frear ao máximo o esforço tecnológico e militar americano. Planejou-se então uma vasta "ofensiva da paz" em resposta à instalação dos mísseis americanos Pershing na Europa. Sem que fosse efetivamente um segredo, confirmavam-se dessa forma a infiltração e a manipulação dos movimentos pacifistas do Ocidente. As megamanifestações contra a instalação dos euromísseis organizadas em todas capitais ocidentais em 1983 não teriam aliás efeito algum.

Como veremos adiante, quando os americanos descobrissem, graças a Farewell, a que ponto o aparato militar-industrial soviético dependia da espionagem tecnológica, saberiam transformar isso numa arma temível e a armadilha se fecharia bruscamente sobre o "mau aluno".

Não era o que Vetrov tinha na cabeça desde o início de sua aventura?

19

A trégua

Do lado russo, todos que conviveram com Vetrov naquele outono de 1981 apontavam dois traços importantes de sua natureza. Um combina perfeitamente com suas longas digressões com Ferrant, mas o outro quase nada com sua atividade de oficial de informações e sua situação de agente duplo: falava demais e bebia.

Vetrov não hesitava em estender-se sobre sua vida privada, os desacertos com Svetlana e Ludmilla. Alguns de seus colegas até pressentiam os problemas sexuais que ele abordava com Ferrant, de tanto que ele falava "bunda". Os que fazem não falam, os que falam não fazem, como teria dito Lao-Tsé. Vladimir mostrava-se particularmente indiscreto quando bebia, o que era seu passatempo predileto. Em especial, adquirira o hábito de ir à casa de Galina Rogatina, menos para tomar um ou dois tragos do que para ter dois dedos de prosa.

Pois Rogatina era uma mulher inteligente e boa observadora. Conhecera altos e baixos. Em virtude de uma acusação falsa, passara quase um ano na prisão, período extremamente sofrido, do qual não obstante não se queixava. Em vez de condenar, inclinava-se a compreender, logo a perdoar. Qualidades que fariam de Galina — o que aliás surpreendera ela própria — uma espécie de confidente de Vetrov numa fase de grande isolamento moral.

No verão, seu caso com Ludmilla começara a gorar. Não cogitava mais morar com ela, pensando apenas em como desvencilhar-se dela. Mas, segundo o que dizia para quem quisesse ouvir, Ludmilla teria grudado nele. Ele não sabia mais o que fazer. Como boa soviética, Galina dera-lhe o seguinte conselho:

— Vocês trabalham juntos? Queixe-se à organização do Partido, e eles dirão a ela para deixá-lo em paz!

Era preciso viver sob os sovietes para compreender o sentido dessa recomendação. O Partido Comunista, vanguarda da sociedade, encarregava-se da moralidade de seus membros. O adultério era considerado uma prova flagrante de depravação, tanto para o homem quanto para a mulher. No caso de um oficial do KGB, era também um deslize profissional grave. A ligação de Vetrov com Ludmilla era um segredo de polichinelo no Serviço. Porém, na medida em que não havia queixa alguma, seus superiores teoricamente o ignoravam. Uma reclamação oficial perante o comitê do Partido resultava num procedimento burocrático difícil de abafar. Eis por que Vetrov não se entusiasmara muito com a sugestão, uma vez que não era de seu interesse jogar merda no ventilador. Todavia, embora às avessas, o conselho de Galina lhe seria muito útil. Esse estereótipo tornava previsível a reação de seus colegas e superiores na PGU e desempenharia um papel importante na sequência dos acontecimentos.

Apesar de todos os seus contratempos, a vida de Vetrov não era feita apenas de dissabores. Uma mudança profunda parecia ter-se operado em poucos meses em sua natureza. Como vimos, ele partiu para sua louca aventura por motivos igualmente afetivos. A questão do dinheiro jamais esteve em pauta entre Vetrov e Ameil, o qual ele todavia considerava um oficial de informações.

Mais tarde, quando começasse a receber modestos subsídios para suas despesas cotidianas, ele passaria a apreciar as vantagens proporcionadas por sua nova situação. Além disso, algumas de suas observações levam a crer que as somas que ele recebia de "Paul" não eram desprezíveis[1]. Eis um episódio típico.

Como já mencionamos, o prédio onde moravam os Rogatin abrigava, no rés do chão, uma loja de antiguidades. Os Vetrov estavam entre seus clientes e conheciam seu diretor, que lhes concedia várias facilidades. Ainda

A TRÉGUA

assim, eles costumavam dar um jeito de estar entre os primeiros a entrar na abertura de sexta-feira, dia em que as novas aquisições eram postas à venda. Como fica implícito nessa história, o casal tinha seus momentos de armistício, uma vez que um dia de outono de 1981 eles foram juntos até lá.

Galina o revê hoje como se fosse ontem: num elegante paletó preto. Vetrov tocou a campainha na porta dos Rogatin, excitadíssimo:

— Sveta ficou maluca por uma louça antiga lá embaixo. Vocês têm algum dinheiro para me emprestar?

O pedido nada tinha de extraordinário. Os russos tomam emprestado e emprestam com facilidade, sem jamais exigir recibos, seja qual for o montante.

— Quanto você precisa?

— Dezessete mil.

Aleksei não acreditou em seus ouvidos. Ganhava 240 rublos por mês como motorista do embaixador luxemburguês.

— Está maluco! Onde quer que eu arranje uma soma dessas?

— Ora! Você podia muito bem ter ganho no carteado de um vizinho ou um amigo.

— Se pedisse mil rublos ou dois mil, tudo bem. Mas 17? Nunca na minha vida tive tanto dinheiro nas mãos.

Então Vetrov pronunciou uma frase que, na hora, não despertou suspeitas em Aleksei, mas na qual mais tarde ele refletiria bastante.

— Tente mesmo assim! Vão me trazer dinheiro de Leningrado por esses dias. Então eu mesmo poderei emprestar.

Nesse caso também, para entender direito a perplexidade dos Rogatin, é preciso ter vivido num regime comunista. Nesse sistema social, pelo menos em sua versão soviética, cada um tinha uma fonte de rendimentos fixa, de natureza diferente — salário, pensão-aposentadoria, bolsa estudantil —, mas obrigatoriamente oriunda do Estado. Os extras eram oficialmente proibidos, ou malvistos. Um oficial não podia recebê-los, por definição.

Hoje estamos em condições, graças ao acesso à documentação interna da DST dedicada ao caso Farewell, de revelar exatamente o lucro material auferido por Vetrov de sua colaboração: 25.500 rublos (*fig. 4*). No total, o montante, embora pareça irrisório comparado às somas pagas aos agentes duplos pela CIA ou o KGB, é impressionante para um simples soviético. Correspondia efetivamente a 18 anos de salário de um engenheiro, um médico ou um professor médio e a mais de quatro anos de honorários de um oficial do KGB como Vetrov. Com esse dinheiro, ele poderia ter comprado cinco Ladas como o seu.

Fig. 4 A remuneração de Farewell. Extraída do filme interno da DST.

O fato de Vetrov permitir-se luxos como, por exemplo, levá-la para jantar num bom restaurante, tampouco deixava de surpreender Ludmilla. Pois não apenas um oficial não podia receber "por fora" como, sendo um homem casado, devia dar a impressão de entregar a integralidade de seus honorários à sua família. Mulher casada por sua vez, Ludmilla um dia lhe fez a pergunta. Vetrov contou uma história nebulosa de um amigo de Leningrado que ele teria tirado de um apuro. Então, em sinal de gratidão, este último mandava-lhe dinheiro regularmente. Ludmilla compreendeu que se tratava de uma marotagem qualquer e não insistiu.

Até este ponto da narrativa, nada sugere que essas entradas de fundos clandestinas tivessem necessariamente uma relação com a venda de segredos do KGB. É por isso que os Rogatin e Ludmilla nunca alimentaram

A TRÉGUA   209

suspeitas nesse sentido. Sabiam todos que Svetlana Vetrova colecionava objetos de arte, que custavam caro e cuja aquisição — ou venda — nem sempre passava pelos trâmites oficiais. Mas eis um episódio que apresentava um aspecto muito mais alarmante.

Um dia, após uma refeição copiosamente regada na casa dos Rogatin, os homens começaram a falar de automóveis. Na época, um soviético comum podia escolher entre quatro marcas: um Volga, um Lada (Jiguli), um Moskvitch ou um Zaporojets.* Todos os quatro eram um pouco mais ou um pouco menos obsoletos tecnicamente e mal toleravam uma comparação com automóveis ocidentais. Mas Aleksei e Vladimir já tinham dirigido muito em suas vidas e seu campo de referências era bem mais vasto que o dos soviéticos em geral. No calor da discussão, Vetrov disse subitamente:

— Pois eu posso ter o automóvel que quiser.

Vendo seu interlocutor incrédulo, acrescentou:

— Basta dizer aos franceses. Eles me darão o modelo que eu quiser.

Os Rogatin não fizeram comentário algum. Era provavelmente uma bravata de bêbado. Então, por que os franceses? Ora, afinal de contas, Vetrov era membro do KGB. Sabe lá o tipo de operação de que ele participa!

Mais tarde, Svetlana se lembraria de uma frase que o marido deixara escapar diante dela num dia de calmaria:

— Vou lhe comprar uma magnífica casa nas cercanias de Moscou.

Ora, nessa época, as datchas nas cercanias da capital custavam os olhos da cara.

Vetrov faria, com relação à sua pretensa riqueza, confissões ainda mais explícitas ao filho. A que ponto suas fanfarronadas eram fundadas, isso permanece um mistério entre outros, de que o caso Farewell é tão profuso.

Outra pincelada a acrescentar no retrato de Vetrov dessa época: ele era loquaz, já dissemos, mas, quando confrontamos diversos depoimentos de seus conhecidos, constatamos a que ponto suas frases eram um tecido de contradições e mentiras.

Durante as raras tréguas de sua relação, Vladimir jurava amor eterno a Svetlana e dizia que as outras mulheres nunca tinham tido importância em sua vida. Em plena crise amorosa, em torno de novembro de 1981, repetiu

---

*Pequenos veículos fabricados em Zaporojiê, na Ucrânia. Seu nome era frequentemente distorcido para soar "Joporojets", que poderíamos traduzir como "parido pelo buraco do cu".

para os Rogatin: queria viver com Svetlana, mas Ludmilla teria grudado nele. Para Otchikina, era capaz de, no mesmo dia, declarar que amava só a ela e que a atmosfera de sua casa era-lhe insuportável fazia tempo. Mas também que detestava sua sogra, que morava com eles, e, mais do que tudo, Svetlana. Também proclamava isso para quem quisesse ouvi-lo na PGU.

Como no caso de muitos indivíduos frustrados, em Vetrov a inconsequência ia de par com a maledicência. De manhã, confessava a Galina Rogatin, sua única e verdadeira amiga, seu desejo de se livrar de Ludmilla. Mas duas horas mais tarde corria para um encontro com a amante a pretexto de lhe dizer coisas muito importantes. Na realidade, era para arrastar na lama os Rogatin.

A escutá-lo, Vetrov tinha o mundo inteiro contra si.

Tinha outra razão para sentir-se infeliz.

Em poucos meses, Vetrov passara de um papel de burocrata sem importância ao de herói. Pelo menos, era a imagem que devia fazer de si mesmo. Queria ser admirado. Como todo ator, precisava de um público. Entretanto, aos olhos dos outros, continuava o mesmo homem. Era provavelmente por isso que fazia questão de ter um contato físico com seu manipulador francês, a única pessoa a conhecer a significação de sua ação e a enormidade dos riscos que assumia.

Como vimos, o desejo de bancar o herói diante de seu único espectador podia muito bem levar Vetrov a penetrar no interior de uma fábrica de mísseis com um oficial de informações francês em seu carro. É por isso que essa história parece verossímil.

O problema é que, após a entrada em ação da câmera miniatura, Vetrov só via Ferrant uma ou duas vezes por mês. A pedido da DST, os encontros iam se espaçar ainda mais a partir do início de 1982. Ele queria tanto poder se abrir com alguém nos momentos em que a imensa tensão na qual vivia se tornava insuportável...

Ele devia desconfiar que Svetlana nunca teria aceitado que, se não seu marido, pelo menos o pai de seu filho — que ambos adoravam — traísse. Pois a revelação de suas atividades de espionagem, o processo, a vergonha podiam, teria ela pensado, deixar Vladik arrasado. Portanto, não era uma boa ideia procurar a reconciliação — os Vetrov quase nunca conversavam — contando à mulher que se tornara um agente duplo.

Vetrov tampouco podia se abrir com Ludmilla. Por mais apaixonado que estivesse no início do relacionamento, teria sido loucura de sua parte fazer qualquer alusão à sua perigosa aventura na frente da amante. Não apenas porque no fundo de si mesmo devia estar consciente de que a traição ao seu país não era uma coisa que fizesse um homem sedutor aos olhos da mulher que ele acabara de conquistar e pretendia conservar. Havia uma razão mais imperiosa. Ainda que não fosse arregimentada, Ludmilla tinha, como todos os funcionários do KGB, assinado um compromisso que a obrigava a comunicar imediatamente todo comportamento suspeito ou simplesmente estranho da parte de seus colegas. Caso contrário, calando um fato suscetível de desmascarar um agente duplo, ela sabia que se tornava sua cúmplice e que seria julgada com ele.

Não, pesando tudo, só havia no mundo uma criatura para quem Vetrov podia abrir o coração. Era o filho.

20

Vladik

Sergueï Kostine conheceu Vladik ao mesmo tempo que Svetlana. Era um rapaz calmo, que não aparentava seus 33 anos. Era esbelto, bem alto, traços regulares, olhos pretos aveludados, mais para retraído, mas cortês e condescendente. Não era mais o menino das fotografias, com a franja esmeradamente cortada, vestido como um lordezinho inglês, que se recusava a se comunicar com outras pessoas que não os seus pais. É difícil imaginar o que viveu em sua alma, e em seu círculo social, o filho de um espião. Mas hoje em dia a impressão geral causada por Vladik continua a ser a de um filho de muito "boa família", que se sabe amado e que se esforça para ser razoável.

A impressão de estarmos lidando com uma criança grande tornou-se ainda mais nítida quando os dois homens passaram uma noite falando a respeito do pai dele. Vladik limitou-se a citar fatos, declarações, pensamentos. Sergueï Kostine nunca percebeu um recuo em relação ao que ele dizia. Vladik, que tinha por sua vez um filho de dez anos, parecia achar natural que o pai lhe tivesse legado, por meio de suas confidências, um imenso fardo moral. Mais que isso, na realidade, fizera dele seu cúmplice num caso de espionagem. Vladik não deixou transparecer nenhuma mudança em suas ideias ao relatar os planos, de seu pai e dele próprio, de "serem duros" com Ludmilla, ou mesmo fazendo uma reflexão do gênero "eu era muito ingênuo quando tinha 18 anos". Nada disso! Falava com sua voz calma, e apenas a gagueira, muito mais frequente do que já era, traía sua tensão. Teria aprendido a se controlar depois de passar por aquelas rudes provações de vergonha e humilhação? Tomara o partido de só revelar matéria bruta, sem suas emoções e interpretações, para dar ao interlocutor a liberdade de julgar? Difícil dizer, mas seu depoimento ganha ainda mais crédito por isso.

Desde a mais tenra infância do filho, Vladimir foi para ele um autêntico pai coruja. Muito mais que Svetlana, cercava-o de cuidados e curvava-se a seus menores caprichos. Procurava iniciá-lo nos esportes, praticando jogging com ele; ajudava-o nos deveres de casa. Vladik frequentava uma escola secundária especializada em matemática e física. Bom matemático também, Vetrov zangava-se quando, vez por outra, o filho recebia uma nota "boa" mas não "excelente" (quatro pontos dos cinco possíveis).

Às vezes brigavam. Então Svetlana reconciliava-os. Pelo que ela diz, era mais severa com o filho e nunca deixava de lhe apontar quando estava errado. Vladimir, por sua vez, tinha mais inclinação a procurar justificativas para o filho.

À medida que crescia, Vetrov foi lhe falando aos poucos de seu trabalho. Antes de retornar do Canadá, Vladik achava que o pai fazia parte da equipe do Ministério do Comércio Exterior. Depois que soube a verdade, dizia na escola que ele trabalhava no Ministério da Indústria Radioelétrica. O campo a que Vetrov se dedicava era efetivamente próximo: mísseis, aeroespacial, meios de telecomunicação... Mostrava regularmente ao filho prospectos publicitários das grandes indústrias de armamentos. Dava-lhe de presente camisas estampadas com fotografias de aviões e tanques de combate.

Vetrov sonhava ver o filho seguir seus passos, ingressando, para começar, na faculdade dos codificadores da Escola do KGB. Depois, na medida em que suas ideias sobre o estabelecimento evoluíram, inclinou-se mais por uma carreira civil.

Os Vetrov tentaram primeiro inserir Vladik na faculdade de economia da Universidade Lomonossov. "Inserir", porque, já nesse época, não bastava

mais deter os conhecimentos requeridos para ser aceito num dos estabelecimentos de estudos mais prestigiosos do país. Das cerca de cinquenta vagas,
sobravam apenas duas ou três às quais podiam pretender jovens talentos
sem protetores. As demais eram ocupadas, depois de uma luta encarniçada,
graças à intervenção de pessoas influentes, relações amistosas e dinheiro.
Confiantes demais num amigo de um amigo que ocupava um posto chave
na faculdade, os Vetrov perderam a batalha. Mais tarde ficariam sabendo
que, na realidade, o homem detestava o KGB.

Vladik foi trabalhar como auxiliar de laboratório na Escola da Tecnologias Químicas Finas de Moscou (MITKhT), que curiosamente tinha o
mesmo nome da universidade, Lomonossov. No verão seguinte, terminaria a brincadeira: se não passasse nos exames, faria o serviço militar.
A perspectiva nada tinha de auspiciosa, ainda mais em plena guerra do
Afeganistão. Em um ano no MITKhT, Vladik conhecera muita gente. Então por que correr riscos? Apresentou-se no concurso e passou a estudar
naquele estabelecimento bem modesto, de cuja existência a maioria dos
moscovitas nem sequer suspeitava.

No outono de 1980, Vladik cursava seu primeiro ano. Suas relações
com o pai eram bastante francas, e ele não se espantava quando Vladimir
lhe falava sobre sua colaboração com os franceses antes mesmo que esta
tivesse início. Segundo toda a probabilidade, isso se deu no início do mês
de março de 1981, depois do telefonema de Ameil.

Vladik não procurou dissuadi-lo. Por quê?

— Não teria adiantado nada — responde. — Ele era muito cabeçudo. E
depois talvez eu mesmo não fizesse questão disso. O que tivesse de acontecer aconteceria!

Entretanto, Vladik não conhecia as motivações de sua decisão. O pai
invocava apenas seu rancor pelo KGB. Para Vladik também, não era seguramente o ódio ao regime. O pai detestava apenas o Serviço, com sua
atmosfera e suas intrigas.

Vladik o esperou com impaciência e ansiedade no dia de seu primeiro
encontro com Ameil. Mas não pôde conversar com ele como esperava:
Vetrov voltara bêbado. Como sabemos que o delegado da Thomson-CSF

nunca foi seu companheiro de copo, estava claro que Vladimir bebera depois, provavelmente sozinho.

Vetrov evitou dar detalhes de sua manipulação ao filho. Vladik sabia apenas que ele se encontrava com um tal de "Paul". Em outra ocasião, passando pela rua do Ano 1812, o pai lhe disse que fora ali que se encontrara com o francês um dia.

Uma noite de novembro de 1981, se as lembranças de Vladik são fidedignas, o pai chegou em casa caindo de bêbado. Contou-lhe que voltava da embaixada da França, onde um pequeno banquete havia sido organizado em sua homenagem. Pelo que Vladik compreendera, Vetrov teria sido condecorado com uma ordem francesa. Ele não tem certeza: o pai não se aguentava de pé. Porém, tem certeza de tê-lo ouvido dizer:

— Só ela não me aprecia. Os franceses me põem nas nuvens.

"Ela", obviamente, era Svetlana.

No dia seguinte, Vladik o interrogaria sobre essa visita. O pai lhe diria que "Paul" o infiltrou dentro do porta-malas de seu carro e o tirou de lá da mesma forma.

Impossível acreditar nessa história, que, em todo caso, não é confirmada por nenhuma fonte francesa. O desejo de afagar o ego do informante, se realmente a DST o sentisse, não justificava tantos riscos. Quem podia estar presente a esse banquete? Automaticamente, o número de pessoas a par da manipulação teria aumentado de forma drástica. Não, isso só podia ser coisa da imaginação de Vetrov. Ele, o herói, carecia de demonstrações de estima, aliás muito merecida. Na falta delas, inventava-as para o filho. Acreditaria ele, eventualmente, naqueles doces devaneios?

Vladik admite de bom grado que o pai era um homem predisposto a exaltação. Quando tinha uma ideia que o fazia sonhar, era capaz de acalentá-la e desenvolvê-la durante semanas. Terminava por acreditar no que imaginara. Depois, quando seu novo castelo na Espanha desmoronava, não pensava mais nele.

Durante anos, por exemplo, falou em instalar-se definitivamente no campo quando se aposentasse. Trabalharia como motorista de trator ou de colhedora e passaria o resto da vida ao ar livre, no meio dos campos e dos prados. Afagou esse plano até 1980. Depois, tendo se tornado um agente duplo, abandonou-o em prol de um devaneio bem mais extravagante para um soviético.

Quase todas as noites, Vladik ia com o pai deixar o carro na passagem Promychlenny, uma ruela atrás do museu da Batalha de Borodino. Havia lá dois prédios compridos de dois andares, cada um abrigando várias centenas de veículos, oficinas lava a jato etc. Os Vetrov estacionavam o Lada em seu boxe e voltavam lentamente a pé. Aqueles quarenta minutos eram o momento do dia em que podiam estar sozinhos e passar em revista todos os seus problemas. Em novembro de 1981, por exemplo, Vetrov contou ao filho seu novo projeto. Propôs-lhe fugir para o Ocidente, só os dois. Seus amigos franceses dariam um jeito de levá-los até sua embaixada no porta-malas de um carro. E, de lá, seria fácil.

Ainda que isso possa nos parecer rocambolesco do ponto de vista técnico, Raymond Nart nos confirmou efetivamente um plano desse tipo. O diretor adjunto da DST mantinha "à disposição" dois falsos passaportes franceses destinados a Vetrov e seu filho. Mas, como a maioria dos procedimentos de evasão da DST, o plano permanecera em estado de projeto.

Dia após dia, o projeto ganhava novos detalhes. Iriam morar no Canadá ou nos Estados Unidos. Vladik faria a faculdade lá. Não precisariam de nada. "Tenho dinheiro suficiente para comprar uma ilha", disse Vetrov.

Embora soubesse quão sonhador era o pai, Vladik acreditou na seriedade do projeto. Talvez porque quisesse acreditar. Entretanto, o menino hesitava: não queria abandonar a mãe. Dissera isso a Vetrov. Contudo, este não cessava de repisar seu plano.

A história merece um comentário. Por um lado, em resposta a uma pergunta, Vladik esclarece que não se tratava de se evadir no momento mais propício, dentro de seis meses ou um ano. Não, era um projeto imediato. Teria Vetrov percebido que o jogo era perigoso demais para durar?

Por outro lado — Vladik é categórico nesse ponto —, Vetrov nunca cogitou se estabelecer na França. Seguem-se daí duas conclusões. Em primeiro lugar, isso confirma nossa hipótese segundo a qual as afinidades culturais com a pátria de Molière não entravam em absoluto em consideração na decisão de Farewell colaborar com a DST. Em Moscou, pensava correr menos riscos com a DST. Porém, uma vez no Ocidente, iria sentir-se mais seguro — e certamente mais paparicado — como pensionário de Langley.*

Mas é o aspecto técnico da evacuação que levanta mais questões. Uma vez na embaixada da França, "depois é fácil", dissera Vetrov. Raymond Nart nos confirmou que o procedimento de evacuação via embaixada da França fora efetivamente conjeturado. Um procedimento "à la Gordievski" que não devia em princípio criar muitos problemas.[1]

Na realidade, foi nessa época que os verdadeiros problemas começaram.

A quase totalidade dos trânsfugas do KGB e do GRU evadiu-se aproveitando-se de uma viagem ao Ocidente. A contraespionagem soviética só conhecia dois casos bem-sucedidos de evasão de agentes do KGB trabalhando para os ocidentais fora da União Soviética. Tratava-se da evacuação do codificador Victor Cheimov com a mulher e a filhinha pela CIA em 1980 e daquela, justamente, de Oleg Gordievski em 1985 pelo MI6 (serviço de informações britânico). Mas, nesses casos também, é improvável que os informantes tenham transitado pela embaixada do país envolvido.

Examinemos a hipótese mais otimista. Suponhamos que Vetrov houvesse conseguido entrar na embaixada da França no porta-malas de um carro com o filho. Automaticamente, outros funcionários sem ser Ferrant ficariam sabendo do fato. Poderiam ser quatro ou cinco: o embaixador, o adido militar, o chefe do serviço de segurança, um ou dois guardas. Mas isso multiplicaria consideravelmente os riscos de vazamento de informação. Admitamos ainda que todos fossem de uma discrição absoluta e que conseguissem instalar Vetrov de maneira que os numerosos olhos e ouvidos do KGB no interior da embaixada não detectassem nenhum indício de sua presença. Suponhamos também que a PGU ignorasse que seu oficial desaparecido se achasse por vontade própria em território francês em plena Moscou. Enfim, vamos admitir que os fugitivos só permanecessem na embaixada um tempo mínimo, pois o perigo de serem localizados au-

---

*Sede da CIA, nas proximidades de Washington.

mentava a cada dia. Pois bem, ainda que todas essas condições favoráveis fossem reunidas, o mais duro ainda estaria por fazer.

Impossível despachar um homem embrulhado por meio de mala diplomática. Uma operação de evacuação frustrada nos anos 1970 previa o seguinte plano:

Um ocidental parecido fisicamente com a pessoa a ser evacuada e maquiada para acentuar essa semelhança viera a Moscou em viagem de negócios. O agente devia atravessar a fronteira em sentido inverso, munido de seu passaporte. Uma vez em segurança, o ocidental podia declarar o roubo de seus documentos e deixar a URSS com um passaporte provisório. O plano parecia ainda mais exequível no caso de o agente duplo falar suficientemente a língua que era supostamente a sua (o que não era o caso de Vladik). Mas, infelizmente, para ele, a irritação ou um tique tipicamente soviético chamou a atenção dos agentes da alfândega e o homem foi detido no aeroporto.

Temos de convir que a coisa era difícil, mesmo para um serviço que tivesse pensado antecipadamente na evacuação de seu agente. Tratar-se-ia de um dos múltiplos projetos de evasão abordados por Ferrant sobre o qual a imaginação exacerbada de Vetrov elaborava os roteiros mais loucos? Isso parece bem provável, pois a DST ainda não tinha levado a cabo nenhum procedimento de urgência em Moscou. Nesse caso, um homem mais sensato que Vetrov nunca teria seriamente pretendido se evadir para o Ocidente por intermédio de uma embaixada.

Por que agia dessa forma? Por que se alimentava com esses devaneios que ele devia saber pertinentemente inexequíveis? Tudo leva a crer que Vetrov se transferia cada vez mais da vida real para uma realidade inteiramente forjada por ele.

Vetrov nunca teria oportunidade de constatar quão ilusório era seu plano de fuga. A tensão na qual vivia não cessava de aumentar e a válvula de segurança que era Vladik não permitia mais controlá-la. Ele caminhava num campo minado.

No início de fevereiro de 1982, Vetrov comentou com o filho acerca de um ultimato de Ludmilla que iria expirar no dia 23 daquele mês. A amante teria roubado documentos secretos no bolso de seu paletó. Tendo compreendido que ele colaborava com uma potência estrangeira, ela o faria confessar. Vladik é de opinião de que Otchikina não queria mais ficar com seu pai. Queria apenas lucrar com aquela situação e extorquir dinheiro dele. Vetrov enlouqueceu. Se a amante se transformasse numa chantagista, ele ficaria à sua mercê até o fim de seus dias.

— O que vai fazer? — perguntou Vladik.

— Não faço a mínima ideia. Vou falar com ela. Vou tentar resolver amigavelmente.

Vladik não disse nada, mas não pensava como o pai. Sentia dolorosamente o conflito entre os pais. No início, fez tudo para reconciliá-los. Depois abandonou essas tentativas, esperando que as coisas se ajeitassem por si sós. Foi uma alegria para ele quando soube que o pai decidira finalmente romper com a amante. Mas não sabia como Vetrov era fraco e vacilante. Aos 18 anos, só via um meio de afastar o perigo mortal que ameaçava o pai.

— Pai, precisamos cortar esse nó górdio.

— O que quer dizer com isso?

— Eu o conheço. Você vai acabar desistindo. Pai, precisamos ser duros! Só o medo pode fazê-la calar-se. Não, vou com você!

A contragosto, Vladimir aceitou. Manifestamente, precisava de um apoio. Os dois homens retocaram seu plano.

23 de fevereiro era feriado, aniversário do exército soviético. Ele não estava de folga, mas os militares, membros do KGB e milicianos comemoravam infalivelmente em seus escritórios e em suas casas. Na véspera, 22 de fevereiro, embora a maioria dos funcionários deixasse os escritórios no horário ou 15 minutos antes, pouca gente trabalhava efetivamente à tarde. "Vou ao trabalho descansar", como diziam os soviéticos. Um pouco por toda parte, organizavam-se festinhas e entregavam-se presentes singelos a todos os homens considerados defensores veteranos, atuais ou futuros de sua Pátria. Era em suma uma festa de homens, seguida em 8 de março pela das mulheres. Uma boa oportunidade para ter uma explicação franca com Ludmilla.

Para Vladik, 22 de fevereiro era o primeiro dia do segundo semestre. Era também a vez de os estudantes da sua turma participarem da construção de um novo prédio do MITKhT no bairro sudoeste da capital. De dia, iam trabalhar no canteiro de obras e à noite assistiam às aulas no velho prédio situado no centro, na rua Malaia Pirogovskaia, 1.

As aulas terminavam às 20h30. Em 21 de fevereiro, Vetrov prometera ao filho passar para pegá-lo no dia seguinte de carro àquela hora. Depois iriam juntos conversar com Ludmilla.

— Seremos duros, papai — repetia Vladik.

— Tudo bem, tudo bem.

Vladik foi dormir sossegado.

Mas seu pai tinha seu próprio plano.

21

22 de fevereiro

Esse dia permanece tão vivo nas lembranças das principais testemunhas dessa história que, bem mais tarde, seria possível reconstituí-lo quase a cada cinco minutos. Eis o essencial.[1]

Ainda era noite quando o telefone tocou. Svetlana acendeu a luminária da mesinha de cabeceira. O despertador marcava 3h25. Novo toque. Svetlana atendeu.

— Alô! — disse uma voz de mulher que ela conhecia tão bem nos últimos tempos. — Eu poderia... chamar ao aparelho... Vladimir Ippolitovitch?

Svetlana deixou o aparelho sobre seu travesseiro e se levantou.

— É para você — disse, dirigindo-se ao banheiro.

Ela não fazia questão de assistir à conversa. Quando voltou, Vladimir já desligara. Estava deitado de barriga para cima, os olhos abertos. Uma divisória instalada ao longo da cama dividia-a em dois territórios independentes. As coisas estavam nesse ponto.

Svetlana encarou-o.

— Isso agora está passando dos limites! — disse ela, com sua voz contida, um pouco nasalada. — Agora ela liga para você em horas impossíveis. Eu tenho de levantar cedo para ir trabalhar no museu; seu filho também. Não pode mudar pelo menos isso?

Vladimir não respondeu nada. Svetlana observou-o de novo, deitou-se e apagou a luz.

Ela remoeria muitas vezes essa cena. Será que se ela não tivesse falado nada tudo teria acontecido de outra maneira? Entretanto, ela nunca elevara a voz nem lhe fizera censuras muito violentas.

Ela percebeu que Vladimir lutava para pegar no sono de novo. Estaria pensando no dia que tinha pela frente, lentamente, com método, hora por hora, ato por ato? Afinal de contas, era um profissional. Devia ter o hábito de preparar assim os encontros clandestinos com seus agentes do KGB e, ultimamente, com seu cooptador francês. Teria lhe passado pela cabeça que, naquela segunda-feira 22 de fevereiro de 1982, sua vida ia virar de ponta-cabeça? De um ano para cá, tinha a impressão de despencar ladeira abaixo. Apesar dos riscos que qualquer passo em falso o levaria a correr, ele provavelmente contava chegar ao fim do percurso. Há pessoas que se julgam protegidas. É irracional, mas é uma certeza.

Quando o despertador tocou, Vladimir levantou como se não tivesse fechado o olho. Dirigindo-se ao banheiro, depois à cozinha para tomar seu café, cruzou várias vezes com Svetlana. Ela se esquivava como se contornasse uma árvore, sem ao menos olhar para ele. Visivelmente, ele ficou aliviado com isso.

Vestiu-se com apuro. Sua mulher ensinara-lhe a cuidar da aparência. Svetlana lembra-se exatamente como Vladimir estava vestido nesse dia: uma bonita camisa italiana, gravata francesa, um terno azul com finas listras claras, uma capa avermelhada...

Quando ia sair, o filho apareceu na porta de seu quarto.

— Ah, já está de saída?

Vladimir deu-lhe um tapinha afetuoso nas costas.

— Então fazemos como o combinado, papai? — pergunta-lhe novamente Vladik, que sabe como o temperamento do pai era instável.

— Sim, às 8h30 em frente à sua faculdade...

O quartel-general da PGU situava-se num bosque nos arrabaldes da capital. Empregando milhares de indivíduos, dispunha de um importante serviço de transporte do pessoal. Várias dezenas de ônibus de serviço transportavam oficiais e funcionários, que saíam às 18 horas, para levá-los aos diferentes bairros da cidade. Quando estava sem carro, Vetrov pegava aquele cujo ponto final ficava bem próximo à sua casa, em frente ao obelisco da avenida Kutuzov. Nesse dia, porém, Vladimir estava com seu Lada. Quem estava de carro era obrigado a esperar uns bons 15 minutos, pois o tráfego era interrompido a fim de permitir a saída dos ônibus. Logo, é possível estimar com bastante precisão a hora em que Ludmilla, que ele ia deixar em casa, e Vetrov deixaram o "Bosque": eram cerca de 17h50; caso tenham partido antes dos ônibus, cerca de 18h15 ou 18h20 caso o tenham feito depois.

Pegaram a marginal no sentido dos ponteiros do relógio: Yassenevo fica ao sul de Moscou, e Ludmilla morava no bairro noroeste. No meio do caminho, logo depois do cruzamento da estrada de Rublevo, o calçamento se alargava, formando uma espécie de estacionamento, sempre vazio à noite. Vetrov e a amante às vezes paravam ali para ficar juntos mais um pouquinho.

O local estava deserto. Um bosque margeava as residências secundárias à direita. Ninguém no ponto de ônibus uns cem metros adiante. Carros passavam num ritmo regular à esquerda. A luz dos faróis, como num estroboscópio, varria o interior do carro. Era fevereiro e, às 6 horas da tarde, já anoitecera.

O que aconteceu exatamente no escuro impenetrável daquele subúrbio ermo? Os faróis de um automóvel inundaram de luz dois amantes que, sentados no banco da frente do Lada, enxugavam uma garrafa de champanhe em copinhos de papel. O veículo seguinte iluminou um homem que, de olhos abertos mas sem enxergar nada, retalhava a mulher a golpes de cutelo.

Vetrov tinha duas facas no carro. Uma verdadeira, de caça, com lâmina bem afiada, que servia para cortar galhos quando seu Lada atolava numa pista esburacada. E o cutelo de degolar porcos, encontrado em sua casa de Kresty, de aspecto ainda mais aterrador. Ele escolheu o cutelo.

Ludmilla debatia-se desesperadamente. No clímax da refrega, Vetrov ouviu baterem no vidro. Voltou-se. Um homem debruçou-se para olhar o interior. Aparentemente, acabava de se dar conta de que o casal no carro estava longe de se entregar a carinhos amorosos.

— Fora daqui! — gritou-lhe Vladimir através do vidro.

Mas o homem não era cego.

— O que está fazendo! — gritou, agarrando a maçaneta.

Vetrov abriu a porta com o ombro. O homem, de uns cinquenta anos, recuou.

No momento em que Ludmilla estava do lado de fora, sem saber como, Vetrov esfaqueou o homem na barriga. Perdendo sangue, a mulher correu na direção do ponto de ônibus esperando encontrar alguém. Os faróis iluminaram atrás das suas costas. Segundos mais tarde, o Lada lançou-se em sua perseguição para matá-la...

No fim daquele dia, Svetlana sentira-se mal no trabalho. Como se uma grossa nuvem preta, uma angústia torturante se abatesse sobre ela e lhe asfixiasse o coração. Deixou o museu um pouco mais cedo e foi caminhando até sua casa para tomar ar.

Alguém tocou a campainha da porta de entrada por volta de 19h15. Svetlana foi abrir. Espetáculo raro nessa época, Vladimir estava sóbrio. Todavia, tinha os olhos opacos, como se fossem de vidro. Quando ele entrou, Svetlana percebeu que tinha sangue na nuca. Nesse dia, geava muito. Ela então pensou que Vladimir tivesse levado um tombo ou, pior, sofrido ou provocado um acidente.

— Está ferido? — perguntou.

— Não, acabo de matar alguém!

— Pronto, é hora do *delirium tremens*!

Embora não se falassem, como boa esposa Svetlana ajudou Vetrov a tirar a capa. A gola estava empapada de sangue. Até o paletó e a camisa estavam manchados.

— Você chegou ao fundo do poço! — deixou escapar Svetlana, dirigindo-se ao banheiro para lavar o sangue da capa.

— Matei alguém, estou dizendo — repetiu Vladimir. — São respingos. Vou me trocar rapidamente e procurar Vladik.

Estranhamente, agora que seu penoso pressentimento se realizara, Svetlana sentia-se nitidamente melhor. Tinha compreendido perfeitamente que o marido cometera um assassinato. Sem formular explicitamente, vivia

O espião mestre teve origens modestas. O pai, o major Ippolite Vassilievitch Vetrov, fazia parte dos felizes 5% dos mobilizados do verão de 1941 ainda vivos no momento da vitória.

Com pouca instrução, mas muito pulso e bom-senso, era sua mãe, Maria Danilovna, quem dirigia a casa.

A única foto da infância de Vladimir (à esquerda). Embora um pouco tímido diante da máquina fotográfica, o menino tem um olhar firme, de um contraste chocante com a outra criança.

O prédio da rua Kirov, 26, onde Vladimir Vetrov morou com os pais. Nesse bairro, próximo à sede do KGB, os representantes da alta nomenclatura ladeiam os filhos do povo. Vladimir faz parte desses últimos, enquanto sonha juntar-se aos primeiros.

Já aposentados, os pais de Vetrov...

...e o objeto do orgulho deles. Aqui, estudante da escola Baumann.

Campeão da URSS, categoria juniores, Vladimir é considerado um corredor com técnica tão perfeita que serve de modelo para o treinamento.

Vladimir (à direita) com um amigo desportista. Rapaz sério e tenaz, é uma esperança para sua equipe de atletismo.

Vetrov (na segunda fileira, segundo à esquerda) veste pela primeira vez o uniforme por ocasião de um estágio de formação de oficiais da reserva na escola Baumann.

O dândi fumando charuto e a beldade que parece uma menina. Vladimir e Svetlana um pouco antes de se encontrarem.

Vladimir abraça sua bem-amada, mas eles ainda estão constrangidos de mostrar seu amor. Esta é a primeira estada juntos na base esportiva do Dynamo de Lesselidze.

Svetlana com o pai. Pavel Barachkov será contra o casamento e só se resignará muitos meses após o enlace.

O casal feliz em seu primeiro lar. Adeus à cama de pranchas colocadas sobre quatro cadeiras montada toda noite no quarto que partilhavam com os pais de Vetrov!

Ela sonhava se tornar dançarina, estrela ou espiã. Dois retratos de Svetlana dentre as dezenas de outros tirados por Vladimir.

A carteira de trabalho de Vetrov, com esta inscrição na data de 20 de agosto de 1959: "Liberado de seu posto em virtude da transferência para o Comitê da Segurança de Estado."

De chapéu e capa, Vetrov se parece com qualquer pessoa e com a imagem tradicional de um agente secreto. Na época de seus estudos na escola nº 101 do KGB.

A sede do KGB na praça Dzerjinski. Na verdade, todo o quarteirão do edifício principal foi invadido por suas diferentes divisões.

Aqui disfarçado de delegado comercial, Vetrov (segundo à esquerda) frequenta assiduamente os laboratórios e os escritórios de estudo franceses.

O cartão de visita de Vetrov não contém uma palavra mentirosa sequer: indica apenas seu nome e o endereço parisiense.

Particularmente dotada para a comunicação, Svetlana sempre acompanha o marido nas recepções e encontros com os empresários franceses.

O futuro sorri a Vetrov, que lhe devolve o sorriso. A estada em Paris lhe promete uma bela carreira no seio do KGB.

As duas moradias parisienses dos Vetrov. No nº 16 do Boulevard Suchet, onde eles ocupavam dois apartamentos no térreo...

... e no nº 49 da rue de la Faisanderie, em cima dos escritórios da Representação Comercial da URSS.

Após um trabalho intenso e muitas vezes arriscado, horas de sossego e de felicidade ao lado de Svetlana.

Bem cotado no seio do KGB, Vetrov está no caminho certo. Vladik, vestido por Pierre Cardin, inspira a mesma confiança que o pai.

Diploma de honra com o emblema do KGB, a foice e o martelo. Vetrov foi honrado com ele na volta de Paris, em dezembro de 1970. Está assinado pelo diretor de Informação Científica e Técnica e pelo secretário do comitê do Partido, que, em particular, exprimem sua profunda gratidão por um serviço impecável durante muitos anos e desejam a Vetrov sucesso em seu trabalho posterior para o bem de sua Grande Pátria.

Em 1972, o Serviço de Informação do KGB (PGU) se mudará para Yassenevo. Daí em diante, Vetrov trabalhará neste edifício moderno escondido no meio de um bosque no subúrbio do sul de Moscou.

Vetrov no Canadá.
Uma conversa amigável diante de um *bourbon* com um colega soviético. Nem uma palavra sobre o trabalho: os dois não duvidam um segundo de que a contraespionagem canadense os vigia.

Vetrov como oficial do KGB. Ele nunca usou uniforme e nunca possuiu um. Para as fotos oficiais, só havia um paletó de tenente-coronel para toda a direção T...

O complexo residencial de Rock Hill em Montreal. Os Vetrov moravam no terceiro andar do bloco à direita. Só havia mais um casal soviético em todo o quarteirão.

Na avenida Kutuzov, o imóvel de estrutura maciça em que os Vetrov moravam, situado sobre uma "artéria governamental". Os novos locatários são, ainda hoje, objeto de uma prévia averiguação policial.

Svetlana e Vladik em sua casa de campo. Vetrov a amava a ponto de hesitar entre uma fuga para o Ocidente e, uma vez aposentado, um posto de condutor de trator no kolkhoze local.

Fosse em Moscou ou sobre as margens do Tvertsa, os Vetrov adoravam as festas entre amigos em volta de uma mesa bem servida.

Os dois homens que introduziram Vetrov na DST: Jacques Prévost (à esquerda) e Xavier Ameil (abaixo).
Fotos de seus passaportes conservados nos arquivos do KGB.

Foi diante desta loja de alimentação para estrangeiros que Vetrov teve o primeiro encontro com seu primeiro oficial manipulador francês. Vê-se ao fundo o prédio onde morava o soviético.

Três locais em Moscou onde, em pleno dia, passavam de mão em mão os documentos mais secretos do KGB: o mercado Tcheriomuchki...

... o Museu da Batalha de Borodino...

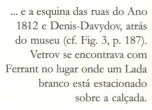

... e a esquina das ruas do Ano 1812 e Denis-Davydov, atrás do museu (cf. Fig. 3, p. 187). Vetrov se encontrava com Ferrant no lugar onde um Lada branco está estacionado sobre a calçada.

A embaixada da França em Moscou onde trabalhava Ferrant. A bandeira tricolor tremula tranquilamente nesse bairro administrativo, perto do Ministério do Interior: a França é um interlocutor privilegiado dos soviéticos no lado ocidental.

A Maison de France, onde moravam os Ferrant e suas cinco filhas. Patrick Ferrant tinha o hábito de parar na guarita para conversar com o guarda em serviço.

O comissário de polícia Raymond Nart, que logo no começo da manipulação de Farewell se viu praticamente só, com seu adjunto Jacky Debain, diante de todo o KGB.

Marcel Chalet, diretor da DST. É ele quem vai gerir habilmente a dimensão política da operação, tanto com a nova equipe socialista no poder quanto com as equipes da CIA.

O presidente Mitterrand coloca na gola do paletó de Xavier Ameil uma roseta de oficial da Legião de Honra. Pelo zelo do segredo, o primeiro manipulador de Farewell foi recompensado com o título do Comércio Exterior. No entanto, o chefe de Estado lhe sussurrou: "Sei o que o senhor fez pela França!"

O encontro *tête-à-tête* de Mitterrand e Reagan em Ottawa em 19 de julho de 1981. Dois presidentes descontraídos e já cúmplices: a revelação do dossiê Farewell muda completamente a atitude do líder do mundo ocidental em relação ao presidente socialista.

O estacionamento na periferia, lugar onde começa para Vetrov a descida aos infernos...

... e suas principais etapas: a prisão em Lefortovo, o tribunal da região militar de Moscou e a Corte Suprema da URSS.

A última foto de Vetrov feita na prisão de Lefortovo. O KGB esperava lançar uma operação de contaminação. O olhar de Vetrov é impressionante. O espião desmascarado não deve alimentar muitas ilusões quanto à sorte que o espera.

dois estados diferentes, mas complementares. De um lado, era uma certeza serena, absoluta, de que tudo que, até ali, constituíra sua vida tranquila e, no fim das contas, feliz, terminara. A partir daquele momento, nada mais seria como antes, e o futuro não lhe reservaria senão provações e infortúnios. Por outro lado, tinha a impressão de que aquilo estava acontecendo com outra pessoa. Não podia ser ela a mulher lavando no banheiro vestígios de sangue de um ser humano morto pelo marido.

Apesar da água que corria, ela ouviu a porta bater. Vladimir saíra. Eram aproximadamente 19h30.

Vetrov dispunha de meia hora antes do encontro com o filho. Contornou o arco do triunfo e se precipitou para o edifício do Comecon, em forma de livro aberto. Depois pegou o cais de Smolensk e entrou no pátio do prédio com a loja de antiguidades no térreo.

Os Rogatin estavam em casa. Galina vestia um robe de chambre, eles se preparavam para passar a noite diante da televisão.

Contrariando seus hábitos, Vetrov tinha um aspecto displicente. Usava uma jaqueta velha, os cabelos desgrenhados. Acima de tudo, parecia muito excitado.

— Você está todo descabelado. O que está acontecendo? — perguntou-lhe Galina.

— Você me oferece um trago? Acabo de atropelar uma mulher. Ela voou longe antes de aterrissar. Acho que está morta.

— Merda! — disse Aleksei. — Onde deixou o carro?

— Lá embaixo.

Era, de toda forma, hora de passear Fox, seu filhote de boxer. Aleksei pegou o cão e desceu para o pátio.

Galina levou o hóspede para sua quitinete. Deu-lhe um bom copo de vodca curtida na pimenta e se serviu também. Em meia hora, esvaziaram uma garrafa. Galina constatou que a vodca não lhe fazia efeito algum e tampouco a Vetrov. Não parava de repetir consigo: "Ele enlouqueceu! Ou fui eu quem enlouqueci?"

Vetrov contou que estava dando uma carona para Ludmilla até a casa dela. Tinham feito uma escala na marginal. Vladimir precisou também que justamente naquele momento um ônibus acabava de parar e que pessoas desembarcavam dele. Esse detalhe tornava ainda mais inverossímil a sequência do relato. Vetrov enfatizou que sua intenção era resolver o conflito amistosamente. Mas Ludmilla teria dito alguma coisa que o deixara fora de si. Ele teria recorrido a um martelo para estraçalhá-la. A ponto de lhe ter furado um olho. Observemos esses detalhes delirantes — o martelo e o olho furado —, que, a nosso ver, revestem-se de grande importância.

O assassinato do homem que interviera foi relatado com exatidão. Vetrov chegou a declarar que o matara com o cutelo que encontrara em sua casa de campo. Depois, disse ele, cuidara de liquidar Ludmilla, que, nesse ínterim, conseguira esgueirar-se do carro e que corria em direção ao ponto do ônibus. Vetrov teria jogado fora a arma, sentado novamente ao volante e a atropelado com seu carro.

Ludmilla teria sido projetada a vários metros e caído desfalecida.

Aleksei entrou nesse momento do relato.

— O que está dizendo? Vi seu carro. Ele não tem absolutamente nada.

Com efeito, o Lada de Vetrov estava como se novo. Nenhuma deformação na frente. Nenhum impacto tampouco nas laterais, no capô... Aquele modelo — o "Seis" — tinha protetores de faróis de plástico. Ao menor choque, eles se quebravam ou eram ejetados. Entretanto, estavam ambos no lugar, e intactos.

— Mas estou lhe dizendo! — reagiu Vetrov.

Aleksei não insistiu.

— Bom, o que quer de mim? — perguntou Galina.

— Não podemos agir como se eu estivesse na casa de vocês?

Com sua experiência da prisão, Galina apenas riu, com a expressão triste.

— Volodia, admita que você já está na cadeia. E, mesmo que sua Ludmilla tivesse sido assassinada por um bandido na rua, você teria sido o primeiro a ser interpelado. O que eu quero saber é se você tem dinheiro para deixar para Svetlana.

— Sim, sim, devem estar me trazendo de Leningrado — disse Vetrov, consultando seu relógio. —Merda! Preciso ir pegar Vladik na faculdade. Pode ser que eu retorne.

Homem direito, Aleksei explodiu.

— Para fazer o quê? Se cometeu um assassinato, entregue-se à milícia! Por que nos envolver nas suas histórias?

Assim que Vetrov partiu, Aleksei pegou o telefone. Mas era para ligar para Svetlana.

Vetrov estava uns cinco minutos atrasado e Vladik foi ao seu encontro. Esperava em frente ao prédio dos arquivos, na rua Bolchaia Pirogovskaia. No fim da rua, a algumas centenas de metros, um carro arrancou cantando pneu e avançou o sinal vermelho na sua direção. Antes de reconhecer o Lada, Vladik soube que era ele e que "a coisa já acontecera", segundo sua expressão.

Então não ficou surpreso ao sentir o cheiro de sangue quando entrou no carro. Seu pai estava com os nervos à flor da pele, e Vladik percebeu que não devia aborrecê-lo com perguntas.

— Você a matou? — perguntou simplesmente.

Vetrov fez que sim com a cabeça.

— E também executei um cara.

Arrancou como um louco. O cheiro de sangue dentro do carro era tão forte que provocara náuseas em Vladik. Ele pousou a mão no assento e sentiu que o forro estava úmido. Afastou-se para descobrir que estava todo coberto da manchas escuras.

— Espere — disse ao pai. — Temos de arrancar o forro.

Vetrov freou. Acabavam de virar na rua Pliuchtchikha. Um pouco adiante, em frente à entrada de um prédio, havia duas grandes lixeiras retangulares. Vladik arrancou o forro, incluindo o do banco de trás, manchado também. Foi enfiá-los numa das caçambas e entrou de novo no carro. O cheiro ainda impregnava o interior. Vladik descobriu sangue nos carpetes de borracha e os retirou também.

— Precisa lavar o carro, pai. — disse ele. — As rodas, dentro, tudo.

Vladimir fez "sim" com a cabeça.

Da rua Pliuchtchikha à sua casa, eram apenas cinco minutos de carro. O que não deu tempo a Vladik para fazer o pai contar o que acontecera. Soube apenas que o assassinato tinha sido perpetrado próximo ao local aonde iam tomar banho de rio no verão.[2]

Quando entraram em casa, não havia ninguém a não ser a mãe de Svetlana.

— Você fica em casa — disse Vetrov a Vladik.

— Vou ajudá-lo a lavar o carro!

— Não, não. Vou sozinho.

Vetrov lançou um olhar inusitado para o filho. Vladik lembra como se fosse ontem. Nele, lia-se submissão, a aceitação da fatalidade, sentimento que ele desconhecia no pai.

— Não nos veremos mais.

— Tente entrar na embaixada — disse-lhe Vladik.

— Isso é inútil. É coisa para poucos minutos.

Vladimir beijou-o bruscamente e partiu. Vladik correu até seu quarto e abriu a sacada. Viu o Lada arrancar e deixar o pátio. Não sentiu o frio.

Refletiria mais tarde sobre o sentido da frase pronunciada pelo pai. Há coisas que não se exprimem no nível das palavras, mas acerca das quais não podemos nos enganar. Vladik tem certeza de que as últimas palavras do pai significavam simplesmente que ele sabia que iam prendê-lo. Entretanto, Vetrov não cogitava fugir para a embaixada da França ou para um "esconderijo" como todo agente duplo deve ter para um caso de emergência. Embora acreditasse que Ludmilla estava morta, aparentemente achava que seu corpo não demoraria a ser encontrado e que, a partir dele, chegariam rapidamente até ele. Logo, sabia que estava perdido, e ia ao encontro de seu destino sem refugar.

Svetlana voltou 15 minutos depois da partida de Vladimir. Após o telefonema de Aleksei, foi ao encontro dos Rogatin. Tinham marcado no ponto do ônibus elétrico defronte ao Comecon. Agora que haviam contado um ao outro o que sabiam, não era possível mais dúvida alguma.

Quando vivemos um drama íntimo, raramente este tem um conteúdo moral ou emocional. O espírito refugia-se na superfície e só cuida do aspecto técnico.

— Nos livramos do forro. Estava todo ensanguentado — disse Vladik à mãe.

— Deve ter sangue na sua calça.

Vladik verificou: não havia.

— Onde ele está? — perguntou a mãe.

— Foi estacionar o carro.

— Não. Foi se suicidar.

Svetlana dissera isso espontaneamente. Sentia que sua vida de antes tinha terminado. Vladimir, que acabara de matar dois seres humanos, devia senti-lo ainda mais forte. Logo, era natural que fosse dar um fim ao que já não existia mais.

Sem saber por que, Svetlana achou que ele iria para a casa do irmão dela, Lev Barachkov. O cantor morava num edifício de uns vinte andares na rua dos Comissários de Baku, 26. Então, imaginava ela, Vladimir teria primeiro pedido a Lev que olhasse por sua família e depois se jogado pela janela do último andar.

Svetlana pegou o telefone. "Não", respondeu o irmão, "Volodia não apareceu por aqui." Como ela não tinha outra ideia melhor e como Vladimir continuava sem voltar, Svetlana decidiu ir até a casa dos Barachkov. Eram aproximadamente 10 horas da noite.

Vladik ofereceu-se para acompanhar a mãe. Antes de sair, pegou na gaveta de sua escrivaninha a Minox de Vetrov. Não ousou desvencilhar-se dela perto de casa. Sem a mãe perceber, jogou-a dentro de uma caçamba de lixo em frente ao prédio onde morava o tio.

Tomaram chá na casa dos Barachkov. Vetrov não dera as caras: nem na casa de Lev nem em casa. Já se fazia tarde. Svetlana decidiu voltar. Do lado de fora, nevava tão forte que a neve tinha tempo de cobrir os rastros de um passante andando 15 metros à frente deles.

Chegaram em casa depois da meia-noite.

— Bom, vá se deitar — disse Svetlana ao filho. — O que mais podemos fazer?

Ela sentiu que isso também fazia parte dessa nova vida depois da vida. Os Vetrov tinham o hábito de agir, ou de assumir. A despeito de todas as coerções sociais ou profissionais, tinham continuado donos de seu nariz. Agora, precisavam aprender a sofrer. Nada mais dependia deles.

22

Os amanhãs que desencantam

Vetrov não tinha sumido. Foi preso 10 minutos depois de sair de casa. Ao contrário do que ele pensava, Ludmilla Otchikina não estava morta. Na realidade, Vetrov não a atropelara com seu carro, como devia contar a todo mundo e também a seus juízes. No momento em que Ludmilla corria como uma lebre no corredor de luz dos faróis, aterrorizada pelo ronco do motor atrás dela, um caminhão chegava pela esquerda. As trajetórias dos dois veículos iam se cruzar. Se o Lada abalroasse Ludmilla, fatalmente se chocaria com o peso-pesado. Vetrov desviou bruscamente para a direita e saiu como um louco pela estrada.

Assim que Ludmilla se viu fora de perigo, perdeu as forças. Prostrou-se, sentindo dores no corpo inteiro. Apalpou-se, as mãos ficaram sujas de sangue. Ludmilla arrastou-se até a aleia que os passageiros do ônibus usavam.

Foi ali que foi encontrada por uma passante.[1] Antes de perder os sentidos, Ludmilla tivera tempo de dizer o nome de Vetrov e o número da placa de seu carro. Enquanto uma ambulância, com a sirene ligada, levava Ludmilla, os milicianos comunicaram o número da placa do assassino por rádio a todos os postos da GAI, polícia rodoviária. Não havia nenhum entre a casa dos Rogatin, o MITKhT e o prédio dos Vetrov. Mas a peneira era fina demais para que ele conseguisse atravessar suas malhas.

Vetrov tomou o caminho de sua garagem. Seu carro provavelmente foi identificado pelo miliciano encarapitado na guarita de vidro diante do nú-

OS AMANHÃS QUE DESENCANTAM

mero 26, ali onde moravam Brejnev e Andropov. "Artéria governamental", a avenida Kutuzov era frequentemente patrulhada. A viatura de milícia mais próxima se achava a um quilômetro dali. Fato simbólico, ela parou em frente ao museu da Batalha de Borodino, verdadeiro núcleo de toda essa história. Obedecendo à intimação de um agente armado com um cassetete listrado,[2] Vetrov parou. Sabia que o jogo estava perdido.

Foi levado à delegacia do bairro. O comissariado n° 75 da milícia estava situado a meio caminho entre o panorama e sua casa, perto do pont aérien. Vetrov não criou nenhuma dificuldade para reconhecer a dupla agressão a Otchikina e ao passante.

Quando um membro do KGB ia parar na delegacia, por bebedeira ou outro delito, a milícia devia informar imediatamente a Lubianka. O telefonema foi atendido pelo oficial de plantão na PGU. Este avisou imediatamente ao superior de Vetrov. Mais que qualquer outra divisão do KGB, a Informação fazia questão de lavar a roupa suja em casa. Uma equipe volante foi imediatamente despachada para o comissariado n° 75. Mas os milicianos mostraram-se irredutíveis e se recusaram a transferir o interpelado para o KGB.

Somente depois das 3 da manhã é que alguns inspetores foram ao domicílio de Vetrov. Svetlana não conseguira pregar o olho. Entregou aos milicianos as roupas que Vladimir usava no momento do crime, o terno, a capa, a camisa não. Svetlana constatara, mesmo depois de lavar, que ainda estava cheia de manchas. Os inspetores pediram-lhe que os acompanhasse ao comissariado.

Naturalmente, Svetlana ignorava que o marido confessara o crime. Tentou então acobertá-lo. Vladimir lhe teria dito que escorregara numa placa de gelo na rua ferindo-se na nuca. Os milicianos não insistiram.

Ela voltou para casa em torno das 5 horas. Preferindo não dormir, foi trabalhar. Seus colegas perceberam seu estado; ela alegou dores cardíacas. Num estado sonambúlico, guiou seu grupo diário de visitantes.

À tarde, assim que abriu a porta do apartamento, Svetlana ouviu a campainha. Era o chefe de Vetrov, Vladimir Dementiev. Svetlana sabia que eles não estavam em bons termos, mas sua atitude revelou-se bastante amistosa. Para os colegas do marido, tratava-se de um drama passional, do qual Svetlana era uma das vítimas indiretas. O oficial não lhe deu nenhuma instrução sobre o comportamento a adotar perante os inspetores do caso; fora apenas lhe prestar solidariedade.

O crime de Vetrov provocou um abalo tão forte que no dia seguinte o diretor da PGU, Vladimir Aleksandrovitch Kriutchkov, foi informado. "Claro, houve desvios de conduta no serviço, mas nunca nesse nível", lembrava-se ele nitidamente muitos anos mais tarde.[3] "Aquilo era fora do comum, pode crer... E, como era um caso extraordinário, eu recebia relatórios diários. Literalmente todos os dias."

Um pouco mais tarde nesse dia fatídico, telefonaram para o apartamento dos Vetrov de Lefortovo, prisão do KGB que, durante mais de um ano, ia fazer parte do universo rotineiro de Svetlana. Pois, nesse ínterim, a milícia transferira o réu para o tribunal militar, único habilitado a julgar crimes comuns nas forças armadas, na milícia e na segurança do Estado. Assim, Vetrov viu-se em Lefortovo, sob a jurisdição do tribunal militar mas sob a custódia do KGB.

Svetlana anotou a lista dos objetos e gêneros alimentícios que ela tinha o direito de levar para o marido a partir do dia seguinte. Roupa de baixo, um sobretudo (Vetrov tinha um bom, com capuz, fabricado na Finlândia), um barbeador elétrico, dois pedaços de sabão (um para a higiene outro para lavar a louça), sua escova de dentes e pó dentifrício (pasta, não, uma vez que era possível esconder coisas no tubo), linha, agulhas... E também salame defumado, toucinho, queijo, açúcar, cubos de sopa, chá, biscoitos, cebolas, uma cabeça de alho, cigarros. Tudo era medido em gramas, nada de conservas, nem Pall Mall, apenas cigarros Java soviéticos. Ela passou o dia preparando o embrulho. A vida depois da vida continuava.

Se Svetlana aceitara esse golpe do destino, os Rogatin ainda estavam às voltas com a dúvida. Apesar de tudo que Vetrov lhes contara, não conseguiam acreditar na história do assassinato. Óbvio, sabiam que Volodia era fraco. Pois apenas um homem que sofre sem reagir às humilhações, que é atormentado por elas, que as acumula e que um dia vai explodir transforma-se numa besta feroz de uma hora para outra. Um homem forte nunca teria se deixado acabar naquele estado. E, não obstante...

Galina telefonou para sua amiga Alina, que tinha conhecidos no MUR, a polícia judiciária de Moscou. Alina não acreditava no que ouvia; ela tampouco. Recordava-se que ele nem ao menos repreendera o cão dos Rogatin que lhe arranhara profundamente a face, acariciando-o em seguida como se nada tivesse acontecido. Ruminou que o estresse de que fora testemunha no verão precedente era a causa disso. Vladimir não teria sido ele próprio. Da mesma forma, e assim como Ferrant mais tarde, os colegas de Vetrov na PGU desistiriam de encontrar uma resposta. Vladimir podia gostar de uma briga, mas ninguém imaginava que pudesse sequer encostar em uma mulher. Em suma, ninguém no círculo próximo de Vetrov conseguia imaginar esse destempero de sua parte.

Em 24 de fevereiro, Svetlana foi a Lefortovo com seu embrulho. Deixou-o num guichê e dirigiu-se ao setor administrativo. Foi recebida pelo coronel Leonid Grigorievitch Belomestnykh, inspetor criminal para os processos de alta relevância do tribunal militar, encarregado da investigação. Era um homem alto, calmo, aparentando uns 55 anos. Ele lhe apresentou seus dois auxiliares: Vladimir Aleksandrovitch Chvarodilov e Nikolai Vassilievitch Kartavenkov. A atmosfera era superformal, os olhares severos.

Todos embarcaram numa van para fazer uma busca na casa dos Vetrov. E levaram um suboficial com eles. Ele e o motorista serviram de testemunhas.

O que é possível esperar encontrar na casa de um assassino? Com delicadeza, os inspetores puseram-se a examinar os livros. Svetlana lhes ofereceu chá e preparou torradas; tinha coincidentemente caviar.

Após esse lanche, os inspetores passaram ao ataque. Assomaram-na com perguntas, chegando a repetir dez vezes a mesma. Primeiro, Svetlana não compreendeu. Depois se sentiu desamparada. Finalmente, explodiu em soluços.

— Bom, isso basta — disse Belomestnykh a seus auxiliares. — Deixem-na em paz!

Os inspetores partiram levando diversos documentos pessoais de Vetrov, em especial sua carteira do Partido, bem como todas suas condecorações.

Embora não tivesse sido julgado digno de uma ordem, Vladimir tinha cinco medalhas. Svetlana ficou surpresa ao constatar isso.

No dia seguinte, foi convocada para ir até a rua Kirov, 47, sede do tribunal militar. Em seguida, devia ir até lá praticamente todos os dias, ou a cada dois dias, dependendo de seus horários no museu.

A maior parte do tempo, era Belomestnykh que anotava seus depoimentos. No início, o inquérito pretendia investigar se Svetlana não havia sido cúmplice ou instigadora do crime. Ela devia dar cem vezes as mesmas explicações, responder às mesmas perguntas ligeiramente alteradas. Às vezes tentava se esquivar. Por exemplo, para não envolvê-los na história, não queria dizer que Vetrov tinha ido à casa dos Rogatin aquela noite. Belomestnykh sorria: "A senhora não sabe com quem está lidando." E lhe dizia o que ela deveria ter respondido.

Pouco a pouco, a inocência de Svetlana tornou-se uma certeza para os inspetores, que mudaram de atitude a seu respeito. Belomestnykh mostrava-se agora compreensivo, até mesmo compadecido. Oferecia-lhe chá. "É para tirar minhas impressões digitais?" brincava Svetlana. Viu-se obrigada a fornecer mil detalhes sobre Vetrov, suas relações, sua vida em comum, os menores acontecimentos daquele dia fatídico. Compreendeu que Vladimir não escondera nada. Os inspetores precisavam do depoimento dela basicamente para fazer recortes.

Vejamos agora quem era o passante assassinado por Vetrov. Os autos do inquérito descrevem a vítima como um homem de cinquenta anos, chamado Yu (aparentemente Yuri Krivitch). Ocupava o modesto posto de auxiliar do chefe de seção de abastecimento da empresa Mostransgaz.[4] Krivitch poderia muito bem estar no local por um trágico acaso e ter intervindo por um natural reflexo viril. Entretanto, outra versão deveria prevalecer.

A vítima era um miliciano reformado. Como acontecia com frequência, ao deixar seu regimento, o homem obtivera uma carteira de inspetor auxiliar (dizia-se "orgânico") da milícia. Era muito mais que a situação de um *drujinnik*, membro de formações teoricamente voluntárias que

OS AMANHÃS QUE DESENCANTAM

patrulhavam as ruas à noite ou cuidavam da segurança por ocasião de diferentes reuniões ou manifestações culturais. Embora não usando farda, os inspetores auxiliares tinham o direito de pedir documentos aos transeuntes e motoristas. Moscou era considerada — e continua sendo — uma "cidade de regime especial": lá, todo indivíduo deve carregar consigo um documento de identidade. Além disso, esses auxiliares podiam levar os infratores da ordem pública ao posto mais próximo. Em suma, podiam causar a um simples particular tantos aborrecimentos quanto um policial de uniforme e portando uma arma.

Krivitch não está mais vivo para se defender. Mas seu perfil, elaborado pelo inquérito, apresenta uma espantosa analogia com o que os colegas e conhecidos de Vetrov iriam esboçar de Otchikina. O homem teria se aproveitado de suas prerrogativas para ganhar um trocado. Assim que anoitecia, ia regularmente ao estacionamento deserto, frequentado por casais que só tinham o carro como local de encontro. Assim que aparecia um veículo, ele esperava 15 minutos e ia bater no vidro...

A estrada de Rublevo, por sua vez, era — e continua sendo — uma artéria governamental: leva às residências secundárias da mais alta nomenklatura. Seja qual for o regime, todos os motoristas moscovitas a consideram uma zona de riscos. Em primeiro lugar, por causa das limusines blindadas que passam a toda velocidade pelo meio da estrada, semeando o terror à sua passagem. Mas sobretudo porque a estrada é enxameada de postos de milícia fixos e móveis. Ao menor deslize, você se arrisca a ter a carteira cassada.

Dito isto, ainda que atividades amorosas dentro de carro não fossem expressamente proibidas pela lei, os motoristas nunca procuravam saber se estavam cometendo uma infração ou não. Preferiam dar uma propina ao homem habilitado a serem conduzidos ao comissariado por estacionamento irregular numa zona governamental, para verificação de identidade ou por qualquer outro pretexto que ele pudesse inventar. Infelizmente para o homem que o inquérito iria apresentar como o chantagista do local, em 22 de fevereiro de 1982, o casal a quem ele pretendia cobrar seu tributo estava longe de se entregar a carícias.

Habituado a impor sua autoridade, o ex-policial não pensou em fugir. Percebeu apenas tarde demais que o homem que saíra do carro não estava em seu estado normal e que estava armado com um cutelo.[5]

Esse inquérito incidia exclusivamente sobre o assassinato do passante e a tentativa de assassinato de Otchikina. No caso de um oficial do KGB, isso já era o cúmulo. Entretanto, durante um dos primeiros interrogatórios, Belomestnykh fez uma sondagem numa direção bem diferente. Com ar distraído, disse a Svetlana:

— Outro dia, quando estávamos na sua casa... Será que não teríamos podido encontrar documentos secretos ou algo assim?

— O que quer dizer com isso?

— Uma vez que seu marido trabalhava no KGB... O que ele sabia certamente interessava aos serviços estrangeiros.

Svetlana compreendeu.

— Ah, o senhor quer saber se, além de tudo, meu marido também não é um espião? É no que essa mulher quer fazer os senhores acreditarem?

— Vamos, vamos, acalme-se — disse Belomestnykh. — Não estamos suspeitando da senhora, nem de seu marido, aliás. Era apenas uma pergunta.

Com efeito, as coisas ficaram nesse ponto.

Mas um pouco mais tarde, Belomestnykh tateou o terreno com Vladik. A pergunta que lhe fez era mais precisa. Queria saber se Vetrov não tinha fotografado documentos em sua casa ou se lhe contara que encontrava franceses. Vladik negou energicamente, e o assunto não voltou mais à baila.

Vladik voltou ainda duas vezes à rua Kirov para descrever o cutelo ou reconhecer sua mochila de material esportivo que devia ter ficado no porta-malas do carro. Svetlana e ele só falaram bem de Belomestnykh, homem tranquilo e sensato.

Sergueï Kostine conseguiu encontrá-lo sem problema.[*] Ele demonstrou uma extrema prudência, mas assim mesmo aceitou o encontro.

---

[*]Foi em 1996. Leonid Belomestnykh não estava mais vivo no momento em que a nova versão deste livro estava em via de ser escrita.

Parecia um velho camponês ucraniano astuto, bem forte, com o bigode pendente e gestos lentos. Embora aposentado, tinha alma de detetive. Escutou, fez perguntas sobre o livro, sobre o que faltava à nossa pesquisa. Logo percebemos que não conseguiríamos tirar muita coisa dele, mal foi possível lhe arrancar algumas respostas sobre dois ou três pontos cruciais. Prometeu telefonar após ter consultado seu ex-chefe: "O senhor compreende, assinei um compromisso de não divulgar os segredos do serviço..." Nunca telefonou de volta, e, quando Sergueï Kostine tomou essa iniciativa, recusou-se categoricamente a dar qualquer informação. Não quis sequer precisar as datas do processo, uma informação que sem dúvida, segundo ele, lançaria graves dúvidas sobre o funcionamento do tribunal militar, 14 anos após os fatos... "Os tempos estão nebulosos", limitou-se a dizer.

23

Uma mulher quase apedrejada

Salomé, para alguns, Judith para outros, foi Ludmilla Otchikina quem objetivamente provocou o gesto fatal de Vladimir. De todas as pessoas que Sergueï Kostine interrogou para seu trabalho, nenhuma a conheceu de verdade. Mas a opinião que tinham dela era unânime. É hora de apresentá-la mais detidamente. Começaremos pelos depoimentos que conseguimos recolher pessoalmente. Em termos globais, talvez nenhum outro personagem desta história tenha acumulado tantos qualificativos negativos.

Otchikina era intérprete de línguas inglesa e espanhola no mesmo departamento de Vetrov. Seu trabalho consistia em traduzir os diferentes documentos do espanhol para o russo. Ainda que seu destinatário — na VPK, no Comitê Central do Partido, num centro de pesquisas ou birô de estudos — dominasse o inglês ou o espanhol, os originais nunca saíam como tais de Yassenevo. Era portanto um uso mais do que simplesmente linguístico, os tradutores do KGB podendo fornecer informações capazes de estabelecer a proveniência e até mesmo a fonte de um documento. Por outro lado, as traduções eram datilografadas em duas cópias, uma das quais era enviada ao destinatário e a outra, acompanhada do original, guardada nos arquivos do departamento. Ora, um tradutor tinha possibilidade de consultar a qualquer momento o conjunto dos documentos sigilosos. Daí o rigor todo especial aplicado na seleção desses funcionários.[1]

UMA MULHER QUASE APEDREJADA

O marido de Ludmilla era jornalista, redator-chefe de uma revista institucional. A PGU julgava-a insatisfeita com seu cônjuge e que provavelmente não o respeitava muito. O inquérito menciona que um dia, voltando inesperadamente para casa, o marido pegou os amantes em flagrante delito de adultério. O caso não teve desdobramentos: nem discussão nem muito menos briga.[2] Apenas uma pequena nota de vaudeville nesse drama criminal...

"Casada ou não, uma mulher normalmente leva as relações sexuais mais a sério que um homem", afirma Igor Prelin. "Evidentemente, para Otchikina, um Vetrov, mesmo em sua situação, tinha mais futuro que seu marido. Logo, fosse por considerações pragmáticas, fosse porque estava realmente apaixonada, Ludmilla pôs-se consequentemente a exigir de Vetrov que ele se divorciasse de Svetlana. Ele, por sua vez, rechaçava essa ideia. Fosse por razões igualmente pragmáticas — o divórcio teria sido uma mancha definitiva na sua carreira —, fosse sentimentais, pois ele continuava a amar Svetlana."

Por mais estranho que possa parecer, não foi Svetlana quem pintou o retrato mais desabonador de Ludmilla. Desnecessário dizer que, bonita e inteligente, Svetlana ficou profundamente magoada ao perceber que seu marido pudesse olhar para outra mulher. Não falemos do desejo de Vetrov de trocá-la pela amante.

Svetlana viu sua rival pela primeira vez na foto que o responsável pelo inquérito lhe mostrou. Recusara-se a crer que Vladimir a tivesse desprezado em prol "dessa megera".

— Deve ser uma foto ruim— diria.

— Não é não, ela é exatamente assim.

Da mesma forma, segundo Svetlana, no tribunal militar vários generais achavam um pretexto para vir olhá-la. Ninguém conseguia acreditar que Vetrov pudesse preferi-la à sua mulher.

Foi durante o processo que Svetlana viu Ludmilla pela primeira vez. Uma mulher de cabelos tingidos com hena, que, como uma leoa na jaula, andava de um lado para o outro do corredor, repetindo em voz alta:

— Onde está então meu assassino? Onde está ele?

Tinha o semblante estranho. Já não devia mais raciocinar direito depois do que sofrera. Seu marido, jornalista, contrastava com ela. Svetlana lembra-se de que ele vinha às sessões da corte marcial com uma rede de provisões através de cujas malhas se viam latas de conserva, ou um grande repolho.

Svetlana sentiu-se de tal forma ofendida que comentou com o marido após o processo:

— Eu teria entendido se ela fosse muito bonita, se tivesse charme. Qualquer um pode se apaixonar, perder a cabeça. Mas isso me deixou de queixo caído. Foi por uma mulher como ela que você nos esqueceu, seu filho, eu, sua casa. Não, você tinha realmente que ser um pobre-diabo, um coitado, um homem de dar pena!

Pensando bem, Svetlana se arrependeu de não ter conhecido Ludmilla mais cedo: teria sofrido menos. Teria tido a certeza de que Vladimir não podia pretender seriamente refazer sua vida com aquela mulher.

Mas Svetlana só descobriria a posteriori o visual da rival. No momento do caso de Ludmilla com seu marido, o traço dominante que ela via nele era sua cobiça. Com efeito, Svetlana estava — e continua — convencida de que Ludmilla só empreendera a conquista de seu marido para pôr as mãos em seus bens comuns: os quadros, móveis, sua casa no campo. Acha que era para avaliá-los que Ludmilla queria ir à casa deles, a pretexto de ver um cachorrinho. Enfim, censura-lhe por ter perseguido seu marido, até mesmo em seu domicílio conjugal. Segundo Svetlana, Ludmilla não parava de telefonar para sua casa.

A descrição de Ludmilla não é mais sedutora através dos olhos do filho de Vetrov. Vladik, ainda hoje, detesta a mulher que, em vez de morrer, causou a perda de seu pai. Assim como sua mãe, Vladik só veria Ludmilla por ocasião do processo. Assim como ela, não conseguiu entender a atração que ela exerceu sobre seu pai.

Como dissemos, o pai e o filho trocavam confidências a respeito de seus casos amorosos. Vetrov dava conselhos a Vladik sobre seu comportamento com as garotas que lhe agradavam. Por sua vez, mantinha-o informado por alto de seu relacionamento com Ludmilla.

Desde sua conversa no canteiro de obras da varanda, onde Vladimir lhe anunciara sua intenção de ir morar com a amante, a situação tinha evoluído muito. Vetrov estava com os nervos cada vez mais à flor da pele.

UMA MULHER QUASE APEDREJADA

A reviravolta na relação dos dois amantes acontecera no fim de 1981. Depois das festas de ano-novo, Vladimir revelou ao filho que Ludmilla era uma megera e que pretendia romper com ela. Vladik, que se empenhara tanto para tentar reconciliar os pais, regozijou-se do fundo do coração. Porém, segundo Vetrov, Otchikina não via a coisa da mesma maneira. Ameaçava-o, se pretendesse romper, de revelar ao KGB suas atividades de espionagem. Teria ela guardado documentos roubados no seu casaco, como provas da acusação? Teria lhe bastado testemunhar para causar a perda de Vetrov? Vladik não faz ideia. Todavia, o pai lhe dissera que sua vida estava nas mãos daquela mulher, e, a partir desse instante, Vladik não teve inimiga mais odiada que Ludmilla.

Naturalmente, no que se refere a Otchikina, não poderíamos confiar nos depoimentos dos parentes de Vetrov. Aos seus olhos, ela não passava de uma santa do pau oco. Mas os autos do inquérito também esboçavam um retrato repugnante. Que os leitores julguem por si.

Uma mulher, que não era mais jovem — Ludmilla tinha 47 anos, era casada e mãe de uma filha de 13 anos —, conseguira enfiar em sua cama um oficial do KGB, que, mesmo não podendo mais ir ao estrangeiro, tinha uma posição estável e bem remunerada. Após ter engenhosamente conquistado seu amor, mostrara-se logo gananciosa, exigindo presentes incessantemente. Depois, quando soube que o eleito de seu coração possuía muitos objetos de arte valiosos, instigara-o a abandonar sua mulher. Subentende-se, com sua parte dos bens. Como Vetrov se negara a destruir sua família, suas relações se degradaram rapidamente. Ludmilla partira então para a chantagem. Se ele não fosse morar com ela, ela contaria tudo ao comitê do Partido de sua Direção. O ultimato expirava em 23 de fevereiro.

Imprensado na parede, Vetrov procurou desesperadamente um jeito de tirar o time de campo. Quis resolver o conflito amigavelmente. Comprou uma garrafa de champanhe e convidou Ludmilla para uma volta de carro. Por mais estranho que possa parecer, os autos não fazem nenhuma alusão ao que provocou o acesso de raiva homicida de Vetrov. Todos os juristas que consultamos não fizeram senão balançar a cabeça: essa circunstância era primordial para a reconstituição das motivações do crime. Seja como for, tomado de demência súbita, Vetrov só pensava em matar a mulher que ele amara e que se mostrara gananciosa e ameaçadora.

Mas o pior são as opiniões relativas a Ludmilla, recolhidas nos corredores do KGB. O caso Vetrov provocara dois abalos estruturais no edifício da espionagem soviética. Isso foi comentado e repetido anos a fio. Logo, é surpreendente constatar como a cultura dos mexericos estava desenvolvida no estabelecimento essencialmente masculino destinado a fornecer informações verídicas e objetivas.

No que se refere a seus colegas, por exemplo, Ludmilla dormia à direita e à esquerda. Constatando o sucesso de que gozava, reservava-se cada vez mais para oficiais superiores, que viajavam frequentemente para o estrangeiro e podiam oferecer-lhe presentes caros. Não conseguimos obter um nome que pudesse comprovar essas declarações. Ninguém foi categórico: eram sempre boatos que corriam na Direção. Mas isso explicaria por que Otchikina não ficou aborrecida quando, por trás do crime de direito comum, descobriram um caso de espionagem. Esses mesmos oficiais superiores não faziam a menor questão que soubessem que tinham tido uma amante envolvida num caso de alta traição. Portanto, teriam passado uma borracha no que Ludmilla podia saber sobre a colaboração de Vetrov com a DST, pois era julgada capaz de trazer à tona seus relacionamentos com mais de um dirigente da Direção T.

A opinião geral das pessoas que conheceram bem Vetrov no KGB pode ser resumida por Yuri Motsak, chefe da seção França da contraespionagem que brindara várias vezes com ele: "Volodia era um beberrão, mas no fundo um bom sujeito."[3] Indagava-se então na PGU o que ela pudera lhe dizer para que um homem manso como Vetrov se pusesse a massacrá-la como um açougueiro. Mas as mulheres, isso é sabido, têm o dom de tirar do sério os homens menos violentos.

Quando conhecemos a sequência da história, a chantagem é a primeira coisa que nos ocorre. Não a ameaça de se queixar perante o comitê do Partido — lembremos que Galina Rogatina aconselhara Vetrov a fazer a mesma coisa —, mas a de comunicar suas suspeitas, quando não provas de suas atividades de espionagem. Entretanto, Otchikina jamais abordou esse aspecto, nem mesmo depois de Vetrov ter tentado matá-la.

UMA MULHER QUASE APEDREJADA   243

"Chantagem, pode até ser. Considerando o cutelo que ele usou, isso é verossímil", comenta Igor Prelin.[4] "Mas nunca a respeito da espionagem. Mesmo que ela quisesse se vingar dele, não poderia fazê-lo sem expor-se a si própria, o que a tornaria sua cúmplice."

O problema realmente não viria à tona durante o primeiro inquérito. Mais tarde, porém, Otchikina seria várias vezes interrogada acerca da natureza de suas relações com Vetrov. E sua culpa podia ser dupla: pelas leis soviéticas, uma funcionária do KGB que desconfiasse de alguma coisa e não a revelasse podia ser acusada de conluio com um malfeitor. Ora, seu caso se agravaria muito mais quando posteriormente ficasse provado que ela também lhe havia passado documentos. Mas não antecipemos demais os acontecimentos...

O perfil coletivo de Ludmilla Otchikina não era então nada brilhante. Não muito bonita, mas colhendo sucessos entre os homens porque era uma mulher fácil. Ávida por presentes e pelo patrimônio do outro, rabugenta, chata que nada detinha em sua corrida para alcançar o objetivo que estipulara. Rainha da chantagem que conseguira exasperar um sujeito calmo como Vetrov.

Mau soviético, Sergueï Kostine nunca confiou na unanimidade. Quanto mais lhe descreviam Ludmilla nesses tons, mais ele duvidava. Precisava encontrá-la de qualquer maneira.

A coisa revelou-se difícil. O serviço público de informação não tinha nenhum dado acerca do nome raríssimo de Otchikina. Kostin recorreu a um amigo, que, ex-policial, mantinha contatos no Birô Central de Endereços, espécie de Informações Gerais exclusivas da milícia. O funcionário de fato encontrou a ficha de Ludmilla, mas ela estampava um pequeno retângulo vermelho no canto direito superior. Isso significava que era proibido comunicar aquelas informações sem uma autorização especial. "Vamos", disse-lhe o amigo do amigo em questão. "Trata-se de um assassinato." Aliás, ele não mentia. Dessa forma, conseguimos seu endereço. Por uma sorte espantosa, embora o nome de Ludmilla não constasse do banco de dados nominais da central telefônica, o KGB não pensara em proteger o número do telefone de seu domicílio.

Entretanto, Kostin hesitou durante vários meses antes de telefonar. Dizia consigo que aquilo não adiantaria nada. Otchikina não tinha interesse em dizer a verdade. Traumatizada como provavelmente ficara, certamente não aceitaria encontrar-se com um jornalista. Além disso, havia uma razão mais egoísta. É mais fácil partilhar a opinião geral quando não se conhece a pessoa em questão. Basta tê-la olhado nos olhos e tentado compreendê-la para ter dificuldade em descrevê-la sob uma luz desfavorável. Quer dizer, não era possível fazer um retrato sem ter visto o original.

Para sua surpresa, o autor teve no telefone uma mulher de voz jovem, inegavelmente culta, direta. Ludmilla não escondeu o quanto aquele telefonema era inesperado para ela e, para resumir, desagradável. Kostin fez o melhor que pôde para convencê-la a falar, contando-lhe seu constrangimento de apresentá-la no livro unicamente segundo a descrição de pessoas que não gostavam dela necessariamente. Se não quisesse ajudá-lo, talvez pudesse pelo menos permitir que ele checasse alguns fatos a seu respeito. Finalmente, ela anotou o número de telefone do pesquisador e prometeu ligar de volta.

Kostin aguardou 15 dias antes de tentar de novo. Finalmente marcaram um encontro no metrô para dali a dois dias. A fim de se reconhecerem, Kostin começou a se descrever, mas Ludmilla cortou-lhe a palavra: "Acho que não nos perderemos."

Kostin esperava — sem acreditar muito — poder tomar uma bebida com ela na varanda de um café da rua Arbat. Para qualquer eventualidade, pusera um ditafone na bolsa.

No dia e hora marcados, deparou-se, na plataforma da estação Kievskaia, com uma mulher esbelta, vestida com simplicidade e elegância: uma calça comprida de verão, uma túnica e um casaco de algodão branco. Sem ser bonita, tinha traços agradáveis. Não aparentava seus 61 anos. Ainda era uma mulher que sabia seduzir.

Recusou-se a ir a um café e estava claro que ia levar o jornalista importuno para dar uma volta após algumas frases corteses. Sentaram-se num banco defronte da estação de Kiev. A chuva expulsou-os dali... quatro horas mais tarde.

Descreveremos em detalhe esse encontro com Otchikina por duas razões. Em primeiro lugar, porque a versão de Ludmilla contradiz todas as demais. Mas isso era algo que podíamos esperar. O que, acima de tudo, torna esse comentário essencial é que, acerca de vários pontos cruciais, Ludmilla pareceu mais digna de crédito que os demais. E é importante que o leitor compreenda por quê.

Sua versão não pode ser confirmada por nenhum fato. Vetrov morreu e as conclusões oficiais conciliam todos os outros atores, juízes ou partes nesse drama. A lógica e a coerência de uma narrativa tampouco constituem prova de sua veracidade. Todos nós sabemos como forjar um ponto de vista em que o nosso comportamento parece digno e justo — o que não poderíamos dizer dos outros. Perante uma situação traumática, fazemos isso nem que seja por nós mesmos. O que dizer quando a pessoa foi obrigada a passar por duas séries sucessivas de cerrados interrogatórios? Otchikina teve tempo para treinar.

Ludmilla é uma mulher de inteligência superior e de grande rigor no raciocínio. Logo, teria sido fácil para ela forjar uma história impecável na qual suas atitudes refletissem a alvura da neve. Não fez isso. Nunca tergiversou sobre coisas evidentes e, se deixou muitas perguntas sem respostas, foi porque ela mesma não as encontrara. Porque não queria mentir. Porque, como afirmou, considerava a mentira um vício mental. Sobretudo, porque no fundo estava pouco se lixando se acreditavam nela. Teve a oportunidade de constatar que a estupidez, a maldade e a covardia humanas não têm limites. Julga-se a detentora da verdade. Quanto aos outros, podem acreditar no que bem lhes aprouver, incluindo esse jornalista teimoso. Tudo que Otchikina pediu foi para que não citasse seu nome verdadeiro. Por causa da filha, que não estava totalmente a par do calvário que Ludmilla vivera. Portanto, ela figura neste livro entre as pessoas cujo nome de família foi ligeiramente modificado, como no livro de Marcel Chalet.

Em última instância, e principalmente, tendemos a dar-lhe crédito porque Ludmilla mostrou-se o oposto do personagem que descrevêramos. Logo nos primeiros minutos dessa conversa, era possível compreender por que, num dado momento, Vetrov quis trocar sua formosa Svetlana por ela. Ludmilla tem uma personalidade muito sedutora. Tem um espírito inquieto, rigoroso e malicioso. Por outro lado, é cheia de tato, afaga seu amor-próprio. Seduz muito por sua sinceridade e seus súbitos acessos de candor ingênuo. Apesar de tudo que sofreu, manteve seu temperamento alegre e jovial.

Da mesma forma, a despeito da proverbial ganância que lhe atribuem, Ludmilla foi uma das raras pessoas dentre nossas testemunhas que jamais levantou o problema de sua remuneração. No fundo, tinha realmente a intenção de partir após ter pedido que seu nome fosse alterado. Ela não gostara da maneira como Kostin lhe falara ao telefone. Educadamente, qualificou de "maximalismo" sua maneira de lhe pôr a faca na garganta. Ela o imaginava baixo, gordo e velho. Constatou que era alto e magro, e o considerou jovem. Generosamente, perdoou seu "maximalismo".

Contou sua história sem que houvesse se preparado para tal, com arroubos espontâneos e dolorosos. Pagou caro sua aventura sentimental. Após a tentativa de assassinato pela qual passou, sobreviveu por milagre. Durante meses, Ludmilla lutou para sobreviver. Permaneceu três meses no hospital do KGB. No outono, foi reconhecida como gravemente deficiente. Durante dois anos, tentou se salvar ingerindo quilos de calmantes. Ainda assim, tinha pesadelos todas as noites. Não necessariamente uma nova reconstituição daquela noite fatídica. Depois, pouco a pouco, diminuiu sua dose de tranquilizantes; no fim de dez anos, seus pesadelos desapareceram. Em compensação, seu inconsciente tira uma desforra anualmente a cada dia 22 de fevereiro. Nesse dia, Ludmilla sente, ainda hoje, uma espécie de angústia quase intolerável.

Desde que Kostin ligara para ela, voltara a tomar calmantes. No dia do encontro, tomara um poderosíssimo, equivalente do valium. Via-se claramente seu estado. Ao abordar determinados assuntos, suas mãos começavam a tremer. Por duas ou três vezes, seus olhos ficaram marejados. Kostin mudava rapidamente de assunto e, pouco tempo depois, seu sorriso voltava. Na verdade, puderam falar de certas coisas unicamente porque ela se dispôs a abordá-las primeiro.

Em sua provação, Ludmilla foi imensamente ajudada pelo marido. Ele queria acompanhá-la a esse encontro, para dizer ao jornalista de homem para homem que deixasse sua mulher tranquila. Ludmilla estava toda confusa por ter ficado mais de quatro horas conversando, quando lhe prometera mandar o pesquisador passear imediatamente.

— Infelizmente, serei obrigada a lhe dizer a verdade! — diz ela com um semblante falsamente zangado. — Não tenho o dom de mentir. Quando minto, fico toda vermelha, o rosto, o pescoço, até os braços. O senhor consegue imaginar o que sofri durante toda a minha epopeia com Vetrov?

Antes de se despedir de Serguëi Kostine no metrô, ela lhe disse uma última coisa:

— Não lhe contei tudo em detalhe. Nunca o farei: seria uma tortura para mim. Mas juro que as grandes linhas, o esquema geral, são verdadeiras. Faça com isso o que bem entender. Não alimento ilusões. Compreendo que, com todo o seu material, o senhor dispõe de uma mina, e, com o que acabo de lhe dizer, uma mina de ouro. E, nessa mina, estou totalmente sozinha. E sem provas.

Entretanto, intuitivamente, somos tentados a crer que Ludmilla disse a verdade sobre o essencial. Agradecendo-lhe por sua ajuda, Kostin disse-lhe em tom de brincadeira:

— Acho que tudo que eu poderia fazer pela senhora em troca é nunca mais me manifestar na sua vida.

Com seu tato habitual, Ludmilla convidou-o a lhe telefonar de novo, se julgasse necessário. O contato era honesto, e ela sabia que Kostin não abusaria dele. E, com efeito, ele não acredita que volte a ter a coragem para lhe fazer rever novamente o filme de suas lembranças mais angustiantes que Hitchcock.

Além disso, duvidamos que aceite fazê-lo perante outro qualquer. Eis por que sua versão será dada por extenso, tal e qual. Afinal de contas, nem ela nem os autores serão mais deste mundo quando o KGB decidir abrir seus arquivos. Como é certo que esses documentos conterão tantas distorções e lacunas quanto os autos do inquérito de Vetrov, é preferível que os historiadores de amanhã tenham acesso às duas faces da moeda.

24

A confissão de uma renegada

Ludmilla entrou no carro de Vetrov com toda a confiança. Não apenas porque era seu amante. Conhecia-o bem, e há muito tempo. Na verdade, seus caminhos haviam se cruzado vinte anos antes.

Quando, saindo da Escola do KGB, Vladimir foi nomeado pelo Comitê de Estado para a Técnica Eletrônica (GKET), Ludmilla já trabalhava lá. Profissão: tradutora de inglês e espanhol. Concluíra, em 1957, a faculdade de letras da Universidade Lomonossov. Depois tinha sido tradutora no Ministério da Frota Marítima. A partir de 1959, trabalhava no GKET.

Otchikina e Vetrov faziam parte do mesmo departamento do Ministério das Relações Exteriores. Entretanto, suas relações eram formais. Nem sequer se cumprimentavam. Não tiveram tempo de se conhecer melhor: naquele mesmo ano de 1962, Ludmilla deixou o comitê.

O GKET era fortemente boicotado pelo KGB. Um de seus superiores lhe oferecera um cargo interessante na Lubianka. Ludmilla refletira. Seu emprego lhe dava de fato a possibilidade de viajar de tempos em tempos ao estrangeiro, acompanhando como intérprete as delegações do comitê. Mas isso era raro. E todos os meses ela recebia um salário irrisório. No KGB, ela seria contratual, isto é, civil. Não poderia mais deixar o país, mas, pelo menos, seria adequadamente remunerada. Aceitara.

Ludmilla reencontraria Vetrov em 1975, após sua volta prematura do Canadá. Lembra-se que sua carreira no KGB estava por um fio: Vetrov

A CONFISSÃO DE UMA RENEGADA

corria o risco de ser expulso do Partido e licenciado. Um protetor poderoso, diziam mesmo um vice-presidente do KGB, salvou-o. Vladimir foi lotado no departamento de Informação da Direção T. Como dissemos, para o serviço de informações soviético, este era uma geladeira para operacionais "queimados", culpados de infrações graves ou alcoólatras. Compreendia também um setor de tradução que empregava uma dezena de tradutoras contratuais. Sem por isso ocupar nesse serviço uma posição hierarquicamente superior, Otchikina era ali a funcionária mais antiga.

As tradutoras ocupavam três escritórios. O que Ludmilla dividia com duas colegas ficava a duas portas do gabinete de Vetrov.

Ao contrário do que se crê, o KGB era muito parecido com qualquer outra repartição soviética. Trabalhassem ou não, todos tinham a certeza de receber seu salário, não enorme, mas garantido. Segundo uma piada comum, as pessoas fingiam trabalhar, o Estado fingia pagar. A primeira coisa que se fazia ao chegar ao escritório era ligar uma chaleira para preparar chá. Depois, contavam-se as últimas fofocas. Iam pegar encomendas alimentares, embrulhos compostos de gêneros tão raros quanto um pedaço de manteiga, uma porção de queijo ou salame, umas duas ou três latas de conserva, duas barras de chocolate, em suma, tudo que não se encontrava no comércio. Distribuíam-se bônus de estada em estabelecimentos balneários e organizavam-se excursões. Uma hora antes de sair da repartição, havia geralmente um aniversário, uma saída de férias ou uma volta de férias, um feito universitário de um filho ou filha de um colega. Era de bom-tom, portanto, organizar uma festinha, na qual até o chefe fazia uma breve aparição. Trabalhavam no intervalo.

Vetrov, por exemplo, tinha o hábito de tomar chá com as tradutoras. Não necessariamente com Ludmilla. A companhia de mulheres estimulava-o. Até a preferia à companhia de seu colega de sala, com quem promovia frequentemente um sorteio de uma garrafa de conhaque armênio. De tempos em tempos, Vladimir trazia bolos, chocolates ou uma garrafa de champanhe para regar uma reunião.

Quando havia clima, estendiam a festa na casa de alguém. Várias vezes, o alegre bando aterrissava na casa de Ludmilla. Ela se lembra que um dia

Vladimir foi à rua Flotskaia. Alguns colegas estavam acompanhados de suas mulheres; ele, não. Ludmilla apresentou-o a seu marido, e eles beberam juntos. Na Rússia, isso conta muito. Isso supõe relações de amizade e confiança, todo um código de honra entra em ação depois de se brindar e beber à saúde um do outro.

Essas relações inocentes duraram até a primavera de 1981. Vetrov acabava de transpor o muro: nessa época, negociava com Xavier Ameil. A solidão o oprimia cada vez mais. Ele precisava de afeto.

É mais fácil conquistar uma desconhecida do que uma mulher que conhecemos há vinte anos e que encontramos diariamente, ou quase, há seis anos. Se as possibilidades de um grande amor ou de uma aventura amorosa não se realizam imediatamente, somos classificados na categoria assexuada dos colegas, dos conhecidos, dos amigos, de quem não esperamos nada, não tememos nada. Foi por isso que Ludmilla ficou sinceramente perplexa quando a atitude de Vetrov a seu respeito mudou bruscamente.

Começou a desconfiar em 7 de março de 1981. Na véspera do Dia Internacional das Mulheres, feriado, os homens tradicionalmente congratulavam todas as mulheres de seu serviço. Vetrov chegou ao escritório das tradutoras com um bonito buquê. Porém, em vez de distribuir as flores entre as três mulheres, estendeu-as todas para Ludmilla com um gesto enfático. Gesto que não enganou ninguém.

Vladimir então passou à ofensiva. Ia pegá-la para irem almoçar no refeitório. Espreitava os momentos em que Ludmilla ficava sozinha em sua sala. Esperava-a depois do trabalho a fim de convidá-la para passear ou jantar no restaurante. Dizia que estava apaixonado por ela desde que a vira no GKET, em 1962. Que era um suplício para ele vê-la diariamente sem poder lhe fazer sua declaração. Ruminava que ambos tinham sua vida feita, e se proibira até aquele dia de reconsiderar tudo. Mas, dizia, agora não aguentava mais. Estava pouco se lixando para o que lhe pudesse acontecer, estava disposto a largar tudo. Não concebia sua vida sem Ludmilla.

No início, Otchikina ficou confusa diante desse ataque repentino. Tinha um lar, entendia-se bem com o marido, tinha uma filha de 13 anos. Mas Vladmir era um passional. Ludmilla começou a se dizer: "E se for realmente um amor fora do comum?" Hoje, mostra-se mais prosaica: "A gente nega, nega mil vezes, e na milésima primeira diz sim. E, obviamente, leva na cabeça."

O caso deles começou em junho. Moscou era uma cidade hostil para namorados. Difícil achar um café tranquilo para ficar uma ou duras horas batendo papo. Impossível arranjar um quarto num hotel. Felizmente, Vetrov tinha seu carro. Na saída do trabalho, iam tomar banho de rio, passear num parque ou jantar num restaurante. Na hora de sair de férias, não havia ainda nada decidido, e cada um foi para o seu lado. Vetrov partiu para o campo, e Ludmilla, para o Sul, para o mar Negro.

Reencontraram-se em setembro. Após essa separação, a paixão atingiu seu auge. Vetrov chegaria a levar Ludmilla, a filha e uma de suas amigas tradutoras a Kresty. Por outro lado, Ludmilla não acreditava nem um pouco que ele pudesse cogitar passar o resto de seus dias no campo. Era um sujeito urbano, que gostava do conforto. Teve mil provas disso durante seu fim de semana nessa aldeia não eletrificada.

Vetrov insistia cada vez mais para morar com ela. Estava cheio daqueles encontros às escondidas, como se fossem colegiais. Alugariam um apartamento onde seriam felizes. Ludmilla sofria ainda mais que ele com as situações humilhantes e a necessidade de mentir. No entanto, queria que Vladimir desse o primeiro passo.

Ainda mais que ele lhe dizia frequentemente que detestava Svetlana. Ludmilla não estava a par da infidelidade de sua mulher, que magoava profundamente Vladimir. Achava que era a revolta de um pupilo que rejeitava a tutela odiada. Entretanto, ficou chocada quando ele lhe disse um dia: "Os caras me dizem: 'Você só precisa matar essa piranha!'" Na opinião dela, não eram palavras a serem ditas sobre uma mulher, ainda mais se ela não é a sua, nem ideias a serem cultivadas saudavelmente, mesmo sem a intenção de concretizá-las.

Dito isto, Vetrov não tinha pressa de abandonar Svetlana. Ludmilla espantava-se com isso. Se Vladimir estava resolvido a morar com ela, devia agir consequentemente. Se não tinha forças para romper com a família, por que a pressionava a deixar o marido? No fim das contas, ela concluiu que, provavelmente, ele queria conservar as duas mulheres: a de seu contexto familiar habitual e aquela pela qual estava apaixonado.

Ludmila não via com bons olhos aquela duplicidade. Quanto mais pensava nela, mais a detectava em outras frases e atos de Vetrov. Ele falava mal de todas as pessoas com quem convivia. Acontecia-lhe muitas vezes deixar escapar uma observação desairosa sobre uma pessoa de quem acabava de se despedir, o sorriso largo, com um beijinho e um aperto de mão caloroso.

Acima de tudo, causava-lhe horror ser objeto daquela hipocrisia. Testemunhava a mesma coisa todos os dias. Um relacionamento de escritório não é um fato que se possa dissimular. Ludmilla compreendia que Vladimir não quisesse exibi-la, mas, na sua opinião, ele tampouco precisava demonstrar indiferença. Enquanto isso, ele frequentava sua sala como um colega, como quem não quer nada. Tomava chá, brincava com as colegas.

Entretanto, assim que ficavam a sós, ele se lançava sobre ela como um vampiro. Beijava-a avidamente, apertava-a contra si.

— Quando poderei tê-la só para mim? Quando vai decidir, afinal?

Ludmilla se debatia.

— Mas isso só depende de você. Assim que você alugar um apartamento e se mudar, irei para lá.

Ele repetia a mesma coisa.

— De jeito nenhum, você é que tem de se separar do seu marido. Não vê que estou louco por você?

Então ouviam passos no corredor. Vetrov abandonava imediatamente suas carícias, corria para a mesa defronte e, no momento em que a pessoa entrava, ele estava ali, com a mão segurando o queixo e conversando assuntos banais. Ludmilla via cada acrobacia desse tipo como uma ofensa. Cada vez mais se dava conta de que Vladimir não tinha a intenção de romper com Svetlana. Queria apenas que ela, Ludmilla, se separasse do marido para que ele pudesse encontrá-la a seu bel-prazer.

Dois acontecimentos, pequenos mas significativos, abriram-lhe definitivamente os olhos a respeito de Vetrov.

Um dia de outubro, ele voltava sozinho do campo. A casa dos Otchikin ficava no caminho, e ele subiu sem avisar. Ludmilla tinha saído, foi o marido

A CONFISSÃO DE UMA RENEGADA

quem abriu a porta. Vetrov não se mostrou nem um pouco desconcertado. Declarou que estava ali para uma conversa de homem para homem.

O marido de Ludmilla fez com que ele entrasse. Vetrov anunciou-lhe que estava tudo decidido entre Ludmilla e ele. Amavam-se e iam morar juntos. Ele vinha rogar-lhe que não se opusesse. Afinal de contas, é a vida, convém considerar as coisas como elas são. Ele só tinha de deixar Ludmilla partir sem complicar-lhe a vida.

Presumimos facilmente a cena que esperou a mulher em casa. Ludmilla ficou furiosa. Vetrov nem sequer a avisara de que tinha a intenção de falar com seu marido. Ela teria conseguido dissuadi-lo.

Refletindo, ela compreendeu que não se tratara absolutamente de um impulso, como Vladimir pretendeu. Ao contrário, tudo parecia muito bem planejado. Uma iniciativa daquelas devia logicamente resultar numa grande explicação entre os esposos. Vetrov podia esperar que não restasse a Ludmila outro partido a tomar senão ir embora. Espontaneamente ou expulsa pelo marido. Então se veria obrigada a morar em outro lugar e ele poderia vê-la regular e confortavelmente. Manteria o seu lar e teria uma amante ao alcance da mão, e completamente à sua mercê. Separada do marido e entregue a si mesma, não teria mais exigências a formular.

Mais tarde, Ludmilla ponderou que talvez houvesse outra explicação. Uma espécie de programa mínimo. Vladimir teria percebido que não teria condições de conservar Svetlana e Ludmilla ao mesmo tempo. Teria então decidido romper com a amante, mas faltava-lhe coragem para lhe dizer isso. Logo, teria tomado o partido de agir de maneira a que suas relações se envenenassem progressivamente. A separação viria por si só.

Outro incidente lhe confirmaria essas suspeitas. Certa noite, foram jantar. No carro, Ludmilla percebeu que lhe haviam roubado sua carteira. Tinha certeza de que não a deixara no restaurante nem a perdera em outro lugar. Concluiu daí que, segundo toda probabilidade, tinha sido Vladimir que a roubara. Na carteira, não havia muito dinheiro. Mas continha seu passaporte e, o principal, sua credencial do KGB. A perda desse documento acarretava fatalmente intermináveis aborrecimentos para o seu titular. Alguns dias mais tarde, a milícia restituiu-lhe seu passaporte. Mas a credencial nunca foi achada. Estranho, pois, se o ladrão quisesse se livrar dos papéis após ter pego o dinheiro, como se faz geralmente, teria jogado fora os dois documentos de identidade.

Ludmilla não pensa que Vetrov precisasse da credencial para entregá-la aos franceses. Ele poderia ter roubado uma dúzia no escritório ou nas gavetas de suas colegas. Não. Otchikina está convencida de que ele queria que ela fosse importunada por causa da perda desse documento, talvez até mesmo dispensada.

Após todos esses desdobramentos, Ludmilla não sentia mais vontade de morar com Vetrov nem de continuar seu relacionamento. Não queria mais lidar com dois homens diferentes num único corpo. Não sabia mais sobre que bases jogar com ele. Só aspirava a que ele a deixasse em paz. Vetrov percebia isso, o que o fazia apenas mais guloso de carícias no escritório. Ludmilla esperava suas aparições com angústia; a palavra "vampiro" voltava com uma frequência cada vez maior à sua mente quando ela pensava em Vladimir.

Mas nada disso extrapola o âmbito de um drama passional e de um crime comum. Otchikina refuta formalmente que estivesse a par das atividades de espionagem de Vetrov. Como já explicamos, teria sido suicida da parte dele confiar-se a outro membro do KGB, ainda que este fosse sua amante e uma contratual civil.

Por outro lado, no que lhe diz respeito, Ludmilla condena a traição. Independentemente do regime vigente, concebe com dificuldade que alguém possa trair seu país. A menos que fosse por causa de convicções extremamente fortes. Não era o caso de Vetrov. Quando lhe perguntamos se ela podia explicar a atitude do amante numa única palavra, ela repete o que já ouvimos durante nossa pesquisa:

— Revanche.

Assim como para os Rogatin, Vladimir dissera um dia uma frase sibilina cujo sentido Ludmilla só viria a compreender quando suas atividades de espionagem fossem desvendadas. Enquanto tudo corria bem no relacionamento de ambos, um dia Vladimir lhe falou de sua casa, seus quadros, seus móveis antigos. E acrescentou:

— Expliquei claramente a Vladik que objetos ele poderá vender e as coisas de que só deve se separar em última instância.

Entre parênteses, conviria deduzir disso que Vetrov pretendia passar para o Ocidente sozinho, ao contrário dos planos que elaborava com o filho?

Houve uma cena muito mais alarmante, mas cujo sentido, mais uma vez, ela só compreenderia bem mais tarde.

Ela não fora a única a testemunhar um erro profissional grave da parte de Vetrov. Um dia de outono, ele contou em seu escritório, na frente de três ou quatro tradutoras, que não tivera tempo de redigir um memorando analítico e que era obrigado a levar trabalho para casa. Disse, num tom de brincadeira: "Tem gente que se mata no trabalho! Leva até dever de casa."

O assunto merece um desvio. Todo mundo sabia que era rigorosamente proibido levar para casa papéis do KGB, onde quase todos os documentos eram classificados como sigilosos, muito sigilosos, ou especialmente importantes. A rigor, tolerava-se que se levassem para casa sínteses da imprensa estrangeira, fotocópias de artigos publicados em revistas científicas e outros documentos classificados como de "difusão restrita".

Ora, para um agente é primordial estar em condições de evacuar dossiês sigilosos. Na época, as fotocopiadoras ainda eram inexistentes nas repartições soviéticas. Nunca estando sozinho em seu escritório, Vetrov não podia fotografar os documentos quando queria. De toda forma, só devia receber sua câmera miniatura no fim de seu percurso. Um arquivista do KGB, Vassili Mitrokhin, passara anos copiando documentos sobre papel superfino, evacuando-os em suas meias, guardando-os em redomas de vidro e escondendo-os em sua datcha. Em seguida, aguardou pacientemente um momento propício, que foi finalmente a fragmentação da URSS, para passá-los sem riscos para o Ocidente. Isso não convinha a Farewell.

Tomou o partido de retirar os documentos secretos da sede da PGU. Ele, que conhecia bem a organização da segurança interna, agia regularmente, não sem uma dose de adrenalina, mas com toda confiança. Sabia que nenhum serviço secreto poderia funcionar sem esse dado básico que é a confiança, sobretudo a respeito dos oficiais. Sem isso, seus funcionários passariam o tempo todo vigiando-se uns aos outros, espionando, organizando inspeções e preparando armadilhas para testar Fulano ou Sicrano...

Por outro lado, imaginemos o posto de controle da PGU nas horas de afluência, um pouco antes das 9 da manhã, e logo após 6 da tarde. Num intervalo de vinte minutos, milhares de oficiais e funcionários civis passavam diante desse posto de controle. Valeria a pena revistá-los todos, no verão e no inverno? Pedir-lhes que abrissem suas pastas? Nelas, havia seguramente papéis, provavelmente numa língua estrangeira. Um suboficial de segurança saberia avaliar seu teor? Ou deveria chamar a cada vez um especialista? Não apenas um controle severo teria sido uma ofensa para todo o pessoal como era tecnicamente impossível. Todos os agentes duplos aproveitam-se disso.

Ao contrário, no escritório das tradutoras, a conjetura de Vetrov se provaria correta: ninguém suspeitou de nada. Só depois de conhecido o crime de espionagem é que todos os que tinham assistido à cena se lembrariam dela. Além disso, ficaria comprovado que se tratava do relatório que já mencionamos, o que sintetizava o conjunto das informações científicas e técnicas recolhidas num país ocidental, com a indicação dos 38 agentes e de sua produção respectiva.

Incontestavelmente, Vetrov falara de modo proposital na frente de várias pessoas, desconfiando que mais dia menos dia podia ser pego em flagrante delito de evacuação de documentos secretos do KGB. Nesse caso, poderia admitir que cometera uma infração e, ao mesmo tempo, alegar inocência. Pois, se precisasse desses documentos para transmitir seu teor a uma potência estrangeira, teria se virado para que ninguém soubesse nada. Mas, da mesma forma, diria ele, já lhe acontecera levar documentos para trabalhar em casa. Várias pessoas poderiam confirmar isso. E se ninguém o tinha reportado a quem de direito, era porque todo mundo entendia que se pudesse querer terminar em casa o que não se teve tempo de fazer no escritório. Assim, expondo-se a algumas suspeitas, afastava outras, bem mais graves.

Apesar desse incidente proposital, nunca houvera, da parte de Ludmilla, ameaças contra Vetrov. Ela não podia em sã consciência nem se dirigir ao comitê do Partido nem comunicar suspeitas — que ela não tinha — à contraespionagem interna. Uma vez que não dispunha de nenhum meio de pressão, tampouco podia dar um ultimato ou fixar uma data limite.

A CONFISSÃO DE UMA RENEGADA

A versão do processo segundo a qual Otchikina teria ameaçado se queixar perante o comitê do Partido caso Vetrov não se separasse da mulher antes de 23 de fevereiro merece um exame à parte. Na opinião dela, que partilhamos, essa suposição não resiste à crítica. Se Ludmilla apelasse ao comitê do Partido, teria o nome na lama antes mesmo de conseguir o que queria.

No sistema soviético, a profissão de intérprete era considerada secundária, classificando-se na mesma categoria das de datilógrafa, secretária, motorista, garçom de restaurante ou comissária de bordo. Considerando essa diferença de status entre uma tradutora, por definição mulher de costumes levianos e civil, e um oficial do KGB objeto de agradecimentos e condecorações, o veredito teria de toda forma sido desfavorável a Ludmilla. A despeito do que Vetrov podia captar, ele teria se saído muito bem. Teriam-no repreendido apenas pró-forma, mas, mais ainda que o processo da justiça militar — um organismo independente do KGB —, a célula do Partido da Direção T teria irrevogavelmente tomado a defesa e as dores de seu oficial. Otchikina teria sido apresentada como uma caçadora de homens casados e fustigada como tal (foi, aliás, como vimos, o que aconteceu). Portanto, isso foi outra invencionice de Vetrov, que o processo engoliu de boa vontade.

Mas então como explicar que Vetrov invocasse na frente de Vladik — e, mais tarde, perante seus interrogadores — um ultimato que expiraria em 23 de fevereiro? E, num plano mais genérico, por que um homem culto e educado investiu contra a mulher que amara como um louco, desferindo-lhe cerca de vinte cuteladas? Devia considerá-la uma ameaça direta e iminente à sua sobrevivência para que o medo o transformasse num monstro sanguinário. Ludmilla tampouco tem uma explicação satisfatória para isso. No entanto, teve tempo para pensar no assunto...

Na falta de uma explicação, Otchikina não obstante arrisca uma hipótese. Atribui essa tentativa de assassinato ao estado psíquico de Vetrov. Considera, e concordaríamos de bom grado com ela, que um agente duplo vive no medo constante de ser desmascarado, preso, julgado, executado. Vetrov não podia alimentar ilusões sobre o destino que o esperava no caso de ser flagrado pelo KGB. Daí seu estado de suspeição paranoico. Era capaz de perceber uma observação completamente banal, à qual um indivíduo que não leva uma vida dupla não atribuiria nenhuma importância, como uma alusão às suas atividades clandestinas.

Ludmilla tinha um temperamento alegre e uma língua bem afiada; adorava espezinhar. Admite francamente que era capaz de fazer cem vezes uma reflexão que, na mente exaltada de Vladimir, era suscetível de adquirir uma dimensão bem diferente. Uma piada inocente poderia lhe fazer crer que sua amante sabia que ele era um informante francês. Uma frase sem segundas intenções podia ser percebida como uma ameaça velada, uma palavra trivial como uma tentativa de chantagem. Ludmilla não se lembra de nada de preciso, justamente porque não tinha nenhuma intenção de ameaçá-lo. Se tivesse dito coisas expressas, ela se lembraria.

Otchikina acha natural que a propensão ao devaneio na cabeça de Vetrov tenha se revestido de um medo permanente de ser descoberto. Disso teria resultado uma autêntica mania de perseguição. De tanto espreitar cada palavra imprudente pronunciada por Ludmilla e estudá-la ao microscópio, de tanto incorrer em suas apreensões, ele teria chegado à certeza, em primeiro lugar, que ela sabia e, depois, que poderia denunciá-lo, enfim que ferraria com ele.

Um parêntese. A hipótese de uma crise paranoica de Vetrov é corroborada por outras fontes, e não das menos importantes.

Trata-se em primeiro lugar de Igor Prelin, que, da mesma forma, pensa que o estado de tensão no qual Vetrov vivia nessa época podia muito bem fazê-lo interpretar mal uma palavra de Ludmilla e lançá-lo num acesso de pânico criminal.

A outra fonte é francesa: trata-se de Jacques Prévost. O representante da Thomson nos afirmou que, *segundo uma de suas fontes*, Volodia estava convencido de que Ludmilla trabalhava para a CIA. E isso não é tudo: ainda segundo Vetrov, alguns membros da agência americana preparavam-se para "sujá-lo" junto ao KGB, porque os documentos da produção Farewell eram tão cruciais que começavam a se tornar comprometedores para personalidades americanas de alto escalão.

A CONFISSÃO DE UMA RENEGADA

Nessa hipótese rocambolesca, não é tanto a teoria totalmente improvável de uma Ludmilla agente da CIA que prende a atenção, é antes o estado de delírio paranoico no qual devia estar Vetrov para imaginar tal montagem.

Podemos contudo nos perguntar quem seria de fato essa famosa fonte que recolheu tal afirmação de Farewell em momento tão crucial. Isso implicaria que havia em Moscou outra pessoa ciente da operação sem ser Ferrant. Ora, sabemos que isso é falso. Quem, então? O próprio representante da Thomson havia em princípio saído da operação no mês de maio de 1981. Aliás, Nart o proibira formalmente de retomar contato com seu amigo após a entrada de Ferrant no jogo. Apesar disso, o dossiê de Prévost relativo ao KGB atesta que ele prosseguiu com seus deslocamentos por Moscou nesse período, no início de 1982 inclusive. Svetlana, por sua vez, nos afirmou que ele e Volodia se haviam encontrado no início de fevereiro. Ainda que não tenha admitido isso, é portanto muito possível que o próprio Prévost houvesse recolhido essas elucubrações da boca de Vetrov, sem porém manifestá-lo por causa da interdição de Nart.

A paranoia de Vetrov não é menos crível. O estado de solidão e tensão conjugadas do informante durante esse período estimulava tal comportamento, e Vetrov certamente não podia ir consultar um especialista para tratar essa patologia. Para agravar a situação, os encontros com seu psicólogo improvisado, Patrick Ferrant, eram menos frequentes. Já sabemos a que ponto esses encontros contribuíam para o equilíbrio mental de Farewell (cf. cap. 17). O oficial francês nos confirmou realmente que seus encontros, que aconteciam duas vezes por semana antes da entrega da câmera miniatura, podiam se espacejar até três semanas com a utilização dessa ferramenta. Por exemplo, 26 de janeiro, data de seu último encontro, está longe da data de seu encontro seguinte, em 23 de fevereiro, quase um mês. Estamos longe dos dois meses reivindicados por Raymond Nart por zelo de segurança, mas é um período amplamente suficiente para transformar um estado de tensão nervosa em crise paranoica.

Outro elemento que depõe a favor de uma perda de controle de Vetrov é justamente sua atitude na noite de seu último encontro com Ferrant, em 26 de janeiro. Este último contato não foi um encontro como os outros. Em primeiro lugar, e por uma única vez durante a manipulação, Vetrov parecia ter bebido. Sua grande segurança desaparecera, substituída por uma agitação desesperada. Vetrov, hirsuto e pálido, mal conseguia fornecer uma explicação ao amigo:

— Danou-se, Paul, terminou tudo!

— Mas Volodia, o que está acontecendo?

— Agora já era! Terminou.

Vetrov iria contentar-se em escandir a mesma frase, cambaleante. Vendo Volodia desesperado a esse ponto, Ferrant pegou-o pelos ombros para reconfortá-lo e depois lhe sugeriu irem até o seu carro, mas Vetrov recusou. Após alguns instantes, antes de partir de novo, Ferrant disse-lhe a data do próximo encontro, 23 de fevereiro.

Vetrov respondeu vagamente que tentaria, e em seguida, sempre agitado, disse uma última vez: "Seja como for, terminou! É realmente uma pena."

Desapareceu na noite, delirante. Patrick Ferrant não voltaria a vê-lo.

Se Vetrov chegou a acreditar que Ludmilla colaborava com uma CIA que queria sua perda, apenas a bebida podia ajudá-lo a suportar o estado de estresse extremo no qual se achava. O que explicaria sua condição de quase embriaguez durante o último contato com Ferrant. Segundo toda probabilidade, esse estado paranoico apenas piorou durante todo o mês de fevereiro.

Portanto, bastava Ludmilla mencionar o dia 23 de fevereiro em qualquer contexto para que Vladimir encasquetasse que era aquele o dia do prazo. A data na qual sua amante executaria suas ameaças. A menos que tivesse sido ele a estabelecer essa data limite (ver cap. 30)...

Mas ele precisava dar uma forma ao produto de sua imaginação. Logo, teria inventado, pensando em Vladik, a história dos documentos roubados de seu casaco. Não podia dizer a mesma coisa na PGU. Então, a posteriori, teria oferecido a seus colegas a história, menos convincente mas admissível, das ameaças de recorrer à autoridade do Partido. Segundo Ludmilla, ela não o teria provocado de forma alguma dentro do carro. Vetrov teria então incorrido num assassinato premeditado e friamente executado...

Voltemos ao relato de Ludmilla. Naquele dia 22 de fevereiro, Otchikina esteve com Vetrov no escritório, como de costume. Nega categoricamente ter telefonado para a casa dele no meio da noite. Na verdade, só teria ligado

A CONFISSÃO DE UMA RENEGADA   261

para a casa dele duas vezes: a primeira para desmarcar um encontro e outra para lhe dar seus votos de feliz ano-novo. Somos inclinados a acreditar nela nesse ponto, mas tampouco temos razão para desacreditar o relato de Svetlana. Vetrov teria outra amante, ou ex-amante, que não parava de telefonar para sua casa? As pessoas que o conheceram julgam a coisa possível.

O fato é que Vetrov apareceu de repente por volta das 6 da tarde. As colegas de escritório de Ludmilla acabavam de sair: Vladimir deve ter ficado de olho nessa hora. Ludmilla estava com pressa, receava perder o ônibus. Vetrov ofereceu-se para lhe dar uma carona. Ludmilla recusou. Não fazia questão de ficar a sós com seu amante. Parecia adivinhar o que ia acontecer. Vladimir tentaria mais uma vez beijá-la, acariciá-la, convencê-la a abandonar o marido. Um velho disco arranhado que ela conhecia de cor. Além disso, tinha mais o que fazer em casa. No dia seguinte, era aniversário de sua mãe.

Ainda assim, Vetrov insistiu e obteve ganho de causa. No caminho comprou uma garrafa de champanhe. Parecia estar em seu estado normal.

Pararam no acostamento da marginal, num lugar que eles conheciam bem. Vetrov abriu o champanhe e o serviu num copinho de papel. Só tinha um e ofereceu naturalmente o primeiro gole a Ludmilla. Até esse momento, só haviam trocado frases banais. Vetrov não tivera sequer tempo de entoar seu refrão sobre a feliz vida a dois que os esperava.

Ludmilla mal levara o copinho aos lábios quando viu Vetrov fazer um movimento brusco. Uma fração de segundo depois, sentiu um violento golpe nas têmporas. Mais tarde, soube que tinha sido a garrafa de champanhe. Num carro de teto baixo, uma garrafa quase cheia não é a arma ideal. Vetrov pegou então o cutelo. Atingiu novamente Ludmilla na têmpora e em seguida, na boca, cortando-lhe o lábio e quebrando-lhe um dente. Passou então a enfiar o cutelo no corpo de Ludmilla, freneticamente. Ludmilla, durante longos, longos segundos, viveu uma sensação mais forte ainda que a dor, o horror absoluto.[1]

Tudo que ela fez em seguida foi no piloto automático. Assim que a atenção de Vetrov se viu desviada pelo homem batendo no vidro, a mão de Ludmilla encontrou a maçaneta, seu corpo projetou-se para fora e suas pernas a carregaram para o ponto de ônibus. Nem sequer tentou se afastar quando o carro partiu para cima dela. Quando o caminhão apareceu e o Lada de Vetrov, roncando o motor, passou a um metro dela, Ludmilla desmoronou.

Teve tempo de dizer o número de Vetrov e o número da placa de seu carro à transeunte que tropeçara nela. Depois perdeu os sentidos. Levada ao posto de emergência, os médicos estimaram que, dez minutos a mais, e ela não teria sobrevivido.

Como vimos, a PGU não gostava que seus membros ficassem nas mãos das instâncias civis. Assim que pôde ser transportada, algumas semanas mais tarde, Otchikina foi transferida para o hospital do KGB. Mesmo com vinte ferimentos provocados pelo cutelo e múltiplas lesões internas, foi instalada não na ala cirúrgica, mas na ginecológica!

Dividia o quarto com uma mulher que fazia alguns exames. Esta última era curiosa e passava o tempo tagarelando. Ludmilla estava sob o efeito de analgésicos, não compreendendo metade do que acontecia à sua volta. Entretanto, mais tarde se lembraria de que sua vizinha não parava de lhe perguntar sobre um certo casaco de pele. Só depois do início dos interrogatórios é que Ludmilla perceberia que aquela mulher não estava instalada no seu quarto por acaso.

Não foi um inspetor da justiça militar, mas um oficial da Direção K (contraespionagem interna da PGU) que lhe fez a primeira visita. Isso foi mais ou menos em maio. Ludmilla, que sofrera diversas cirurgias, mal começava a se levantar. Lembra-se de que levou uns bons 15 minutos para percorrer, apoiando-se na parede, os vinte metros que a separavam do escritório do chefe do setor. Um moreno de uns cinquenta anos, bem-disposto, a esperava. Tudo que ele queria saber era se Vetrov não havia traficado documentos secretos. Foi então provavelmente — Ludmilla nunca se lembra muito bem — que ela teria contado como, um dia, Vladimir levara um dossiê para trabalhar em casa.

Após essa visita, Otchikina tinha apenas Belomestnykh pela frente. Ela ainda não sabia o que a esperava.

Segundo ela própria, em toda essa história não era a traição do homem que ela amara que lhe desferira o golpe mais doloroso. Nem sequer a lembrança de seus olhos cheios de raiva assassina quando ele tentava trespassá-la como um naco de boi. Era o mar de lama em que se viu jogada durante o processo.

A ideia mestra era simples: era fundamental salvar a honra da farda. Quer tenha sido o próprio Vetrov seu autor, quer uma mente criativa da PGU, ela calhou bem para todos. Naturalmente, perante a lei, tinha-se um criminoso e suas duas vítimas. Porém, aos olhos de todos, havia, de um lado, um oficial do KGB, decerto um homem fraco, de moralidade duvidosa mas no fundo um sujeito direito, e do outro duas criaturas sem fé nem lei que o apanharam numa armadilha. Foi ao se debater para se libertar que ele cometeu gestos trágicos, causando uma morte e uma ferida grave.

Já sabemos o pouco caso que se fazia de uma tradutora, mesmo no KGB. Apenas um degrau acima de uma datilógrafa, além do mais astuciosa porque contaminada pelo Ocidente. Uma marionete que troca seus favores por presentes. Convinha demonstrar a todo custo que Otchikina não parava de exigir sempre mais, que nunca tinha o suficiente.

Ludmilla ficou apenas uma vez frente a frente com Vetrov. Pensara nesse momento com dias de antecedência. Conseguiria suportar sua visão? Teria ele coragem de olhar nos seus olhos? Sentiu as pernas fraquejarem quando entrou na cela onde Vetrov já estava. Revendo a mulher que ele amara e que tentara matar, Vladimir não manifestou nem remorso nem constrangimento. Recebeu-a com estas palavras:

— Por que você não quer confessar que eu lhe dava presentes?

Ludmilla caiu na real. Só mais tarde compreendeu que aquela era sua linha de defesa — que a instrução adotou como sua. Um dia, Belomestnykh chegou a lhe dizer:

— Como podia aceitar esses presentes caros? A senhora estava consciente, não é mesmo, de que era à custa de sua família?

Ludmilla nunca conseguiu convencê-lo de que, em matéria de presentes, só recebera dois. Um deles, um pingente com uma pedra de nefrita (que Ameil comprara a pedido de Vetrov). Vladimir deu-lhe a bijuteria em seu carro. Foi pouco depois de ele ter tentado conquistá-la, e Ludmilla não queria aceitá-la. Então Vetrov enfiou-a em sua bolsa. Depois, em outra ocasião, ofereceu-lhe três vidrinhos de perfume francês no mesmo estojo. Por uma razão obscura, o comércio soviético decidira nessa época paparicar seus concidadãos. Nunca, assegura Ludmilla, ela recebera o casaco de pele que a PGU se pusera a procurar assim que ela recuperou a capacidade de falar. O que evidentemente é falso, uma vez que Patrick Ferrant fizera sua mulher prová-lo antes de entregá-lo a Volodia.

Da mesma forma, nunca teria visto a calculadora de 10 centímetros por 5 e o despertador elétrico de 9 centímetros por 4 que Ameil levara para Vetrov e cuja descrição minuciosa figura nos autos do inquérito. Isso também podia ser verdade. Pois Vladimir podia ter fornecido as dimensões desses objetos ao inspetor; uma vez citadas no inquérito, adquiriram uma consistência toda física. Na realidade, Vetrov provavelmente dera aqueles penduricalhos a uma outra pessoa. Não eram presentes para uma mulher a quem se cortejasse.

Apesar dos protestos de Ludmilla e da ausência de provas, a versão dos presentes foi amplamente aceita, e não apenas nos autos do inquérito como também nos corredores da PGU. A desinformação sempre foi um dos lados fortes do órgão. Uma opinião unânime sobre a ganância de Otchikina melhorava na mesma proporção, aos olhos de todos, a imagem de Vetrov. É espantoso constatar com que facilidade homens lúcidos e frios como eram os agentes da PGU aceitaram uma versão fabricada de ponta a ponta. Solidariedade masculina? Despeito dos homens, muitos dos quais haviam cortejado Ludmilla sem jamais obter seus favores? Isso parece verossímil.*

Aparentemente, a campanha de contaminação realizada na Direção T foi bem-sucedida. Hoje, seus oficiais admitem que a imagem de Otchikina foi de fato forjada na esteira do caso Vetrov. Mais isso não mudara nada para ela mesma. Inteligente, alegre, atraente, Ludmilla julgava estar cercada por pessoas benevolentes que lhe dedicavam afeição e simpatia. Foi obrigada a se desencantar cruelmente ao ler o que era dito sobre ela nos autos do inquérito. Os melhores eram neutros. Seus colegas não tinham encontrado uma única palavra que a descrevesse sob uma luz favorável. No geral, as

---

*Como essa piada, que não é apenas russa. Dois homens conversam: "Maria é uma puta! — Por que diz isso? — Ela não quis transar comigo!"

A CONFISSÃO DE UMA RENEGADA

opiniões de seus colegas eram todas incriminadoras. Otchikina aparecia ali tal como o inquérito queria apresentá-la.

Aliás, assim como o homem do estacionamento, o desafortunado Krivitch. Na Rússia, o juízo moral prevalece sobre a lei. É por isso que o país tem poucas chances de se tornar um dia um Estado de direito. Ainda que, aos olhos da lei, Vetrov tivesse cometido um homicídio, para muita gente ele apenas acertara as contas com um salafrário. Tinha de pagar pelo crime, mas as simpatias não estavam do lado da vítima. Se, na época, houvesse na União Soviética tribunais com jurados, um bom advogado e uma honesta campanha midiática, Vetrov tinha certa chance de ser considerado não culpado.

Até Vitali Karavachkin, chefe da seção França na contraespionagem do KGB e jurista por formação, que estudou detidamente o processo de Vetrov, declarou que teria se oferecido como advogado para defendê-lo. Essa confissão nos estarreceu: Karavachkin era intolerante diante de toda e qualquer traição. A razão disso, esclareceu o oficial, seria ao mesmo tempo a defesa de Vetrov e um libelo contra o clima reinante na época na PGU. Deixando de lado o desprezo pelo serviço rival, Karavachkin estava assim mesmo disposto a compreender aquele bom sujeito que bebia porque era inteligente (é uma das certezas comumente admitidas nesse país), um homem que teve um acesso de violência porque era fraco e que vendeu os segredos de seu serviço porque este o maltratava. O que também era muito russo.

Por um acaso extraordinário, o miliciano morto morava na mesma rua que Otchikina. Ludmilla em vão proclamou que seus prédios eram separados por um bom quilômetro, e, portanto, de forma alguma, o defunto podia ser seu vizinho. Os inspetores empenharam-se em fazê-la admitir que o conhecia. Tiveram de abandonar essa ideia, na falta de qualquer prova, ainda que isso se encaixasse bem no processo: uma mulher que chantageia o oficial do KGB e seu cúmplice, voyeur e chantagista como ela, montam uma armadilha para ele num estacionamento a fim de obrigá-lo a aceitar suas condições na base da força. Com um pouco mais de sorte, Vetrov poderia ter alegado legítima defesa.

O relato de Ludmilla decerto não é um modelo de plenitude e coerência. Na realidade, provavelmente mais suscita do que desfaz dúvidas. Mas talvez seja porque nosso ângulo de visão não nos permita ver todo um lado desse caso. Procurávamos desesperadamente uma hipótese que, por mais fantasiosa que parecesse, resolvesse todas as contradições. Julgamos ter encontrado uma (ver cap. 30). Mas, para poder aceitá-la com mais boa vontade, ganharemos em conhecer a sequência dos acontecimentos.

25

Uma prisão para privilegiados

Valeri Andreevitch Retchenski era um oficial do KGB. Melhor, integrava a PGU, agência de informações. Melhor ainda, era oficial de contraespionagem interna da PGU. Logo, membro do corpo secreto da elite do KGB. Mas, agora, as vantagens de que ele desfrutava não vigoravam. Pior, não desfrutava mais delas. Pior ainda, na primavera de 1981, achava-se numa cela para três da prisão de Lefortovo.

A história que ele conta difere um pouco daquela revelada por seus amigos. Retchenski estava em missão em Varsóvia. A colônia organizara uma festinha por ocasião de um feriado qualquer, e faltavam pratos e talheres. Retchenski apresentou-se como voluntário para providenciá-los e partiu ao volante de seu carro com a mulher de um colega, ele também oficial do KGB. Na volta, a mulher, que ocupava o assento ao lado do motorista, equilibrava uma pilha de pratos no colo. Em seguida, Retchenski errou o caminho e decidiu fazer meia-volta na frente de um túnel (e atravessando uma linha dupla amarela, esclareceram seus amigos). Um outro carro, dirigido por um polonês, saiu do túnel e bateu no seu em cheio. A mulher recebeu o grosso do impacto, e, ao se quebrarem, os pratos a perfuraram. Morreu em virtude disso. Retchenski invocou o fato de que o motorista polonês estava cego pela luz do dia ao sair do túnel, e que corria muito. Seus amigos bem informados declararam que Retchenski bebera um pouco antes de pegar no volante, o que na época na Polônia era categoricamente proibido. Seja qual for a explicação verdadeira, Retchenski foi chamado a Moscou, licenciado e, no fim de alguns meses de interrogatórios, trancafiado na prisão de Lefortovo.

Não era ali que se mantinham os criminosos comuns; longe disso. Na realidade, os detentos dividiam-se em duas categorias. A primeira era constituída pelos "leigos" do regime: *apparatchiks*, membros da nomenklatura envolvidos em processos de costumes ou corrupção, e automaticamente todos os membros do KGB. A segunda compreendia o resto dos detentos acusados de crimes contra o Estado e colocados sob a jurisdição exclusiva do KGB: alta traição, fraude, contrabando de divisas estrangeiras ou metais preciosos e, de maneira geral, todos os crimes que causassem ao Estado um prejuízo econômico significativo. Numa cela de Lefortovo, por exemplo, encontraram-se Valeri Retchenski, ex-oficial de contraespionagem da PGU, e um certo Vassili, reincidente contumaz, que, flagrado na posse de um saco com cinquenta quilos de ouro em pó, se preparava para sua quinta ou sexta temporada na Sibéria.

Algumas palavras, em primeiro lugar, sobre Valeri Retchenski. É um homem de estatura mediana, seco, com um rosto afável e expressivo. Em seu pequeno apartamento situado num bairro residencial bem distante do centro de Moscou, toda uma parede é forrada de prateleiras. Isso não o impede de inserir, aqui e ali, algumas de suas expressões pitorescas, mas impublicáveis, de que a língua russa é tão rica. Embora sua vida tenha virado de cabeça para baixo depois daquele infeliz acidente, a prisão não o deixou amargo. A ideia de que alguém pudesse se interessar por Vetrov o divertia, mas ele deu seu depoimento de boa vontade, sem nunca buscar atribuir para si o papel de destaque ou denegrir os outros. Uma boa testemunha, em suma.

Como o crime cometido por Retchenski era considerado o resultado de um trágico conluio de circunstâncias, ele estava em bons termos com o responsável pelo seu inquérito. Um dia de fevereiro, antes de mandá-lo de volta para sua cela, este último lhe disse:

— Não se espante, mas esta noite o senhor terá outro companheiro. Também é um veterano do KGB.

— E eu com isso?

UMA PRISÃO PARA PRIVILEGIADOS

Com efeito, algumas horas mais tarde, a porta da cela se abriu para um homem de boa estatura, bem-apessoado, imponente, diz Retchenski. Os três homens se cumprimentaram, e então Vassili fez-lhe a pergunta incontornável:

— Por que está aqui?

— Por nada. Foi um acaso.

— Todo mundo diz isso na cadeia — retrucou Retchenski.

— O que mais? — insistiu Vassili.

— E você, por que está aqui?

— Eu, foi causa do ouro em pó. E ele (Vassili fez um gesto para Retchenski), é um ex-espião do KGB.

— Puxa, eu também — admitiu imediatamente Vetrov.

Retchenski, que não tinha intenção de revelar que sabia disso, juntou-se então à conversa.

— Estou aqui por causa de um acidente de carro. E você?

— Bati numa mulher com uma garrafa.

— Como assim?

E Vetrov contou sua versão dos fatos. Considerando a repercussão que sua história devia ganhar, Retchenski lembra-se muito bem dela. Na realidade, lembra-se de que Vetrov não revelara tudo nessa primeira noite. Mas eles passaram um mês e meio juntos, e três homens numa cela de dez metros quadrados em geral não têm outra coisa a fazer senão falar. Na prisão, fazer perguntas é uma coisa normal. Era aliás o passatempo predileto de Vassili, que por princípio desdenha a leitura. Convém, todavia, saber onde parar, mesmo se alguém quiser empurrar-lhe uma mentira flagrante. A propósito, Vetrov tinha assimilado rapidamente o código de conduta dos prisioneiros, e até mesmo regras mais sutis, como por exemplo saber escolher, para ir ao banheiro (na verdade, uma simples pia), o momento menos importuno para seus colegas de cativeiro.

A versão de Vetrov não se reveste de grande importância, a não ser para mostrar mais uma vez a que ponto ele queria se apresentar como vítima. Vítima das circunstâncias, e não de seu próprio temperamento ou maquinações.

Segundo Vetrov, ele vivia um amor paradisíaco com sua mulher. Teria então feito a gentileza de dar carona a uma colega tradutora. Pouco a pouco, eles começaram a se ver e viraram amantes. Ludmilla teria se apaixonado e exigido o divórcio. Vetrov preferiu abandonar a amante, mas queria fazê-lo amigavelmente. Comprou uma garrafa de champanhe para uma explicação final num estacionamento ermo. Apesar de sua gentileza, Ludmilla teria ameaçado se queixar a seu chefe e ao comitê do Partido, o que teria automaticamente posto fim à sua carreira. Vetrov perdeu a cabeça e golpeou-a várias vezes na cabeça com a garrafa. Mas Ludmilla conseguiu sair do carro, Vetrov quis alcançá-la e abalroou um homem, surgido não se sabe de onde. Golpeou-o (mais uma vez, sem esclarecer que era com uma faca); depois, com medo, entrou de volta no carro e arrancou, todo ensanguentado. Em seguida, foi encontrar um amigo, mas, como em todo o restante, era uma espécie de delírio.

Nada mal como história! Com omissões engenhosamente articuladas entre os fatos reais, era provavelmente a história que ele queria vender para o promotor. Alardeava-a perante seus colegas de cela, de certa forma.

O tempo passava, e o tempo passa lentamente numa prisão. O que Retchenski percebeu em Vetrov durante as três primeiras semanas é que era avaro. A cozinha na prisão nada tinha de gastronômica, e cada detento tinha oficialmente direito a receber uma remessa de víveres por mês. Na realidade, nessa prisão para vips, os privilégios eram numerosos. Por exemplo, Retchenski recebia regularmente de sua família cigarros com filtro, a princípio proibidos, e três pacotes de chá em vez de um único autorizado. Da mesma forma, os embrulhos eram entregues, em geral, aproximadamente uma vez por semana.

Os usos e costumes ditavam que cada prisioneiro desembrulhasse seu pacote diante de todos, sobre a mesa. Cabia a ele decidir o que devia ser comido primeiro ou se, por exemplo, o bacon podia esperar. Mas o conjunto era a princípio dividido em partes iguais entre os ocupantes da cela. Vetrov fez a triagem de sua primeira remessa na sua cama e só dispôs na mesa o que decidira dividir. Quando fez menção de reincidir com seu segundo embrulho, Vassili interpelou-o severamente:

— Ou desembrulha na nossa frente, ou pode dar no pé!

UMA PRISÃO PARA PRIVILEGIADOS

Vetrov preferiu ficar. Aliás, não podia mesmo ir embora; para Vassili, era apenas um modo de falar.

Essa vida monótona foi interrompida por uma pequena peripécia na história de Vetrov. Um dia, cerca de três semanas após sua chegada, ele voltou de um interrogatório com os traços esgarçados, o moral abatido. Em vez de se acomodar, pôs-se a deambular pela cela.

— Pare. Você está me dando vertigem — terminou por dizer Vassili.

Vetrov sentou-se em sua cama e disse em voz alta o que lhe passava na cabeça:

— Como eles puderam saber do quadro? Isso não tem nada a ver. Era um presente; eu podia muito bem tê-lo comprado.

"Houve também um clique na minha cabeça", lembra-se o oficial de contraespionagem que era Retchenski. "Por que um quadro? O que tem isso a ver com sua história de sacanagem?" E perguntou, com ar de falsa ingenuidade, mais por reflexo profissional que por curiosidade:

— Foi sua queridinha que lhe deu um quadro?

Só de pensar, Vetrov relaxou francamente.

— Está brincando! Era um presente dos franceses. Minha mulher e eu gostamos muito disso, de antiguidades, pinturas...

"Foi nesse momento que tive um lampejo e entendi tudo", diz Retchenski. "Como acontece no trabalho de todo promotor, era uma convicção absoluta. Obter provas era apenas uma questão de tempo." Retchenski quase se esquecera de que ele também era um detento.

— Eles acham que você teria colaborado com franceses? — perguntou.

— Que colaboração? Do que está falando?

O estresse dos interrogatórios tornava-se opressivo. Ao voltar para a cela, Vetrov precisava, se não desabafar, pelo menos relaxar a pressão. Estava claro que o promotor suspeitava de traição e lutava para fazê-lo confessar. Vetrov ficava cada vez mais deprimido.

Uma questão se coloca. Como todos sabem, nos processos importantes, a acusação dá um jeito de instalar na cela um "carneiro", um delator que saiba sugar informações de um detento recalcitrante. Além disso, a cela podia estar equipada com um microfone escondido. Oficial do KGB, Vetrov conhecia muito bem essas práticas. E, no entanto, não conseguia se calar.

Um dia, visivelmente emergindo de um longo diálogo interior com o promotor, exclamou:

— Colaboração? Está brincando! Se eu tivesse colaborado, eu teria ficado na França. Mas ninguém me ofereceu isso.

— Talvez eles quisessem que você fosse promovido. Você teria sido mais útil para eles em Moscou — objetou Retchenski.

Vetrov não respondeu nada. Se tivesse sabido que Retchenski fizera parte da contraespionagem interna, teria provavelmente sido mais cauteloso. Por sua vez, Retchenski estava convencido — e continuava quando nos concedeu essa entrevista em 2007 — de que Vetrov fora recrutado na França.

Os dias passavam. Eles faziam caminhadas a três num minúsculo pátio interno: uns vinte metros quadrados, quatro muros e uma grade de hastes metálicas barrando o céu sobre a qual um guarda ia e vinha, e depois lama gotejando da sola de suas botas grosseiras. Retchenski divertia-se em dar socos no muro, tipo caratê, até que o guarda gritasse: "Pare de estragar o muro, diabos!" Então ele se juntava a Vetrov, que andava de um lado para o outro, dando dez passos em cada direção, o pátio sendo realmente minúsculo... O traficante de ouro fumava ao seu lado, sentado à turca, ao passo que poderia muito bem ter fumado na cela. "Venha caminhar um pouco conosco!", convidava-o Retchenski. "Terei todo o tempo do mundo quando eu chegar à zona", respondia o outro sem se mexer. Na linguagem dos presidiários e dos guardas de presídio, "zona" é o termo consagrado para as prisões e campos de detenção.

Mergulhado em suas reflexões, Vetrov às vezes deixava escapar um "Merda!" que expressava claramente seu estado de espírito.

Retchenski intervinha:

— Mas o que você quer? Você recebe presentes dos franceses, se empanturra nos restaurantes, não sei com que grana, aliás, e agora afirma que não colaborou com eles?

— É verdade, estou dizendo! Eles talvez tenham obtido de mim algumas informações de que necessitavam. Mas sem eu saber!

Então Vetrov se recobrava. Punha-se a falar de sua amante, de seu acesso de raiva homicida, como se o resto não passasse de um acidente de percurso, ou de suspeitas ineptas de um promotor zeloso. Foi nesse momento que Retchenski ruminou que Vetrov queria usar seu crime como uma cortina de fumaça, para esconder outro deslize, que, por sua vez, podia custar-lhe a vida.

Por que um quadro dado de presente revestiu-se de tamanha importância? Tudo indica que até esse dia o quadro era praticamente a única prova material contra Vetrov. Afinal de contas, em Paris, Vetrov cuidava de contratos cujo montante chegava a dezenas, até mesmo centenas de milhares de dólares, como, por exemplo o do equipamento técnico das transmissões dos Jogos Olímpicos de Moscou, com a Thomson. A rigor, aquilo poderia passar por um gesto de gratidão dirigido a um funcionário honesto demais para aceitar uma soma em dinheiro...

— Vamos, vamos — sorriu Retchenski. — Meu trabalho no estrangeiro consistia justamente em vigiar os operacionais da informação, conheço a música. Havia uma interdição formal. Em primeiro lugar, uma propina é uma propina, independentemente de sua forma. Depois, um oficial ávido por bens materiais é uma presa fácil! Isso é evidente: um presente de valor transforma-o num devedor. Podemos muito bem extorqui-lo depois. E, além disso, há normas. Se você trabalha na informação, não pode aceitar um presente sem avisar o chefe da missão. Seja qual for sua natureza, grande ou pequeno, valioso ou falsificação, ele deve passar por um controle técnico na residência. Nunca se sabe, ele pode estar recheado de microfones. E um quadro não é nem uma caneta nem um charuto ou uma cigarreira. É uma propina. Obviamente, Vetrov aceitou esse quadro à revelia de seus superiores, e isso diz bastante sobre o personagem.

No que se refere ao inquérito, um dia, o promotor responsável pelo caso de Retchenski pediu-lhe para encontrar seu colega que investigava o caso Vetrov. A conversa foi antes formal. Retchenski repetiu o que Vetrov dissera e comunicou suas suspeitas quanto à possível colaboração dele com serviços franceses. A coisa não foi além disso. Aliás, como Retchenski devia saber mais tarde, esse promotor também interrogou Vassili. Mas este era uma espécie de alcaide na hierarquia da ralé, e, para ele, espionar era impossível. Contentou-se com frases genéricas.

Entretanto, havia dois promotores cuidando do processo de Vetrov. O primeiro, que pertencia ao tribunal militar, ocupava-se unicamente do assassinato e da tentativa de assassinato. Vetrov confessara tudo, parecia sinceramente arrependido e colaborava integralmente com a acusação. Portanto, esse advogado não iria procurar mais longe. O segundo, que se chamava Yuri Martchenko, era um bom colega de Retchenski na Direção K da PGU,* devendo levar mais a sério as suspeitas de seu ex-colega. E Retchenski jurava que aí tinha coisa... era mais que uma intuição. Tinha certeza disso. A diferença de suas respectivas situações impedia Martchenko de ser completamente franco com Retchenski, e ele escutava muito mais que falava. Entretanto, anos mais tarde, quando Retchenski tivesse cumprido sua pena, eles voltariam a comentar o caso diante de espetos de carne regados com altas doses etílicas (suas datchas eram adjacentes).

Nesse estágio de nossa conversa, Retchenski hesitou, pois não tinha certeza de poder falar. Revelou assim mesmo duas coisas significativas, e omitiu uma terceira. A primeira foi uma observação feita pelo próprio Martchenko, que também devia cuidar do caso Vetrov mais tarde: "Era um filho da puta. Ludmilla era cem vezes melhor que ele." O segundo parecer de Martchenko citado por Retchenski não lhe era em nada mais favorável: "Era um egoísta e acumulador. Não compreendo por que um homem como ele acabou na informação."

O que Retchenski não disse era fácil de adivinhar: o KGB já desconfiava da traição de Vetrov.

Com o tempo, o caso Farewell deixou de ser considerado um dossiê top secret, revestindo-se agora de um caráter histórico. Mais de um aspecto obscuro acha-se hoje esclarecido por homens de quem não podíamos esperar um depoimento há dez anos. É o caso de Vladimir Kriutchkov, chefe da PGU na época, e futuro presidente do KGB, que em 2007 mostrou-se muito mais prolixo do que em 1995. "Era um pouco estranho Vetrov estar tão desejoso de confessar", diz ele.[1] "Ele revelava também detalhes que o prejudicavam muito e que a acusação ignorava; voltava a certos pontos que julgávamos fechados. Alguns deduziam disso que ele escondia alguma coisa, alguma coisa muito mais grave. Mas eram apenas suposições, e não tínhamos indício algum que permitisse conclusões definitivas. Isso ficou gravado na minha memória."

---

*Falecido em 2005.

UMA PRISÃO PARA PRIVILEGIADOS

As suspeitas não podiam deixar de surgir. O crime em si, sobretudo da parte de um oficial do KGB, já era chocante. "Mesmo do ponto de vista de seu perfil moral", acrescenta Igor Prelin.[2] "Um homem capaz de cometer um crime tão grave quanto um assassinato podia muito bem ter feito outras coisas. Isso não existe. Alguém de bem, honesto, alguém puro que, de repente, hop!, se põe a matar. Isso não existe."

Os investigadores se perguntavam se o assassinato da testemunha, tão ostensivamente inútil numa situação que se podia aplainar de mil outras maneiras não violentas, não tinha como objetivo dissimular um crime ainda mais grave. Perguntavam-se que ameaça Ludmilla pudera de fato representar aos olhos de Vetrov para que ele chegasse a se livrar da testemunha que o impedia de matá-la. A acusação levará um certo tempo para considerar a hipótese segundo a qual sua amante também era uma cúmplice de suas presumidas atividades de espionagem.

O KGB desconfiava que estava num angu de caroço, mas faltavam-lhe provas. Isso não era tão grave: em seu estado atual, Vetrov não podia nem fugir nem continuar a causar estragos.

26

O julgamento

Normalmente, um processo criminal grave é instruído em um ano, ou pouco menos. Vetrov foi a julgamento num tempo espantosamente curto. Galina Rogatina, que anteriormente passara quase um ano na prisão, chegou a dizer a seu amigo Valery Tokarev: "Você vai ver; isso terá uma sequência." Frase que Tokarev só veio a compreender mais tarde. Vetrov foi julgado pelo tribunal da região militar de Moscou com sede no seu bairro, na rua Arbat. O julgamento teve início nos primeiros dias de setembro de 1982. Um oficial da justiça militar representava a acusação; uma mulher, nomeada de ofício, a defesa.

Na verdade, Svetlana arranjara um advogado reputado, Vilene Chingarev, que trabalhava no gabinete jurídico perto do metrô Maiakosvskaia. Estudara o processo e aceitara defender Vetrov. Entretanto, a corte rejeitou sua candidatura, apesar do caráter manifestamente ilegal dessa decisão, que lesava os direitos do acusado. Svetlana compreenderá por quê: o julgamento desenrolou-se segundo um roteiro rígido, no qual não havia nenhum lugar para a improvisação.

Oficialmente, as sessões eram públicas. Na realidade, só eram admitidos na sala os membros do KGB. Em primeiro lugar, a Lubianka não fazia questão de alardear que um de seus oficiais perpetrara uma carnificina como um mero bandido, do tipo dos reincidentes criados no *gulag*. E depois, se o

O JULGAMENTO

menor desvio se produzisse em relação ao roteiro previsto, ela tinha meios de fazer a assistência calar. Svetlana só pôde acompanhar o julgamento depois que testemunhou; logo, só esteve presente em duas audiências.

A advogada de defesa de Vetrov tinha aproximadamente quarenta anos. Segundo Svetlana, ela decorara bem seu papel. Nenhuma defesa do acusado: era o procedimento de uma funcionária burocrata que executava passo a passo as instruções que lhe haviam sido dadas. Ela só fazia repetir as perguntas que o promotor acabava de fazer, jamais se permitiu uma réplica ou fez uma solicitação ao juiz.

Entretanto, seu mandante, aparentemente a corte marcial teleguiada pelo KGB, não lhe dera senão ordens, e a advogada não pretendia trabalhar unicamente pelo seu salário. Após o processo, comunicou então a Svetlana que, para obter encontros com Vetrov em sua prisão de Lefortovo, tinha sido obrigada a molhar a mão dos carcereiros e que Svetlana devia indenizá-la. Manifestamente, faltava imaginação à mentira, como em todo o comportamento da advogada, mas Svetlana preferiu resolver as coisas amigavelmente. Deu-lhe um par de brincos e um anel de ouro, além de dinheiro.

Durante o depoimento de Galina Rogatina, produziu-se um incidente que a reiterou na convicção de que o KGB fazia questão de reduzir a culpa de Vetrov a um assassinato banal a fim de instaurar na sombra um inquérito que iria muito mais longe. Ao comentar suas relações com Vetrov, acabou chegando ao episódio em que Vladimir lhe pedira 17 mil rublos para a compra de um quadro. Só havia seis pessoas na sala, e ela sentiu nitidamente dois pares de olhos grudados nela. Eram Vetrov e o promotor. Ela parou no meio de uma frase.

Foi Vladimir quem pôs fim ao silêncio.

— Galina Vassilievna deve ter me entendido mal — disse ele.

Rogatina dirigiu o olhar para o promotor. A mensagem que ela leu em seus olhos não permitia nenhuma dúvida: a acusação não queria que ela trouxesse novamente a questão à baila.

— Bom — disse ela. — Talvez eu o tenha entendido mal.

Tudo sugeria que Vetrov fora sabatinado, ele também, sobre o que devia dizer durante o processo.

No fundo, os Rogatin sentiam-se gratos a Vetrov. Numa situação desesperada, quando alguns acusados estão dispostos a vender a mãe, Volodia não fez nenhuma observação, nenhuma alusão suscetível de envolvê-los em seu crime. Disse até mesmo a respeito de Aleksei:

— Por que insistem em escutá-lo? Ele não tem nada a dizer. Ele consertava meu carro, eu o pagava e ponto-final.

Na hora, Aleksei ficou até envergonhado. Depois de refletir, compreendeu que Vladimir não queria que o incomodassem.[1]

Um fato atesta que o KGB não considerava o crime de Vetrov um crime comum: seu telefone pessoal foi colocado sob escuta e seu apartamento "sonorizado".[2] Aproveitando-se da convocação de Svetlana para interrogatório, uma equipe volante instalara microfones em todos os cômodos. Todos os contatos da mulher e do filho do detento estavam agora sob controle. Apenas as suspeitas da PGU podiam justificar tal medida, e ela não foi à toa. O inquérito estabelece que Svetlana tinha um caso com o juiz de audiência nomeado para o processo do marido. Ela o recebia em casa. Em certos dias, havia duas audiências, uma pela manhã e a outra à noite, e o casal aproveitava a pausa para correr até a avenida Kutuzov e retornar em seguida à rua Arbat. Claro, Svetlana ignorava que seu domicílio estava monitorado. Esse caso nunca viria à tona; apenas algumas páginas do relatório despejadas no processo de Vetrov conservam seu rastro.

Svetlana cedia aos assédios de um homem que lhe agradava, ou seria da parte dessa bela mulher uma tentativa de amenizar a sentença que devia ser pronunciada contra o marido? Isso poderia ter-se revelado um grave erro de cálculo, pois, indignada com esse procedimento, o KGB poderia, ao contrário, exigir um rigor ainda maior do juiz. Inúmeras perguntas ainda sem reposta...

Segundo nossas testemunhas, durante o processo, que durou oito dias, Vetrov tinha seu aspecto habitual. Não estava absolutamente abatido, mostrava-se até mesmo seguro. Mas o veredito pronunciado em 3 de novembro de 1982[3] iria transtorná-lo. Vetrov é reconhecido culpado de todos os tópicos de acusação: tentativa de assassinato premeditado "de uma particular crueldade", assassinato premeditado e porte de arma

O JULGAMENTO

branca, igualmente considerado um crime na URSS. Foi condenado a 15 anos de reclusão. Era a pena de detenção máxima; depois só lhe restava a pena capital. Era aliás o que exigiam a viúva de Krivitch e Otchikina, que entraram com um recurso,[4] que viria a ser rejeitado. Quando Vetrov fosse autorizado a entrevistas com sua família, ainda estaria sob o choque do julgamento. Fato que dá credibilidade à hipótese de um processo arranjado. Vetrov teria cumprido as instruções de seus juízes, mas eles não teriam cumprido suas promessas de comutar-lhe a pena.

Nessa primeira entrevista com seus parentes, Vladimir exibia uma aparência completamente diferente daquela do julgamento. Estava pálido, como um homem com falta de ar e luz. Não parava de massagear os punhos. Afirmou que, praticamente durante todo o inquérito, usara algemas. O que era um exagero, pois elas não eram usadas nas celas. Era algemado apenas para ser escoltado para a entrevista.

Svetlana ficou perturbada ao ver como um homem tão seguro de si e com uma saúde de ferro se transformara num fantasma com os traços repuxados. No caso de Svetlana, a piedade prevalecera sobre qualquer outro sentimento. Não fazia mais questão de esclarecer determinadas circunstâncias ou de lhe fazer recriminações. Só queria apoiá-lo.

Em seguida, Vetrov pôde ver sua família regularmente. A frequência das entrevistas era regulamentada, mas agora ele estava entre os seus. Svetlana, portanto, passou a visitá-lo todas as semanas, e Vladik, a cada 15 dias. Da mesma forma, a despeito do regulamento, eles levavam embrulhos quando queriam.

Pois o diretor da prisão de Lefortovo, Ivan Mitrofanovitch Petrenko, na casa dos sessenta anos, era um homem bom e compreensivo, ex-promotor para casos de alta importância do KGB. Esse departamento tinha seus escritórios em Lefortovo mesmo, num prédio comprido com vários andares defronte da prisão. Petrenko já estava aposentado quando o ex-diretor da prisão foi dispensado porque um de seus detentos, um militar de alta patente, suicidara-se atirando-se por uma janela. Para ocupar o cargo, lembraram-se de Ivan Petrenko, porque seu pai dirigira a prisão em outros tempos. Ele aceitou o posto. A bem da verdade, Petrenko passou a vida inteira em Lefortovo.

Como ele afrouxava um pouco o regulamento autorizando Vetrov a ter entrevistas suplementares, elas aconteceram quase sempre em seu grande escritório. Este não tinha nada de especial, nem o corredor tinha aquele cheiro peculiar de prisão.

Svetlana aproveitava todas as oportunidades que lhe ofereciam para estar com o marido. Embora o drama não houvesse restabelecido prontamente o amor entre os esposos, ela agora estava do lado dele. Sentia, disse ela, uma profunda pena dele.

Ela mesma só tinha a impressão de viver quando dormia. Então reencontrava sua antiga vida, tranquila e feliz. Obrigava-se, a fim de ter forças para atravessar um novo dia, a saborear antecipadamente o instante em que botaria a cabeça no travesseiro e fecharia os olhos. Todas as manhãs, o despertar a remergulhava na impiedosa realidade. Imaginava então o que podia ser o despertar de Vladimir em sua cela.

Vetrov dizia-lhe que se esforçava para viver mentalmente entre os seus. Passava o tempo rememorando cada centímetro de seu apartamento, a localização de cada objeto. Fazia planos para quando fosse libertado. "Não serei um fardo para vocês. Trabalharei", repetia.

Em conformidade com a lei, a mulher de um condenado a uma longa pena de prisão tinha o direito de recuperar a liberdade. Bastava-lhe assinar um pedido para que o divórcio fosse homologado sem processo.

— Não desista, Sveta — dizia-lhe Petrenko. — Ele só tem você.

— Mas claro! — respondia ela. — Como é possível abandonar um homem nessa situação?

Vetrov estava consciente de que sua mulher continuava seu único arrimo. Não cessava de lhe pedir perdão e lhe beijar as mãos. Dizia que tudo o que acontecera nos últimos dois anos não passava de um pesadelo.

— Você sabe muito bem que você foi a única pessoa que amei — repetia-lhe.

Enfim, Svetlana decide passar a borracha. Mas o passado não lhes dava trégua.

O JULGAMENTO

Um dia, Vladimir lhe disse:

— Só me arrependo de uma coisa: é de não ter conseguido matá-la.

Svetlana estremeceu: ainda há pouco estava carinhoso; agora transpirava raiva.

— Como pode dizer uma coisa dessas? Afinal, você era ou não apaixonado por ela?

Mas Vetrov não sentia nenhum remorso. Execrava Ludmilla.

Sua maior aflição, entretanto, era com relação a seu patrimônio. A preocupação de conservar seus bens parece tornar-se uma dominante na vida íntima de Vetrov, logo após sua nostalgia de uma existência tranquila em liberdade junto à família. Mas isto era um sonho quimérico, ao passo que a outra preocupação era bem real.

Como Vladimir tinha sido julgado e condenado por um crime passional, não se cogitou em confisco. Todavia, Svetlana julgou por bem obter um documento oficial atestando que, independentemente das circunstâncias, os bens de sua propriedade não podiam ser confiscados. Mas ela tinha despesas...

Primeiro, Svetlana pagou a conta, bem alta, do enterro da vítima. Depois, reembolsou o preço das roupas estropiadas que Otchikina usava no momento do atentado. Tinha de preparar remessas para Vladimir, fazer a casa funcionar. Svetlana viu-se obrigada a vender algumas roupas, bem como dois quadros.

Quando soube disso, Vetrov ficou fulo de raiva. Antes mesmo do julgamento, dera seu elegante sobretudo a um detento comum que ia passar por um interrogatório em troca de um telefonema para Svetlana a partir do escritório do promotor para lhe dizer que não pagasse nada a ninguém. Era, mandava-lhe dizer, o único culpado, cabendo exclusivamente a ele indenizar as vítimas. Ainda que isso devesse levar décadas, pois os pecúlios dos detentos eram mais que irrisórios.

A justiça militar não via isso com os mesmos olhos. Belomestnykh e seus auxiliares chegavam a insistir para que Svetlana depositasse a integralidade da pensão alimentícia que o assassino tinha de pagar ao filho menor da vítima. Krivitch, o homem do estacionamento, tinha deixado dois filhos, mas apenas um, uma filha, era menor de 18 anos. Vetrov devia pagar uma pensão mensal até que ela alcançasse a maioridade.

Em contrapartida, em Lefortovo, Petrenko pensava como Vetrov. Pela letra da lei, era o criminoso que era o devedor, e não sua família. Svetlana, por sua vez, preferiu o meio-termo. Incumbiu-se das despesas, deixando Vetrov pagar a pensão alimentícia.

27

A French Connection desconectada

Patrick Ferrant não ficou nem um pouco surpreso com o desaparecimento de Vetrov. Sem conhecer os detalhes macabros dos acontecimentos
de 22 de fevereiro, a atitude hiperbólica dele durante o encontro de 26 de
janeiro fazia contraste com todos seus encontros precedentes. Neles, Vetrov
nunca deixara transparecer problemas particulares sintomáticos de uma
depressão ou de uma crise afetiva que pudesse a qualquer instante explodir numa raiva homicida. Até aquele dia, para Ferrant, tudo corria às mil
maravilhas, e eis que ele se via sem nenhuma notícia do seu contato, sem
possibilidade de comentar o assunto com ninguém.

Iria contentar-se em enviar pela mala da missão militar um relatório
preciso indicando a ruptura de relações com o informante e as condições
no mínimo estranhas de seu último encontro (*fig.* 5). Naturalmente, continuaria a ir todas as sextas-feiras à pracinha de seus encontros rotineiros,
mas fazia tempo que Vetrov achava-se incapaz de honrá-los.

O oficial francês faria até mesmo diversos passeios discretos pelos
arredores da casa dele para vigiá-la. De seu lado, Madeleine não trará
nenhuma novidade de seus contatos de emergência semanais no mercado
Tcheriomuchki. Convinha efetivamente render-se à evidência. Volodia
tinha sumido.

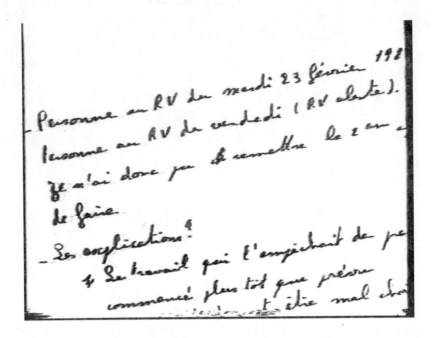

Fig. 5 O relatório de Ferrant sobre o desaparecimento de Farewell.

Começou então para os Ferrant um período de grande incerteza e tensão contida, sempre com a mesma preocupação de nada mudar em seus hábitos, continuar a fazer como se nada tivesse acontecido, ao passo que todos os dias as interrogações se acumulavam sobre o que afinal podia ter ocorrido com Vetrov. A atitude do casal era mais ou menos a mesma da DST durante esse período: mergulhados na ignorância, desprovidos de meios de ação, preferiram esperar o mais calmamente possível, ficando de olho numa reaparição providencial de Vetrov nos locais de resgate.

Lembremo-nos de que a DST não fechara com procedimento de evacuação algum. Seguindo as modalidades de contatos de emergência em vigor, Vetrov tinha interesse em planejar um assassinato para um sábado. Então, às 10 horas se teria mostrado no mercado de Tcheriomuchki comprando rabanetes, depois teria ido tranquilamente matar Otchikina e não teria tido de esperar senão poucas horas para ser resgatado atrás do museu da Batalha de Borodino às 19 horas. Se Vetrov tivesse tido um pouco mais de autocontrole, deveria ter esperado um dia para expor a situação a Ferrant

A FRENCH CONNECTION DESCONECTADA

por ocasião de seu encontro previsto para aquele 23 de fevereiro e pressioná-lo a adotar um plano de evacuação. Há duas explicações possíveis para esse enigma: ou Vetrov teve efetivamente um acesso de raiva súbita no carro ou guardava outro plano na manga (ver capítulo 30). A DST depositava suas esperanças no encontro de resgate de material. Era a princípio na terceira sexta-feira de cada mês; logo, no caso, 19 de março.

Entretanto, mesmo depois de Farewell ter faltado a esse encontro, a DST continuou a acreditar numa viagem de negócios ou uma doença de longa duração, "impedindo-o até de colocar um cartão-postal na caixa."[1] Este último detalhe significaria que Farewell continuava a dispor de um meio de entrar em contato com "Paul"? Pois, caso isso fosse verdade, toda mensagem, cifrada ou não, enviada pelo correio apresentava um risco enorme. A correspondência dirigida aos estrangeiros residentes em Moscou era aberta automaticamente. Interrogado, Nart nos esclareceria que, em caso de problema, o sinal consistia simplesmente em enviar para um endereço indicado um cartão-postal anônimo, mas com uma ilustração "escura".[2] Entretanto, esse cartão-postal jamais chegaria aos serviços franceses. Na realidade, considerando as deficiências logísticas da DST em Moscou, não é difícil imaginar que o *low profile* adotado pelo serviço durante esse período era pura e simplesmente fruto das circunstâncias.

Enquanto isso, as entrevistas dos Vetrov desenrolavam-se em Lefortovo seja no escritório do diretor Petrenko, seja num dos pequenos aposentos destinados aos interrogatórios no térreo, na janelinha gradeada. Normalmente, um inspetor permanecia ali. Embora concentrado no trabalho, os esposos não podiam trocar observação alguma sem que ele percebesse.

O episódio seguinte aconteceu num de seus primeiros encontros, no início de outubro.[3] Aparentemente, Vetrov tinha medo de ser transferido para outro local. Um dia, no meio da entrevista, o inspetor saiu. Vladimir aproveitou-se imediatamente para enfiar na mão de Svetlana um pedaço de papel dobrado. Sabiam que o escritório podia estar "sonorizado". Era até possível que o inspetor tenha saído de propósito a fim de os deixar a sós. Vetrov limitou-se então a lhe fazer um sinal para que escondesse o bilhete.

De volta em casa, Svetlana constatou que as poucas frases escritas no pedaço de papel quadriculado eram dirigidas a Jacques Prévost (*fig.* 6). Vetrov pedia ao amigo francês que cuidasse de sua família. Svetlana não tinha perguntas a se fazer, pois Vladik contara-lhe tudo a respeito da colaboração de seu marido com a DST.[4]

Por outro lado, ela não tinha a menor intenção de fazer contato com Jacques Prévost. Sentia muito medo. Estremecia sempre que a porta do elevador de seu andar batia. E se fosse alguém para prendê-la? Algumas décadas antes, Svetlana certamente teria sido condenada a acompanhar o marido ao *gulag*. Podia-se ter certeza de que as coisas haviam realmente mudado desde então? Visivelmente, o stalinismo fora condenado, mas os procedimentos testados podiam perfeitamente ser aplicados às escondidas.

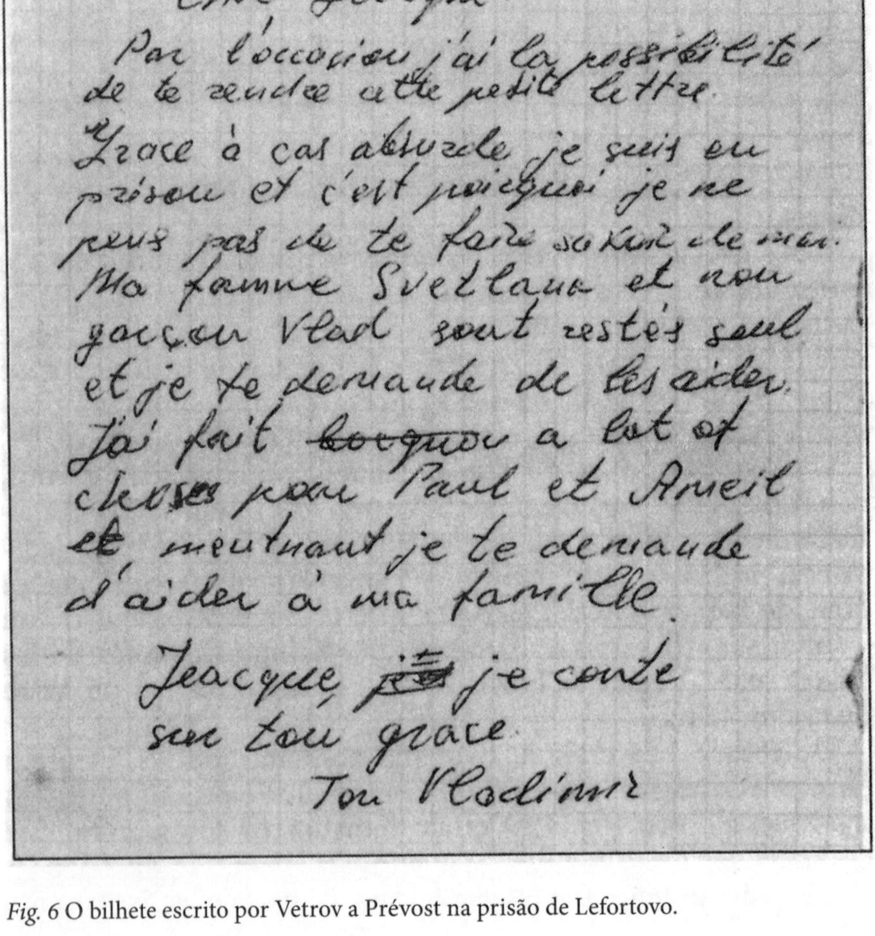
Cher Jeacque!
Par l'occasion j'ai la possibilité
de te rendre cette petite lettre.
Grace à cas actuele je suis en
prison et c'est pourquoi je ne
peux pas de te faire souvenir de moi.
Ma famme Svetlana et mon
garçon Vlad sont restés seul
et je te demande de les aider.
J'ai fait ~~bouquou~~ a lot of
choses pour Paul et Ameil
~~et~~ mentnant je te demande
d'aider à ma famille.
Jeacque, ~~[illegible]~~ je conte
sur ton grace.
Ton Vladimir

Fig. 6 O bilhete escrito por Vetrov a Prévost na prisão de Lefortovo.

A FRENCH CONNECTION DESCONECTADA

Acima de tudo, Svetlana não queria se ver metida numa história de espionagem. Não transmitiria o bilhete a Prévost nem que estivesse na miséria e a intervenção dos franceses pudesse fazer cair uma chuva de dinheiro na sua cabeça. Enfim, em sua mente, aquilo era completamente irrealista. Svetlana até se perguntava se o que Vladik lhe tinha contado era verdade. Pois, apesar do sumiço de seu informante, os franceses continuavam quietos no seu canto.

Do lado dos franceses de Moscou, justamente, a incompreensão diante do desaparecimento de Vetrov dará rapidamente lugar a uma surda preocupação, e essa angústia era vivida na mesma medida, até mais, pelos Ameil e os Ferrant.

Lembramos que Xavier Ameil passara o bastão a Patrick Ferrant em meados de maio de 1981. Os Ferrant e os Ameil continuavam a se ver regularmente. Uns e outros conheciam a natureza das relações de cada um com Volodia. Entretanto, com medo dos ouvidos sensíveis do KGB, nunca abordaram o assunto durante seus jantares. Claude Ameil afirma que de fato só falaram nisso quando se reencontraram na França. E lá também, todos se mostraram discretos a esse respeito, visto que nós é que iríamos informar aos Ameil diversos detalhes referentes aos encontros de Vetrov com "Marguerite" e "Paul". O medo de que o KGB descobrisse o segredo nunca abandonara os Ameil, que, ao contrário dos Ferrant, não tinham a cobertura da imunidade diplomática.

Nessa primavera de 1982, todas as noites Xavier telefonava para a mulher para informá-la de que estava saindo do escritório. Eles achavam que, se o KGB soubesse do papel de Ameil na manipulação de Farewell, podia querer vingar-se preparando um acidente de carro. Claude vivia meia hora de angústia até que o marido tocasse a campainha.

Uma noite em que tinham amigos para jantar, Xavier telefonou para ela como de costume:

— Não precisa de nada? Bom, estou saindo.

Na hora prevista, ele não retornara. Claude começou a ficar preocupada. Uma hora mais tarde, Xavier continuava sem se manifestar. Se tivesse havido algum imprevisto, Claude esperava que pelo menos o marido a avisasse por telefone, mas nada. Os convidados começavam a perceber sua ansiedade.

Somente duas horas depois Xavier girou a chave na fechadura. Estava ligeiramente de pileque. Houvera um coquetel no escritório, com os russos. Ameil de fato saíra após haver telefonado para a mulher. Só que esquecera de lhe dizer que tinha a intenção de dar carona a três de seus parceiros soviéticos. Claude estava tão feliz que o marido tivesse retornado são e salvo que nem pensou em repreendê-lo.

Entretanto, no fim de sua estada, quando Xavier foi obrigado a passar dez dias sozinho em Moscou, ele avisava à única pessoa a par do caso, Ferrant, sempre que ia sair de casa ou do escritório.

Cumpre dizer que seus medos eram injustificados. O KGB podia deter sumariamente um cúmplice, mas, depois de Khrutchev, os "acidentes" com estrangeiros estavam proscritos.

Houvera outro sinal alarmante. Quando Xavier voltou a Moscou depois das férias, em 2 de setembro de 1982, queria se trocar, mas sobre o banquinho, embaixo do paletó do terno que ele ia vestir, não encontrou a calça. Xavier telefonou para a mulher em Paris: "O que fez com a minha calça?" Claude não fazia ideia. Inspecionando o apartamento, Ameil constatou o desaparecimento de quinhentos rublos deixados numa gaveta e que vários objetos estavam fora do lugar. Se fosse um simples furto, o desfalque teria sido mais significativo.

Por intermédio dos amigos da colônia francesa, Xavier sabia que, a fim de não criar escândalo, aquela era uma maneira habitual de dizer a um estrangeiro indesejável: "Vá embora! Melhor fugir porque está sendo seguido." Antes, os elementos do KGB contentavam-se apenas em demonstrar que haviam penetrado na casa: mudavam objetos de lugar, às vezes modificavam a combinação de fechaduras com códigos. Nos últimos tempos, teriam começado a cometer pequenos furtos. A mulher de um "diplomata" não conseguiu, ao voltar de férias, encontrar um único sutiã: todo o seu pequeno estoque tinha desaparecido. Logo, ao constatar o roubo de sua calça e dos quinhentos rublos, Xavier concluiu que se tratava de uma advertência.

Para sermos imparciais, observamos que Vitali Karavachkin, que dirigiu o único serviço do KGB autorizado a invadir às escondidas as casas dos

A FRENCH CONNECTION DESCONECTADA

franceses, nega energicamente essa prática. Segundo ele, isso fazia parte da paranoia criada pelo KGB e cultivada pelos estrangeiros a respeito da vigilância. Deixamos ao leitor a tarefa de julgar qual dos dois tem razão.

Ferrant, por sua vez, não se satisfazia mais com as visitas agora inúteis aos pontos de encontro ou aos arredores da casa do amigo. Em Paris, da mesma forma, todos queriam saber mais. Tomaram afinal a decisão de telefonar para o apartamento dos Vetrov.

Inicialmente cogitado para dar o telefonema, Ferrant será descartado por razões de segurança. Nart irá preferir designar aquele que podia com mais naturalidade ligar para Volodia: seu velho amigo da França, Jacques Prévost. O mínimo que se pode dizer é que Prévost não estava muito animado com essa missão. Para quem havia passado várias temporadas na capital soviética, e que já havia sido identificado como contato inimigo, o medo do KGB era bem real. Portanto, não foi sem receio que encontrou Xavier Ameil em Moscou e decidiu — entre 25 e 29 de outubro de 1982 — dar um telefonema. Para Ameil, ao contrário, esse episódio não passava da sequência de uma aventura da qual fora descartado mas pela qual acabara por tomar gosto. Foi então que ele mesmo insistiu para que Prévost telefonasse para o domicílio dos Vetrov. Os dois homens fizeram a ligação de uma cabine.

O telefone dos Vetrov estava grampeado. É por isso que é possível reproduzir a conversa palavra por palavra: o relatório de escuta foi incluído nos autos do inquérito.

O telefone tocou às 19h26.

Svetlana Vetrov: — Alô!

Uma voz de homem: — Svetlana?

Svetlana: — Quem fala?

A voz de homem, em russo: — É Jacques. Onde está Volodia?

A comunicação é interrompida.

— Fui eu que desliguei — conta Svetlana. — Tive um medo atroz. Eu tinha certeza de que era uma armação do KGB. Imagino que Jacques também tenha tido o mesmo medo que eu e que tenha voltado correndo para Paris.

Svetlana acrescenta que estava de tal forma aterrorizada com o caso de espionagem que, mesmo que tivesse encontrado Jacques por acaso na rua, nunca lhe teria sugerido que estava a par. Teria falado do crime passional, mais nada.

Logo, a única oportunidade de entregar a mensagem de Farewell aos franceses foi perdida.

Como profissionais — os do KGB ou da CIA — teriam agido para esclarecer o destino de seu informante? Certamente teriam estudado bem as fotografias de Svetlana e do filho. Depois os teriam seguido discretamente durante algum tempo a fim de se certificar de que não estavam sendo vigiados pelo KGB e de estabelecer seus itinerários habituais. Provavelmente, era mais seguro entrar em contato com Svetlana por intermédio de Jacques Prévost, homem que ela conhecia bem e em quem confiava. O dia em que este último devia abordá-la, Svetlana teria sido rastreada de perto durante boa parte do dia. Uma contravigilância discreta também teria sido implementada para proteger Prévost. Depois, Jacques teria cruzado com ela, por exemplo, em seu caminho do museu para casa a fim de lhe fazer a mesma pergunta.

Todavia, essas medidas necessitam de todo um dispositivo instalado. A coisa teria sido exequível para a residência do KGB em Paris com suas dezenas de operacionais. A DST, por sua vez, não tinha um único membro orgânico em Moscou. Foi sem dúvida seu estilo de manipulação contrário a todas as regras da arte, proposital ou imposto pelas circunstâncias, que lhe propiciara um sucesso temporário. Mas o reverso da medalha não podia deixar de surgir numa situação em que a DST simplesmente não tinha meios para reagir.

Na realidade, Marcel Chalet e Raymond Nart só ficaram sabendo meses mais tarde o que aconteceu com seu valioso agente duplo.

Desde que o diretor da DST informara a George Bush os detalhes do caso, uma colaboração assídua se estabelecera entre os serviços franceses e a CIA. A agência americana tinha começado por lhes passar a Minox e depois a câmera miniatura. Bem no início de sua utilização, ela até arrebanhou diretamente os filmes, que ela era supostamente a única capaz de revelar. Mais tarde, Raymond Nart passaria a recorrer a um laboratório especializado em Boullay-les-Trous para poder prescindir dos serviços de seus "amigos" americanos e ter acesso direto às fotografias. Como quase oitenta por cento dos documentos coletados concerniam a tecnologias ou instalações americanas, Raymond Nart precisou de um certo tempo para compilar as informações "made in USA" da produção Farewell. Quando a transmissão dessas informações tivesse início, as visitas dos correspondentes da CIA em Paris iriam multiplicar-se, e foi durante uma delas que Nart finalmente descobriria o que acontecera a Vetrov.

"Um dia", lembra-se ele, "Chalet me telefona e me diz: 'Tenho a visita do nosso amigo da CIA. Programe um almoço. É possível que tenhamos notícias de Farewell.'"

Chalet preferia agendar esses encontros em restaurantes. Por razões gastronômicas possivelmente, mas sobretudo porque eles tinham a certeza de não ser escutados, e depois o burburinho ambiente podia servir de interferência sonora. Quando se encontraram no restaurante, o Fermette Marbeuf no VIII° *arrondissement*, Chalet estava na companhia do emissário da CIA, um certo Wolf. Os três homens conversaram alguns instantes sobre assuntos diversos. Então Chalet voltou-se para o americano:

— Tudo bem, pode lhe dizer o nome, agora.

Como vimos anteriormente, Chalet ignorava o verdadeiro nome de Farewell. E, antes que o emissário fizesse qualquer revelação sobre qualquer fonte, fez questão de se certificar de que falavam efetivamente de seu contato.

— Vladimir Vetrov — respondeu o agente da CIA.

Nart aquiesceu com uma expressão aflita, agora ciente de que o segredo do mais precioso informante dos serviços franceses estava desvendado. O americano forneceu-lhes em seguida detalhes do que acontecera a Vetrov. Na realidade, um agente duplo da CIA lhes havia entregado um jornal interno do KGB que relatava brevemente o drama passional ocorrido entre dois de seus colaboradores, um dos quais tenente-coronel. Informado pela DST do desaparecimento do agente, a CIA tinha juntado as duas pontas sem dificuldade.

Sem que o admitissem de fato, a perda de Farewell foi dura de aceitar para os dois chefes da DST. Ora, como se fosse uma maneira de conjurar a catástrofe, o silêncio prolongado de Vetrov não tinha sido considerado "significativo" pelos dois homens, segundo a expressão do chefe da DST. Mesmo muito tempo após os fatos, Chalet e Nart continuam a pensar que, na época, o emissário da CIA não lhes parecera "tão categórico assim".

De toda forma, para Chalet, a prisão de Vetrov por crime passional não mudava nada nos princípios de prudência absoluta destinados a proteger a fonte: "Eu ainda continuava a pensar com firmeza que esse caso devia cair completamente sob censura, ser tratado com a maior prudência em toda parte, ser mantido em sigilo absoluto para os demais membros da aliança, não engendrando nenhuma ação evasiva. Em suma, era este o meu ponto de vista pessoal."[5]

Infelizmente para Vetrov, Marcel Chalet não poderia ser o guardião desses princípios por muito tempo, uma vez que sua aposentadoria estava prevista para o mês de novembro seguinte. Essa partida vinha muito mal a calhar para o chefe da contraespionagem francesa. Ele se via obrigado, num momento crítico para a fonte, a abandonar um caso que lhe proporcionara "as maiores emoções de sua carreira". Só lhe restava então transmitir as instruções de extrema prudência a seu jovem sucessor, o governador do departamento de Mayotte, Yves Bonnet, que o substituiria em dezembro de 1982.

A aposentadoria de Chalet não faria senão aumentar a sensação de desconexão da "French Connection" de seu informante, já perceptível no terreno. Cronologicamente, simbolizaria a transição da fase de coleta da produção Farewell para a de sua gestão. Desse ponto de vista, o caso só fazia começar, e, nesse sentido, Farewell já realizara sua "grande obra".

Seria precisamente no momento em que Vetrov se preparava para partir para o *gulag* num vagão gradeado de terceira classe que o caso Farewell começaria a ganhar sua verdadeira dimensão histórica.

28

A guerra fria, Reagan e o estranho Dr. Weiss

Nada garante que Vetrov, na época isolado em sua cela de Lefortovo, houvesse desconfiado dos desdobramentos que o caso Farewell viria a conhecer em escala internacional. Confiando-se aos serviços secretos franceses, Vetrov escolhera acima de tudo a maneira mais segura de exercer a vingança contra seu serviço. No que diz respeito à realização e ao seu sonho secreto de destruição do KGB, Farewell não ignorava que a França não tinha meios nem sequer vontade de executar sozinha essa imensa tarefa. Seria na realidade a colaboração estreita entre a DST e a CIA que iria contribuir para realizá-la. Como é possível constatar a posteriori, as grandes catástrofes repousam muitas vezes numa correlação de causas à primeira vista independentes. Ainda que as razões que resultaram no desmoronamento da URSS sejam complexas e múltiplas, é tentador aproximar o caso Farewell da eleição de Reagan ocorrida no mesmo momento. A nova administração republicana não hesitaria em transformar as informações transmitidas por Vetrov numa arma de primeira linha em seu dispositivo, atribuindo-se os mesmos objetivos de Farewell; porém, ao contrário de um modesto oficial do KGB preso, ela dispunha de meios para isso.

O fim do governo Carter fora marcado pelo episódio dos reféns em Teerã e simbolizara um enfraquecimento relativo dos Estados Unidos no cenário internacional. Em contrapartida, como proclamava um de seus slogans de campanha, com Reagan "a América estava de volta", e a mudança de atitude em relação à URSS seria radical.

O retorno dos republicanos ao poder devia reconduzir à Casa Branca os homens das administrações Nixon e Ford. Mas o fato de numerosos conselheiros de Reagan terem feito sua iniciação com Nixon não disfarçaria por muito tempo a diferença de *approach* entre os dois presidentes em suas relações com a URSS.

Com efeito, após o alarme da crise dos mísseis de Cuba em 1962, as relações Leste-Oeste haviam se amenizado para entrar a partir do fim dos anos 1960 no período de "distensão". Para preservar a paz mundial, cada bloco aceitava desistir de toda cruzada e deixar o adversário impor sua hegemonia em sua zona de influência. Nesse contexto, os presidentes Nixon e depois Ford implementariam uma estratégia sutil de relações com a URSS, recorrendo a uma profusão de táticas de coexistência pacífica (uma noção originariamente soviética), a qual podia variar de "ativa" a "passiva", conforme as circunstâncias. Elaborações bastante engenhosas e encarnadas à perfeição pelo secretário de Estado Henry Kissinger, de origem alemã e de cultura europeia e cujo temperamento apreciava essa partida de xadrez geoestratégico com os russos.

Essa vontade sincera de distensão pretendida por Kissinger levaria igualmente a administração americana a flexibilizar as condições de comércio com a União Soviética. Ela apostava no fato de que boas relações de negócios não podiam senão lucrar com a estabilidade da situação internacional e reduzir os riscos de escalada militar. Foi durante esse período, que corresponde à passagem de Vetrov por Paris, que o KGB intensificou sua espionagem tecnológica.

Alguns ex-membros da administração Nixon que voltaram à ativa com Reagan, como Richard Allen, primeiro-conselheiro para segurança nacional do novo presidente, puderam avaliar os limites da estratégia de coexistência pacífica, e, mais genericamente, o jogo duplo dos soviéticos durante o período da distensão. "Para mim", admite Allen, "a administração Nixon foi uma decepção catastrófica. Principalmente porque durante esse período a distensão ganhara uma dimensão quase teológica, com aquela teoria da inevitabilidade de melhores relações com a URSS, obtida por incitações permanentes à renúncia a nossos valores."[1]

A GUERRA FRIA, REAGAN E O ESTRANHO DR. WEISS

Mas era antes de tudo Reagan em pessoa quem iria promover o novo discurso de intransigência com relação à URSS e impor um estilo bem mais agressivo. Com o novo presidente, nada de "renúncia". O jogo ia virar. A partida de xadrez da distensão, um jogo especificamente russo, ia ser substituída pela partida de pôquer do fim da guerra fria, bem mais ajustada à mentalidade americana...

Como muitas testemunhas confirmaram, e ao contrário do estilo mais cerebral de um Nixon, Reagan funcionava muito por instinto ou por mera convicção. Estava certo de que um sistema baseado na liberdade individual e na economia de mercado era melhor que o sistema comunista, e que ele devia prevalecer. "Muitos subestimavam Reagan, mas ele podia estar gostando dessa situação, e tirando vantagem dela. Sobretudo, era capaz de dar forma e substância ao que podia passar por 'ideias primitivas'", lembra-se Allen.[2]

Com relação ao bloco da URSS, as "ideias primitivas" de Reagan eram bem categóricas. Bem antes de seu famoso discurso sobre o "império do Mal" de março de 1983, ele diria isso ao mundo inteiro durante sua primeira entrevista coletiva na Casa Branca, em janeiro de 1981. Richard Allen lembra-se muito bem do episódio. "A uma pergunta particularmente insidiosa de um jornalista sobre os tipos de relações a manter com os soviéticos, Reagan respondera francamente: 'Os russos irão mentir, trapacear e nos roubar tudo que podem para chegar a seu objetivo.' A declaração deixou a audiência gelada, e toda a malta de jornalistas voltou-se para Alexander Haig, ministro das Relações Exteriores, sentado bem ao meu lado. O maxilar de Haig afundou imediatamente como que para melhor exprimir um 'Oh, my God' reprovador. Logo depois, sob as arcadas da aleia leste da Casa Branca, enquanto retornávamos com um passo firme em direção à aleia oeste, Reagan voltou-se subitamente para mim:

— Diga-me, Dick, os russos não mentem, trapaceiam e nos roubam tudo que podem?

— Perfeitamente, senhor presidente.

— Era justamente o que eu achava — conclui Reagan."[3]

Mais uma vez, entretanto, podemos apontar uma coincidência perturbadora. Isso acontece, com a diferença de alguns dias, no mesmo momento em que, em Moscou, Vladimir Vetrov ia se lançar em sua aventura e revelar ao lado ocidental a amplitude do roubo de sua tecnologia e, mais genericamente, de tudo que pudesse permitir manter a salvo a economia soviética.

No seio da administração Reagan, e mais particularmente no NSC,* Allen formará uma equipe que partilhará integralmente as convicções do presidente. Agora, a coexistência dos dois blocos não era mais um dado imutável, o império soviético podia estar perfeitamente vencido e desaparecer, ideia que ainda parecia estapafúrdia em 1980. Uma nova estratégia global, apelidada por certos membros do NSC como "take down strategy",** vai progressivamente instalar-se, tendo por objetivo ganhar a guerra fria estrangulando economicamente a União Soviética. Essa estratégia foi desenvolvida num documento secreto, o NSDD 75 (National Security Decision Directive). Suas facetas eram múltiplas, mas repousavam basicamente sobre três pilares.[4]

Em primeiro lugar, a Casa Branca iria reiterar sua firmeza no domínio geoestratégico e militar. Isso resultará na instalação dos mísseis Pershing na Europa e na intensificação do apoio aos movimentos contrarrevolucionários na América Central, em Angola e no Afeganistão, com o fornecimento de mísseis terra-ar Stinger aos mudjahidin.

Em seguida, os americanos decidiram, em coordenação com as potências petroleiras aliadas do Golfo, aumentar de maneira significativa a produção petrolífera a fim de provocar uma queda nas cotações do barril, reduzindo assim as reservas em divisas da URSS. Essa política petroleira será acompanhada por uma política monetária bastante restritiva do Federal Reserve, que fará cair a cotação do ouro, outro recurso soviético.

Por fim, Reagan se envolverá diretamente numa volta brutal da corrida às armas, com, de um lado, a realização de novos programas militares clássicos, como o do famoso bombardeio furtivo, e sobretudo pela implantação do projeto de Iniciativa de Defesa Estratégica (mais conhecido pelo apelido de projeto Guerra nas Estrelas). Um desafio tecnológico de porte lançado a uma economia soviética que repousava em grande parte em seu complexo

---

*National Security Council, órgão de consultoria do presidente americano dedicado à segurança nacional.
**Estratégia de derrubada.

A GUERRA FRIA, REAGAN E O ESTRANHO DR. WEISS 297

militar-industrial, por sua vez dependente da pilhagem da tecnologia ocidental pela linha X do KGB. Uma rede que, desde as revelações de Vetrov, não era mais um segredo para a administração Reagan...

Na realidade, antes mesmo de Farewell, a espionagem tecnológica soviética não era ignorada pela administração americana. Porém, com a liberalização das trocas Leste-Oeste das administrações Nixon e Ford, a fronteira entre pilhagem e comércio legal tornou-se bem difusa, ainda mais que o KGB podia eventualmente, dentro de toda legalidade, comprar certas tecnologias vendidas livremente nas feiras internacionais. Nesse contexto, a CIA ou o FBI preferiam se dedicar aos assuntos de informações puramente políticas ou militares.

Foi o presidente Carter quem primeiro se interessou pela espionagem científica e técnica do KGB. A seu pedido, a CIA começaria a redigir relatórios como o Presidential Review Memorandum 31, que abordou o tema em termos bem genéricos. A primeira medida de embargo à tecnologia de ponta "made in USA" surgiu como medida de retaliação à intervenção do exército soviético no Afeganistão em 1979.

Em 1981, com a chegada de uma nova equipe à Casa Branca, os ouvidos ficaram ainda mais apurados. De cara, Reagan verá nisso uma janela de vulnerabilidade dos soviéticos no domínio das armas estratégicas, e a confirmação de que a economia comunista periclitava. No NSC, irão começar a desincumbir-se da questão, e um homem, mais particularmente, vai tornar-se graças ao caso Farewell um dos conselheiros mais escutados da administração Reagan. Mas antes de estudar sua contribuição pessoal para o fim da guerra fria, é útil descrever o personagem.

Gus Weiss era um dos conselheiros do National Security Council, especialista em assuntos econômicos, mas os campos de expertises do Dr. Weiss não se limitavam apenas a esse domínio. Fascinado por aeronáutica desde a infância, voltara-se, depois de seus estudos em Harvard, para as implicações estratégicas da inovação tecnológica. Brilhante e competente, seus trabalhos seriam premiados com a medalha da Nasa. Ele receberia até a Legião de Honra francesa por sua colaboração numa *joint-venture* entre a General Eletric e a Snecma, que daria origem aos motores de aviões CFM 56 dos primeiros Airbus.[5]

Em meados dos anos 1960, ingressou no Hudson Institute, onde conheceu Richard Allen e colaborou com o professor Hermann Kahn, o teórico da guerra termonuclear, igualmente célebre por haver inspirado o personagem do doutor Strangelove no filme de Stanley Kubrick. No NSC, essa colaboração lhe valeria inclusive o apelido de "doutor Strangeweiss", coisa que não perturbava um homem reputado por um sólido senso de humor, chegando mesmo à autoironia.

É verdade que Gus Weiss podia passar por alguém estranho. Por seu aspecto físico em primeiro lugar, pois ele fora acometido em sua juventude de uma doença bem rara, a alopecia areata, ou "pelada", que o deixara glabro como um recém-nascido. Com seus óculos de pesquisador e uma peruca, o doutor era o próprio cientista louco. Mas eram sobretudo seus talentos intelectuais acima da média e seus trabalhos de pesquisa quase obsessivos sobre temas desprezados da espionagem industrial que o faziam passar por um excêntrico.

Richard Allen, que se tornara seu amigo, convidara-o para ir ao NSC a primeira vez durante a presidência Nixon no início dos anos 1970. "Era um gênio", lembra-se ele, "com um domínio absoluto de todos esses assuntos." A partir dessa época, Weiss começaria a se interessar mais de perto pela espionagem tecnológica soviética. Redigiria até um primeiro trabalho sobre o tema que irá inspirar em 1974 o Memorandum 247 do NSC, um dos primeiros textos de luta contra a pilhagem tecnológica que proibia a venda de computadores poderosos ao Leste.[6]

Durante vários anos, sozinho em seu escritório de Washington, Gus Weiss continuou a compilar os casos de espionagem industrial provenientes do Leste. Sem conseguir quantificá-los de maneira precisa, convenceu-se de sua importância estratégica e da vulnerabilidade da União Soviética nesse campo.

Em 1981, quando Richard Allen voltasse ao NSC como primeiro-conselheiro, Gus Weiss seria um dos primeiros a integrar sua equipe de colaboradores, retomando imediatamente suas tarefas como consultor econômico para espionagem tecnológica, mas dessa vez na linha reta ideológica da administração Reagan.

A GUERRA FRIA, REAGAN E O ESTRANHO DR. WEISS   299

No fim de 1981, quando a produção Farewell aterrissou em seu gabinete, foi para Weiss ao mesmo tempo um choque e a confirmação triunfal de todas as suas análises. Com um tesouro daquele nas mãos, o "dr. Strangeweiss" passou então a refletir em estratégias de réplicas que pudessem integrar-se ao plano global de estrangulamento econômico da URSS.

Fiéis aos pedidos expressos de Marcel Chalet, os serviços secretos americanos haviam se imposto a maior prudência na utilização das informações da produção Farewell. Nesse estágio da manipulação, Vetrov continuava em atividade, e era fundamental não correr o risco de matar a galinha dos ovos de ouro. As prisões de agentes duplos e as expulsões só começaram, aliás, bem mais tarde.

Gus Weiss imaginou então utilizar o dossiê Farewell de uma maneira bem mais temível. O famoso relatório do VPK, organismo centralizador dos pedidos em tecnologia do complexo militar-industrial soviético, compreendia uma "lista de compras" detalhada de cada Ministério da URSS.

Em janeiro de 1982, Weiss propôs a William Casey, diretor da CIA e amigo pessoal de Reagan, adotar um vasto plano de sabotagem da economia soviética transmitindo falsas informações aos espiões da linha X do KGB.[7] Esse plano recebeu imediatamente a aprovação entusiasta de Reagan em pessoa.

Weiss dirigiu mais particularmente sua atenção para o domínio do petróleo, que, como vimos, era um setor da economia soviética que Washington decidira "tratar" de maneira privilegiada.

Um oleoduto siberiano em direção à Europa do Leste estava coincidentemente em projeto havia vários anos. Devia entrar em operação em breve. Utilizando tecnologia europeia, esse oleoduto era inclusive objeto de alguns atritos entre os países da CEE e os Estados Unidos, onde os imperativos de independência energética dos europeus opunham-se à guerra econômica que os americanos pretendiam travar contra a URSS. Mitterrand e Reagan, logo após sua lua de mel do caso Farewell, digladiaram-se amiúde sobre o assunto.

O plano de Weiss ia colocar todo mundo de acordo: por intermédio de uma empresa canadense, ele transmitiu à linha X softwares de gestão de válvulas e turbinas de oleoduto previamente carregados com vírus. Programados com um efeito de retardo, deviam dar a ilusão de que, num primeiro momento, tudo funcionava normalmente...

A súbita ativação dos vírus, em 1983, provocaria uma imensa explosão de três quilotons de gás na jazida de Urengoi, naquela mesma Sibéria onde, de maneira bem irônica, Vetrov começava a cumprir sua pena de prisão por crime passional. Outra coincidência extraordinária, a administração do permutador de Urengoi havia sido entregue à empresa francesa Thomson, e os contratos haviam sido negociados pelo diretor comercial responsável pela zona soviética, um certo Jacques Prévost...

Observada por satélite, a explosão foi de uma potência tal que alarmou os analistas da Otan, que a classificaram mais tarde como "a maior explosão não nuclear de todos os tempos". O Norad,* encarregado da defesa aérea do território americano, imaginou até mesmo um disparo de míssil de uma região onde, entretanto, não existia nenhuma base instalada. Weiss, por sua vez, foi obrigado a encontrar todos os seus colegas do NSC e lhes explicar com um ar entendido que "tudo aquilo era normal".

Para os soviéticos, a operação de sabotagem do oleoduto era um novo e rude golpe. Em primeiro lugar, atrapalhava as exportações de hidrocarbonetos e a entrada crucial de divisas estrangeiras. Como o complexo militar-industrial soviético repousava em grande parte na tecnologia desviada do Ocidente, o lado americano tentava fazer com que a catástrofe provocasse uma paranoia geral no KGB em relação aos equipamentos industriais da URSS e depois uma perda de confiança em sua espionagem tecnológica, no momento em que a União Soviética mais precisava dela.

Pois foi quase simultaneamente que em março de 1983 Reagan lançou sua Iniciativa de Defesa Estratégica (Strategic Defense Iniciative). O famoso plano "Guerra nas Estrelas" devia passar no Congresso com a votação de um pacote orçamentário de mais de trinta bilhões de dólares. Em termos mais ilustrativos, o jogador de pôquer acabava de dobrar agressivamente a aposta, e não ignorava mais nada do pífio jogo de seu adversário.

Os americanos não iam se limitar a isso. Coordenado por William Casey e pelo secretário de Defesa Caspar Weinberger, o plano de guerra econômica contra a URSS ia sistematizar-se no conjunto dos organismos

---

*Norad: Comando da Defesa Aerospacial da América do Norte. Agência canadense encarregada da vigilância do espaço aéreo norte-americano.

A GUERRA FRIA, REAGAN E O ESTRANHO DR. WEISS 301

federais. O segmento financeiro, que devia proibir aos soviéticos o acesso ao crédito dos bancos ocidentais, era pilotado por Roger Robinson, um banqueiro nova-iorquino experiente no mundo das finanças internacionais. No Departamento de Defesa, foram Fred Ikle e Richard Perle que se encarregaram de coordenar com seus aliados a limitação, quando não a interdição, das transferências de tecnologia ocidental para o Leste. É neste último domínio que a produção Farewell volta a assumir toda a sua importância. Quando Richard Perle recebeu das mãos de um agente da CIA o dossiê Farewell, também ficou totalmente abobalhado: "Naturalmente sabíamos que os russos nos roubavam, mas, nesse caso, isso ultrapassava tudo que imaginávamos. Para cada pedido de tecnologia, era alocado um orçamento correspondente para sua coleta. Um verdadeiro catálogo da Redoute."[8] No Departamento da Defesa, esse catálogo ia igualmente ser utilizado, mas, ao contrário, para determinar precisamente quais tecnologias de ponta interditar aos soviéticos.

Na Europa também, a produção Farewell ia progressivamente ser explorada. Os americanos haviam transmitido diretamente elementos do dossiê a seus aliados da Otan, elementos que por sinal poderiam voltar por ricochete aos serviços franceses, todos "intoxicados" com as confidências que queriam justamente lhes transmitir.

Na rua des Saussaies, é o novo chefe da DST, Yves Bonnet, quem organiza a exploração das informações. Depois da vez de Langley ser instruído pela CIA sobre a utilização do dossiê Farewell (sem os agentes da CIA sequer conhecerem a origem francesa das fontes), Bonnet chamará a responsabilidade para si e organizará ele mesmo a informação de seus homólogos dos 15 outros países concernidos pelas atividades da linha X. Os diretores dos serviços britânicos e alemães virão, cada um na sua vez, ser inteirados pelo diretor da DST.

Os franceses participarão igualmente de outra operação de contaminação lançada pela CIA. Particularmente perversa, ela dá uma ideia mais precisa das técnicas de manipulação vigentes no mundo da espionagem. A operação, tal como relatado por um de seus cérebros, o general Guyaux, referia-se às supostas propriedades de um metal, o isótopo 187 do ósmio, na utilização das armas que empregavam tecnologia laser. Com o lançamento do projeto Guerra nas Estrelas por Ronald Reagan, essa tecnologia tornara-se uma das prioridades da informação tecnológica soviética. Mas passemos a palavra ao general Guyaux: "No fim dos anos 1970, falava-se muito do 'graser', espécie de laser que utilizava não os raios do domínio óptico, do infravermelho ao ultravioleta, mas os superenergéticos raios gama emitidos pelos corpos radioativos. Na França, o professor Jaéglé tinha obtido um fraco efeito laser com raios X. Mas daí a dominar completamente o campo dos raios gama, isso era impensável. Se o 'graser' pertencesse ao domínio do possível, seria uma arma temível, uma vez que os raios gama são muito penetrantes."[9]

A produção Farewell compreendia justamente um documento oriundo de um laboratório de pesquisas soviético no qual cientistas se queixavam à Direção T de sua recusa em lançar um programa de pesquisas dedicado ao ósmio. A carta chegava a acusar de traição os cientistas opostos ao projeto. Convencido do interesse imperioso dos soviéticos pelo famoso isótopo, os serviços secretos da aliança iam sutilmente aprofundar os russos em seu erro.

A revista americana *Physical Review* e a britânica *Nature* publicaram alguns artigos, assinados por físicos renomados, sobre o número e a variedade dos níveis de energia do ósmio 187. Depois, bruscamente, o assunto foi censurado; ora, no domínio técnico ou científico, este é o sinal, para todos os serviços de informações, de seu interesse estratégico. A Direção T orientou portanto imediatamente seus oficiais de informações nesse sentido, e mais particularmente na França, onde o KGB tentara cooptar um grande número de cientistas. Nos congressos assiduamente frequentados pelo KGB, pesquisadores abalizados de todas as nacionalidades puseram-se a discutir de maneira plausível as propriedades do ósmio, definindo-o como um bom candidato a um eventual "graser". Alguns laboratórios não hesitaram em exibir cartazes dando conta de experimentos realizados em centros bem protegidos. Enfim, laboratórios americanos compraram ostensivamente quantidades significativas de ósmio natural, precisamente da URSS, grande fornecedor mundial desse metal.

"Durante muito tempo ignoramos os resultados dessa manobra", conta o general Guyaux. "Pensávamos então que os soviéticos não haviam mordido

A GUERRA FRIA, REAGAN E O ESTRANHO DR. WEISS   303

a isca. Aconteceu então o putsch de 1991. O KGB foi dissolvido, e a URSS inteira implodiu. Qual não foi nossa surpresa ao constatar o surgimento inopinado, no mercado russo de materiais raros, ao lado do famosíssimo mercúrio vermelho, de quantidades significativas de ósmio 187! Os russos pareciam não saber mais o que fazer com eles! Logo, haviam de fato caído na armadilha."

Mas a operação mais importante da DST, sempre muito preocupada com a desproporção de forças perante o KGB justamente em Paris, consistiria numa espetacular expulsão de diplomatas soviéticos identificados graças a Farewell como agentes do KGB. A operação foi lançada imediatamente após o discurso de Guerra nas Estrelas de Ronald Reagan. Ela faria correr muita tinta, tanto do ponto de vista das relações franco-soviéticas quanto do de Vladimir Vetrov, cuja partida para a penitenciária 272/3, perto de Irkustk, já estava agendada.

29

O prisioneiro do *gulag*

Após seu primeiro processo, Vetrov permaneceu em Lefortovo um tempo espantosamente longo: cerca de seis meses. O outono e depois o longo inverno moscovita passaram, e Vetrov continuava sem se mexer em sua cela. Vladik começava até a ter esperança de que o pai cumpriria sua pena em Moscou. Ainda que, mais tarde, viesse a se censurar por sua ingenuidade, ele não estava muito longe da verdade.

No caso de Valeri Retchenski, para citar apenas este exemplo, a PGU fez de tudo para segurá-lo o máximo de tempo possível em Lefortovo. Ele tinha sido condenado a cinco anos de detenção. Porém, segundo a lei soviética, um dia na prisão contava por três dias de campo de concentração. Retchenski já passara em Lefortovo vários meses como réu e acusado, mas seus amigos no KGB pediram que ele cumprisse toda a sua pena na prisão comum. O promotor replicou: "Ouçam, mantê-lo aqui até o fim de sua pena seria uma grave infração. Não podemos fazer isso!" A PGU empenhou-se para que Retchenski passasse em Lefortovo seis meses, o equivalente a um ano e meio no *gulag*. Em seguida, foi enviado para o *gulag*, onde se beneficiou de uma liberdade condicional um ano mais tarde. Logo, tudo bem pesado, o assassino cumpriu tão somente um ano e meio de pena.[1]

Todo mundo considerava seu caso como um infortúnio que podia acontecer a qualquer um. Era diferente com Vetrov. Em primeiro lugar, devido ao caráter chocante de seu crime e também porque pesavam graves suspeitas sobre ele.

As pessoas "decentes" não eram geralmente enviadas para os campos de detentos comuns. A bandidagem teria rapidamente acertado suas contas com milicianos, juízes, promotores ou membros do KGB condenados. Havia três penitenciárias (ou "zonas" na linguagem corrente) para esses criminosos "por acidente": em Perm e Nijni Taghil no Ural e em Irkutsk na Sibéria. Quanto mais distante Vetrov estivesse de Moscou, menos tinha possibilidades de enviar ou receber mensagens secretas durante entrevistas com seus parentes ou por intermédio de remessas de alimentos. Portanto, a escolha recaiu em Irkutsk.

Enviando-o para esse campo siberiano, o KGB não desistira de maneira alguma de sua intenção de escavar mais profundamente a pista de uma colaboração de Vetrov com um serviço secreto ocidental. Ao contrário. A direção do KGB de Irkutsk pediu a seus colegas da milícia do campo que prosseguissem tenazmente o estudo do detento. Em resumo, tratava-se agora de uma tarefa de delatores.

Foi num dia de março de 1983, ao se reunir com Petrenko durante um novo encontro não regulamentar, que Svetlana percebeu que alguma coisa acontecera. Com efeito, seu protetor lhe disse:

— Sveta, você poderia comprar bacon e preparar agasalhos?

— Hoje mesmo?

— Sim. Partiremos amanhã de manhã.

Então, sem saber por que, Svetlana rachou. Desde a noite do assassinato, resistira. Mas agora, num bonde a caminho do mercado Baumanski, o mais próximo da prisão, lágrimas corriam-lhe pelo rosto sem parar. "Eu me sentia como um gêiser", disse ela.

O drama causara um novo abalo nas relações dos esposos. Não se tratava mais de saber quem estava errado e quem tinha razão. Era uma questão de sobrevivência. Após um quarto de século de vida em comum e em perfeita harmonia, como afirma Svetlana, o último ano não contava. Para ela, era apenas uma fase, inexplicável e sofrida, mas breve. A tragédia que se desenrolara naquela noite de fevereiro apagara tudo. Svetlana sabia que Vladimir a amara de verdade. Estava disposta a esperá-lo e lutar por sua libertação antes do prazo. Vetrov partia com essa convicção. Apesar de sua pena de 15 anos de prisão, com uma conduta exemplar no campo, tinha uma chance de voltar para casa ao fim de sete anos.

Svetlana receberia a primeira carta do marido em abril de 1983. Vetrov contava sua viagem, a provação mais terrível que sofrera em sua vida. Após Lefortovo, considerada um paraíso por todos os que tiveram oportunidade de comparar a prisão do KGB com o sistema penitenciário soviético, era a descida aos infernos. Vagões de animais, uma promiscuidade incrível, a brutalidade dos guardas e as leis impiedosas do meio. Svetlana chegou a telefonar a Petrenko para lhe repetir todas as palavras gentis ditas a respeito de seu estabelecimento. Ivan Mitrofanovitch lhe pedirá que lhe entregasse essa carta: tinha muito orgulho da ordem que fazia reinar em Lefortovo.

Irkutsk ficava a cinco mil quilômetros de Moscou. Apesar da distância — e seu horror ao contato com essa nova realidade —, Vetrov ainda podia ser considerado um privilegiado. O campo 272/3 era com efeito reservado a criminosos que nada tinham a ver com a bandidagem. Milicianos, promotores e juízes corruptos ou, ao contrário, íntegros que seus poderosos inimigos mandaram condenar sob falsas acusações, diretores de empresas que aplicaram métodos de gestão atípicos e até um vice-ministro.

Vetrov escrevia com frequência, pelo menos uma vez por semana: aparentemente, o regime no campo era pouco severo. Ele descrevia a vida por trás dos arames farpados, seus companheiros de provações, as histórias e as lembranças deles. Pedia a Svetlana que guardasse toda a sua correspondência: após sua libertação, esperava escrever um livro sobre suas prisões.

Os detentos do campo 272/3 trabalhavam na derrubada e modelagem mecânica da madeira. Era penoso, mesmo para os homens que tinham uma boa forma física. Vladimir já sofria de prisão de ventre e a bebida minara consideravelmente sua saúde. Foi designado para confeccionar caixas para o transporte de frutas e legumes. A direção, assim como seus colegas detentos, sabia que ele tinha sido oficial do KGB. Vetrov soube forjar uma boa reputação para si, sendo então encarregado de dirigir atividades educativas e culturais. Estavam prestes a nomeá-lo almoxarife. Promoção que soa um pouco ironicamente no caso de um tenente-coronel do KGB, mas que, num campo de detenção, era um dos postos mais cobiçados.

Uma boa parte de cada carta era dedicada à sua família. Vladimir falava de seu amor por Svetlana, de sua solicitude e de suas preocupações a respeito de Vladik. Pedia à mulher que fosse visitá-lo. Ela o teria feito, mas as entrevistas só eram autorizadas ao cabo de certo tempo. Svetlana conseguiu enviar-lhe um pacote por intermédio de uma moscovita que ia visitar o marido, com o qual Vetrov travara amizade. Em outra ocasião, um de seus companheiros de infortúnio veio visitá-la com a mulher após sua libertação. Não poupara elogios a respeito de Volodia, que todo mundo respeitava e de quem muita gente gostava. Mas por causa dessa visita Svetlana foi repreendida por Petrenko, que continuava a patrociná-la: "Eu tinha lhe dito para não receber ninguém do campo! Como pode saber quem são esses esquisitões?"

Infelizmente, nem toda a correspondência foi conservada. Svetlana e Vladik emprestaram a Sergueï Kostine cinco cartas e três cartões-postais. A letra de Vetrov é impressionante: não se parece absolutamente com a de um homem cheio de contradições, atormentado e que teve um destino excepcional. É a letra de um indivíduo pouco instruído, banal, sem verdadeira personalidade. A leitura dessas missivas reservava outras surpresas. Surpresas que, à luz da reflexão, não o eram: tudo que elas salientavam era perceptível, sob formas latentes, nos atos e palavras do herói deste livro. Como não teremos outra oportunidade de passar a palavra ao próprio Vetrov, nos pareceu apropriado reproduzi-las aqui em sua integralidade, pois sua análise irá revelar-se extremamente útil na sequência. Acrescentamos-lhes excertos de cartas apreendidas durante o segundo inquérito e incluídas no novo inquérito.[2]

* * *

Cartão de bons votos por ocasião do ano-novo de 1982 (entregue a Svetlana durante uma entrevista em Lefortovo)

Meus caros Vladik, Sveta, babuchka!*

Saúdo-os, bem como Lev, Mila e Nastenka** por ocasião da maravilhosa festa do Ano-Novo. Que ele seja para todos vocês feliz, radioso e caloroso. Expulsem a irritação, as decepções e a eterna melancolia. Sejam alegres, vivam uma vida plena, estejam alertas e em boa saúde.

---

*Sua sogra, Anastasia Yakovlevna, que morava com eles.
**Lev Barachkov, irmão de Svetlana, sua mulher e sua filha.

O tempo é um médico. Na vida, tudo passa, e as coisas ruins são esque-
cidas. Eu gostaria que todos vocês considerassem que a nossa vida continua.
Escrevo de propósito "nossa" porque continuo com vocês, criaturas que
me são as mais caras e próximas.

Mais uma vez, à sua felicidade comum.

Feliz Ano-Novo.

Beijos.

Volodia

* * *

18.4.83 Cartão-postal enviado de Irkutsk
Queridíssimos!

Saúdo-os a todos por ocasião da festa da primavera.* Desejo a todos
muito bom humor e saúde. A vida continua. Isso não é letra de música,
mas uma verdade, nua a crua. Ainda seremos felizes.

Em torno de uma mesa de festa, bebam de forma puramente simbólica
um minúsculo copo à minha saúde.

Mais uma vez, um beijo para todos.

(Assinatura)

* * *

Cartas de Irkutsk
6.4.83

Minha querida, minha garotinha gentil! Não sei quanto tempo terei
de passar aqui. Com um artigo como o meu, isto é, o 102 do Código Penal, cumprimos esses quinze anos de ponta a ponta. Volodka Chevtch.
[Chevtchenko] certamente ainda tem conhecidos no MVD [Ministério do
Interior] ou no CC [Comitê Central do PCUS]. Que ele tente fazer alguma
coisa. A metade da pena está tão longe!** Será que resistirei?

---

*O 1º de Maio.

** Os detentos têm direito a requerer liberdade condicional após o cumprimento de metade de suas
penas. Essa frase de Vetrov contradiz o que ele acabava de dizer, o que não é raro em suas afirmações.

O PRISIONEIRO DO *GULAG*

Penso em vocês o tempo todo, em você e em Vladik. Quanta coisa não tivemos tempo de fazer! Entretanto, era tão real, e essa realidade, agora eu a imagino. Nosso apartamento se transforma em museu.

* * *

4.5.83

Svetik!

Minha garotinha querida! Recebi efetivamente sua carta em que você me informa que minha primeira missiva chegou às suas mãos. Estou aqui; impossível ir para qualquer outro lugar ou fugir da punição e da saudade. Minha garotinha inteligente, você faz de tudo para me consolar, me acalmar e se dirigir à minha razão. Estou tranquilo; não se preocupe comigo. Está tudo normal. Que a vida aqui é terrível, já lhe escrevi sobre isso. Não adianta nada acrescentar outra coisa. Em primeiro lugar, isso vai afligi-la; em segundo, é impossível descrever tudo. É preciso vivê-lo. Como faz um bom escritor? Antes de começar a escrever, vai infalivelmente mergulhar na atmosfera que ele imagina. Convém sentir a realidade através da pele. O principal flagelo é a fome que me persegue como a todos os meus companheiros e o tédio cotidiano: não sabemos o que fazer.

Ando resfriado. Cair doente aqui é uma calamidade. Você recebe o mesmo remédio contra todas as doenças, O mesmo que em Lefortovo.

Mãezinha,* acima de tudo não entre em pânico, conserve o sangue-frio. Dizem que as células nervosas não se restauram; é verdade, mas não podemos fugir da melancolia. É assim que eu vejo. Seja como for, cuide-se.

Por que está vendendo objetos? Peço-lhe para não fazer nada. Não se desfaça de nenhum objeto de estimação. Isso não é uma solução, e depois você tem grande necessidade deles. É preciso viver como se nada tivesse mudado.

O essencial é que eu seja libertado o mais cedo possível, o resto é o resto.

A respeito do carro. Telefone para Iúri Khaj.** Ele encontrará a solução. Não se esqueça de falar disso com Aleksei Ivanovitch, presidente da ofi-

---

*Svetlana.

**Iúri Khajomia, amigo abkhaze dos Vetrov.

cina.* Seria até melhor que fosse Liova,** ele o conhece. Fico feliz de saber que Liova inscreveu-se para uma excursão a Irkutsk, pena que seja apenas ano que vem. Talvez ele consiga agendar uma entrevista comigo. Provavelmente por intermédio da sociedade filarmônica local.

Na realidade, o diretor dessa sociedade está detido no nosso campo por suas conspirações com Pugatcheva, Lechtchenko*** e outros mais. Esses cantores de variedades tinham vindo aqui, mas souberam tirar o time de campo.

Svetik, você mencionou que poderia vir com Liova. Espero por você em agosto, mas, se não tiver tempo, aguardemos o ano que vem. Isso não é obrigatório. Meu único desejo é revê-los, você e Vladik. Mais uma vez repito: cuide-se, isso é o essencial.

Bravo, Vladik, sinto que ele faz o melhor que pode. É o que ele tem de fazer. Não quero me repetir, mas é preciso concentrar-se na pesquisa. A pesquisa é o cavalo que vai carregá-lo na estrada da vida. Vladka, você é um rapaz inteligente, honesto. Seus sucessos me ajudam a suportar não os sofrimentos, mas os fardos da minha situação. Isso não é nada, filho, vou voltar e passaremos à execução de minhas ideias.**** Você será meu auxiliar e meu arrimo.

Svetik, transmita às garotas minha amizade e a expressão de minha gratidão pela assistência que elas lhe dispensam. Fiquem juntas; isso ajuda a viver. Qual o paradeiro de Sacha Dementiev, ele voltou? Como vai Nina? Escreva-me e diga-lhes para me escreverem uma cartinha, é permitido. Como vai Grekova? Chevtchenko? Ele desapareceu ou não? Descreva-me tudo em detalhe. Quando me escrever, faça como se falasse comigo.

Por que Mila não quer ir à nossa aldeia com Nastia?***** Lá é o máximo.

Desejo a Vladik bons resultados em seus estudos e notas excelentes nos exames, só isso. Fico feliz que ele não tenha mais dificuldades com a química coloidal. É uma disciplina dificílima.

---

*A oficina usada por Vetrov era uma cooperativa, administrada por um presidente.
**Lev Barachkov.
***Alla Pugatcheva, Lev Lechtchenko, astros da canção soviética.
****Seria o projeto de Vetrov fugir para o Ocidente com o filho?
*****A mulher e a filha de Lev Barachkov.

O PRISIONEIRO DO *GULAG*

Vou terminar minha carta. Transmita um bom-dia da minha parte e meus votos de saúde a todos os que ainda se lembrem de mim. Fale com G. Vassiliev de Yasnov.* Nunca se sabe, talvez isso dê em alguma coisa. Beijos.

(Assinatura)

Renarde, um beijo para você e Vladik. E para a avó também.

* * *

10.5.83

Asseguro-lhes que estou resistindo; não me resignei. Estou simplesmente cansado, mortalmente cansado. Mas, se me tivessem dito para recomeçar minha vida, eu não renunciaria a nenhum minuto dela e me negaria a viver de novo.

* * *

Maio de 1983

Svetik, nossa vida não terminou. Voltarei e tudo recomeçará. Seremos felizes, de uma felicidade do tamanho do mundo. Seria tão bom ir a... você sabe no que penso, mas é preciso um pouco de paciência.

* * *

N° 9

11.6.1983

Svetik! Vladia! Babuchka!

Como já disse na minha carta precedente, recebi tudo. Ocorre que Elena trouxe muitas notícias. Volodia** nos transmitiu todas, ao mesmo tempo que me advertia do que você queria me dizer. Poderíamos e deveríamos ter

---

*Galina Rogatina. Yasnov era um alto funcionário da prefeitura de Moscou, que, aliás, Rogatina não conhecia. Vetrov procura manifestamente toda oportunidade de fazer pessoas influentes intervirem a seu favor.

**Colega de prisão de Vetrov, que recebeu a visita da mulher, Elena.

previsto isso. Não foi à toa que eu tinha sugerido numa de minhas últimas cartas dirigir a correspondência a Galka. Isso não é grave. A adversidade enrijece a coragem e o caráter, aguça e dinamiza os pensamentos.

Ainda não resolvi a questão do meu emprego;* me prometeram para o fim do mês, pois o posto está ocupado. Ah, sim, ia me esquecendo de lembrá-la para não escrever suas reações sobre certas informações que eu lhe transmito a fim de evitar mexericos por aqui. Não se preocupe, pelo amor dos céus, tudo correrá bem. Esse dias, tenho a sensação de que estou aqui provisoriamente, que em breve voltarei para minha casa. Miragem, ilusão, mas isso levanta o moral.

Svetik, a propósito da calça. Você poderia mandar tingir minha calça alemã de cor clara? Ela é resistente; eu poderia usá-la aqui. Mande-a para mim, não vale a pena gastar dinheiro para comprar uma nova. Já lhe causei muitas despesas inúteis. Mas isso não tem importância.

Me ocorre uma ideia: e se efetivamente pedíssemos a Iú. Khaj.** para escrever aos pais dele a respeito de mim e das remessas? Acho que eles conseguiriam resolver o caso. Nem pense em vir aqui este ano. Você já tem problemas e momentos desagradáveis por minha causa. O melhor seria que viesse com Liova. Ele poderia ficar uma ou duas semanas e, você, alguns dias, talvez três, como Elena. Seria estupendo. Ligue para ela, ela pode lhe explicar.

Como você está? Alguma novidade? Como está Vladik? Preocupo-me muito com ele. Foram-lhe reservados um grande infortúnio e uma grande provação que podem forjar seu caráter. Espero que ele segure firme; ele se parece muito comigo em tudo e sei que vai superar todas as dificuldades para juntar-se a vocês. Mas vocês têm de me esperar, sério. "Espere-me e voltarei. Mas voltarei de verdade."***

Se o infortúnio de que fui vítima aumentou suas rugas, Svetik, eu nunca olharei para elas. Elas lhe caem bem, "colorem" seu rosto inteligente e nobre. Beijo seu nariz e seus olhos, lembra-se? "Era realmente, era... há muito tempo."**** Não se esqueça de nada, minha gatinha querida.

---

*Trata-se provavelmente do posto prometido de almoxarife.
**Iúri Khajomia.
***Letra de uma canção lírica de Constantin Simonov bastante conhecida na época da guerra.
****Letra de uma canção.

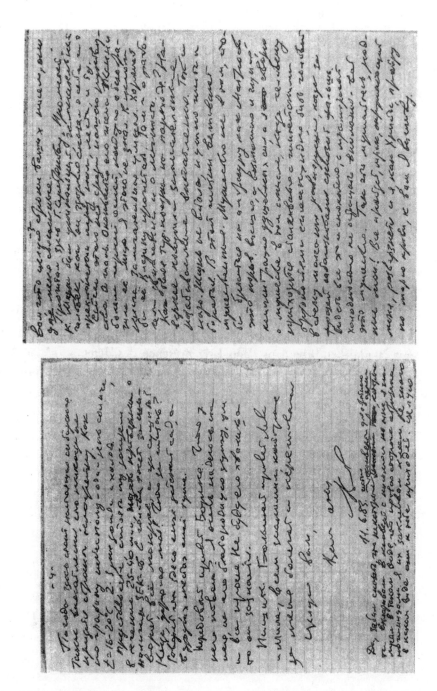

Fig. 7 Uma página da carta a Svetlana eviada do *gulag*: "Tudo passará, as trevas que me cercam se abrirão e, como o Cristo, atravessarei um mar de sangue para chegar a vocês."

Por que Vladik não escreve? Sei que ele não tem tempo, mas não pode reservar cinco minutos? Um único minuto seria uma felicidade para mim. Escrevi para vocês. Beijo as linhas de suas cartas, pois para mim elas são sagradas.

Li aqui o *Prometeu* de G. Serebriakova.* Karl Marx era um homem único em seu gênero, maravilhoso, e como ele acerta na mosca ao falar da veneração, das bajulações etc. a seu respeito. Hoje não há nada igual entre os nossos dirigentes, o que é realmente uma pena. Afirma-se que Jennie pegou varíola e ficou com o rosto feio. Eu ignorava isso. No geral, é um livro maravilhoso, inteligente. Vladik faria bem em lê-lo. Ele fala do movimento operário e do homem.

E seu cruzeiro turístico, correu tudo bem? Você provavelmente guardou lembranças maravilhosas, indeléveis. É o que tem de fazer. A vida não parou, é preciso viver e lutar. Nessa vida só sobrevivem os bravos. A coragem não consiste em se arrojar da ameia como Matrossov.** É um impulso, uma concentração sublime e talvez tola das forças espirituais, e estou falando de outra coragem, quando o homem é obrigado a enfrentar as dificuldades da vida a cada segundo, a bater a cabeça contra um muro de silêncio e indiferença, quando o fingimento transparece numa frase de condolência. Ver tudo isso e ignorá-lo com calma e frieza de mármore, eis o que é a coragem. Pois bem, coragem, meus queridos! Tudo passará, as trevas que me cercam se abrirão e, como Cristo, atravessarei um mar de sangue para chegar a vocês. Sobreviverei (*fig.* 7).

O clima aqui é bem siberiano. Temos a impressão de que nunca mais vamos tirar o impermeável. Igual ao calendário celeste: um dia faz sol, com temperaturas entre 16 e 20°, depois os outros dois ou três dias seguintes, chove e faz frio.

Imagine o que é passar 25, 40 minutos sob a chuva esperando o toque de reunir dos detentos. A água escorre por trás do colarinho, tudo é úmido e onde poderíamos secar as roupas? Em lugar nenhum, minha querida. Isso é vida? Dizem que aqui é um jardim de infância, que em outros lugares é pior.

---

*Romance apologético sobre Karl Marx. Essa passagem comprova que, embora crítico do regime brejneviano, Vetrov estava profundamente influenciado pela ideologia comunista.
**Herói lendário da grande guerra patriótica (1941-1945) que, escorraçado por granadas durante um ataque, se sacrificou fechando com seu corpo a ameia de um abrigo alemão.

Minhas saudações a Borka.* Como vai ele? Conto muito com ele, com sua alma nobre, sua inteligência e tudo o mais. Não vou elogiá-lo mais senão ele fica muito cheio de si.

Escreva-me. Um grande abraço para Liova e Mila, para todos os nossos amigos que se preocupam comigo.

Beijos.

Seu pai (assinatura)

Esqueci de dizer que alguns envelopes virgens para o retorno do correio que você enfiava no envelope com sua carta para mim chegaram às minhas mãos com o lado direito cortado a tesoura. Colei-os de novo. Não sei em que estado chegarão aí. Beijo.

* * *

15.6.83

Svetik! Vladia!

Recebi hoje suas cartas. Mal consigo imaginar sua aflição e seu sofrimento: pagar mais de 1.200 rublos! A quem e por quê? Porque estou na prisão?

Sveta! Calma, controle-se! Seja corajosa e vá a um escritório de aconselhamento jurídico. Afinal de contas, Nina conhece um bom advogado. Convém estabelecer se se trata, da parte do Estado, de uma ação lícita.

Eu me informei aqui sobre o que aconteceu. Me explicaram que existe uma jurisprudência da sessão plenária da Corte Suprema datando de 1962 que estipula que, em caso de perda do arrimo de família, é o assassino que deve pagar. Trata-se então de mim e não de minha família. Eu trabalho aqui e só precisam deduzir do meu salário o que puderem. Por exemplo, ganhei 45 rublos por mês; então matematicamente 83 r. – 45 r. = 38 r. Esses 38 rublos constituem o que se chama uma dívida recursiva; isto significa que formarão um pecúlio.

A garota fará 18 anos, mas continuarei a pagar, uma vez que eu não tinha conseguido pagar 83 r./mês até ela completar 18 anos.

---

*Segundo toda probabilidade, Boris S., amigo comum dos Vetrov e amante de Svetlana.

Dizem que temos bens comuns, meus negócios pessoais etc., que deveriam ser inventariados e taxados. Pode ser um boato. Mas você deve dizer que tinha vendido todas as minhas coisas, e que não sobrou nada do que me pertencia. É preciso que a corte marcial envie imediatamente ao campo 272/3 de Irkutsk a decisão judicial para eles fazerem os descontos. A pensão alimentícia é descontada prioritariamente. Se eu ganhar 85 rublos, deduzirão 83. E ponto-final.

Não se preocupe, eu lhe peço. Hoje tive dificuldade para lhe escrever. Estou com muita raiva e essa raiva vai terminar dando errado para alguém.

Amo-os muito, meus queridos. Parabéns, Vladik, por suas boas notas. Continue assim, meu filho! Um beijo.

Se isso não der em nada, existe outra solução, asquerosa, radical, mas ela os salvará da ruína. Você me entende, minha Svetlanka.*

Beijos.

(Assinatura)

* * *

Junho de 1983

Cometi um crime e essa marca permanecerá por toda a minha vida. O que me resta agora? Nada senão a luta pela sobrevivência? De que maneira? Você sabe que vou conseguir, isso é certo.

* * *

2.7.83

Éramos idealistas, éramos devotados à causa, dávamos pena, éramos absolutamente honestos, dispostos a nos escorchar por nossa Pátria. E, apesar de tudo, creia-me, continuaremos assim.

* * *

---

*Vetrov pensa no divórcio.

O PRISIONEIRO DO *GULAG*   317

10.7.83

Svetik! Vladia! Babuchka!

Hoje eu e Vlad. Mikh.* demos uma festa. Valentina Utkina chegou e recebemos uma remessa: porco fresco, salgado e defumado, 4 pacotes de bombons e uma camisa. Obrigadíssimo por tudo e principalmente pelo porco e os 2 pacotes de chá indiano. Em Irkutsk o chá é prensado em barras. É pó e não chá. Na colônia, os conhecedores do tchifir** preferem o chá "made in India" com três elefantes no rótulo.

Svetik, você deve estar cansada, minha querida, minha alma bem-amada. Eu lhe causei preocupações e aborrecimentos, aborrecimentos que não são lá nada agradáveis. Compreendo que esteja triste e desgostosa com tudo. Seu garotinho bem-amado foi embora. Sem ele a casa fica vazia. Pare de se entristecer, viva uma vida plena. A vida é bela. Agora, só agora começamos a compreender todas as alegrias e seduções da liberdade.

Tudo isso são frases, ou melhor, o sofrimento da alma, as cinzas do coração que, ou se incinerou ou então arde num fogo de fúria, um incêndio que se deflagra, mas temo que não se apague, que se torne devorador e não hesite diante de nenhum obstáculo. É a realidade que forma a visão do mundo, não a realidade daqui, mas a análise das impressões passadas. Em volta, é só abominação, hipocrisia e falsidade. Como tudo vai terminar? Precisamos falar sobre isso nas cartas à mulher que amamos? Svetik, compreenda, é disso que vivo hoje. Minha cabeça transborda de pensamentos. Para que servem eles? Não sei. Provavelmente estou ficando mau, talvez ríspido com a realidade. Tudo bem, é culpa minha se estou aqui, todavia não é isso que dá raiva, mas toda a nossa realidade, os sofrimentos das pessoas. Além do mais, isso é um fenômeno geral, como uma epidemia. Sim, sou mau, mas sou inteligente, justo e, como sempre, bom.

Hoje tivemos uma noite-discoteque. Escutávamos lembranças sobre Ruslanova.*** Por que ela? Ocorre que ela passou seis longos anos perto de Irkutsk, transportando água em barril numa carroça. Imagine uma bela mulher no auge da glória e do sucesso vivendo numa floresta. Por que escrevo sobre ela? Acabo de escutar uma canção sobre um vagão de

---

*Vladimir Mikhailovitch, seu companheiro de detenção.

**Chá macerado bem forte, que tem um efeito euforizante parecido com o do álcool.

***Nina Ruslanova, cantora célebre nos anos 1930-1950 e vítima das repressões stalinistas.

animais ou uma cabana cuja letra é: "Estou longe de você, vai ser difícil encontrá-la, mas apenas quatro passos me separam da morte."* Tudo isso é verdade. Vivemos como na guerra, e a morte, ei-la bem próxima! Não se lamente, estou vivo, vou morar com vocês, voltarei para junto de você. Vou resistir a tudo, pode ter certeza! Seguramente, mesmo no que se refere à morte, não cederei. Tenho vontade de abraçá-la, me ajoelhar à sua frente, beijar seus lábios, depois expirar profundamente e me entregar ao destino. Talvez, daqui até lá, haja uma mudança em sua vida ou a vida seja de tal forma que não será possível revê-la. Tudo pode acontecer na vida. Não sou filósofo, isso é uma realidade.

Esperem por mim, façam alguma coisa. Compreendo que atualmente é impossível fazer o que quer que seja, mas não perca o ritmo e a iniciativa. Svetik, em que situação abominável eu me encontro!

Sem dúvida, eles teriam feito melhor me fuzilando; a vida teria sido mais calma. Volodka Yachetchkin não existe mais, Andriuchka Kuznetsov tampouco, e eu terei desaparecido também. O que isso teria mudado na vida? Rigorosamente nada. Viver como um escravo! Ó, como é repugnante, sobretudo quando você despreza os guardas que o cercam.

O que há de novo em casa? Você nunca fala da babuchka. Como vai ela, o que faz, toma ar no pátio, o que dizem de mim e de minha família?**

Como vão Borka, Aleksei e G. Vass.?*** Não podem me ajudar de imediato, mas de maneira geral? Ó, meus amigos-camaradas! Em todo caso, cumprimente-os de minha parte. Venda a garagem. Eu tinha pedido a você que tirasse um retrato. É meu último pedido a você e a Vladik. Por favor.

O que faz Iv. Grig.,**** comprou a casa da tia Katia?***** Escreva-me, escreva-me mais e com mais frequência.

Provavelmente esta carta será a última. Serei obrigado ou a só enviar três cartas censuradas por mês ou a escrever-lhe clandestinamente por outros caminhos.******

---

*Outra canção de Constantin Simonov da época da guerra.
**Nos pátios de prédios russos, os idosos passam muito tempo conversando, sentados num banco.
***Os Rogatin.
****Ivan Grigorievitch, um conhecido dos Vetrov.
*****A vizinha dos Vetrov em Kresty.
******Aparentemente, trata-se de um endurecimento passageiro do regime no campo. A linha seguinte prova que Vetrov não esperava de forma alguma uma transferência.

Peça a Lev que prepare para mim, se possível, alguns discos para você trazer para mim na entrevista. Diga a Lev que há poucas chances de organizar um concerto aqui, porque a colônia é pequena e não existe dinheiro para pagar. Seria bom organizá-lo através do MVD* em Moscou, que poderia patrociná-lo. Seria o máximo. Vendo-a, reviverei. Provavelmente, tudo entraria nos eixos, pois minha vontade é vomitar. Não se esqueça do que conversamos em Lefortovo.**

Se Vladik lhe escrever uma carta (ele é tão preguiçoso), transmita-lhe regularmente meu bom-dia.

Svetik, tenho vergonha de me confessar a mim mesmo, mas vocês estão mesmo me esperando? Sou muito tolo, não sou? Tenho muita vontade de vê-los, de viver com vocês, de beijá-los todos e lutarmos juntos. Justamente juntos, sempre juntos.

Beijos,

(Assinatura) Pai

Nº 17 (esqueci qual mas deve ser esse)

* * *

16.7.83

Creia-me, tudo entrará nos eixos. O mal nunca se pespegará em mim. Permanecerei o mesmo: um homem honesto, reto, bom, bem-humorado, nem um pouco alarmista, ideologicamente constante.

Para não voltar mais ao assunto, eis a carta que Vetrov escreveu ao filho na véspera do casamento dele, realizado em 25 de agosto de 1984. A mulher de Vladik também se chama Svetlana.

Vladik!

Congratulo-o por ocasião de um acontecimento tão solene em sua vida e de todo coração desejo todas as felicidades do lar à sua jovem esposa e a você mesmo. Lembre-se de que a família impõe novas obrigações sobre seus

---

*O Ministério do Interior.
**Svetlana não sabe mais exatamente a que se refere essa alusão.

ombros de homem que ainda não são muito robustos. Não basta conquistar a felicidade, é preciso preservá-la. Isso em grande medida depende de você.

A família deve ser presidida por um espírito de plena confiança e estima mútuas. São elementos essenciais da felicidade e do amor.

O maravilhoso escritor russo A. M. Gorki disse isto a respeito da família: "Um rapaz escolhe para ele a companheira da vida que se lhe assemelha, a mulher e o marido se completam de certa forma, a mulher é um outro eu."

Um homem normal não ama por amor senão uma vez; por conseguinte a família funda-se uma vez por séculos. Não esqueça!

Vladia, permita-me dizer algumas palavras a Svetlana júnior (permita-me chamá-la assim, Svetlana).

Svetlana júnior, como pai de Vladik posso dizer-lhe que ele é um moço maravilhoso: inteligente, bom, carinhoso, franco, um pouco irascível, é verdade, quando criticado, mas no geral é um homem íntegro.

Não paira sobre vocês nenhuma nuvem que possa escurecer sua felicidade.

Adquiram, apoiando-se mutuamente, experiência na vida, comecem a voar com suas próprias asas, não se encaramujem dentro de si mesmos e de seu lar, acumulem conhecimentos, encham suas cabecinhas — isso é o essencial na vida. A sabedoria é o conhecimento, a bondade, a felicidade. Se tiverem a possibilidade de prosseguirem seus estudos de terceiro ciclo, é preciso aproveitar.

Permitam-me gritar: "Está amargo!"* e dirigir-lhes este voto: "Conselho e amor!"**

Pai (assinatura)

---

*Exclamação tradicional dos convivas num almoço de boda. Os recém-casados devem então se levantar e se beijar para que os pratos não pareçam amargos.
**Voto tradicional por ocasião de um matrimônio.

30

Radioscopia de um crime e de seu autor

A leitura das cartas de Vetrov é bastante instrutiva. Entretanto, com uma personalidade tão complexa e "dúbia" como a dele, seria leviano e insuficiente descrevê-lo sob uma única e mesma face. De um lado, um precursor da Perestroica, e de outro um patife amoral. Em vez de aderir a essas simplificações, pareceu-nos importante, nessa correspondência, ressaltar todas as ambiguidades do personagem. É provavelmente por esse viés que conseguiremos delinear sua verdadeira natureza, quem sabe, seu mistério.

A primeira interpretação é positiva e coincide de certa forma com a descrição de Vetrov feita por seu oficial cooptador, Patrick Ferrant.

A família, em primeiro lugar. Nesse aspecto, descobrimos um homem profundamente apaixonado pela mulher, para a qual não faltam palavras carinhosas. Preocupadíssimo em preservar sua subsistência material, ele considera todas as soluções para lhe evitar a ruína, chegando a lhe propor com palavras veladas a solução "repulsiva e radical" de um divórcio sacrificial.

Pai afetuoso, tampouco deixa de acompanhar a distância a educação de seu filho Vladik, a quem não consegue abster-se de elogiar, como nos bons tempos de suas longas conversas com Ferrant, seu único confidente. Aliás, a redação da carta destinada à sua futura nora deve ter sido particularmente cruel. Com efeito, foi escrita em agosto de 1984, de Lefortovo, quando ele não devia mais ignorar a sorte que lhe estava reservada.

Seu país em seguida. Vetrov apresenta-se efetivamente como o patriota visceral descrito por Ferrant. Foi assim que este último o percebeu, e era assim também que ele se via: "Éramos idealistas, éramos devotados à causa, dávamos pena, éramos absolutamente honestos, dispostos a nos deixar escorchar pela nossa Pátria."

Mais surpreendente, essa fidelidade a seu país assume dimensões ideológicas, coisa que em contrapartida nunca transpareceu com Ferrant: descobrimos um Vetrov marxista sincero, descrevendo Karl Marx como um "homem único em seu gênero, maravilhoso", e cita como exemplo para o filho livros sobre as origens do movimento operário. Temos então a sensação de lidar com um idealista que gosta sinceramente de seu país, "ideologicamente constante", mas enojado diante de um regime corrupto, gangrenado pelo nepotismo e traidor de todos os seus ideais, inclusive marxistas.

Quanto a seu ódio tão visceral do KGB, é compreensível não transparecer numa correspondência que ele sabia interceptada. Por outro lado, sabemos, pelos autos do inquérito, que Vetrov não se abstivera de escrever cartas críticas ao poder soviético. Na correspondência a que tivemos acesso, vislumbramos essa obsessão quando ele lamenta que os dirigentes da URSS não tenham preservado nada do espírito "maravilhoso" de Marx.

Chega então o momento dos arrependimentos, por ter molestado a família em primeiro lugar: "Eu lhe causei preocupações e aborrecimentos, aborrecimentos que não são lá nada agradáveis." Por fim, aborda o crime, que lhe parece correto considerar como um infortúnio que lhe aconteceu. Sem citar Ludmilla, à qual continuava a dedicar um ódio feroz, evoca a responsabilidade de seu ato e a necessidade de pagar um preço por isso: "Cometi um crime e essa marca permanecerá por toda minha vida." Ou ainda: "Estou aqui; impossível ir a qualquer outro lugar ou se esquivar da punição e do remorso." Esses pensamentos que o assaltam à primeira vista não passam de um sentimento banal de arrependimento. Veremos adiante que, com Vetrov, nunca nada é simplesmente banal, e que os remorsos que ele exprime não dizem senão respeito ao fato de ele se encontrar atrás das grades, e não ao assassinato como tal.

Naturalmente, consegue expulsar rapidamente esses pensamentos negros, e reencontramos então a alegria e o *bon vivant* natural de Vetrov.

Ele pensa em sua libertação e no momento do reencontro com a mulher e o filho. Mas rapidamente a realidade de sua situação prevalece, e é em meio a um turbilhão de meias palavras que pinçamos as reflexões sobre a empreitada louca na qual ele se lançou: "É a realidade que forma a visão do mundo, não a realidade daqui, mas a análise das impressões passadas. Em volta, não há senão abominação, hipocrisia e falsidade. Como isso tudo irá terminar?" Obcecado pelo seu destino, e em todo caso quase patético, Vetrov buscava incutir-se coragem, descambando de maneira impressionante para uma forma de misticismo: "Pois bem, coragem, queridíssimos! Tudo passará, as trevas que me cercam se abrirão e, como Cristo, atravessarei um mar de sangue para chegar a vocês. Sobreviverei."

É possível identificar outra profunda contradição nesta última frase: seu "sobreviverei" conclui uma frase resolutamente mística; ora, todos sabem que o misticismo é não apenas uma busca de elevação, mas uma forma escamoteada de aceitação da morte...

E agora, passemos a palavra à acusação. Se considerarmos do ponto de vista oposto, e focalizarmos Vetrov da óptica de suas vítimas, essa correspondência pode parecer chocante em muitos aspectos e revelar a face escura do personagem.

Em primeiro lugar, vemos claramente que Vetrov nada tem de um Raskolnikov. Em nenhuma passagem de suas cartas — como tampouco, aliás, nas conversas com a família — encontramos vestígio de um único arrependimento por ter tirado a vida de um ser humano e tentado matar a mulher que amara. As noções de culpa e arrependimento parecem completamente ausentes de suas reflexões. A ideia que continua a fazer de si mesmo é a de um homem perfeito: "honesto, reto, bom". E, cúmulo da ironia, esta frase extraída de sua nota de apreciação de serviço: "Ideologicamente constante".

Na realidade, o assassino Vetrov considera-se uma vítima. Como a maioria dos criminosos, deve ter acabado por acreditar sinceramente na versão que forjara para o inquérito. Como atestam os especialistas em psicologia criminal,[1] inútil perguntar a um assassino por que ele está atrás das grades. Ele responderá: "Por nada!" ou "Por causa de uma rameira!", o que teoricamente é a mesma coisa. Sim, ele quis matar aquela mulher, mas, no fundo, a culpa é toda dela. Vetrov, Svetlana confirma isso, raciocinava da mesma forma. Sim, matou, mas foi porque perdeu o controle. Provocado por uma mulher como Otchikina, qualquer homem teria perdido a cabeça, como ele! Mas, como ele diz explicitamente: "O mal jamais irá pespegar-se em mim."

Provavelmente o plano de destruição do KGB no qual ele se lançara tão apaixonadamente terminara por cegá-lo. O objetivo que estipulara para si, bem como seu próprio destino, lhe parecera na época bem mais importante que as poucas vítimas colaterais que se terão posto em seu caminho. O fim justifica os meios.

É porque se toma por um mártir que há em suas cartas tantas citações extraídas de canções do tempo da guerra. Vetrov compara-se aos combatentes que desafiam a morte nas trincheiras, ou, quando fala de Ruslanova, das vítimas das repressões stalinistas. Nessa óptica, a leitura desta famosa citação idealista — "Éramos devotados à causa, [...] absolutamente honestos, dispostos a nos deixar escorchar por nossa Pátria" — ganha coloração bem diversa. Dir-se-ia um velho bolchevique de primeira hora que, morrendo de fome e frio numa mina siberiana, nem por isso se desfez de seus ideais comunistas.

Ao lermos a passagem mística "as trevas que me cercam se abrirão, e, como Cristo, atravessarei um mar de sangue para chegar a vocês", nos perguntamos se Vetrov estava bom da cabeça. Aparentemente, essa frase trai seu sentimento íntimo de ser obrigado a sofrer, como Jesus, o calvário da paixão e do suplício. A diferença de seus casos respectivos — um ofereceu seu sangue pelos outros, enquanto ele fez correr o sangue dos outros por ele — não o constrange nem um pouco. A propósito, essa frase não significa outra coisa senão que ele era ou tornara-se crente. Todos os criminologistas sabem disso. Geralmente os detentos adotam uma religião. Isso lhes serve de autojustificação: se creio em Deus, não posso ser culpado. Isso faz parte de suas reações de defesa, cujo aparato é de uma engenhosidade impressionante.

Abstração feita de toda noção de arrependimento, não encontramos nas cartas de Vetrov nenhuma reflexão séria ou original sobre o drama excepcional que ele viveu. Mas podia exprimi-lo numa correspondência

RADIOSCOPIA DE UM CRIME E DE SEU AUTOR

censurada? Sempre que aborda um assunto desse gênero, é um monte de truísmos banais atrás dos quais não sentimos a presença de uma real personalidade. Alguém disse: "Somos o que pensamos." Afora seu despeito de estar atrás dos arames farpados, Vetrov só pensa em coisas chãs: comer, matar o inimigo, organizar sua vida no campo da maneira mais confortável.

Na realidade, o assunto que mais o apaixona é o que obceca todo preso: a sede de se ver em liberdade. Vetrov parece ter compreendido de cara que apenas os idiotas cumprem integralmente a pena. Assim, apesar de seu ódio pelos guardas, correu para estabelecer excelentes relações com a direção do campo. Encarregava-se de atividades educativas e culturais. Já se via ocupando o posto mais cobiçado, o de almoxarife. Vetrov não cessava de bombardear sua mulher com pedidos para encontrar Fulano ou Sicrano, que poderia eventualmente tirá-lo do campo; o exemplo de Yasnov é o mais flagrante. Ele não para de elaborar projetos para os amanhãs de sua libertação. Era por isso que insistia para que Svetlana não vendesse nada de seus bens de valor. Pois, se ele conseguisse manter-se na linha de conduta que se impôs, teria possibilidade de se beneficiar de uma liberdade condicional no fim de sete anos.

Esqueceu a prudência mais elementar. Imaginem a cara de um promotor do KGB convencido, apesar da ausência de provas formais, de sua traição, lendo esta frase: "Seria tão bom ir a... você sabe o que penso, mas temos de esperar um pouco."

Mas é provavelmente a carta sobre a dívida recursiva que é a mais chocante. O assassino, que tem mil vezes com que pagar a integralidade do montante, conta cada rublo que deve ao filho de sua vítima. Onde está o homem que impressionava tanto por suas larguezas? O que aconteceu com o jovem *chevalier servant* de Svetlana? Ao generoso oficial do KGB que ganhava bem a vida?

E, de uma maneira mais genérica, àquele indivíduo perfeitamente normal, até gentil, àquele bom patriota apesar de crítico do regime? O que aconteceu na vida de Vetrov para que o simpático estudante, namorado, jovem pai se transformasse nesse personagem manifestamente sem moralidade, egoísta e hipócrita? A questão é muito vasta e difícil para pretendermos resolvê-la.

A resposta estaria num distúrbio mental de Vetrov? Todo mundo sabe que muitos alienados têm o dom de se comportar durante muito tempo como pessoas normais. A doença corrói apenas um segmento específico de sua personalidade, não se manifestando senão quando está bem avançada. Até que as circunstâncias o provoquem e o façam enxergar claro, até mesmo o íntimo do sujeito pode não exibir o menor sinal alarmante. Pois frequentemente esse tipo de distúrbio deixa o doente muito escorregadio. Portanto, Vetrov podia muito bem sofrer de um início de doença mental, o que explicaria tudo que não se encaixa em seu processo. É verdade que uma perícia realizada durante o inquérito pelo Instituto de Psiquiatria Judiciária Serbski concluíra por sua responsabilidade penal. Porém, no caso de uma pessoa aparentemente normal, o procedimento era no mais das vezes puramente formal. Como aliás no caso de indivíduos completamente saudáveis com que esse estabelecimento lotava os hospícios do KGB.

Entretanto, tudo bem considerado, nenhum sinal, no caso de Vetrov, traía uma patologia psíquica. No máximo, poderíamos falar de incoerência, de saltos de humor, de impulsos espontâneos, em geral gratuitos, com certa exacerbação devida ao alcoolismo.

Muitas de nossas testemunhas tendem a atribuir o comportamento de Vetrov à sua propensão à bebida. Por outro lado, esse fraco faz parte da cultura russa. Além disso, Vetrov operou em países — França e Canadá — onde o consumo de bebidas fortes não é malvisto pela opinião pública. Sendo extrovertido, Vetrov gostava da vida boêmia. Por fim, essa inclinação é a contrapartida do estresse inerente à profissão de agente operacional. Na realidade, de qualquer lado que observemos, tudo na vida o levava para um refúgio no álcool.[2]

Dito isto, Vetrov não era decerto um alcoólatra crônico. Esse diagnóstico nunca foi formulado. Vladimir nunca passou por um tratamento de desintoxicação nem se cogitou numa licença por esse motivo. Era simplesmente um extrovertido, que bebia muito e regularmente. O que não impede que, nesse estágio, o alcoolismo acentue ainda mais determinados traços de caráter, como a impulsividade ou a imprudência, ou ainda a presunção. Isso explica muitas loucuras cometidas por Vetrov em suas relações com seus cooptadores franceses: o lado "fanfarrão", a imagem apresentada — até para si mesmo — sendo mais importante que os riscos corridos. Isso explica também as confidências feitas ao filho, cuja idade e experiência prestavam-se mal a esse papel e para quem o fardo moral era sem dúvida mais pesado. Ainda um menino, Vladik podia muito bem deixar escapar uma frase imprudente que provocasse a perdição do pai. Isso explica enfim a certeza deste último de que suas próprias aptidões profissionais poderiam contrabalançar as falhas de seus parceiros ou a insistência da má sorte.

Além disso, o alcoolismo leva a uma degradação da personalidade, cujas emoções são cada vez mais simples e grosseiras: o indivíduo torna-se cada vez menos crítico a seu próprio respeito, perdendo a capacidade de desaprovar seus atos e se arrepender. Um alcoólatra constrange-se cada vez menos com a escolha dos meios para resolver seus problemas. Os atos — as mentiras levianas contadas às duas mulheres, a hipocrisia, o desprezo pela sua agência e a traição a seu país, a tentativa de assassinato de uma mulher anteriormente amada — perdem sua dimensão moral.

Todavia, seria fácil demais atribuir todos os seus erros à bebida. Aparentemente, muitas coisas que chocam tanto no comportamento de Vetrov explicam-se por sua duplicidade. A aptidão a entrar na pele de um outro ou de se fazer passar por aquele que não se é faz parte das atribuições profissionais de todo oficial de informações. Vladimir devia conhecer a sensação bizarra de muitos atores, que, mesmo diante de seus íntimos, não sabem mais exatamente quem, neles, chora ou ri: seu eu profundo ou um personagem que eles podem expulsar numa fração de segundo. Como eles, ele certamente sabia conquistar seu público, ainda que fosse uma única pessoa, insinuando-se na pele daquele que poderia ou quereria ser, por essa sinceridade fingida que haure sua força no fundo de seu ser, onde todas as metamorfoses são possíveis. Por outro lado, há muitos amadores talentosos que atravessam a vida fazendo-se passar por quem não são e cuja verdadeira natureza é muito difícil de detectar.

Ainda assim, essa capacidade — não a hipocrisia banal mas a "mobilidade psíquica" como qualidade requerida pelo ofício de operacional — não se manifesta em Vetrov durante anos, desde seu desastroso retorno do Canadá. Volta com força durante o longo salto no vazio que é sua colaboração com a DST. Na verdade, foi provavelmente o que mais freou sua queda. Com a ajuda da intensidade de sua aventura, a duplicidade parece cada vez mais um desdobramento. Será que pelo menos ele percebia isso? O fato é que, para um observador externo, a dualidade dos últimos anos de sua vida salta aos olhos. Agente duplo do KGB e da DST. Vida dupla entre Svetlana e Ludmilla. Dois pesos e duas medidas em suas atitudes e opiniões: Vetrov é generoso em público e de uma avareza patológica com seus bens de família: fala bem das pessoas na frente delas e as calunia mal viram as costas. Entretanto, tudo isso se inscreve perfeitamente na norma psíquica, incluindo o que é designado como comportamento simbólico, isto é, destinado a ostentar uma boa imagem de si mesmo.

De maneira mais geral, o sistema de duplo pensamento inerente à sociedade totalitária tal como descrito pelos Orwell, Zinoviev ou Dimov com seus *Homens duplos* cria um contexto propício ao nascimento de comportamentos esquizofrênicos. O que dizer então de um homem que vivia numa duplicidade permanente com sua mulher, seus colegas e o regime a que servia?

Da mesma forma, não precisa ser um grande psicólogo para compreender as perigosas escorregadelas de Vetrov diante de seus colegas, todas as suas réplicas fazendo alusão ao fato de que vivia uma vida de longe mais consistente e apaixonada que aquela que seus colegas podiam imaginar. Ambicioso e cheio de amor-próprio, ex-campeão, ex-brilhante operacional, pela primeira vez em muitos anos, era de novo alguém. E como! Sua existência, que, em seu próprio país, não devia ser conhecida além do diretor de informação tecnológica da PGU,* era considerada um fator extremamente importante pelo presidente de um Estado tão poderoso quanto a França (Vetrov não sabia que Ronald Reagan também estava a par). Muitas coisas decorriam disso, nem que fosse apenas de seus devaneios. Podia a qualquer momento obter um passaporte francês, comprar o carro de sua preferência, uma ilha... Ainda que certas consequências de sua colaboração com a DST não passassem provavelmente de puros produtos de sua imaginação — como aquela história de um banquete organizado em sua homenagem na embaixada da França —, o herói não podia se contentar com seu anonimato. Devia a todo custo exibir sua importância, até mesmo

---

*O diretor da PGU, Vladimir Kriutchkov, só soube de sua existência durante o inquérito sobre o caso de espionagem.

a seus próprios olhos. Não conseguia conter a vontade de tirar a máscara. Era por isso que gostava tanto de fazer confidências ao filho. Os preparativos para uma partida eram muito menos importantes para Vetrov do que uma oportunidade de dar livre curso às suas emoções. Precisava de uma plateia. Admirador do pai, Vladik era o espectador ideal. Era ele, seu filho, quem mais devia saber que, longe de ser um tenente-coronel, sobre o qual o Serviço havia muito tempo riscado uma cruz, ele era uma figura de primeira grandeza no mundo da espionagem.

Na realidade, o problema de Vetrov era ele ser extrovertido. Realizava-se fora de casa. Amava as mulheres, uma boa carne e chegar de improviso em casa com um bando de amigos. A disciplina, a reflexão, o autocontrole, o simples cálculo não eram seu forte. O exemplo da tábua que ele devia serrar é bastante revelador de seu caráter. Teria bastado pegar um metro e medir direito. Mas não, ele serrava três antes de obter uma do comprimento pretendido.

Nada prejudica mais um agente duplo que a impulsividade e a extroversão. É certo que, independentemente dos erros cometidos pela DST, aqueles que ele mesmo não cessava de cometer teriam inegavelmente provocado, cedo ou tarde, sua perda. Um introvertido, um certo coronel Abel* por exemplo, teria podido operar na clandestinidade durante décadas, não tendo necessidade de outra satisfação a não ser a consciência de servir a seu país. No caso de Vetrov, as características essenciais de sua natureza entravam em conflito com a situação em que se viu. Não tinha o direito de apresentar a imagem do grande personagem que se tornara. Para um extrovertido, essa coerção era intolerável, e decerto explica muitas coisas.

Em contrapartida, há fatos que temos dificuldade de entender.

Ainda que Vetrov não planejasse matar a amante, tinha efetivamente a intenção de "ser duro" com ela. Logo, por que esse profissional de ações

---

*Rudolf Abel, célebre "ilegal" do KGB, que operou nos Estados Unidos de 1948 a 1956, desepenhou um papel eminente na obtenção de informações relativas aos armamentos de ponta, essencialmente os nucleares. Condenado a trinta anos de reclusão criminal em 1957, foi trocado, em 1962, pelo piloto-espião americano Francis Gary Powers. Cf. James B. Donovan, *Strangers on a Bridge. The Case of Colonel Abel*, Atheneum, Nova York, 1964.

clandestinas simplesmente não preparou e controlou devidamente a execução desse plano? Por que não ter escolhido um local mais deserto? Pois Vetrov e Ludmilla notaram a proximidade de um ponto de ônibus e falaram de pessoas que haviam desembarcado. Se queria matá-la, ele devia ter pensado em ocultar seu cadáver. Como explicar as afirmações fantasiosas de Vetrov para Rogatina, uma hora após o assassinato? Segundo seu relato, Ludmilla teria sido morta a marteladas, ele lhe teria furado um olho, atropelando-a depois com seu carro e projetando-a a metros de distância.

Existe efetivamente uma hipótese que resolve todas as contradições flagrantes constatadas na perpetração do crime. Ela foi sugerida por um eminente criminalista russo, o dr. Mikhail Kotchenov, a quem um dos autores, Serguëi Kostine, comunicara suas dúvidas. Essa hipótese a princípio chocou-o, depois entusiasmou-o, depois voltou a incomodá-lo. Testada com vários contatos na polícia judiciária, entre pessoas que estiveram na prisão e no KGB, parece muito tentadora. Julguemos.

No começo, Vetrov pretendia colaborar com os franceses durante três anos até sua aposentadoria, garantindo dessa forma uma vida confortável para sua família até o fim de seus dias e um futuro invejável para o filho. Porém, o jogo revelara-se muito mais arriscado do que ele pensava. Vetrov sabia cada vez mais que, em caso de perigo, só podia contar consigo mesmo. Tornava-se claro para ele que sua identificação como informante ocidental não passava de uma questão de tempo.

Além disso, Vetrov podia supor — provavelmente equivocado — que os franceses não iriam deixá-lo sair do jogo tão facilmente. Ele mesmo sabia fazer uso da engrenagem na qual treinava seus agentes estrangeiros, tendo começado por coisas completamente banais. Agora, ele mesmo poderia conhecer o reverso da medalha. Os franceses guardavam muitas provas de sua traição e, por conseguinte, muitos meios para pressioná-lo.

Teria então se tornado urgente para Vetrov encontrar uma solução que o privasse de todo interesse aos olhos da DST. Não havia muitas: ele tinha de abandonar o KGB. A coisa mais difícil de fazer, por menos que parecesse à primeira vista. Como todos os serviços secretos, o KGB tinha muitas entradas e pouquíssimas saídas.

Estava fora de questão um oficial apresentar sua demissão sem uma razão pertinente, porque não acreditava na utilidade de seu trabalho ou

RADIOSCOPIA DE UM CRIME E DE SEU AUTOR   331

porque descobrira uma nova paixão — por exemplo, plantar pepinos — à qual teria decidido dedicar o resto de seus dias. Não, era preciso uma razão objetiva, externa, independente de sua vontade.

Como a saúde, por exemplo. Teoricamente Vetrov podia alegar uma doença que exigisse um tratamento prolongado e que o impedisse de exercer suas funções. No plano prático, isso era bem mais delicado. Pois a ideia mesma de abandonar o KGB por iniciativa própria parecia suspeita. Sobretudo a três anos da aposentadoria e levando em conta o fato de que o demissionário perdia assim três quartos do montante de sua futura pensão. Eis por que o candidato a demissão era hospitalizado por um período que podia estender-se meses a fio. Em primeiro lugar, porque isso permitia a realização de todos os testes necessários no indivíduo. Impossível simular uma doença, exceto, por exemplo, sequelas de um traumatismo craniano, indeléveis. Mas todo mundo logo concluía que se tratava de um pretexto, e era com mais zelo ainda que se levava a cabo a outra parte do procedimento de hospitalização. Esta consistia em examinar ao microscópio toda a vida do indivíduo: seus amigos, conhecidos, casos adúlteros e contatos com os detentores de segredos e com pessoas que conviviam com estrangeiros. O inquérito podia muito bem colher um depoimento provando tratar-se de uma armação. Logo, pelas duas razões, essa solução estava excluída para Vetrov, homem saudável e que cultivava relações escusas.

Certamente, Vetrov cogitara em deixar o KGB pedindo o divórcio a Svetlana e anunciando sua intenção de se casar com Ludmilla. Com efeito, um membro dos serviços secretos soviéticos não podia ser divorciado ou deixar de ser membro do Partido. Entretanto, homens que serviram uns bons vinte anos no KGB estão convencidos de que a PGU teria feito de tudo para impedir as aspirações à liberdade por esse viés. Pois o divórcio de um oficial em atividade, ainda que devesse acarretar seu licenciamento, teria dado um mau exemplo, estimulando os casos de escritório, em suma, degradando a atmosfera moral no coletivo que, oficialmente, devia conservar-se imaculado.

O que mais se podia fazer para ser excluído do KGB sem despertar as suspeitas da contraespionagem interna? Vetrov parecia ter descoberto. E, embora pudesse ter hesitado no começo, um sinal alarmante conhecido apenas dele ou uma intuição incitou-o a buscar um refúgio sem demora.

Por mais paradoxal, não há lugar onde um criminoso se sinta mais seguro do que atrás das grades. Isso faz parte do beabá da bandidagem. Em caso de perigo iminente, a primeira providência daquele que cometeu dois estupros e três assassinatos é deixar-se prender por um delito menor, como o furto de uma mala numa estação. Ele pegará três anos de detenção durante os quais ninguém irá procurá-lo numa prisão. Quando sair de lá, o inquérito sobre os estupros e os assassinatos terá sido arquivado. Assim como pensavam os policiais, juízes, advogados ou ex-detentos interrogados, era esta também a opinião de Vladimir Kriutchkov: Vetrov estava com pressa de ser julgado e condenado para dar uma de morto em algum lugar no *gulag* rezando a Deus para que o KGB esquecesse sua existência.

Vetrov não podia ignorar isso. Em primeiro lugar, porque cursara direito na Escola da Floresta. O estudo do Código Penal estava entre os mais interessantes, uma vez que o lado tenebroso da vida era banido pela imprensa soviética. Além disso, os professores buscavam sempre ilustrar com casos concretos os artigos secos e sem vida do código. Uma astúcia desse tipo tinha chances de impressionar a imaginação de Vetrov, que não se esqueceria disso. Por outro lado, isso também podia ter estado em pauta durante o estudo das disciplinas especiais. Afinal de contas, um operacional sem cobertura diplomática corria o risco de se ver, no estrangeiro, numa situação em que teria interesse em ser jogado na prisão por um delito menos grave que espionagem. Mas, acima de tudo, devemos repensar esta curta menção na nota de apreciação de serviço de Vetrov: "foi promotor militar". Logo, não apenas podia saber disso como, para ele, saber era um dever.

Era inútil para um oficial do KGB bater uma carteira num bonde ou arrombar o apartamento de um vizinho: ninguém acreditaria nisso. Só lhe restava então um crime passional. Isso vinha a calhar melhor ainda na medida em que os problemas de Vetrov pareciam, eles também, sem solução. Assim, com uma pedra ele matava dois coelhos. Escapava ao controle da DST, que não teria mais nada a esperar dele e não poderia mais chantageá-lo, uma vez que ele estaria na Sibéria, e punha fim a seus aborrecimentos com Svetlana, a quem não queria manifestamente perder. Otchikina tinha o perfil de uma vítima ideal.

A leitura do Código Penal da Federação Russa é capaz de vencer as últimas hesitações de alguém que planeje tirar a vida de seu semelhante.

Na época de Vetrov, como hoje, existia o artigo 104, "Homicídio voluntário cometido em estado de agitação psíquica intensa", isto é, numa espécie de demência passageira. O legislador previu, para punir esse crime, uma pena de privação de liberdade indo até cinco anos, ou trabalhos forçados indo até dois anos.*

Tendo optado pelo assassinato de Ludmilla para pular do trem em movimento rumo à catástrofe, Vetrov teria começado a preparar o terreno. Ele, que já falara de seus problemas junto às suas duas mulheres para quem quisesse ouvir, não tinha muita coisa a fazer. Todos os seus colegas na PGU dariam depoimentos a seu favor. Vetrov, entretanto, tinha de preparar Vladik, pois era sensível ao que este pensava de seu pai. Era importante para ele que o filho continuasse a amá-lo e respeitá-lo. Entretanto, a fim de prevenir possíveis vazamentos, Vetrov não lhe contou a verdade: aquele que não soubesse não trairia por inadvertência. Além disso, não queria imiscuir Vladik no crime que ele planejava, agindo então de maneira a que o filho estivesse preparado para enfrentar esse drama. Contou-lhe a história dos documentos que Otchikina lhe teria roubado, falou da chantagem e do ultimato de 23 de fevereiro. Para seu alívio, Vladik revelou-se antes partidário de medidas drásticas.

Vetrov dava-se conta de que, para poder beneficiar-se do "estado de agitação psíquica intensa", era preciso criar a situação de uma briga. Para isso, Ludmilla devia provocá-lo, fazê-lo perder as estribeiras. Ele devia saber — a coisa era corriqueira — que a justiça militar que ia investigar seu caso mostrava-se muito sensível à honra masculina ferida. A corte militar, composta também exclusivamente de homens, levava igualmente em conta essa circunstância atenuante. Podemos então supor que Vetrov preparara a seguinte história.

Ele convida a amante para um programa de jogos amorosos em seu carro. Prova de que pensava apenas num programa prazeroso, compra

---

*O Dr. Kotchenov cita o caso de um oficial que, tendo ido jantar em casa sem avisar, surpreendeu a mulher nos braços do amante. Como naquele dia o militar dava plantão em sua unidade, estava armado. Sacou sua Makarov e matou o rival. Foi condenado a três anos de detenção com sursis. Evidentemente, foi expulso do Partido e desmobilizado. Mas não perdeu sequer sua liberdade, exceto durante o processo. Vetrov podia conhecer outros casos do gênero.

champanhe. Após terem bebido, os amantes passam às carícias. Porém, no momento crucial, Vetrov conhece um fracasso masculino, decerto natural mas no fundo extremamente humilhante. E é enquanto ele vive esse minuto mortificante que Ludmilla faz uma observação ferina ou até mesmo ri inconsequentemente. Então Vetrov não se controla mais, caindo num acesso de fúria cega. Isso explica por que aquele homem delicado e boa gente comportara-se como um açougueiro: ele não era mais ele mesmo.

Desse ponto de vista, teria sido de sua parte muito inteligente desferir o primeiro golpe na têmpora de Lumilla com a garrafa. Pois, em estado de demência temporária, ninguém escolhe uma arma; bate com o primeiro objeto que tem nas mãos. Uma garrafa de champanhe é entretanto uma arma temível. Fisicamente forte, Vetrov esperava provavelmente matar Ludmilla com um único golpe. Nessa hipótese, só não levara o fato em consideração por causa do teto baixo, pois não teria espaço suficiente para golpear com força. O cutelo podia então ser reservado como arma complementar desde o início. Muitas pessoas podiam confirmar que ele estava sempre no porta-luvas do carro. Mas, fracassado o primeiro golpe, ele teria espontaneamente se tornado a arma principal.

Para que seja possível provar que um assassinato foi cometido por um indivíduo momentaneamente irresponsável, é preciso testemunhas. Teria sido por isso que Vetrot escolhera como local do crime um estacionamento ao lado de um ponto de ônibus. Após ter matado Ludmilla com a ajuda da garrafa ou do cutelo, ele só tinha de sair do carro e gritar: "Socorro! Venham rápido! O que fiz! Que tragédia!" As pessoas que acorressem veriam um homem quase louco proferindo palavras descosidas e tentando reanimar a mulher que acabava de matar. Todos esses testemunhos seriam a seu favor. Porque a principal testemunha, a vítima, não estaria mais lá para contradizer suas declarações.

Um indivíduo que prepara um crime tão grave como um assassinato deve elaborá-lo nos menores detalhes e implantar uma linha de conduta para cada reviravolta eventual da situação. Que farei se não conseguir matar Ludmilla com o primeiro golpe? E se ela não perder os sentidos e começar a gritar, se debater, chamar por socorro? E se alguém interferir antes que ela esteja morta? É verdade que até mesmo pessoas inteligentes

RADIOSCOPIA DE UM CRIME E DE SEU AUTOR

não podem prever tudo. Todos os criminalistas sabem: o estado de excitação que acompanha a concepção de um crime produz um efeito inibidor sobre as aptidões intelectuais.

No que se refere a Vetrov, obviamente, faltava-lhe espírito crítico. Ele não sabia elaborar uma operação (era uma para um profissional) até o fim, executá-la tal como a concebera e, sobretudo, era incapaz de se controlar. O primeiro imprevisto resultou num desastre.

Após ter golpeado Ludmilla com a garrafa, Vetrov percebera que não conseguiria acertar suas contas dessa forma. Mas não podia mais recuar. Tinha medo de que Otchikina viva desacreditasse sua própria versão. A situação começou a escapar de seu controle, a evoluir numa direção que ele não considerara. Vetrov entrou em pânico. Num certo sentido, não se achava mais em seu estado normal. Pegou o cutelo e começou a retalhar Ludmilla; ela precisava morrer de qualquer jeito para que seu plano desse certo. Em todo caso, isso lançaria ainda mais água no moinho: um número excessivo de golpes poderia atestar que o criminoso estava descontrolado.

Foi nesse instante de profunda aflição, no momento em que Vetrov percebeu que queimara as pontes e que tinha de matar Ludmilla a todo custo, que apareceu o homem. Era, em suma, a testemunha de que ele precisava. Para seu azar, ele interferira antes do que Vetrov previra. Surgindo da escuridão, agora não passava para ele de um obstáculo inoportuno que convinha suprimir incontinenti. O principal para ele era liquidar Ludmilla.

Essa versão explicaria igualmente a visita de Vetrov aos Rogatin logo após o crime. Não nos esqueçamos de que Galina sempre estranhou o fato de Vetrov tê-la escolhido como confidente. Continua sem entender por que, naquela noite, em vez de ir à casa de amigos íntimos, ele procurou conhecidos, no fim das contas bem distantes. Pois Vetrov não podia razoavelmente esperar que os Rogatin lhe fornecessem um álibi, o que os tornaria cúmplices de um duplo assassinato.

Não, Vetrov teria ido vê-los porque teria planejado fazer deles, em seu processo, testemunhas decisivas e inconscientes, portanto ainda mais dignas de crédito. Os depoimentos de seus parentes, como Svetlana, não teriam o mesmo valor aos olhos dos juízes. Como os colegas de Vetrov na PGU, Galina tinha sido condicionada pelos arroubos sentimentais daquele homem, dividido entre a mulher e a amante. Ela testemunharia que, uma hora depois de ter cometido o crime, ele continuava fora do seu estado normal. Falava de um martelo inexistente, de um olho que teria furado. Julgava tê-la atirado longe com o carro. Quando todos esses detalhes se revelassem falsos, ficaria claro para os juízes que Vetrov delirava, ou quase isso. Na falta de transeuntes no local do crime, os Rogatin teriam sido testemunhas sobressalentes.

As fantasias saíam da boca de Vetrov com tanto mais facilidade na medida em que, premeditado ou não, um assassinato altera a consciência de um indivíduo que não tenha esse hábito e que não seja um bruto insensível. Evidentemente, Vetrov não podia manter o sangue-frio depois de triturar uma mulher a quem amara. Arrancara-lhe um dente e cortara-lhe o lábio inferior, mas, a seus olhos, aquilo podia ser também um olho pendurado. Dizia que atropelara Ludmilla para liquidá-la, mas era provavelmente porque tinha essa intenção e não sabia mais direito se aquilo acontecera ou não. Em seu espírito inflamado, suas intenções haviam se superposto a seus atos reais. Não conseguia mais desemaranhá-los. Ainda mais que na sua idade, considerando seu temperamento e propensão ao álcool, quando cismava com uma coisa, era difícil voltar atrás.

Assim, o plano inicial de Vetrov não se realizara. Otchikina não morrera, mas por outro lado ele matara um "passante". De toda forma, esse plano manifesta-se intermitentemente em outros atos de Vetrov naquela noite. Por exemplo, teria planejado dizer ao filho que não iam mais se rever, pois, conforme o que decidira, devia passar aquela noite no comissariado.

Vetrov se esforça, após sua prisão, para salvar tudo que pode desse plano. Ludmilla, a sobrevivente, afirmava o contrário? Ele pressionava a promotoria repetindo cem vezes a versão dele. Ela afirmava que nunca ameaçara ir ao comitê do Partido? Ele repetia que ela não cessava de chantageá-lo sob esse pretexto. Ela dizia que ele a golpeara sem que ela tivesse feito a menor observação, no momento em que ela ia beber? Ele impingia a versão de uma provocação no carro. Vetrov compreendeu rapidamente que o KGB não queria escândalo e que ela ia tomar seu partido, e não o de uma simples tradutora.

O que Vetrov não teria levado em conta ao preparar seu crime e, sobretudo, ao executá-lo foi que, afastando-se de seu plano, ele incorria em outro artigo do Código Penal. Pois — convém enfatizar isso para o leitor ocidental —, ainda que as autoridades soviéticas contornassem facilmente ou simplesmente ignorassem a lei quando precisavam condenar um adversário do regime, no que se refere a criminosos comuns — e, em grande medida, Vetrov era um —, os automatismos burocráticos da máquina judiciária desempenhavam um papel preponderante. Para começar, seu crime não era mais qualificado pelo evasivo artigo 104, "Homicídio voluntário cometido em estado de agitação psíquica intensa", mas pelo severíssimo artigo 102, "Assassinato com agravante". Suas cláusulas listam uma série de circunstâncias agravantes, das quais pelo menos três se aplicavam ao caso Vetrov: c) assassinato de uma pessoa no exercício de um dever profissional ou social (uma vez que a vítima fazia parte das forças da ordem); d) assassinato cometido com uma crueldade particular e a vontade explícita do criminoso de levá-lo a cabo, e h) assassinato de duas pessoas ou mais (um assassinato frustrado a despeito da vontade explícita do criminoso de executá-lo é frequentemente qualificado como idêntico a um crime consumado). Tal incriminação era punida com uma pena de privação de liberdade que ia de oito a 15 anos ou com uma pena "excepcional" (execução capital). Logo, ao longo de todo o inquérito, Vetrov não podia mais esperar uma condenação com sursis ou uma pena de detenção com uma duração simbólica, mas, no mínimo, oito anos de prisão. Em compensação, com esse veredito, podia recuperar a liberdade no fim de quatro anos. Aparentemente, os promotores estimularam sua resolução de ajudar o inquérito a ponto de ele estar praticamente certo de que sua condenação seria mínima. É isso que explica seu abatimento e decepção quando a sentença foi pronunciada.

Entretanto, as cartas de Vetrov provam que seu senso comum terminara por convencê-lo de que seu destino não era tão deplorável. Sim, pagara mais caro do que imaginava. Mas tinha escamoteado o principal, pois a história da espionagem parecia esquecida e ele estava longe de Moscou, num campo para privilegiados onde não interessava a ninguém. Logo, o que importava naquele momento era empenhar tudo que pudesse para obter a revisão de seu caso. Prova disso, em todas as suas cartas ele pedia a Svetlana que continuasse a lutar por ele. Com a ajuda do tempo, devidamente aconselhado, Vetrov poderia começar a bombardear as instâncias oficiais com requerimentos pedindo a aplicação do artigo 104. Esse expediente funcionara em diversos casos.

Como vimos, por ser audaciosa, essa versão varre todas as contradições que resumimos no início deste capítulo. Entretanto, como toda hipótese, ela levanta outras.

Na realidade, 13 anos após ter escrito estas linhas, nem Sergueï Kostine acredita mais nelas. Em primeiro lugar, porque, se Vetrov quisesse tirar o corpo fora, podia fazê-lo com muito menos sacrifícios. Um crime tão grave como um assassinato fatalmente acarretaria um inquérito bem elaborado, na verdade um estudo completo de sua personalidade. Com os depoimentos de todos os seus conhecidos, próximos e distantes, os promotores logo teriam se debruçado sobre o dinheiro vindo de Leningrado, carros "que os franceses comprariam para ele" e outras tantas frases imprudentes que ele não conseguira calar. Vetrov teria de ter atropelado um passante com seu carro e, mais que isso, estando completamente sóbrio. Nesse caso, como no de Retchenski, teria sido uma fatalidade, que podia acontecer a qualquer um. Sua família, seus colegas e o Serviço inteiro teriam ficado do seu lado. Ele teria recebido cinco anos, cumprido dois e saído da prisão de cabeça altiva, sem nenhuma mancha moral.

O que fazer então com o depoimento de Ludmilla Otchikina, que declarou que Vetrov teria lhe desferido a primeira garrafada antes mesmo que ela pudesse dizer qualquer coisa? Para resolver uma contradição, a solução lógica consiste em desconfiar da malha mais fraca. Por mais sincera e confiável que Ludmilla tenha parecido, seu relato parece no mínimo duvidoso. Para agir como ele fez, ela teria obrigatoriamente de ter dito a seu amante uma coisa que, muito mais que uma ofensa, colocava em perigo toda a sua vida. E isso só podia ser sua atividade de espionagem. Essa teoria coincide com a opinião de muitos envolvidos nesse caso, a começar por Raymond Nart, que se fundamenta no depoimento do trânsfuga Vitali Yurchenko. O ex-dirigente da contraespionagem do KGB, que acompanhara o processo para o departamento 5K, teria igualmente concordado com isso por ocasião de sua sabatina na CIA.

Isso não nos impede de continuar a dar crédito à maior parte do depoimento de Otchikina, incluindo as razões pelas quais Vetrov não tinha o menor interesse em confessar para a amante sua qualidade de infiltrado. Entretanto, agora sabemos (ver adiante) que ela lhe havia efetivamente passado documentos secretos a fim de que ele pudesse redigir seu famoso estudo analítico e provar seu mérito no seio de seu departamento. Melhor, quando Vetrov ficava de plantão aos domingos, ela lhe deixava a chave de seu cofre-forte para que ele pudesse trabalhar, sem por isso desconfiar do verdadeiro destinatário dessas valiosas informações.

Eis uma nova versão que organiza as peças do quebra-cabeça num desenho coerente. Sem de fato ameaçá-lo de um recurso ao comitê do partido, Ludmilla teria efetivamente estipulado uma data limite para Vetrov: ou ele rompia com a mulher ou ela rompia com ele. Ela afirma que ele já lhe repugnava nessa época, mas nesse caso não teria aceitado entrar em seu carro e enxugar o champanhe com ele. Por sua vez, Vetrov não teria nenhuma intenção de ser duro com ela; pelo menos no sentido que entendia seu filho. Seu objetivo era apenas resolver o conflito amigavelmente.

Teria sido ao longo da conversa dentro do carro, provavelmente no momento em que Vetrov servia o champanhe no único copinho que tinham, que, por uma frase imprudente, daquelas que ele costumava deixar escapar, Ludmilla compreendera que seu amante era um espião. Vetrov leu isso instantaneamente em seu rosto. Todas as infrações, leves ou graves, que sua amante cometeu para ele passaram num relâmpago em seu espírito. A ideia de que Ludmilla pudesse passar por sua cúmplice se o denunciasse nem sequer lhe ocorrera. Pensou apenas uma coisa: aquela mulher não podia causar sua perda; ele tinha de eliminá-la, ali mesmo! Este teria sido, obedecendo a seu impulso, seu primeiro gesto, numa posição inadequada, com um objeto inadequado.

Somente a posteriori, já um assassino, Vetrov tomaria consciência dos benefícios que poderia extrair da situação.

31

Cai o véu

Lembremos que o KGB desconfiava que, por trás do assassinato cometido por Vetrov, houvesse um caso de espionagem. Daí a história do quadro presenteado por franceses que Vetrov mencionara em sua cela; a pergunta feita por Belometsnykh, a Svetlana e a Vladik, sobre eventuais documentos secretos que Vetrov podia levar para casa; a estranha cena, no processo de Vetrov, por ocasião do depoimento de Rogatina sobre o pedido de empréstimo para a compra de um quadro; ou ainda as buscas pelo casaco de pele por parte da vizinha de quarto de Ludmilla no hospital do KGB. Todos esses misteriosos episódios estão desvendados hoje em dia: Vladimir Kriutchkov, o chefão da PGU na época, nos confirmou todas essas suspeitas.

Ora, o KGB precisava de provas irrefutáveis para confundir um operacional experiente como Vetrov. Após o imobilismo de Lefortovo, talvez fosse uma excelente oportunidade para lhe dar uma sacudidela despachando-o para o *gulag*, com instruções especiais a seu respeito. E, menos provavelmente por sorte do que graças aos esforços empenhados, o KGB terminou por entrar na posse de um indício determinante.

Precisemos antes as datas: era provavelmente entre março e setembro de 1983. Em março, Vetrov foi enviado para o campo de Irkutsk. Sua última carta, entre as que foram conservadas por Svetlana, era datada de 10 de julho. Houve provavelmente outras, posteriores. O fato é que, em meados

CAI O VÉU   341

de 1983, não passava pela cabeça de Vetrov que o caso de espionagem pudesse vir à tona. Svetlana também alimentava esperanças de que aquele cadáver estivesse bem enterrado. Finalmente, a partir de setembro, Vetrov parou de escrever.

Svetlana tinha o hábito de receber uma, quando não duas cartas por semana. Tinha uma pilha grande em seu armário. Mas eis que as semanas se passavam sem que ela recebesse nenhuma notícia do marido.

Telefonou para Lefortovo, sem resultado. Escreveu ao diretor da penitenciária de Irkutsk, sem jamais receber resposta. Pensou no pior. O desaparecimento de um indivíduo no *gulag* não é uma coisa do outro mundo.

Mas, no momento em que Svetlana percebeu que Vladimir não desaparecera, não foi alívio que ela sentiu. Pois o telefonema que ela recebeu em 17 de novembro de 1983, após mais de dois meses de silêncio, provinha de Lefortovo:

— Poderia nos fazer uma visita amanhã?

Num átimo, Svetlana compreendeu que o KGB descobrira tudo. Correu para rasgar as cartas suscetíveis de comprometer o marido perante o novo inquérito. Também se livrou do bilhete dirigido a Jacques Prévost, que continuava em seu poder.

Em vão! A primeira coisa que fazem os promotores é mostrar-lhe uma cópia exata daquela mensagem. A mesma letra do marido, o mesmo papel quadriculado e dobrado em quatro, o mesmo comprimento, as mesmas palavras que ela sabia de cor...

Svetlana tentou enganar-se, sem grande convicção. Pois não demorou a compreender que aquele bilhete não poderia ter sido reconstituído sem a colaboração de Vladimir. Tomou então o partido de não dissimular o que era evidente. Era, disse ela, apenas um pedido de ajuda dirigido a um conhecido francês, e ela ignorava tudo que pudesse ligá-lo a seu marido a não ser uma velha amizade.

Então os promotores entregaram-lhe outro bilhete de Vetrov, que, dessa vez, era-lhe dirigido. Se Svetlana quisesse ajudá-lo, escrevia ele, devia se curvar a todos os pedidos dos promotores. Ela começou então por responder às perguntas relativas à carta destinada a Prévost, seu teor, a apresentação, o papel... Duas certezas formaram-se em sua mente: em primeiro lugar, o

KGB sabia que seu marido tinha colaborado com a DST; em segundo lugar, ela preparava uma operação de doutrinamento.

Segundo um hábito estabelecido na época, todo mundo saiu de Lefortovo e dirigiu-se ao apartamento para novas buscas. Os inspetores encontraram apenas as cartas que não foram nem destruídas nem escondidas. Mas o tom mudara: não se brinca com espionagem no seio do KGB.

Todavia, nenhum dos promotores terá nesse dia a ideia de interrogar Vladik, o único a conhecer o perfil oculto de Vetrov.

O que teria traído o traidor? Naturalmente, os autos do inquérito da PGU não dizem uma palavra sobre isso. É a regra clássica de todas as polícias do mundo: nunca revelar a fonte, seja ela um agente ou de um dispositivo técnico, como um microfone. Entretanto, dois depoimentos-chave, o de Vladimir Kriutchkov e o de Igor Prelin,[1] nos permitem atualmente estabelecer com certeza a proveniência das três provas materiais, todas igualmente fatais para Farewell.

A primeira foi fornecida pela célebre expulsão da França, em abril, de 47 soviéticos: membros do KGB e do GRU operando sob diferentes disfarces ou diplomatas genuínos.

Essa medida excepcional foi na verdade uma medida de retaliação. Pois, em janeiro de 1983, por ocasião de um conserto, um técnico da embaixada da França em Moscou descobrira uma derivação numa teleimpressora que servia de comunicação com o Quai d'Orsay.[2] Cinco outros aparelhos — tratava-se dos famosos Myosotis fabricados sob a direção de Xavier Ameil — também foram verificados. Horror, todos haviam sido grampeados. Aquelas máquinas de código tinham transitado durante 48 horas por território soviético em vagões "valises", em princípio invioláveis. Não para o KGB. Desde o inverno de 1976-1977, os russos conheciam o teor de cada mensagem trocada entre a embaixada e o Quai d'Orsay.[3]

Informado do caso, o presidente Mitterrand recusara-se a enterrar a ofensa. Em meados de março, pediu a Yves Bonnet, que sucedera Marcel Chalet à frente da DST, a lista dos membros do KGB e do GRU operando na França. Essa lista era exaustiva, pois fora elaborada por Vetrov. Raymond Nart e seu auxiliar, Jacky Debain, escolheram 47 dos cento e sessenta no-

CAI O VÉU   343

mes de que dispunham. François Mitterrand deu seu aval. Os proscritos deixariam o solo francês em 5 de abril de 1983. Tinha início na França a exploração dos dados fornecidos por Farewell.

Não era um pouco cedo? O informante desaparecera do circuito fazia pouco mais de um ano. Como ter certeza de que aquilo não significava também um golpe fatal para Farewell? Pois, evidentemente, os franceses deviam julgá-lo morto ou já desmascarado.[4]

Como explorar a fundo a produção de um agente duplo quando se é incapaz de estabelecer o momento a partir do qual este último não se arrisca mais ao pior? Pois agora sabemos que na primavera de 1983 o KGB ainda não tinha prova tangível alguma contra Vetrov. Das duas, uma: ou a DST tinha absoluta certeza de que Farewell fora executado, ou o desejo do presidente Mitterrand de reagir violentamente após o caso dos Miosotys prevalecera sobre toda consideração de segurança de seu melhor informante. Seja como for, o destino dos 47 russos foi decidido.

"Os franceses esperavam complicações, e até mesmo o fim do bom entendimento entre nossos países", lembra-se Vladimir Kriutchkov.[5] "Gromyko, convém fazer-lhe justiça, sugeria medidas de retaliação, mas essa proposta foi rejeitada. Andropov julgou possível tentar manter as boas relações entre a França e a União Soviética, sua degradação sendo inaceitável para os franceses e para nós. Os franceses ficaram bem perplexos."

A primeira coisa que passou pela cabeça dos soviéticos — assim que souberam da notícia da expulsão — foi uma fuga. Abriu-se um inquérito: não mais por parte da contraespionagem interna da PGU, mas da Segunda Direção-Geral do KGB (contraespionagem). Nesse caso também, não foi o departamento França que foi encarregado do inquérito, mas a Direção A sob as ordens do general Rem Krassilnikov. As suspeitas desse serviço temível recaíam não apenas sobre os operacionais atuais e antigos da PGU, mas também sobre o pessoal do departamento França da contraespionagem. Por exemplo, Iúri Motsak, Victor Tokarev e muitos outros caçadores de espiões operando em Moscou viram-se ameaçados da mesma forma que os oficiais de informações. Tática da peneira fina. Vetrov foi imediatamente incluído na lista dos principais suspeitos.[6]

A expulsão dos 47 diplomatas foi um acontecimento tão bombástico que nem a imprensa soviética pôde silenciá-lo. O fato vinha misturado no meio de outras notícias, apresentado como uma provocação inamistosa das autoridades francesas, mas de toda forma noticiado. Um "olheiro" do *gulag*, que cuidava muito especialmente de Vetrov, espionou e comunicou a quem de direito a reação de Vetrov. Homem impulsivo, este não se conteve: "Ah, esses idiotas! Eles me queimaram."[7]

Frase que não enganou ninguém no KGB. Mas, afinal de contas, a DST possuía seguramente — mesmo sem Vetrov — uma lista de oficiais da PGU operando na França. Provavelmente menos precisa e menos completa, mas igualmente impressionante. O KGB podia decerto começar a trabalhar nessa base, mas o inquérito instaurado era de tal forma vasto que outros indícios não demorariam a surgir.

Na realidade, o dobre soou para Vetrov algumas semanas antes, em 28 de março de 1983, quando ele se viu em seu vagão gradeado a caminho da Sibéria. A expulsão dos 47 acabava de ser decidida. O ministro-conselheiro Nikolai Afanassievski, na verdade residente adjunto do KGB (ainda que o negue hoje...), foi convocado de urgência ao Quai d'Orsay, sendo recebido por François Scheer, diretor de gabinete de Claude Cheysson. Diante dos protestos do soviético, Scheer lhe apresentara um "argumento de peso". Tratava-se de fotocópias de um documento ultrassecreto, o balanço de atividades em matéria de informações científicas e técnicas de 1979-1980. Como essa expulsão era claramente uma violação das praxes diplomáticas em vigor, o Quai d'Orsay tinha insistido com a DST para que pescasse alguma coisa de "graúdo" que justificasse aquela medida. Para os franceses, foi igualmente a natureza do documento que incitou os soviéticos a optar por uma atitude *low profile*. Com prova tão contundente, onde figurava com destaque a assinatura do novo primeiro-secretário e ex-diretor do KGB, Iúri Andropov, o Kremlin tinha todo o interesse em não envenenar as coisas.

Contudo, de um ponto de vista técnico, produzir esse documento só teria sido lógico se esse papel contivesse os nomes das pessoas selecionadas para a expulsão ou se, pelo menos, tivesse alguma relação com a espionagem tecnológica na França. Nada disso. Justificando a decisão presidencial, o Quai queria apenas mostrar que sabia que os soviéticos entregavam-se à espionagem. Não precisava disso.

CAI O VÉU

Entretanto, esse gesto gratuito — e, em suma, inútil — teria consequências fatais para Vetrov. Visivelmente, os franceses tinham vasculhado um monte de documentos para extrair um que causasse um efeito de choque com seu timbre da VPK (Comissão Militar-Industrial), a assinatura de Leonid Smirnov, vice-primeiro-ministro e diretor da VPK, e um destinatário como Iúri Andropov, chefão do KGB.

Infelizmente para Farewell, havia poucas cópias do relatório da VPK. Como no caso de todos os documentos arquivados, cada uma trazia os nomes de todas as pessoas que tiveram conhecimento deles além de seu autor, seu destinatário e a datilógrafa que o bateu. Esses nomes, bem como a data, eram escritos à mão por cada leitor no verso da primeira página ou numa folha separada grampeada no documento. Além disso, essas informações eram complementadas por uma inscrição num registro especial que permitia encontrar rapidamente todos esses indivíduos, uma vez que sua função e seu número de telefone também figuravam nele.

Então, o resto não passava de rotina. Afanassievski seguramente descreveu o documento a Nikolai Tchetverikov, então residente do KGB na França. Este último comunicou a notícia à Central. Esta pediu de imediato a lista das pessoas que tiveram nas mãos o relatório da VPK. O nome de Vetrov, assassino cumprindo pena numa penitenciária, devia parecer o monte Fuji no meio de uma planície ao lado dos nomes de ministros, diretores, conselheiros e outros cidadãos acima de qualquer suspeita. Com a ajuda da burocracia, a procura de outros indícios escusos relativos a Vetrov tomou alguns meses. Isso nos leva ao fim do verão de 1983, período no qual ele voltou à prisão de Lefortovo após sua passagem por Irkutsk.

Na França, Marcel Chalet é o primeiro a denunciar a imprudência da medida de expulsão.[8] Como vimos anteriormente, o ex-diretor da contraespionagem francesa aposentara-se em novembro de 1982. Antes de partir, transmitira medidas de prudência referentes ao caso Farewell a seu sucessor, o governador Yves Bonnet.

Manifestamente, este último terá, acima de tudo, percebido a preocupação constante do serviço, mesmo na época de Chalet, em reduzir drasticamente o número de residentes do KGB na França. Bonnet defendeu-se, em suas Memórias,[9] de ter causado a perda de Farewell. Mencionou, entre outras causas, por exemplo e principalmente, as imprudências epistolares de Vetrov, ou a ligação de Svetlana com o promotor do caso. Como vimos acima, tratava-se na verdade do promotor encarregado do crime passional.

Com respeito à expulsão propriamente dita, Raymond Nart continua a achar que o documento escolhido não dava margem à identificação da fonte. Durante a conversa entre François Sheer e Afanassievski, ele nos esclareceu que o documento maquiado e pós-datado não esteve entre as mãos do diplomata soviético senão trinta segundos e que então lhe era impossível identificar a fonte, uma vez que os borderôs nos quais figuravam as assinaturas haviam sido retirados. Quando replicamos a Nart que a simples natureza do documento podia bastar para remontar a Vetrov, ele varre o argumento com o dorso da mão, e nos remete ao dilema da exploração da produção Farewell: "Em todo caso, não podíamos bancar os guardiões dos segredos do KGB."[10]

Está claro que uma fonte só tem utilidade na medida em que se pode tirar vantagem de suas revelações. Cada medida adotada para eliminar as ameaças às fontes identificadas, para expulsar ou pôr sob vigilância mais rigorosa os oficiais de informações inimigos, para melhorar a proteção das obras e projetos ameaçados etc. corre o risco de queimar o agente. É entre Caribde e Cila que se situa toda utilização da produção de um agente acobertado. Lembremos que a DST ainda oscilava nesse período numa relativa incerteza quanto ao destino de sua fonte. Em contrapartida, o tesouro resgatado em Moscou era, por sua vez, bem concreto.

Outro elemento demonstra a relativa cegueira da DST durante este período, não obstante crucial: é o destino dos antigos manipuladores de Farewell em Moscou.[11] Como imaginamos sem dificuldade, essa expulsão foi acompanhada com uma atenção toda particular pelo casal Ferrant, pois, por mais surpreendente que possa parecer, eles ainda estavam em Moscou no momento dos fatos.

Os Ameil, por sua vez, haviam sido repatriados em dezembro de 1982. Nart, sempre preocupado com sua falta de imunidade, tinha primeiramente sugerido mandar entregar-lhes passaportes diplomáticos. Xavier recusa-

CAI O VÉU   347

ria por iniciativa própria. Para ele, essa medida não fazia senão chamar a atenção do KGB. Nart fez então pressão junto à direção da Thomson para acelerar a partida do casal Ameil. Esse retorno ao redil terá para Xavier Ameil um gostinho amargo, uma vez que correspondia igualmente à sua aposentadoria. Para Nart, o essencial era ter conseguido repatriar sem danos, e de maneira bem "natural", seu espião amador. Voltou-se, em seguida, para o problema Ferrant.

Desde o desaparecimento de Vetrov, o casal tinha continuado a viver "normalmente". Quando soubera, no outono de 1982, que Vetrov havia sido encarcerado por crime passional, sua primeira reação foi não entrar em pânico e continuar a confiar em "Volodia": "Bom, ele é esperto", diziam-se, "antes que alguém perceba..."

De passagem por Paris para os feriados da Páscoa de 1983, Patrick teve uma reunião com o general Lacaze e Raymond Nart. Este último informou enigmaticamente que, a partir da semana seguinte, "iam acontecer coisas". Lacaze emendou: "Bom, a priori, achamos que o senhor não voltará a Moscou." Patrick Ferrant tinha clara consciência de que a expulsão poderia atrair a atenção do KGB, mas foi ele mesmo que insistiu para retornar.

Patrick e Madeleine tinham muitas perguntas: "Será razoável voltar lá, será que não vamos cair na boca do lobo?" Na realidade, dois elementos influíram em sua decisão. Patrick via as coisas sob o ângulo da manipulação. Achava que não retornar a Moscou era assinar seu crime. Isso não podia deixar de colocar Vetrov, que tinha morado em Paris, numa situação crítica ante a contraespionagem soviética. Convém lembrar que, nesse momento, nada permitia à DST pensar que o KGB suspeitava da existência de uma operação do lado francês. Como observará Patrick Ferrant ao general Lacaze, "nenhum indício comprova que suspeitam de nós". A partida súbita dos Ferrant teria, ao contrário, atuado como uma confissão disfarçada.

Madeleine, por sua vez, considerava o aspecto prático da situação: "O que vamos fazer se ficarmos na França agora?" ela se perguntava. "Não sabíamos onde morar, havíamos deixado todas as nossas coisas em Moscou, não tínhamos planejado nada. Permanecer na França era complicado do ponto de vista material." Ainda que possam parecer irrisórios sob o aspecto dos riscos corridos, esse gênero de detalhes desempenha sempre seu papel quando são tomadas decisões urgentes. "E depois, no fim das contas, só faltavam três meses para suportar, logo, os riscos eram limitados. Na verdade, não tínhamos a sensação de estar correndo um grande perigo", admitirá Patrick. Acabou então convencendo seus superiores e partiu de volta para Moscou em 4 de abril, sozinho num primeiro momento. Madeleine se juntaria a ele alguns dias mais tarde.

A expulsão dos diplomatas se daria no dia seguinte ao seu retorno, na terça-feira 5 de abril. Madeleine telefonara para o marido de Paris para lhe perguntar se estava tudo bem. Na embaixada, Patrick Ferrant fingiu-se perplexo, como todos estavam de fato. Muitos diplomatas franceses pensaram ser expulsos em resposta ao que acabava de acontecer em Paris. Aquilo tinha até se tornado motivo de piada. "No início, bancamos os idiotas", lembra-se Madeleine. "A gente se telefonava: 'E aí, acha que vamos ser expulsos? Está arrumando as malas?' Ríamos entre nós, mas eu tinha outras razões para pensar que aquilo não podia ser tão engraçado assim."

Durante os três meses que os separavam de sua partida oficial de Moscou, os Ferrant adotariam um estilo *low profile*. Continuariam a fazer seu trabalho, mas não fariam mais nenhuma viagem. As saídas de casa seriam limitadas, para grande descontentamento de suas filhas, que não poderiam mais ir dormir na casa de suas amiguinhas da embaixada da Espanha.

Quando julho finalmente chegou, Patrick foi informado pela embaixada de que ainda não tinham recebido seus passaportes com o precioso visto de saída soviético para a partida do dia seguinte. Não sem apreensão, ele correu ao MID, o Ministério das Relações Exteriores soviético, para pegá-los pessoalmente. "Aí, o primeiro que me dissesse não, eu passava por cima dele", lembra-se. Finalmente, desculpando-se pelo erro de sua embaixada, Patrick termina por receber os passaportes de amáveis funcionários.

No dia seguinte, os Ferrant pegaram a estrada para o posto de fronteira de Vaalimaa na Finlândia. Do lado soviético, o posto era cercado por uma zona de segurança, e sua travessia não foi feita sem angústias para o casal e uma de suas cinco filhas. "O No Man's Land, como era chamado, eram grades, arames farpados e guaritas ao longo de uma zona de 40 quilômetros onde não havia nada senão pedras. Era muito impressionante", lembra-se Patrick. Rememorando-se das técnicas sumárias do KGB de que Volodia lhe falara, Patrick mantinha um olho atento na fila ininterrupta de caminhões pelos quais eles passavam... Madeleine esperava ser presa a qualquer momento, e lembra-se dessa viagem como de um verdadeiro pesadelo.

No posto de fronteira, foi preciso novamente toda a habilidade de Patrick para negociar com os guardas da fronteira, que se tornavam minuciosos com as formalidades administrativas. Os Ferrant conseguiram deixar a União Soviética no fim da tarde de 2 de julho. "Que alívio!", lembra-se Madeleine.

Para eles, a aventura terminava ali. Depois desse batismo de fogo espetacular, Patrick foi incumbido de novas missões, e só raramente foi mantido a par dos desdobramentos do caso, assim como da utilização das preciosas informações que ele transmitiu.

Como admitiram os Ferrant a posteriori, sua saída do território soviético foi bastante "severa" no que se refere ao *timing*. Acreditamos neles sem dificuldade, pois a expulsão dos diplomatas soviéticos foi a primeira prova material contra Vetrov. Mas é verdade que ela ainda permanecia indireta.

Com efeito, nada implicava explicitamente o ex-oficial. A DST devia seguramente ter sua própria lista. Ele não era o único a ter estudado o relatório da VPK. Até mesmo sua frase inapropriada — "Eles me queimaram!" — podia ser atribuída a "parasitas na linha", a uma má interpretação de suas palavras.

Na verdade, foi o próprio Vetrov quem forneceu ao inquérito a primeira prova irrefutável de sua culpa.

O medo de ver Svetlana obrigada a empenhar pouco a pouco seu patrimônio comum não parava de atormentá-lo. Ele pretendia regressar ao seu apartamento-museu intacto, com o menor quadro ou mobília exatamente em seu lugar.

Como acontece muitas vezes no caso de um criminoso, é sua presunção, além de sua avareza, que o delata. Lembremos que Vetrov julgava-se muito inteligente, muito mais, ele pensava, que aqueles que operavam contra ele. Não ignorava que, tanto na prisão como no *gulag*, a correspondência era aberta. Mas ele teria encontrado um meio de enviar uma carta à mulher com toda a segurança.

Essa missiva foi redigida em termos cautelosos. Vetrov escrevera a Svetlana que ainda permaneceria no *gulag* por muito tempo. Ela devia então dirigir-se aos franceses — ela sabia a quem. Os franceses eram seus devedores, e agora cabia a eles ajudar sua família. Em junho de 1983, Vetrov entregou essa carta a um detento que ia ser libertado e que lhe prometeu postá-la para sua mulher uma vez do lado de fora. Assim, a mensagem escaparia ao controle postal do campo e não seria aberta, pensara Vetrov. Mas não passou na cabeça desse operacional outrora brilhante que a correspondência podia ser interceptada em seu domicílio. Na realidade, essa história foi ainda mais sucinta: o companheiro de Vetrov entregou seu bilhete à direção do campo antes de sair.

O inquérito, que continuava, tinha agora com que desmascarar o informante. Mas a prova mais cabal de sua culpa chegou antes de ele ser convocado a Moscou. Na competição a distância entre Vetrov e a DST — que forneceria mais provas materiais contra ele —, o passo seguinte, o verdadeiro golpe de misericórdia, também foi dado pela contraespionagem francesa.

Voltemos um pouco atrás. Durante sua manipulação, Farewell entregara a Patrick Ferrant uma lista de agentes ocidentais lotados na Direção T da PGU. Essa lista era manuscrita. Por prudência, Vetrov não queria datilografá-la na máquina de seu escritório e não tinha uma em casa. Os agentes pertenciam a países diferentes, e os franceses — provavelmente o presidente Mitterrand em pessoa — haviam decidido dividir essas informações cruciais para a Aliança Atlântica com os Estados concernidos, cada um recebendo seu lote. Como essas informações deviam em alguns casos gerar processos judiciais, os aliados receberam originais: o nome dos informantes e os comentários escritos a mão e em russo...

Os informantes em questão logo foram objeto de investigação por parte dos serviços de contraespionagem de cada país, alguns até mesmo detidos de imediato. Desafortunadamente para Vetrov, um desses serviços era infiltrado pela agência de informações de um país socialista. O informante fotografou o excerto da lista manuscrita que terminou por aterrissar na contraespionagem do KGB.

CAI O VÉU   351

Como as maiores suspeitas pairavam justamente sobre Vetrov, sua letra foi estudada pelo grafólogo em primeiro lugar. O círculo estava fechado.[12]

Na verdade, a utilização dos tesouros fornecidos por Farewell — sem por isso ameaçar necessariamente sua segurança — começou a partir de 1981.[13] William Bell, especialista em radares da Hughes Aircraft, figurava na lista de mais de setenta informantes estrangeiros do KGB. Seria o primeiro a ser preso. Houve certamente outras operações seletivas de que não temos conhecimento. Finalmente, em abril de 1983, a súbita riqueza da contraespionagem francesa explode na luz do dia.

Notadamente, nessa época a DST advertiu os serviços secretos alemães ocidentais da existência de um importante agente duplo soviético na Messerschmitt, principal fabricante de armas na RFA. Não era absolutamente peixe pequeno: Manfred Rotsch era engenheiro-chefe do departamento de planejamento. Em 17 anos de colaboração com o KGB, transmitira aos soviéticos informações *top secret* relacionadas com o supersônico Tornado e os mísseis Hot e Komoran. Os alemães mostraram-se cautelosos: Rotsch só seria preso em outubro de 1984.[14]

A ratoeira se fechou igualmente sobre Pierre Bourdiol. Depois de Vetrov, ele tinha sido manipulado por Evgueni Machkov, Aleksandr Kamenski e Valeri Tokarev, um dos amigos dos Rogatin. Machkov fora expulso em 1978; Kamenski, em 1983. Apesar do fato de a DST estar no encalço de Bourdiol desde que Farewell o denunciara, em março de 1981, Tokarev deixaria a França por iniciativa própria em abril de 1982. Mais tarde, a PGU decidiu pôr fim à manipulação de Bourdiol. A explicação fornecida a alguns raros oficiais inteirados era a seguinte. Acusado de crime passional, Vetrov se comunicaria, em Lefortovo, com outros detentos. Não se abstinha de lhes falar de seu trabalho no KGB, incluindo sua passagem pela França. Não estava excluído que tivesse evocado o recrutamento e a manipulação de Pierre Bourdiol. Alguns detentos judeus (logo, suscetíveis de emigrar: eram na época os únicos a se beneficiar do direito de deixar legalmente o paraíso comunista) deviam ser libertados em breve. Assim, para evitar que Bourdiol fosse queimado, resolveram deixá-lo na geladeira. Essa explicação sempre pareceu duvidosa para nossa testemunha, que acha que ela só fora inventada para uso interno, como pretexto para conversas nos corredores de Yassenevo. Como sabemos, a PGU concebia suspeitas fundamentadas relativas à traição de Vetrov. Ora, sua primeira providência em caso de incerteza era garantir a segurança do agente.

Um ano depois de Bourdiol ter cessado suas atividades de espionagem, em novembro de 1983, foi preso e, em 1º de dezembro, trancafiado na prisão de Fresnes. Preocupado em sustentar a família durante sua detenção, o KGB decidiu enviar-lhe uma soma em dinheiro. Em dezembro de 1983, seu último manipulador, Valeri Tokarev, foi integrado a uma delegação da empresa Intercosmos a caminho de Paris, mas a DST lhe negara o visto. Desconfiava a contraespionagem francesa de que a verdadeira missão de Tokarev não tinha nada a ver com a conquista espacial?

No que se refere ao próprio Bourdiol, ele já sabia há muito tempo o comportamento a adotar. Na eventualidade de uma prisão, o KGB forjara uma "lenda" que ele devia sustentar durante o inquérito. Ele podia admitir que tinha transmitido documentos aos "especialistas" soviéticos, mas se trataria unicamente de material de referência e de catálogos, confidenciais mas não secretos. Aparentemente, Bourdiol seguiu os conselhos de seus cooptadores. Teve igualmente o bom-senso de colaborar com a investigação. Duas razões que fariam a justiça francesa mostrar-se bem clemente. Condenado a cinco anos de reclusão criminal (dos quais três com sursis) por "conluio com uma potência estrangeira", Bourdiol seria libertado logo após a conclusão do processo, já tendo cumprido mais de dois anos de prisão preventiva.

O exemplo de Bourdiol mostra claramente a diferença das respectivas abordagens da PGU e da DST para com seus agentes. E não se trata apenas das precauções tomadas pelo primeiro para evitar a prisão ou uma condenação severa demais de suas fontes. Mesmo quando estas eram "queimadas" e, portanto, perdiam toda utilidade, a informação soviética atribuía-se o dever moral de assistir, quando não o próprio agente se fosse impossível, pelo menos sua família. Mas igualmente nesse aspecto, tratava-se das práticas de um serviço de informações exterior poderoso, que não se encaixavam na cultura nem nos recursos de um pequeno serviço de contraespionagem como a DST. Vetrov, que conhecia esse sistema de cor,

CAI O VÉU   353

estaria, durante suas longas noites de insônia em sua cela, despeitado ou, ao contrário, aliviado pelo fato de seus cooptadores franceses adotarem manifestamente outra linha de conduta?

Após a expulsão pela França dos 47, outros países ocidentais informados sobre as atividades do KGB pela DST promoveram uma grande faxina. Ainda mais que a URSS não tomara nenhuma medida de retaliação expulsando por sua vez diplomatas franceses. No total, 148 oficiais de informações soviéticos foram obrigados a retornar aos seus lares durante esse ano de 1983, 88 dos quais seriam expulsos dos principais países ocidentais.

É pouco provável que, detido atrás dos arames farpados de seu campo de Irkutski, Vetrov tivesse ouvido rumores sobre esse verdadeiro êxodo de seus antigos colegas e do sucesso de sua tentativa de demolição da espionagem tecnológica soviética. Uma pena para ele: teria ficado feliz em saber que sua vingança contra seu serviço seria consumada e que 1983 seria um ano negro para o KGB. Mas, para Vetrov, cada nova consequência de sua traição só faria piorar as coisas.

Em 30 de agosto de 1983, o Departamento de Instrução Criminal do KGB desencadeava, com base no artigo 64 alínea A do Código Penal, um processo de direito comum.[15] Vetrov era acusado de trair a Pátria.

32

A última cartada

Há dois paradoxos no caso Farewell. Em primeiro lugar, como se disse, esse importante agente duplo foi manipulado não por um serviço de informações, mas por um serviço de contraespionagem. Inversamente, quando suas atividades ocultas foram descobertas, o inquérito não ficou a cargo de um serviço de contraespionagem, mas de um serviço de informações. Pois, convencida da culpa de Vetrov, a PGU não tinha a intenção de deixar ninguém fuçar seus papéis, nem mesmo a 2ª Direção-Geral do KGB.

Na realidade, dois serviços conduziram o inquérito sobre esse heteróclito caso de espionagem. De um lado e oficialmente, o Departamento de Instrução do KGB. Independente da PGU, sua sede ficava em Lefortovo. O inquérito era dirigido por Valeri Dmitrievitch Sergadeiev.* Foi ele quem esperou Svetlana no dia em que ela retomou o odioso caminho que levava a Lefortovo e foi ele que procedeu à perquirição. Por outro lado, uma traição concernia diretamente ao departamento 5K da PGU, o mesmo que tinha como missão impedir qualquer infiltração do serviço de informações soviético.

Todavia, graças a Igor Prelin, que estudou o processo e discutiu com inúmeros de seus colegas envolvidos no caso, sabemos agora o essencial.

---

*Embora ainda vivo, infelizmente as tentativas de Sergueï Kostine para entrar em contato com ele revelaram-se infrutíferas.

A ÚLTIMA CARTADA

Os leitores se lembram de que o processo acumulara três provas irrefutáveis contra Vetrov. Na realidade, elas nem sequer seriam utilizadas. Mas vamos por ordem.

A convocação do espião desmascarado a Moscou levou tempo. Seria ingênuo pensar que, por ser um Estado dentro do Estado, os menores desejos e caprichos do KGB fossem executados instantaneamente. Como em toda parte, aliás, havia os trâmites burocráticos. A PGU enviou ao Departamento Jurídico do KGB uma carta assinada por Vladimir Kriutchkov pedindo o envio de um promotor ao campo de Irkutsk para inquirir sobre um novo crime. Sergadeiev, o promotor designado, não tinha vontade alguma de passar meses na Sibéria e persuadiu sua direção (e tinha razão) de que a presença do detento em Moscou facilitaria as coisas para todo mundo. O KGB encaminhou então seu requerimento ao Ministério do Interior, que devia transferir o detento sob escolta de Irkutsk para Moscou. Isso nos leva a setembro de 1983.

Podemos descrever minuciosamente esse primeiro interrogatório de Vetrov. Para Sergadeiev, era um inquérito fora do comum. Ele se dispôs a contá-lo em detalhes a seu colega Igor Prelin.[1]

Era, com as diferenças existentes entre os modos de vida soviético e britânico, um "five o'clock", a hora do chá. Vetrov foi escoltado para um escritório de Lefortovo, vestindo a roupa que usava no momento de sua prisão 18 meses antes. Contudo, os cinco meses passados no *gulag* tinham deixado sua marca. Vetrov comportava-se com maior subserviência, entremeando generosamente suas palavras com "Exatamente, cidadão juiz!" e "Absolutamente, cidadão juiz!"* A atmosfera desse interrogatório era na realidade descontraída: os dois homens tomavam chá. E a conversa girava em torno da vida no *gulag*. Sergadeiev já lera o boletim de conduta do detento, que o caracterizava de maneira positiva: nenhuma infração ao regulamento, boas relações com a direção do campo e com seus companheiros. O tom

---

*Na União Soviética, qualquer um podia dirigir-se a alguém chamando-o de "camarada". Perdia-se esse privilégio no momento da prisão e até sua libertação.

era antes indulgente. Quando o juiz perguntou se ele desconfiava por que fora chamado a Moscou, Vetrov disse:

— Penso, cidadão juiz, que isso está ligado ao meu *affaire*. Provavelmente descobriram circunstâncias atenuantes. Quem sabe não irão reduzir a duração da minha pena...?

Vetrov ia desiludir-se rapidamente.

— Não. Veja bem, esse assassinato foi objeto de inquérito por parte da justiça militar. Mas dessa vez o senhor foi transferido a pedido do KGB, e eu sou um promotor do KGB. E o senhor sabe muito bem que o KGB não lida com crimes comuns, mas sim com crimes de Estado.

E acrescentou, antes que Vetrov tivesse tempo de reagir:

— Isso basta por hoje. Volte para sua cela e reflita bem no que pôde nos levar a promover um novo inquérito. Reflita bem, e espero que decida finalmente nos contar tudo com franqueza. Isso é importantíssimo. Seu destino, sua vida mesma dependerão de sua sinceridade. Se posso lhe dar um conselho, é este.

O primeiro interrogatório estava terminado.[2]

Na manhã seguinte, o prelúdio foi bem mais curto.

— Refletiu no que eu lhe disse ontem?

— Sim.

— Vai falar?

— Sim.

— E o que pode dizer?

Vetrov passou às confissões. Não houve necessidade alguma de confundi-lo, de lhe apresentar provas materiais. Naquela mesma manhã escreveu uma longa confissão em que designou sua ação como uma traição, traição que merecia a pena capital. Segundo os autos de seu inquérito, estávamos em 24 de setembro de 1983.

Os promotores admitem que teriam de cortar uma dobrado se Vetrov tivesse tomado o partido de negar tudo. Seu caso era muito peculiar: não havia malas transbordando de rublos escondidos no sótão de sua datcha, nem objetos dissimulados, por exemplo num pedaço de carvão... Nada senão a câmera miniatura de que Vladik se livrara e que nunca veio à

A ÚLTIMA CARTADA 357

baila. Todavia, Vetrov tomara uma decisão: lutaria por sua vida junto com a acusação, não contra ela.

Mas ele não estava louco, tentou então carregar o menos possível nos fatos. Nunca evocou suas hesitações antes de seu repatriamento a partir da França. A acreditar nele, tudo teria começado por seu contato com Alexandre de Paul, naquele salão moscovita. Nenhum episódio canadense apareceria no inquérito. Vetrov buscava frequentemente tergiversar. Inventava muito quando sabia que a acusação não poderia desmenti-lo. Por exemplo, afirmou primeiro que seus encontros com "Paul" eram realizados nos Montes Lenin, e apenas entre setembro e dezembro de 1981. Foi só em 26 de setembro de 1983 que ele falou de Xavier Ameil e de "Marguerite", cujo papel ele teria omitido "por piedade". Na realidade, até o fim dos interrogatórios — o último do qual possuímos um resumo data de 20 de abril de 1984 —, Vetrov não parou de modificar e corrigir suas declarações. A propósito, o casal Ferrant continua persuadido de que Vetrov protelou ao máximo suas confissões para proteger seus manipuladores.

A acusação foi assumida por duas instâncias igualmente da esfera do KGB. A primeira era a Direção T, propriamente dita, que devia estabelecer exatamente a natureza das informações passadas por Vetrov à DST e avaliar os danos causados. A segunda era o departamento K, seu serviço de contraespionagem interna, que se interessava pelo aspecto operacional do caso: modalidades de contato, transmissão de informações, relações com seus manipuladores franceses.

Ao contrário do lugar-comum que cercava um interrogatório no KGB, o inquérito se desenrolou na base da camaradagem, com serviço de chá. Em 5 de novembro de 1983, numa fotografia, Vetrov reconheceu Patrick e Madeleine Ferrant e, em 9 de novembro, Jacques Prévost. Um dia, seria levado ao bairro do museu da Batalha de Borodino, para o reconhecimento do percurso de segurança.

Vetrov tentou persuadir a acusação de que sua colaboração com a DST não era de forma alguma fruto de uma reflexão e decisão categórica. Apenas uma extravagância de um funcionário frustrado e maltratado por seu serviço. "Trabalhei com os franceses sem nenhum método, entregando-lhes as informações que me caíam na mão", dirá um dia. Em outra ocasião, apontam-lhe suas negligências. Vetrov responde: "Se infringi as regras da ação clandestina, era porque simplesmente estava me lixando para elas." Tenha ou não pensado nisso, objetivamente era também uma maneira de prosseguir sua vingança. Pois, se a contraespionagem — o departamento 5K da PGU e a 2ª Direção-Geral do KGB — não era capaz de agarrar um espião que negligenciava sua própria segurança, ela não valia nada.

Os acusadores de Vetrov no KGB, menos crédulos que o Sr. Maurice da DST, tinham algumas dificuldades para compreender as motivações de Vetrov e seu modo de relação com seus cooptadores.

— Os franceses lhe perguntam por que o senhor, que tinha tudo na vida, colocou de um dia para o outro sua vida na mesa. O senhor responde: "Porque amo muito a França." E eles pensam então na DST: "Estão vendo? Não resta dúvida: ele colabora sinceramente." É no que nos quer fazer acreditar? Eles não são estúpidos, não é?

— Eles são franceses — tenta explicar Vetrov. — Para um francês, é normal que toda pessoa que viu seu país coloque-o acima de todo o resto. Ele não acreditará em você se lhe disser que não admira a França.

Sergadeiev balançava a cabeça com um ar dubitativo. Foi obrigado a consultar seus colegas da PGU que tinham estado em Paris para admitir esse argumento. No entanto, teria bastado aos promotores indagarem-se sinceramente sobre a imagem que a URSS fazia de si mesma. A maioria dos soviéticos não conseguia deixar de admirar um país onde mulheres que ordenhavam vacas tinham assento no Parlamento, onde veteranos iam mensalmente às escolas para lhes falar de seus feitos de guerra e onde os negros não eram perseguidos.

Outro aspecto importante da linha de defesa de Vetrov é seu rancor em relação ao Serviço. Perante o marasmo geral, ele queria agir. Mas suas propostas eram varridas para debaixo do tapete, sua análise do funcionamento da Direção T era declarada falsa. Constatando que seus esforços eram tratados com desprezo, Vetrov teria pretendido vingar-se de seus superiores. Fundamentalmente, nomeou seu chefe de seção, Vladimir

A ÚLTIMA CARTADA 359

Aleksandrovitch Dementiev, e o diretor da Informação Científica e Técnica, Leonid Sergueievitch Zaitsev.

É evidente que, se diante de seus juízes Vetrov podia expor suas recriminações a seus superiores imediatos, teria sido extremamente imprudente estendê-las ao regime inteiro como ele o fez regularmente com os franceses. Nessa fase da instrução, Vetrov ainda devia acreditar em suas chances de sobrevivência.

Após horas de interrogatório, Sergadeiev apresentou o seguinte perfil do réu: Vetrov era um impulsivo. Deixava-se facilmente arrastar por suas emoções e se lançava em ações irrefletidas pelas quais viria a pagar muito caro posteriormente. Foi assim que, ressentido com seus superiores, tomou a decisão drástica de trair seu país, o que ia custar-lhe a vida. Da mesma forma, ao matar no calor do momento uma testemunha imprevista, ele não imaginava que um crime tão grave pudesse resultar num inquérito mais aprofundado, e finalmente desvendar sua traição.[3]

Esse segundo inquérito tampouco poupava Otchikina, que se viu novamente obrigada a depor. No outono de 1983, ela estava melhor e ia por seus próprios meios a Lefortovo.

Suas entrevistas com os promotores diziam respeito exclusivamente às atividades de espionagem de Vetrov. Ludmilla sempre afirmara que não sabia de nada. Entretanto, por insistência dos juízes, compreendeu que seu ex-amante declarava o contrário. A promotoria terminou por acareá-los. Vetrov tentava convencer que ela lhe entregara um ou outro documento. "É verdade", dizia ela. "Fui eu que os entreguei a você. Mas entregava-os a um homem que me era muito próximo e que eu queria ajudar em seu trabalho. Como eu podia desconfiar que você iria entregá-los a estrangeiros?" Otchikina defendia-se tenazmente, e os promotores foram obrigados a declará-la inocente.

Ludmilla compreendeu que a PGU procurava acima de tudo salvar a honra do informante. Um dia, relendo os autos do processo, deu com uma frase afirmando que ela ameaçara Vetrov de ir contar tudo ao comitê do Partido. Indignou-se: aquilo nem fora levantado durante a audiência. A contragosto, o juiz riscou a frase.

Da mesma forma, o tema dos presentes devia voltar à tona. Foi apenas no segundo inquérito, ou seja, 18 meses após a tentativa de assassinato, que os novos promotores, os do KGB dessa vez, vieram fazer uma busca na casa de Otchikina. Ludmilla não perdeu a oportunidade de ironizá-los: "Por acaso os senhores acham que, se eu tivesse objetos comprometedores na minha casa, eu não teria ousado me livrar deles antes da sua vinda?"

Ludmilla guardava, no fundo de uma gaveta, o pingente e o anel. Os vidrinhos de perfume já estavam vazios.

— Por que precisam deles? Foram comprados em Moscou — disse Otchikina.

— Não se preocupe — respondeu um promotor ao levá-los —, tudo será devolvido.

No fundo e nos detalhes, toda essa busca não passava de folclore. Tudo terminou quando os promotores lhe pediram gentilmente que lhes devolvesse o mandado que lhe haviam apresentado ao chegar.

Durante os meses de espera que iriam se seguir, Vetrov seria autorizado a ver seus familiares de tempos em tempos. Eis o relato de uma entrevista cuja atmosfera destoa um pouco do que imaginamos.

Era a primeira vez — e última — que Vladik via o pai após seu retorno de Irkutsk. Compareceu a esse encontro com sua futura mulher, a jovem Svetlana, que estava a par de tudo. Não a deixaram entrar, e Vladik penetrou sozinho no pavilhão do Departamento de Instrução. Antes, suas entrevistas aconteciam sempre num dos aposentos do andar térreo. Dessa vez, fizeram-no subir ao segundo andar.

Cinco ou seis homens achavam-se num amplo recinto, tipo uma sala de conferências. Fumavam e conversavam, e Vladik foi recebido com uma gargalhada. O ambiente parecia bem amistoso. Ao vê-lo, um dos homens se levantou e foi ao seu encontro para beijá-lo. Era seu pai. Estava felicíssimo de rever o filho, e seus olhos crepitavam de alegria.

Os oficiais de uniforme do KGB fizeram menção de sair, como fazem pessoas educadas. Apenas Petrenko, o diretor da prisão que Vladik já conhecia, ficou. Mas deu um tapinha amistoso no ombro do rapaz e foi sentar-se à parte para se concentrar em seus papéis.

A ÚLTIMA CARTADA 361

Vladik ficou aproximadamente uma hora. Contou ao pai o que acontecera com a casa de campo. A história era bem típica do clima autoritário
no qual vivia o país.

Após a prisão de Vetrov, uma equipe da direção regional do KGB foi
realizar uma busca em Kresty. Foram acompanhados por milicianos de
Torjok, capital de distrito mais próxima. A operação não deu em nada.
Pouco depois, dois homens chegaram com uma balsa a motor. Sem se mostrar constrangidos com a presença das vizinhas, começaram a carregar na
embarcação os objetos mais valiosos a seus olhos, incluindo os móveis mais
rústicos. Repreenderam brutalmente as duas velhas que tentavam intervir
e, com a balsa abarrotada, zarparam. Todo mundo pensou, naturalmente, que eram tiras de Torjok, ou seus amigos, certos da impunidade. Em
seguida, a casa abrigou detentos evadidos de uma penitenciária próxima.
Tendo sua própria noção de conforto, os criminosos construíram uma
lareira no meio da isbá. Finalmente Svetlana foi obrigada a vender a casa
na qual os Vetrov pensavam se refugiar.

Na prisão, chegava ao fim a época do reinado liberal de Ivan Mitrofanovitch Petrenko — que pagou caro por sua simpatia pelos Vetrov, sendo
demitido devido às infrações ao regulamento interno que ele cometera
em benefício deles.

A única esperança de um traidor preso é a clemência. Para se beneficiar
dela, ele deve obedecer a dois imperativos contraditórios, até mesmo exclu-
dentes. De um lado, é obrigado a dar todas as provas de seu arrependimento
e de seu desejo de revelar tudo. De outro, quanto mais ele confessa, menos
chances lhe restam de ter a vida salva.

Todavia, ele tem uma esperança mais concreta, e foi seguramente nisso
que Vetrov apostou tudo. Ele poderia prolongar a própria vida e redimir-
se parcialmente de seu crime participando de um jogo de informações.
Utilizando Vetrov ao máximo, a PGU tinha uma chance de contaminar a
DST e, através desta, todo o Ocidente.

"Naturalmente, essa questão sempre vinha à tona quando tínhamos um
informante desmascarado", consente Igor Prelin.[4] "Mas não para conta-

minar o serviço rival. Pois, nesse caso, é extremamente difícil dissimular o fato de que o informante foi preso. Com o tempo, o adversário saberá. Não, para a contraespionagem o golpe mais rude que se pode desferir no serviço rival — depois da identificação de um agente, bem entendido —, é pegar em flagrante delito seu oficial cooptador. Mas, acima de tudo, devo dizer que a promotoria nunca tem certeza de que o agente contou tudo. E propor-lhe um jogo de informações é um dos métodos para lhe arrancar os últimos fiapos de informações."

Os promotores sabem que um espião preso está disposto a tudo. Após ter passado à confissão, Oleg Penkovski, o agente duplo da CIA e do MI6 no seio do GRU, ofereceu-se para ir ao Ocidente e explodir uma cidade qualquer. Chegou a sugerir deixar a mulher e os dois filhos como reféns, e que os fuzilassem caso ele não voltasse. Mais tarde, saberíamos que, quando ainda trabalhava para os ocidentais, Penkovski apresentara-se como voluntário para explodir um dispositivo nuclear em Moscou, cidade onde viviam seus familiares e amigos. Profundamente chocados, os americanos o dissuadiram.

Vetrov não devia alimentar muitas ilusões. Antes dele, inúmeros agentes presos haviam colaborado de bom grado com o KGB. Não somente haviam contado tudo como também se prestado docilmente a todo tipo de artimanhas visando comprometer seus manipuladores. Dito isto, foram todos passados nas armas.

Mas o que lhe restava senão isso? Uma operação de contaminação pelo menos estendia o prazo do que horroriza todo ser vivo. Eis por que, quando Vetrov reviu Svetlana, no fim de 1983, repetiu o que lhe escrevera alguns dias antes:

— Se puder, me ajude. Faça tudo que eles lhe pedirem que faça. É minha única chance.

"Eles" eram os três promotores que assistiam agora a todos os seus encontros, espreitando os menores gestos dos esposos. Reagiram todos ao mesmo tempo quando Svetlana fez menção de pegar seu lenço. Vetrov conseguiu apenas segurar suas mãos para beijá-las.

A ÚLTIMA CARTADA

Essas entrevistas deixaram de ser organizadas para permitir que o detento visse mulher e filho. Vetrov podia pedir notícias de Vladik, da própria Svetlana, de outros familiares, e era só. Eram entrevistas sobre assuntos que interessavam à promotoria e à PGU. A presença de Vetrov só servia para provar a Svetlana que tudo era feito com sua anuência, que ele continuava vivo, bem alimentado e mentalmente saudável.

Quanto a este último ponto, porém, Svetlana tinha algumas dúvidas. Em suas entrevistas, Vladimir mostrava-se sempre com um humor efusivo, como no fim de uma noite de bebedeira com amigos. Se sua mulher hesitasse num ponto particularmente delicado ou tentasse calar um detalhe, ele intervinha imediatamente num tom brincalhão: "Mas por que não conta isso?" ou "Mas está se esquecendo disso!" Svetlana está convencida de que Vladimir era drogado.

No segundo encontro, outro homem assistiu à entrevista. Na casa dos sessenta, baixinho, de pele morena, tinha o físico clássico de um asceta idealista: corpo seco, rosto emaciado, como Felix Dzerjinski, James Angleton, Peter Wright e tantos outros célebres caçadores de espiões. O homem apresentara-se apenas pelo prenome e o patronímico: Serguei Mikhailovitch. Svetlana não sabia se era um pseudônimo nem qual era seu sobrenome. Entretanto, era um dos homens mais conhecidos e temidos em Yassenevo. Como diretor adjunto da Contraespionagem Interna da PGU, o coronel Golubev supervisionava pessoalmente as atividades do departamento 5K e, por conseguinte, todos os inquéritos sobre as traições de oficiais de informações soviéticos, O Grande Inquisidor, em suma.

Entretanto, embora temido em toda a PGU, Golubev não era apenas um braço vingador vendo mentalmente cada nova cabeça sob a lâmina da guilhotina. Gostava de bancar o psicólogo. Quando soube que Karavachkin, então chefe do 9º Departamento (europeu) da 2ª Direção-Geral do KGB (contraespionagem), estudava o processo de Vetrov, telefonou-lhe várias vezes pela linha criptografada a fim de travar longas conversas sobre o fenômeno psicológico da traição nos serviços secretos. Tão longas que Karavachkin fechava com chave a porta de seu gabinete para não ser incomodado.

Por exemplo, um dia o coronel lhe disse:

— Nunca considerei um indivíduo que trouxessem à minha frente apenas como um traidor. É tão complexo o que leva a trair, é sempre um concerto de circunstâncias. Lembro que tive realmente pena de um pobre-diabo. O senhor provavelmente sabe em quem eu penso. Ele me disse: "Serguei Mikhailovitch, dê-me um bom 'tabaco'. Talvez seja meu último." Ele queria dizer um cigarro americano. Evidentemente, saquei sem demora meu maço de Marlboro. E ficamos uns 15 minutos fumando, sem trocar uma palavra. Eu não queria perturbar um dos raros momentos de paz que ele podia ter."

Svetlana foi rapidamente seduzida por esse homem para quem saber agradar é um critério profissional. Logo, é ainda mais espontaneamente que ela aceita a missão que ele lhe pede que cumpra.

Ela devia levar à delegação da Thomson-CSF duas mensagens escritas. Em primeiro lugar, a réplica exata da carta que Vetrov redigira para Prévost em outubro de 1982. Além disso, um bilhetinho da própria Svetlana em francês:

"Caro Jacques!

Há muito tempo eu procurava uma oportunidade para lhe escrever que Vladimir caiu em desgraça. Estive com ele e ele se lembrava cordialmente de você.

Jacques, preciso vê-lo, tenho muitas coisas a lhe dizer.

Sinceramente sua,

Svetlana

Minhas saudações à sua mulher."

O KGB esperava que Jacques Prévost respondesse ao pedido de socorro de seus amigos russos. Caso ele telefonasse, Svetlana devia encontrá-lo para lhe contar a história do assassinato. Só isso, apenas o crime comum. Agora, diria ela, Vetrov estava em Irkutsk, mas não na penitenciária. Alguns indivíduos que haviam cometido crimes, mas não pertenciam ao meio da bandidagem, beneficiavam-se de um regime menos severo de cumprimento da pena. Trabalhavam numa unidade de produção nociva, por exemplo num complexo químico, retornando a seu galpão para dormir. O resto do tempo, não eram nem escoltados nem vigiados. Era este, ela devia contar aos franceses, o caso de Vetrov.

A ÚLTIMA CARTADA

Por conseguinte, seria fácil uma fuga. Ele se encarregaria de tudo pessoalmente em território soviético, mas, para sair do país, precisava de um passaporte francês. Era para lhe arranjar um que Svetlana se dirigia a Jacques. Tinha até fotos de Vetrov no formato certo (tinham sido tiradas na prisão de Lefortovo). Ela devia entregá-las a Prévost em seu primeiro encontro. Depois, se a DST aceitasse, ela receberia o passaporte com um nome francês, mas com a foto de Vladimir.

Naturalmente, o cálculo do KGB não se baseava no sentimento de gratidão da DST pelo seu informante, nem na promessa formal que lhe fora feita em nome do presidente Mitterrand. Objetivamente, a experiência de Vetrov e as informações que ele tinha na cabeça possuíam um imenso valor para qualquer serviço de informações rival. Logo, da parte da DST — ou da CIA —, o investimento justificava-se plenamente. Colocando na mesa um simples passaporte, os serviços ocidentais tinham, em contrapartida, a chance de obter uma fonte de primeira ordem.

Svetlana ignorava a sequência do plano. Evidentemente, o KGB não tinha a mínima intenção de deixar Vetrov fugir para o Ocidente. Quereria apenas comprometer, ou mesmo acusar de espionagem, um cidadão francês? Pois a "natureza particular" das relações soviético-francesas prestava-se mal a um escândalo internacional de envergadura. Porém, pesando os prós e os contras, uma coisa não excluía a outra. Os serviços secretos precisam sempre de uma moeda de troca. Por uma trapalhada perpetrada na França por um oficial de informações russo, o KGB podia então pagar sua pequena parte e, dessa forma, abafar o escândalo.

O dia 10 de abril de 1984 estava espantosamente quente, Svetlana chegou a desabotoar o casaco. Na sede da câmara de comércio franco-soviética no bulevar Pokrovski, havia normalmente um plantão na entrada indagando aos visitantes a razão de sua vinda. Nesse dia, não havia ninguém — o que provavelmente era uma armação. Svetlana subiu ao primeiro andar: haviam lhe explicado bem o caminho. Bateu na porta dos escritórios da Thomson e esperou. Não veio ninguém abrir e ela girou a maçaneta. A porta se abriu.

Svetlana entrou. Ao contrário do que receara, não sentia nenhuma emoção.

— Tem alguém aí? — perguntou ela em francês.

Nenhuma resposta. Avançou pela série de salas mobiliadas à moda ocidental. Subitamente, num saleta, uma jovem mulher levantou-se e fitou-a.

— Bom-dia — disse Svetlana.

— Bom-dia!

A mulher era obviamente francesa. Svetlana abriu sua bolsa e tirou o envelope.

— Tenho uma carta para Jacques Prévost. Poderia fazê-la chegar às suas mãos?

A secretária pegou o envelope e leu o nome escrito nele.

— Isso é muito urgente — acrescentou Svetlana.

— Sem problema.

Abriu uma gaveta e nela guardou o envelope.

Foi tudo. Svetlana agradeceu e foi embora. Uma aposta a mais prolongando a vida de Vetrov era lançada.

A carta chegou efetivamente à sua destinação, porém, calejado nos jogos duplos, Raymond Nart farejou imediatamente a armadilha. Ninguém se mexeria para fazer contato com Svetlana. Pior, ela agora seria considerada suspeita aos olhos da DST.

Sabemos agora que essa contaminação dirigida à DST era igualmente uma isca lançada pelo KGB a Vetrov. Os promotores tentavam certificar-se de que ele estava sendo absolutamente sincero com eles. Era por isso que o informante tinha sido fotografado, supostamente para um passaporte: era por isso também que podia gozar de outras infrações ao regulamento.

O que Svetlana não disse durante a elaboração deste livro é que os Vetrov tinham várias vezes se beneficiado de longas entrevistas íntimas. Havia em Lefortovo uma sala especial com uma mesa, com bebidas alcoólicas inclusive, e uma cama que se tinha o direito de utilizar, fosse com sua mulher, fosse outra pessoa do sexo oposto. Um dia, relatam meticulosamente os autos do inquérito, Svetlana havia sido autorizada a levar uma garrafa de vodca, uns *zakuski* e outras iguarias para um verdadeiro encontro amoroso que durou oito horas. E ninguém percebeu que Vetrov lhe passara igualmente uma pequena mensagem escrita em francês.

A ÚLTIMA CARTADA

Dois dias mais tarde, Svetlana foi convocada a Lefortovo. Sergadeiev mostrou-lhe algumas cartas do marido apreendidas durante as buscas em seu domicílio e pediu que comentasse esta ou aquela frase. Essas missivas continham inúmeras críticas a respeito do poder soviético e alusões imprudentes à vida mansa que poderiam ter levado na França. O promotor então se espantou que a censura do campo tivesse deixado passar essas cartas.

Confiante, desarmada por seu tom brincalhão, Svetlana respondera:

— Mas é porque essas cartas não passaram pela censura! Volodia deu um jeito de elas serem postadas por pessoas que haviam cumprido suas penas.

— Bravo! E o que ele lhe passou?

Sergadeiev pronunciou esta frase à toa, sem esperar que pudesse dar em alguma coisa. Mas Svetlana abriu a bolsa e dela retirou um bilhetinho que o marido lhe passara durante seu último encontro. Era um novo pedido de socorro lançado aos franceses, para que eles ajudassem financeiramente sua família. Mas tinha coisa pior. Para provar que continuava capaz de ser útil para eles, Vetrov fazia algumas retificações relativas a quatro agentes soviéticos.

A última esperança de Vetrov pulverizou-se nesse instante. Como confiar num homem que, a despeito de ameaçado pela pena capital, continuava a passar informações secretas a um serviço rival? Svetlana não percebia que, ao entregar esse bilhete à promotoria, traía o marido, e que na verdade enviava-o para um pelotão de execução? O experiente e astucioso promotor que era Sergadeiv explicou-lhe isso? Devemos acreditar que não. Com isso, o KGB eliminaria definitivamente a perspectiva de uma contaminação da DST com a participação de Vetrov.

Entretanto, seu joguinho com o informante desmascarado ia prosseguir. Um dia, Sergadeiev convocou Svetlana para sabatiná-la sobre a eventualidade de um francês responder ao pedido de socorro de Farewell.

— Ora essa, Jacques... Jacques Prévost passou em nossa casa há poucos dias — disse a mulher. — O senhor certamente está informado...

Sergadeiev ficou boquiaberto.

— A senhora quer dizer que Prévost foi visitá-la em seu apartamento? — conseguiu articular o juiz.

— Como assim, o senhor não sabia? — espantou-se ainda mais Svetlana. — Eu imaginava...

Ela imaginava que sua casa era vigiada 24 horas por dia.

— E o que aconteceu?

— Nada de especial. Expliquei-lhe a situação e ele foi embora imediatamente, como se a casa estivesse pegando fogo.

Desespero do promotor...

Foi o que Sergadeiev contou a Igor Prelin. Dá para acreditar nesse golpe do acaso?

Nart e Jacques Prévost, ao contrário, nos asseveraram que essa visita era absolutamente impossível: de um lado, porque Nart proibira-o de ir a Moscou e, de outro, porque em meados de dezembro de 1983 Jacques Prévost sofrera um acidente cardíaco que o deixara "na geladeira" por seis meses. A última passagem do representante por Moscou datava do início de dezembro de 1983. Aliás, nunca mais voltaria a pôr os pés lá. Temos, portanto, razões para crer que Svetlana mentiu. Pequena vingança mesquinha contra os acusadores do marido?

Se era essa a intenção de Svetlana, o procedimento funcionou magnificamente, pois o KGB, furioso por ter perdido uma oportunidade daquelas por negligência de sua vigilância, empreendeu uma última tentativa para comprometer a DST. Svetlana foi enviada ao consulado francês, mas a acolhida foi glacial. Golubev tinha, ao que tudo indica, agido por despeito, sem realmente esperar recobrar-se do golpe. Nem por isso, agora, Vetrov tinha mais alguma chance.

O inquérito terminou no fim de abril de 1984. Vetrov foi acusado de alta traição e de conluio com uma potência estrangeira. Confessou a culpa. Entretanto, mais de seis longos meses iriam se passar antes que o julgamento tivesse início. O KGB esperava que Prévost se manifestasse. Não aconteceu nada disso.

Foi somente em 30 de novembro de 1984 que Vetrov foi enfim levado perante a Câmara Militar da Corte Suprema da URSS. As audiências foram realizadas na mesma sala da prisão de Lefortovo onde se dera a última entrevista entre Vladimir e Vladik.

Svetlana assistiu a apenas uma sessão. Sofria de um abscesso e tinha febre alta. Tivera então muita dificuldade para se concentrar. Ao responder às perguntas do promotor e do juiz, levava um tempo para refletir, preocupada em não deixar escapar uma palavra a mais.

Era Vladimir quem a corrigia, sempre em seu próprio detrimento. Estava em seu estado habitual depois de seu retorno de Irkutsk: animado, feliz de estar ali, no seu julgamento, o sorriso largo e as piadas fáceis. Svetlana ainda hoje tem certeza de que ele continuava sendo drogado. Indagamos qual podia ser o interesse disso: o julgamento era realizado a portas fechadas.

Após ter testemunhado, Svetlana saiu. Um escrivão alcançou-a para informá-la de que ela podia ter uma entrevista com o marido uma semana mais tarde. Svetlana fez que sim com a cabeça: conhecia bem a ladainha.

Aquela semana permitiu que se curasse. Quando reviu Vladimir, não tinha mais vestígio algum do abscesso.

— Quase não reconheci você no julgamento — disse-lhe Vetrov.

— Acredito piamente. Eu estava o tempo todo prestes a desmaiar, por causa do abscesso e tudo o mais.

— É, é. Você estava estranha — concordou Vetrov.

Dessa conversa com o marido, Svetlana guardou ainda algumas frases cujo sentido, na hora, não compreendera.

— Trouxe presentes do campo de internação para você, eu mesmo os fabriquei. Pegue. E leve meu terno e minhas outras coisas.

Volta e meia Vetrov pegava suas mãos nas dele para beijá-las. Os três promotores presentes à entrevista debruçavam-se na direção deles para ver melhor. Não estaria ele tentando lhe passar um bilhetinho?

— Voltará para me ver? — perguntou Vetrov, antes de ser levado.

— Claro! Assim que obtiver a autorização — respondeu Svetlana.

Foram as últimas palavras que trocaram.

Na última declaração do réu, visivelmente inspirada por seu advogado, Vetrov invocava o escritor Gorki, segundo o qual os homens só se tornam inimigos pelas circunstâncias. Falava do jovem Rafael, que representava a justiça como a força, a sabedoria e a moderação. Garantia que não era um homem acabado, que, se lhe salvassem a vida, seus conhecimentos e sua experiência poderiam ser úteis ao Estado.

Em vão! Em 14 de dezembro de 1984, a Câmara Militar da Corte Suprema da URSS, presidida pelo tenente-general Buchuiev, pronunciou seu veredicto: a pena capital, ou "excepcional", segundo a linguagem eufemística das leis soviéticas.

Em janeiro de 1985, Svetlana foi enviada em missão ao museu do Hermitage, em Leningrado. Pois ela continuava a trabalhar no panorama de Borodino. Seus colegas haviam dado pela ausência de seu marido, que eventualmente a deixava em frente ao museu ou a esperava no carro, na saída. Para evitar outras perguntas, Svetlana disse-lhes que Vladimir não existia mais. Teria tido uma morte trágica durante uma viagem de negócios.

Só permaneceu em Leningrado três dias. Em 25 de janeiro, voltou a Moscou e foi a Lefortovo despachar uma remessa para o marido. Entretanto, o funcionário no guichê devolveu-a. Vetrov não estava mais lá.

Svetlana começou a telefonar: para Petrenko, para seu auxiliar Churupov, Sergadeiev, outros magistrados... Nenhum número respondia. Insistiu no dia seguinte, sem resultado.

Caso Jacques Prévost se manifestasse, Svetlana tinha o telefone do coronel Golubev. Não sabendo mais a quem recorrer, telefonou para ele. Golubev disse-lhe para se encaminhar à Câmara Militar da Corte Suprema, na rua Vorovski, 15. Deu-lhe o número do escritório onde obteria todos os esclarecimentos.

Svetlana dirigiu-se imediatamente para lá. Dois brucutus medindo aproximadamente dois metros fizeram-na sentar e puseram um copo d'água à sua frente. Depois, um deles disse com uma voz oficial que, em 23 de janeiro de 1985, o veredito pronunciado pela Corte Suprema fora executado. Os dois homens estavam imbuídos da importância do momento:

A ÚLTIMA CARTADA

não era todos os dias que tinham a oportunidade de comunicar à mulher de um espião que seu marido tinha sido fuzilado. Devoravam-na com os olhos: ia ou não ia desmaiar?

Svetlana vivia intensamente um instante de irrealidade absoluta. Ignorava tudo. Que o julgamento terminara e que, reconhecido culpado de alta traição, seu marido fora condenado à pena capital. Manifestamente, Vetrov quis consolá-la durante sua última entrevista, pois restavam-lhe ainda duas esperanças: o golpe montado pelo KGB e o recurso ao indulto. Mas este último fora negado em 14 de janeiro de 1985. Ninguém pensara em avisar oficialmente sua mulher a fim de prepará-la para o inevitável. Vetrov não pôde se despedir da família.

Apesar de seu desatino, Svetlana só tinha uma preocupação: "Eles estão torcendo para eu desmaiar." Não ia dar-lhes tal satisfação.

Como uma sonâmbula, saiu do escritório, desceu a escada e se viu do lado de fora. Lá, sentou-se num banco para respirar. Depois, voltou a pé para casa: era uma linha reta, apenas meia hora de caminhada. Foi somente à noite que a notícia atingiu por fim sua consciência. Teve uma crise de desespero violenta. Felizmente estava sozinha em casa. Não contou nada a ninguém. Vladik só viria a saber da execução do pai dois meses mais tarde.

Svetlana debateu-se ainda por algum tempo nesse universo kafkiano. Haviam-lhe dito para retirar a certidão de óbito de seu marido no cartório do seu bairro.

— Não temos nada aqui, procure em outro lugar! — disse-lhe num tom antipático uma mulher deformada pela obesidade como vemos em todas as repartições soviéticas.

Sua sósia, no Escritório Central, ficou 15 minutos remexendo numa papelada. Depois colocou sobre o balcão que a separava de Svetlana a certidão de óbito de Vetrov (*fig. 8*). Era um formulário comum, mas um traço comprido estava desenhado no espaço em branco previsto para receber a causa da morte. Era quase compaixão: quem seria capaz de cumprir mil formalidades com a menção "fuzilado"?!

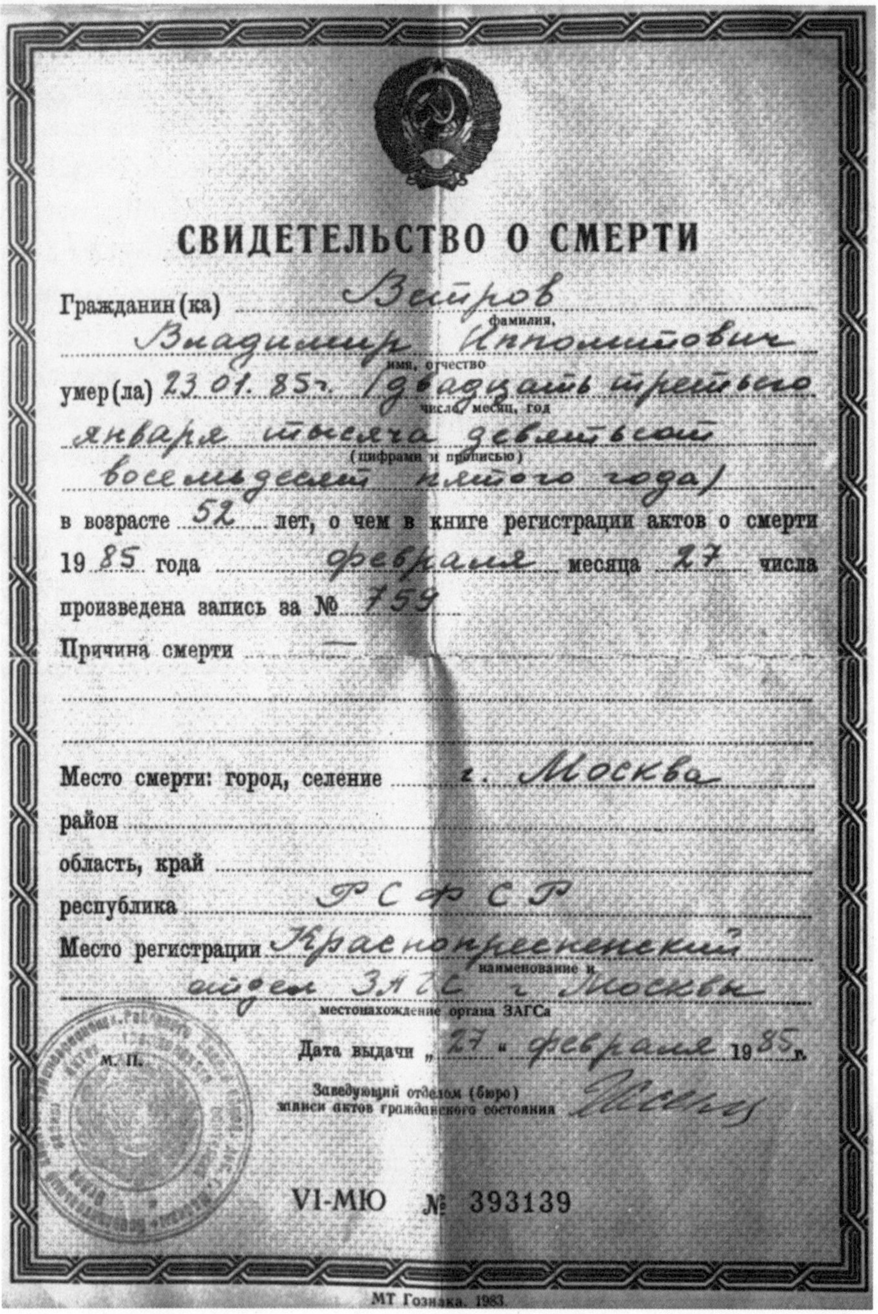

СВИДЕТЕЛЬСТВО О СМЕРТИ

Гражданин(ка) Ветров
фамилия,
Владимир Ипполитович
имя, отчество
умер(ла) 23.01.85г. (двадцать третьего
числа, месяц, год
января тысяча девятьсот
(цифрами и прописью)
восемьдесят пятого года)
в возрасте 52 лет, о чем в книге регистрации актов о смерти
1985 года февраля месяца 27 числа
произведена запись за № 759
Причина смерти —

Место смерти: город, селение г. Москва
район
область, край
республика РСФСР
Место регистрации Краснопресненский
наименование и
отдел ЗАГС г. Москвы
местонахождение органа ЗАГСа

М. П.

Дата выдачи „27“ февраля 1985 г.

Заведующий отделом (бюро)
записи актов гражданского состояния

VI-МЮ № 393139

МТ Гознака. 1983

Fig. 8 A certidão de óbito de Vetrov. Um traço no espaço da *causa mortis*.

A ÚLTIMA CARTADA   373

Em virtude de todas essas incongruências, durante muito tempo Svetlana continuaria a achar que Vladimir ainda podia estar vivo. Dez anos mais tarde, escutou com grande interesse Serguëi Kostine contar-lhe certos rumores que haviam corrido na França. Que, numa armação do KGB, Vetrov teria passado por uma operação de cirurgia estética e viveria em Leningrado, onde Svetlana se encontraria com ele todos os fins de semana.[5] Impossível impedir a circulação de rumores desse tipo enquanto não se vê o cadáver. Mas os familiares nunca fazem parte das pessoas que têm direito a esse privilégio.

Por outro lado, como às vezes acontece, esses rumores não eram completamente infundados. Acreditava-se, por exemplo, que Anatoli Filatov, ex-oficial do GRU condenado à pena capital, tinha sido executado em 1978. Entretanto, resultado de seu recurso ao tribunal de cassação, esta foi comutada em uma pena de 15 anos de detenção e Filatov foi libertado em 1993. Da mesma forma, um certo Pavlov de Leningrado, que devia ser fuzilado em 1983, viu-se mais tarde naquela famosa penitenciária 389/35 de Perm, tendo sido indultado após dez anos de reclusão. Este não era seguramente o caso de Vetrov, saberíamos depois.

Qual foi então o fim de Vetrov? Como todos os temas tabus, a execução dos criminosos engendrou toda uma mitologia.

Uns dizem que as sentenças dos condenados à morte teriam sido executadas à sua revelia, por piedade. Estes últimos já saberiam que seu recurso ao indulto fora rechaçado e teriam esperado com angústia a hora de ser levados. Mas isso não se faz furtivamente, segundo as ideias românticas dos aficcionados de romances populares. O condenado teria sido, dizem, intimado a sair e, como de hábito, caminhado diante de seu guarda executando suas ordens de virar à esquerda, à direita ou parar. Ao penetrar num beco sem saída do subsolo, teria recebido sumariamente uma bala na nuca.

Outros, ao contrário, afirmam que o condenado teria sido colocado ao pé da parede numa vasta sala sem janelas no subsolo diante de um pelotão de execução. Tratar-se-ia de simples soldados das tropas internas. Todos miraram no coração do condenado, mas, dos oito cartuchos de balas, apenas três estariam carregados. Assim, nenhum dos soldados saberia quem desferiu os tiros mortais.

Para outros ainda, toda prisão "executória" — pois havia apenas cinco em toda a União Soviética — tinha um ou dois carrascos que se encarregavam dessa tarefa por convicção ou por gosto. Os três procedimentos teriam sido provavelmente empregados em épocas diferentes — daí a divergência das opiniões.

A mudança de regime e o acesso a certas informações ao longo dos últimos anos permitiram iluminar essa antiga zona de sombra.[6] Na realidade, cada uma das cinco prisões "executórias" contava com um grupo operacional especial composto normalmente de seis homens. Tratava-se de inspetores que tinham habitualmente outras atribuições oficiais na polícia judiciária, que se reuniam, no maior sigilo, apenas duas, três ou quatro vezes por mês. Afora eles mesmos e o diretor regional do Interior, ninguém desconfiava da natureza dessas missões. O grupo pegava um condenado na parte da prisão que lhes era reservada e o levava a um local especialmente adaptado e cuja existência só era do conhecimento de poucos. Às vezes, para evitar cenas dilacerantes, contava-se ao condenado uma mentira para justificar a transferência.

Uma vez no local — podia ser efetivamente um subsolo —, um promotor — sempre o mesmo e também atuando sigilosamente — comunicava ao condenado que seu indulto fora negado e que a sentença seria executada incontinenti. Então, dois inspetores, os nos 3 e 4 do grupo, agarravam o condenado sob os braços — em geral, as pernas lhe faltavam nesse instante — e um terceiro, o no 1 do grupo, disparava-lhe uma ou duas balas na cabeça quase à queima-roupa. Cada grupo fazia o melhor que podia para evitar que os três homens fossem atingidos por pedaços de cérebro e pelo sangue. Em compensação, as autoridades zelavam para que o condenado não fosse humilhado em seus últimos instantes de vida. Assim, um grupo especial que obrigava o condenado a se ajoelhar sobre um barril cheio de areia pela metade, foi dissolvido por causa desse procedimento, julgado indigno.

Então, um médico legista, sempre o mesmo, fazia a constatação do óbito. Ao mesmo tempo, o chefe do grupo especial (o no 2) elaborava uma certidão de execução da sentença que seria assinada pelo promotor, pelo

A ÚLTIMA CARTADA   375

médico-legista e por ele próprio. Enquanto os superiores ocupavam-se da papelada, os n°s 5 e 6, em geral motoristas dos dois veículos alocados para a missão, envolviam o corpo num pedaço de lona grosseira. Depois levavam o "pacote" para uma zona especial de um cemitério, onde ele seria enterrado sem nenhum sinal de identificação que permitisse localizar o túmulo.

As famílias dos condenados executados — ou simplesmente mortos na prisão — nunca tinham o direito de recuperar o corpo ou simplesmente saber em que vala comum ou túmulo anônimo repousava seu parente.*
Foi o que aconteceu no caso de Vetrov.

Svetlana e Vladik mergulharam num limbo. Fim dos telefonemas, fim das visitas, como se os Vetrov não tivessem jamais tido relações. Apenas alguns amigos, sem vínculo algum com o KGB, dispuseram-se a partilhar seu drama. Mas Svetlana rompeu com a maior parte de seus próprios amigos: não queria que tivessem aborrecimentos. Em todo caso, sabia que seu telefone estava grampeado. Não se preocupava em saber se era seguida na rua.

Mas o caso não tinha terminado para todo mundo.

---

*Em meados dos anos 1980, um escuso homem de negócios de Rostov, às margens do Don, um ex-combatente condecorado, morreu num campo em consequência de uma doença. Seu filho comprou seu cadáver clandestinamente molhando de forma generosa a mão de toda a direção da penitenciária. Enterrou-o com toda a pompa em sua cidade na Aleia dos Heróis do cemitério e erigiu-lhe um magnífico monumento. A história, quando foi conhecida, provocou um grande escândalo. Todo o sistema penitenciário soviético sentiu-se então ameaçado: se os detentos tivessem um único direito que fosse, ainda que o de ter um túmulo pessoal, poderiam reivindicar outros!

33

"A rede"

Várias pessoas do círculo de Vetrov viram-se, de uma hora para outra, sob vigilância intensa do KGB. Fato significativo, essa malha não visava nem os superiores de Vetrov nem os oficiais da contraespionagem interna da PGU a quem incumbia a responsabilidade de prevenir eventuais traições no seio de seu serviço. Salvando mais uma vez a honra do uniforme, a PGU comportava-se como se, deixando de lado a ovelha negra, seu pessoal nada tivesse de censurável. Pois qualquer inquérito teria inevitavelmente revelado graves negligências, para não dizer mais. Na realidade, Vetrov era por si só o retrato falado de um traidor.

O general Vadim Alekseievitch Kirpitchenko, principal assessor do diretor da PGU durante 12 anos, deve efetivamente conhecer o beabá da traição, que ele sistematizou num artigo em 1995.[1] Hoje falecido, entre outras coisas ele supervisionou a Direção K (contraespionagem interna). Serguëi Kostine teve a oportunidade de encontrá-lo em agosto de 1996. Esse homem de 74 anos, incontestavelmente inteligente e de aspecto autoritário, ainda tinha sede de aprender. Não foi possível extrair dele muitas informações a respeito de Vetrov, a quem qualificou simplesmente como "bandido". Segundo o general, é extremamente difícil rastrear um agente duplo em suas próprias fileiras. Em seu artigo, ele retoma o "modelo de recrutabilidade" formulado pela CIA, que, como ele próprio admite, não difere em nada daquele do KGB. Oficiais de informações suscetíveis de responder aos assédios dos serviços rivais caracterizam-se por uma "dupla lealdade" (lealdade da boca para fora), o narcisismo, a vaidade, a inveja, o arrivismo, o mercantilismo, a inclinação por aventuras amorosas e a bebida. Duas categorias de indivíduos merecem uma atenção particular. Em primeiro lugar, os que não estão satisfeitos com sua situação profissional e acham que seus êxitos profissionais não são apreciados em seu justo valor. Por outro lado, os que atravessam um período de crise, particularmente em suas relações familiares, o que resulta em estresse e conflitos psicológicos.

Resumindo os traços de caráter dos alvos de recrutamento promissores, um documento metodológico da CIA descreve três tipos de virtuais traidores:

— o aventureiro, que aspira a um papel mais importante que o seu e em maior conformidade com as aptidões que demonstra e que pretende obter o sucesso máximo através de quaisquer meios;

— o vingador, que tenta compensar as ofensas de que se sente objeto e punir indivíduos isolados ou a sociedade em seu conjunto;

— o herói mártir, que faz questão de desemaranhar a todo custo o novelo de seus problemas pessoais.

Como vemos, Vetrov correspondia aos três tipos de traidores.

Mas a atmosfera geral no seio da PGU não era nada propícia a uma grande solicitude para com o semelhante, a colaborar com um camarada ou pura e simplesmente dar provas de zelo. O que importava era ser nomeado no estrangeiro, galgar o escalão hierárquico e receber um galão. Havia muitos rivais em volta para alguém dar-se ao luxo de se debruçar sobre o destino de tipos já estudados, classificados, infensos em termos de rivalidade.

Para se convencer disso, basta apresentar um pouco mais detidamente os dois homens responsáveis pela segurança interna do serviço de informação soviético.

No início dos anos 1980, o departamento 5K estava sob o jugo de Vitali Sergueievitch Yurtchenko. Esse ex-submarinista servira inicialmente na 3ª Direção-Geral do KGB (contraespionagem e segurança nos exércitos). Transferido para a Direção K da PGU, foi nomeado, no fim dos anos 1970, para o posto de oficial de segurança da embaixada da URSS, em Washington. Lá, Yurtchenko adquiriu certa notoriedade graças a uma atitude original, para não dizer suspeita. Entregou ao FBI um envelope contendo documentos secretos que um ex-membro dos serviços secretos americanos arremessara por cima da cerca da embaixada. O *walk-in** foi preso, e o FBI, grato, enviou, no momento da partida definitiva de Yurtchenko para Moscou, em 1980, um inspetor com um buquê de flores para se despedir dele.[2]

As performances do departamento 5K, cujo comando Yurtchenko assumira em Yassenevo, eram e permaneceriam mais que modestas. Sindicâncias envolvendo oficiais suspeitos de espionagem foram extremamente raras e nenhuma permitiu desentocar um agente culpado de conluio com uma potência estrangeira. Isso era atribuído a uma formação e experiência insuficientes desse departamento em matéria de contraespionagem, bem como à rejeição da própria ideia de que pudesse haver traidores nesse corpo de elite que era a PGU.[3]

Mas havia provavelmente outra razão, e o futuro confirmaria isso por um fato que atestava claramente a atmosfera de degradação reinante no serviço de informações soviético. Yurtchenko, esse guardião da lealdade e da moralidade dos oficiais de informações soviéticos, optaria pela defecção.[4] Recém-nomeado para o posto de assessor do chefe do 1º Departamento da PGU (zona de ação: Estados Unidos), desapareceu em Roma em 1º de agosto de 1985. Um pouco mais tarde, apareceria em Washington, onde passou por um intenso interrogatório. Seria ele, basicamente, quem forneceria aos serviços secretos americanos os detalhes sobre o fim de Farewell e a traição de Howard. Curiosamente, no fim de três meses, resolveu voltar à União Soviética e penetrou na embaixada soviética após ter escapado de dois "anjos da guarda" do FBI. Contou uma história mirabolante: seu sequestro pela CIA no Vaticano, seu cativeiro numa mansão secreta, a administração de psicotrópicos para lhe extorquir informações etc. Mas como sua defecção envolvia diversos altos funcionários do KGB, essa versão seria a aceita pela opinião pública. A direção do KGB comportou-se então como se a ida e volta de Yurtchenko aos Estados Unidos não tivesse passado de uma operação de contaminação promovida pela PGU. Yurtchenko seria até condecorado com uma insígnia, "tchequista de honra", que Vladimir

---

*Agente que, por iniciativa própria, oferece seus serviços a uma agência de informações estrangeira.

"A REDE" 379

Kriutchkov lhe entregou numa atmosfera solene, o que deixou enojados todos os oficiais de informações presentes.[5]

Após ter recebido essas honrarias, Yurtchenko desapareceu. Alguns chegam a achar que teria sido fuzilado. Não foi nada disso. Por meio de seus contatos no KGB e por intermédio de um vizinho de datcha de Yurtchenko, Serguei Kostine conseguiu determinar que ele pura e simplesmente se entocara. Mas nega-se a encontrar jornalistas, para todo e qualquer assunto.

Serguei Golubev, que já conhecemos, teve uma trajetória que, de acordo com seu superior Oleg Kaluguin, era um chamariz para qualquer serviço de contraespionagem do mundo.[6] Nos anos 1960, enquanto operava sob a cobertura do consulado soviético em Washington, cometeu, um pouco antes dele, o mesmo delito que Vetrov em Paris. Em estado de embriaguez ao volante de seu carro, bateu num poste e foi preso pela polícia americana. Entretanto, não foi repatriado, e o incidente nem sequer repercutiu em sua carreira. Pois, em 1966, foi nomeado residente do KGB no Cairo. Pouco antes de sua partida, ocorrida em 1972, bêbado, provocara um escândalo num logradouro público. Mais uma vez, o que teria sido fatal para um simples mortal não impediu Golubev de subir na hierarquia. Após seu retorno a Moscou, foi nomeado responsável pela segurança interna do Segundo Serviço (contraespionagem) da PGU. Foi nesse posto que, em 1978, se tornou uma das chaves-mestra do assassinato do dissidente búlgaro Markov em Londres.[7] A atmosfera de permissividade e frouxidão reinante em Yassenevo e a sinistra aura de suas funções de Grande Inquisidor — que o fazia ser temido por todos — não o estimulavam, longe disso, a lutar contra seu vício. Na época em que supervisionava o inquérito sobre o caso Vetrov, foi visto um dia, às 5 horas da manhã, completamente bêbado em seu escritório, a porta do cofre-forte escancarada e copos sujos espalhados na mesa. Afirma-se que teria implorado o perdão de Kriutchkov chorando, de joelhos.

Golubev conseguiria sobreviver, mesmo após a defecção de seu ex-subordinado Yurtchenko. A passagem para o Leste de Edward Howard compensou folgadamente a longa letargia da segurança da PGU. A Direção K incluiria em seu ativo a série de prisões, na Rússia, dos agentes soviéticos da CIA denunciados por Howard. Era a hora de glória tão esperada da contraespionagem interna do Serviço de Informações Soviético e de seu chefe. Golubev foi condecorado com a ordem de Lenin e promovido a general e subdiretor da Direção K. Hoje está reformado e, como Yurtchenko, recusa-se a encontrar jornalistas.

Naturalmente, se a traição de Vetrov não teve consequências nefastas para a Direção K, causou menos abalos ainda à Direção T. Algumas críticas foram parcimoniosamente ministradas aos superiores hierárquicos de Vladimir: a seu chefe de departamento Dementiev, ao chefe da Direção T, Zaitsev. A punição mais severa resultante do caso Vetrov foi infligida a dois funcionários que haviam relaxado no controle da utilização da fotocopiadora: foram rebaixados.

Alguns autores[8] evocam uma confissão de Vetrov, escrita pouco antes de sua execução e que era um verdadeiro libelo contra seu Serviço: "Sou categórico: nunca houve 'última carta'", protesta Igor Prelin.[9] "Compreendo que os franceses e americanos quisessem que seus agentes fossem seus amigos por ideologia, combatentes contra o poder dos sovietes. Isso confere uma auréola aos seus esforços. Mas uma coisa é recrutar alguém graças à chantagem ou à corrupção, outra é ganhar um companheiro de ideias. Não houve nada disso no caso de Vetrov."

Nem por isso a existência desse documento deixa de ser plausível. Em primeiro lugar, ele estaria na linha direta dos depoimentos de seus cooptadores franceses no que se refere ao repúdio ao regime e ao ódio ao KGB. Além disso, essa confissão, que dizia muitas verdades para ter tantos leitores na PGU, poderia ter sido enfurnada no cofre-forte do chefe do departamento 5K, Vitali Yurtchenko.

Ali teria permanecido letra morta se Yurtchenko não tivesse optado por sua breve defecção para o Ocidente. Um relato de seu depoimento sobre esse famoso libelo teria sido transmitido pela CIA à DST em outubro de 1985. Ainda hoje, o documento estaria censurado. A DST, que não obstante teria todo interesse em tornar público o documento, negou-nos acesso a ele e nos convidou amavelmente a passar de novo daqui a cinquenta anos.

É verdade que um documento desse tipo faria inevitavelmente de Vetrov um herói de tragédia antiga, que, pouco antes de passar ao cadafalso, fustigaria seus juízes do alto de outro tribunal, o da História. A existência dessa

"A REDE"   381

confissão pode então parecer boa demais para ser verdade. Entretanto, após algumas semanas de buscas e pedidos insistentes junto a outra fonte absolutamente digna de crédito, finalmente encontramos uma cópia do famoso depoimento de Yurtchenko, cujos excertos podemos até reproduzir (*fig. 9*).

Compreende-se imediatamente, à leitura desse memorando da CIA, todo o interesse que o KGB tinha em dar sumiço na confissão de Vetrov.

Na realidade, tinham sido seus próprios acusadores que lhe haviam pedido a redação de uma carta, na qual Vetrov supostamente teria manifestado seu arrependimento por ter traído seu país. Junto com esse arrependimento, porém, receberam de volta um último ataque de rara violência. Mas deixemos o leitor apreciar, através do prisma suavizante de um memorando da CIA, o tom furioso das últimas palavras de Vetrov:

"Segundo nossa fonte [Yurtchenko], o réu parecia totalmente engajado em suas relações com o SR francês. [...] Durante o inquérito, nunca expressou arrependimento pelo dano que causara ao KGB e ao sistema soviético. [...] Foi instigado por aqueles que o interrogavam na 1ª Direção Principal [a PGU] a redigir uma confissão de sua traição. Ele o fez e entregou um documento manuscrito de sessenta páginas intitulado 'As confissões de um traidor'. A princípio satisfeitos porque o réu curvara-se à redação de uma confissão, os dirigentes da 1ª DP, quando o leram, ficaram profundamente perturbados. Essa confissão, com efeito, constituía um ataque devastador e contundente contra a corrupção, a venalidade, a incompetência, o cinismo e a delinquência no seio da 1ª DP, que o réu qualificava de 'puta velha e doente'.

"Nossa fonte declarou que, ao ler a confissão, ficou por sua vez fascinada com a exatidão das acusações que o réu dirigia contra o KGB e o sistema soviético.

"Segundo nossa fonte, o réu encaminhou-se para a morte com um único arrependimento: não ter causado mais estragos no KGB, trabalhando para a França."

Se, de acordo com o inquérito, Vetrov tergiversou o tempo todo a fim aliviar a sentença, esta última carta parece marcada com o selo da sinceridade. Não tendo mais nada a ganhar, ele tampouco tinha alguma coisa a perder. Logo, é dentro de toda lógica que podemos considerar este último grito de vingança como seu testamento.

S E C R E T

Our source has provided the following observations on Subject additional to those already provided to your service:

"Subject appeared almost totally committed to his relationship with the French Intelligence Service. He characterized that relationship in cryptic references in letters to his wife following his arrest. In one reference he said that the last ten months of his working life were the most stimulating and constructive of his life, clearly referring to his period of active espionage against the KGB. During the investigation and interrogations he never expressed regret for the damage he had done to the KGB and the Soviet system.

At one point in his interrogation following his return from Irkutsk to Moscow he was induced by his interrogators in the First Chief Directorate to write a confession of his "treason". He did so, producing a sixty-page handwritten document entitled "Confessions of a Traitor." At first pleased that Subject had been "broken into writing a confession," the leadership of the First Chief Directorate upon reading the "confession" became deeply disturbed that the confession, in effect, was a scathing and devastating attack on the corruption, bribery, incompetence, cynicism, and criminality of the First Chief Directorate which Subject characterized as a "sick old whore." The document was reviewed by the top three or four officers of the First Chief Directorate who decided that it should not be entered into the record as a confession, but rather should be sealed and filed away forever as too dangerous for further distribution.

Our source commented that when he read the confession he found himself fascinated by the accuracy of Subject's indictments of the KGB and the Soviet system, and that the documents reinforced his own determination and commitment to work against the KGB and the Soviet system.

Our source commented that Subject went to his death with only one regret, that he could not have done more damage to the KGB in his service for France. Our source admitted to the dramatic nature of his characterization of Subject, but said that he could not overestimate the profound effect Subject's commitment to attack the KGB had on him personally and upon the KGB hierarchy."

S E C R E T

Fig. 9 O memorando da CIA para a DST de outubro de 1985. O depoimento de Yurtchenko, ex-chefe da contraespionagem soviética que passara para o Ocidente, traz um esclarecimento impressionante sobre o fim do caso Farewell e a última "confissão do traidor Vetrov".

Perante um caso tão excepcional quanto uma traição no seio da PGU, convinha ainda assim mostrar empenho e "prestar contas do trabalho realizado". Por ter causado tantos estragos, a convicção era de que Vetrov não podia ter agido sozinho. Houvera certamente uma rede.

E eis o KGB lançado numa vasta operação de vigilância dos principais suspeitos. Tratava-se dos Rogatin e de alguns de seus amigos e conhecidos. Essa campanha durou mais de um ano.

A casa de campo dos Rogatin foi rigorosamente vasculhada. Seu telefone foi grampeado permanentemente. Eles viam olheiros em seu pátio sempre que levavam o cão para passear. Quando Galina pegava o ônibus elétrico para ir trabalhar, um homem vestido com apuro e o cabelo cortado rente embarcava obrigatoriamente com ela. Aleksei via constantemente um Volga preto no retrovisor de seu carro.

No início, os Rogatin tentaram levar tudo na esportiva. Passaram até a deixar regularmente, quando iam para o campo, a chave do apartamento com a zeladora, sob o pretexto de que ela poderia fazer uma faxina de vez em quando. Na realidade, era um gesto mostrando que nada tinham a esconder. Pois a zeladora, como todas as suas consortes, era informante do KGB — a qual deve ter aproveitado mais de uma vez a possibilidade assim oferecida de vasculhar a casa a seu bel-prazer.

Porém, com o tempo, aquilo foi se tornando irritante. Muitos conhecidos pararam de telefonar para eles. Como Svetlana Vetrova, Galina teve o bom reflexo soviético de não telefonar para os verdadeiros amigos, com medo de comprometê-los. Finalmente, o UPDK comunicou a Aleksei que ele não podia mais ser motorista na embaixada de um país capitalista. Ele protestou. Queria saber o que lhe era recriminado. De nada adiantou. Após ter dirigido para embaixadores suecos e luxemburgueses, o que era considerado o máximo em sua carreira, Aleksei foi obrigado a ser motorista de uma van para a Representação Comercial da Hungria.

Curiosamente, os Rogatin viram-se sob vigilância desde a primavera de 1982, quando oficialmente ainda não vingava a tese da espionagem. Nunca foram importunados durante o segundo inquérito. Foi apenas anos mais tarde, encontrando Svetlana por acaso na rua, que souberam que Vetrov fora fuzilado por alta traição.

As coisas foram bem mais difíceis para Tokarev.* Quando voltou a Moscou em abril de 1982, tinha três férias anuais acumuladas. Logo, só retornou ao trabalho em Yassenevo em setembro. Foi quando recebeu um telefonema de Iúri Motsak, chefe da seção França, com quem trabalhara na 2ª Divisão Geral (contraespionagem). Na hora, nem desconfiara da gravidade do caso. Um homem com quem ele esbarrara apenas uma vez, no aniversário de Aleksei Rogatin, cometera um assassinato. O que ele tinha a ver com isso? Acabara de ser condecorado, seu currículo era impecável. E então?

Por outro lado, bom profissional, Tokarev percebeu de cara que estava sendo seguido. Logo, igualmente escutado. Foi comentar o assunto com seu superior, mas este esquivou-se das perguntas... Então Tokarev disse a seus amigos para deixarem de visitá-lo durante um tempo. Alguns, entretanto, como Karavachkin, ao contrário, telefonavam-lhe regularmente para enfatizar que não acreditavam de forma alguma em sua traição.

Entretanto, os meses passavam sem que a vigilância fosse relaxada. É irritante saber-se suspeitado por pares. Tokarev volta e meia dizia a seus colegas da contraespionagem interna:

— Querem parar com essas babaquices, cacete! Já não estão cheios?

Seus amigos tratavam de consolá-lo:

— Vamos, deixe-os procurar! Você não tem nada a se censurar. Mais dia, menos dia eles terminarão chegando a essa conclusão também.

Isso se deu apenas em 1987. Porém, por causa do caso Farewell, a carreira de Tokarev viu-se duplamente comprometida. Em primeiro lugar, no KGB, onde foi deixado na geladeira durante anos. Depois, na DST, pois seu vínculo com a PGU havia sido revelado por Vetrov. A partir de 1983, foi impedido de receber vistos de entrada para a França. Voltou aos negócios depois de anos, mas os principais países ocidentais continuaram obstruindo sua circulação para negociar com clientes ou fornecedores. O KGB foi menos rancoroso: até mesmo os oficiais de informações declarados *personae non gratae* e expulsos da URSS podiam voltar depois de dez anos de sua exoneração.

_____
*Lembremos que ele operara em Paris, basicamente manipulando Bourdiol.

"A REDE" 385

Quanto a Iúri Motsak, por sua vez, pagou ainda mais caro suas relações amistosas com Vetrov. Porém, em seu caso, isso era mais compreensível. Motsak tinha participado de várias farras etílicas com o traidor que ele era pago para desmascarar. Eis por que a contraespionagem não se contentou em vigiá-lo 24 horas por dia.

Um dia, foi recolhido pela milícia em estado inconsciente junto com um colega. Curiosamente, era bom bebedor. Podia tomar um litro de vodca que não deixava transparecer nada. Todos aqueles que o conheciam concluíram, portanto, que Motsak tinha sido dopado. Seu camarada tivera apenas o azar de ter partilhado sua garrafa. Quem diz dopado diz interrogado. Aparentemente, a verdade que Motsak confessara provou sua inocência no caso de espionagem. Só podiam recriminar-lhe o cochilo na vigilância. Todavia, foi transferido para o 10º Departamento (tráfico de divisas, contrabando). Com o tempo, foi completamente reabilitado, nomeado chefe de departamento e promovido a coronel. Também está nos negócios atualmente.

Outros conhecidos dos Rogatin na PGU — Rudian, Komissarov (aliás, sucessor de Vetrov em Paris) — caíram sob a lupa do KGB. Todos se safaram com mais ou menos prejuízos.

Por que os Rogatin e seu círculo? A resposta é evidente. Se houvesse existido uma rede Vetrov, Aleksei teria sido um intermediário ideal. A pretexto de mandar consertar seus carros, uma boa meia dúzia de oficias do KGB teria ido entregar-lhe regularmente seu lote de informações secretas. Em seguida, Vetrov teria passado para pegar a remessa a fim de transmiti-la aos franceses.

O KGB chegou sozinho a essa hipótese? Pois Vladimir podia ter dito a Ferrant que estava à frente de uma "rede". A fim de que os franceses não desconfiassem de que um homem sozinho pudesse fornecer uma montanha de documentos dessa importância. Ou ainda porque, a fim de obter favores de seus cooptadores, ele quisesse surpreendê-los com seus talentos de organizador. Pois é muito provável que Vetrov tenha comentado com "Paul" a respeito do principal adversário de ambos, Iúri Motsak.

Após o golpe de agosto de 1991, Vitali Karavachkin, demissionário do KGB, fingiu, para prestar um último serviço a seus colegas, sondar um agente secreto francês de codinome "Thermomètre". Disse-lhe que estava disposto a aceitar um emprego na representação de uma empresa francesa em Moscou. Evidentemente, o francês agarrou a oportunidade de "trair" regularmente o homem mais bem-informado sobre a colônia francesa e oriundo do serviço que a vigiava na contraespionagem soviética. Dentre as primeiras perguntas que "Thermomètre" fez para Karavachkin, a fim de se certificar de sua intenção de ser útil aos serviços franceses, figurava uma referente a Motsak. Como se desenrolara sua carreira? Qual era o seu paradeiro? Ora, como a 2ª Direção-Geral não tivera traidores desde Iúri Nossenko, os serviços especiais franceses não deviam teoricamente sequer conhecer seu nome. Se o conhecessem, pensou Karavachkin, era porque a identidade de Motsak lhes teria sido revelada por Vetrov.

Após a execução do agente duplo Vetrov e o pente fino sofrido por seus amigos e parentes, sobre os escombros de uma divisão inteira, o KGB devia agora reconstruir um novo edifício. Mas antes precisava analisar os erros e inépcias que haviam permitido que essa operação incrível, surreal, fosse bem-sucedida.

34

O caso Farewell sob o prisma do KGB e da DST

Já tentamos (ver caps. 10 e 11) fazer um retrato psicológico do indivíduo contraditório que era Vladimir Vetrov. Evidentemente, seus colegas da PGU e, globalmente, o KGB em seu conjunto, tentaram da mesma forma compreender a personalidade de um traidor e suas motivações. Essas análises, pois houve mais de uma, permitem ver Vetrov com olhos menos desinteressados que os dos autores, mas também mais técnicos.

No que se refere às motivações de Vetrov, os autos do inquérito não apontam, a princípio, nenhuma conexão com a política. Há agentes duplos que têm, ou julgam ter, uma visão global da situação e que, por meio de sua ação, se empenham em influenciar sua evolução. Quando colaboraram com a informação soviética durante a Segunda Guerra Mundial, os Cinco de Cambridge estavam persuadidos de ajudar dessa forma o esforço comum dos Aliados. Um Klaus Fuchs julgava evitar, ao passar os segredos da bomba atômica à URSS, um desequilíbrio que constituísse uma ameaça mortal para toda a humanidade. Num plano mais superficial, um George Pâques que era manipulado pela PGU tinha a certeza de desempenhar importante papel no plano internacional. Ora, para Vetrov, tratava-se mais de uma vingança com forte componente emocional contra o KGB do que um plano elaborado de luta contra o sistema soviético.

Seu inquérito revela claramente, em conversas com outros detentos no *gulag* ou em certas cartas para Svetlana, observações críticas a respeito de determinados fenômenos da vida soviética, tais como nepotismo, corrupção, escassez de víveres etc. A fórmula empregada pelos promotores, "engajou-se no caminho da traição em consequência de uma metamorfose ideológica", remete aliás curiosamente à ideia de "desengajamento" mencionada por Raymond Nart. Como explicar de outra forma que um ex-jovem pioneiro, jovem comunista, depois membro do Partido, tenha sido capaz de trair?

O chamariz do lucro? Como vimos, isso não era absolutamente preponderante. Para os membros do KGB, a tentação de apresentar Vetrov como um corrupto, um judas, era forte. Vladimir Kriutchkov[1] estima que, se esse componente não prevalecera, era porque o traidor não podia gastar esse dinheiro na União Soviética. Ao contrário, a posse de grandes somas constituía um risco para ele. A seu ver, Vetrov pretendia usufruir sua riqueza na França.

Não poderíamos deixar de lhe dar razão. Por exemplo, Adolf Tolkatchev era um agente duplo americano que, nos mesmos anos 1980, forneceu à CIA informações referentes aos aviões de combate soviéticos. Além de dois milhões de dólares em sua conta nos Estados Unidos, ele possuía quase oitocentos mil rublos em Moscou. Era uma fortuna, o preço de uns cinquenta apartamentos de três quartos em pleno centro de Moscou. Quando se julgou vigiado, Tolkatchev queimou meio milhão de rublos. Enquanto as chamas se adensavam, ele confessaria mais tarde, ruminara: "E foi por esse dinheiro que arrisquei minha vida!" Tolkatchev foi fuzilado no outono de 1986.

Entretanto, todos os testemunhos franceses, e até mesmo o inquérito soviético, registram: num primeiro momento, Vetrov não tinha o objetivo de enriquecer. Foi só mais tarde e estimulado pela DST que pediu uma remuneração: trinta ou quarenta mil rublos, soma que aliás nunca viria a receber. Detalhe importante, em seu depoimento Vetrov admitiu que, assim que formulou esse pedido, ficou paralisado, dando-se subitamente conta de que era um ponto de não retorno. Doravante, seria um informante remunerado de um serviço rival.

Por outro lado, não precisava de dinheiro para sobreviver ou, pelo menos, para viver melhor. Como vimos, tinha tudo com que um soviético podia sonhar: um apartamento num bairro chique e mobiliado luxuosamente, uma casa de campo, um carro, assistência médica gratuita para toda a família e estudos superiores para o filho. Uma "ilha", ele julgava poder

O CASO FAREWELL SOB O PRISMA DO KGB E DA DST   389

comprá-la nessa outra vida que o esperava do outro lado da fronteira. Na que ele vivia, uma garrafa de uísque ou uma bijuteria para sua amante resolviam o problema.

Todavia, nesse aspecto a confissão de Vetrov tem apenas um valor relativo. Ninguém quer aparecer sob uma luz desfavorável, como indivíduo ávido pelo lucro, corruptível, servil. "Nada mais sujo que o dinheiro em todas essas histórias", diz Igor Prelin. "Você pode trair por ódio ao regime, isso não é vil. Ou por ódio ao seu chefe, nesse caso, também você não tem do que se envergonhar. Mas a história de Judas e dos trinta dinheiros é realmente o fim de tudo."

Svetlana Vetrov, porém, estava persuadida de que o marido tinha uma conta na França, onde seu salário era regularmente depositado. Provavelmente não havia nada disso. No máximo, como muitos "desertores" russos, ao chegar ele teria obtido um alojamento, a possibilidade de dar entrevistas remuneradas ou escrever um livro, no melhor dos casos uma pensão mensal. É notório que, mesmo os americanos que, no entanto, detinham todos os meios para isso prometiam mais do que pretendiam fazer. Nos anos 1990, quando o presidente Iéltsin perdoou os agentes duplos russos que cumpriam pena em Perm, a maioria foi para os Estados Unidos. Lá chegando, receberam uma indenização e uma pensão mensal que, num certo momento, foi reduzida. Os ex-espiões formaram, então, uma espécie de sindicato para mover um processo contra a administração americana, que desonrara os compromissos firmados.

Tanto para o KGB como para os autores, a principal motivação de Vetrov era a vingança. O inquérito passa isso em branco, mas os colegas do agente indignavam-se por ele ter estendido o ódio ao seu superior a seu país. "Se ele lhe tivesse dado um bom soco na cara, tudo bem. Uma rasteira, ainda passa. Mas daí a se vingar de todos os seus camaradas, do serviço e do Estado!" revolta-se Igor Prelin. "Não encontrei ninguém entre os nossos que tivesse dito: 'Foi muito severo o que fizeram com Vetrov.'"

Mas quem se arriscaria a tomar abertamente a defesa de Vetrov? poderíamos replicar a Prelin. O depoimento de Yurtchenko, novamente, dá uma versão bem diferente das repercussões internas do caso. No fim do memorando da CIA, o duplo trânsfuga, ainda impressionado com a virulência da última confissão de Vetrov, admite ter talvez "dramatizado sua visão do réu", mas esclarece imediatamente não ter superestimado "o efeito profundo que a convicção do réu em seus ataques contra o KGB teve sobre ele mesmo e sobre a hierarquia desse serviço".

Outra fonte, oriunda da DGSE dessa vez, nos afirmou que oficiais do KGB admiraram em segredo a coragem e a determinação de Vetrov em lutar contra o nepotismo. Foi em 1988 que o descontentamento terminou vindo à tona, com um primeiro incidente durante a abertura da reunião que devia eleger o birô do Partido da PGU. Três brilhantes oficiais contestaram a presença no tablado, ao lado do general Felip Bobkov,* de um "pistolão" que nunca brilhara nem pela competência nem pela eficiência. Pega desprevenida, a direção não conseguira se esquivar. A brecha assim aberta não ia cessar de se alargar, para no ano seguinte resultar na assinatura, por mais de duzentos oficiais do KGB de Sverdlovsk, de uma carta à sua direção.

O terremoto que abalou o KGB na esteira do caso Vetrov foi sentido ainda mais drasticamente na medida em que se produziu, por assim dizer, numa zona de fraca atividade sísmica. O KGB não podia prever os atos de um serviço — a DST — que ele não suspeitava operar na URSS. Que o espião desmascarado tivesse colaborado com os americanos, ingleses, alemães, tudo bem. Mas lá! Segundo a piada que circulava nos corredores da contraespionagem soviética, a última revelação à Linha francesa antes do caso Farewell tinha sido o "complô Lockhart"!**

A DST invoca, para explicar o sucesso inusitado da operação Farewell, sua intenção deliberada de agir contra todas as regras. Isso é verdade apenas em parte. Na realidade, duas circunstâncias permitiram essa anomalia.

---

*Na época, general de exército (quatro estrelas), primeiro vice-presidente do KGB e chefe da 5ª Direção-Geral. Com um certo respeito devido à sua qualidade de ex-combatente, Bobkov não era um herói aos olhos dos oficiais de informações, pois dirigia a luta contra os dissidentes e outros "elementos antissoviéticos".

**Conspiração de diplomatas e agentes secretos franceses, britânicos e americanos contra o regime bolchevique em 1918. O embaixador da França em Moscou, Fernand Grenard, o adido militar, general Lavergne, e outros franceses participaram dessa aventura amplamente manipulada pelos serviços secretos soviéticos. V. Ch. Andrew e O. Gordievsky: *Le KGB dans le monde, 1917-1990*, Paris, Fayard, 1990, p. 62-73.

A primeira era efetivamente a convicção, corroborada por um longo período de testes, de que os serviços franceses tinham desistido da direção de agentes. "Com um manipulador americano ou britânico, Vetrov teria sido preso em flagrante delito no correr de um mês", garante Igor Prelin.

A segunda é o fato de que todas as condições de ligação foram estabelecidas pelo próprio Vetrov. "Eu mesmo, quando tinha de lidar com um agente estrangeiro competente, confiava nele", lembra-se Igor Prelin. "Teria sido estúpido impor a Moscou o que quer que fosse de elaborado àquele que agia em seu próprio terreno. Eu bancava sempre o inocente, afirmava que não tinha nada a ver com os serviços secretos, que não era senão uma correia de transmissão, e o escutava. Se fosse criterioso, eu lhe dizia 'Parabéns!' e o agente ficava todo prosa por ser tão inteligente. Se percebesse riscos, eu corrigia o dispositivo com o máximo de delicadeza, fazendo perguntas mais do que dando instruções."

Como vimos ao longo de todo este livro, o dispositivo proposto aos franceses por Vetrov deixava pouco espaço para o acaso. A presença de cada um dos protagonistas nos diferentes locais de encontro tinha fundamento. Vetrov não corria grandes riscos extraviando documentos de Yassenevo, e Ferrant ainda menos expedindo a produção pela mala diplomática (os contatos com Ameil eram mais arriscados, mas sua continuação nunca foi cogitada). O único perigo real teria sido que a Direção T tivesse necessidade urgente de um documento desviado, mas durante o fim de semana esses riscos eram mínimos.

Entretanto, no início dos anos 1980, essas certezas ainda não estavam consolidadas. Indagava-se acima de tudo como essa incrível manipulação em plena Moscou comunista fora possível. Os serviços secretos ainda tinham razão de existir quando um amador, desprovido de qualquer formação como Ameil, se mostrava capaz de cumprir a missão de um profissional? Ou quando um serviço de contraespionagem como a DST se mostrava capaz de levar a cabo uma manipulação, procedimento reservado em princípio aos serviços de informações? Ou quando uma mulher e três homens se revelavam em condições de enfrentar dezenas de milhares de indivíduos integrados numa máquina tão poderosa como o KGB e, cúmulo da inverossimilhança, prevalecer sobre esta última? Tudo isso merecia reflexão.

Em 1986, a 2ª Direção-Geral do KGB tentou analisar o mecanismo de manipulação de Farewell pela DST. Isso com certeza fora executado pela PGU, mas os dois serviços, teoricamente complementares, mostravam-se pouco dispostos a partilhar suas informações. O tenente-coronel Karavachkin, na época chefe adjunto da seção França na contraespionagem, requereu então oficialmente os autos do inquérito de Vetrov.[2] A PGU precisou de um ano para se decidir a enviar a seus colegas da contraespionagem os sete calhamaços de 300 páginas cada um. O primeiro continha os autos dos interrogatórios; o segundo, os das buscas e apreensões e da inspeção dos locais do crime; o terceiro, os depoimentos das testemunhas; o quarto, os relatórios de perícia etc. O último termina com a ata da execução da sentença e a certidão de óbito.

Karavachkin levou três meses estudando essa papelada. Sua conclusão principal é que o caso Farewell não permitia julgar métodos de trabalho dos serviços secretos franceses. Pois, se Vetrov tivesse aceitado o plano proposto pela DST, a operação teria fracassado em poucos dias. Os procedimentos que ele impôs a seus manipuladores eram os adotados pela informação soviética. No futuro, porém, pensava Karavachkin, se os franceses fossem bons alunos, era possível que se beneficiassem disso na manipulação de outros agentes.

Entretanto, Karavachkin raciocinava como profissional e por analogia com o que faziam os membros do KGB que operavam na França. Segundo ele, a manipulação de um oficial do KGB em plena Moscou devia pressupor todo um sistema de expedientes técnicos, alguns dos quais bem complexos.

Suponhamos que um oficial de informações — esse mesmo Vetrov — se dirigisse, em Paris, para um encontro clandestino com um agente importante, um Pierre Bourdiol, por exemplo. Nesse dia, toda a residência estaria assoberbada. Isso não impediria que duas ou três pessoas estivessem a par do que iria acontecer. Os demais executariam manobras diversionistas e de cobertura sem fazer a menor ideia dos nomes, das circunstâncias ou mesmo da natureza da operação. Várias horas antes do encontro, uma boa meia dúzia de oficiais sairia da embaixada levando em seus calcanhares, sucessivamente, as equipes de campana da DST. Cada uma delas se comportaria de maneira a fazer crer que seria ela que iria abastecer ou

O CASO FAREWELL SOB O PRISMA DO KGB E DA DST   393

identificar um intermediário ou encontrar seu agente. Ele faria compras, poderia deixar seu carro e descer no metrô. Assim, cada oficial drenaria um máximo de olheiros.

Apenas quando o grosso das forças da DST fosse desviada para outros objetos de vigilância é que o verdadeiro manipulador do dia sairia de seu escritório ou de sua casa. Como todos os seus colegas, ele efetuaria um longo percurso de segurança pela cidade. Passaria em frente aos lugares onde outro membro do KGB, bebericando sua cerveja numa varanda, iria certificar-se de que não havia perseguidores em seu rastro. Isso é conhecido como contravigilância física.

Em seguida, o manipulador faria diversas manobras imprevisíveis. Por exemplo, às 16h34, quando ele passasse com seu carro na faixa da direita, iria virar no último momento à esquerda. Se estivesse sendo seguido, seus perseguidores não conseguiriam repetir a manobra. Seriam então obrigados a informar sua central ou outro carro de rastreamento para serem substituídos. Ora, ao longo de toda a duração desse carrossel, um operador estaria acompanhando as conversas pelo rádio nas frequências da DST. Se às 16h34 em ponto ele captasse uma mensagem qualquer, o mais das vezes codificada, isso significaria que o oficial estava sob vigilância. Se houvesse outra mensagem de rádio durante a manobra inesperada seguinte, programada, digamos, para 16h49, não restaria mais dúvida: o oficial estava com a DST em seus calcanhares. Então o oficial seria avisado graças a um *beeper* que a operação estava abortada.

Se a contravigilância e o controle das ondas não revelassem nenhuma atividade suspeita, no fim de três horas de acrobacias o oficial chegaria ao seu local de encontro. Lá, seu agente e ele iriam mais uma vez certificar-se de que o caminho está livre. E só depois disso entrariam em contato.

Este é o beabá da profissão, e todos os serviços especiais do mundo atuam segundo as mesmas modalidades, canônicas porque bem-sucedidas. Evidentemente, ninguém no KGB desconfiava que Vetrov fosse manipulado em Moscou da mesma maneira.

Basicamente, a contraespionagem soviética estava convencida de que, durante essas três horas obrigatórias de périplo por toda a cidade antes de chegar ao ponto de encontro com Farewell, Ferrant devia ser apoiado pelo serviço de controle radioelétrico da embaixada americana. Pois, na época, a embaixada da França não era equipada para essa operação técnica. E até hoje a capacidade de seu equipamento não permite cobrir todo o território de Moscou. A colaboração entre os serviços especiais ocidentais na URSS sempre foi estreita, sobretudo em matéria de informações militares. Os contatos entre os oficiais americanos e franceses na época foram muito frequentes. Logo, raciocina Karavachkin, os americanos podiam muito bem ter respondido ao pedido de cobertura por parte de Ferrant ou então recebido essa ordem expressa de sua Central.

No dia de um encontro, um operador da CIA dispunha de uma folha de papel com uma pequena coluna de números. Por exemplo, 15h38, 16h29, 17h10, 17h51, 18h07. Se, nessas horas precisas, ele captasse nas frequências utilizadas pela vigilância móvel uma frase codificada ou apenas um sinal sonoro, anotava isso. Mais tarde, um oficial superior da base da CIA passaria após as 18 horas para ver o que estava acontecendo. Tudo que ele saberia, por sua vez, era que naquele dia os franceses realizavam uma operação clandestina. Se ele percebesse que nada acontecera nos momentos precisos em que o oficial fizera manobras inesperadas para despistar eventuais perseguidores, ele poderia ligar para um colega do escritório do adido militar francês para lhe comunicar, por exemplo, que estava lhe enviando os últimos jornais americanos por um contínuo. Se, ao contrário, constatasse que, ao que tudo indicava, seu homem estava sob vigilância, convidava-o para uma partida de bridge no sábado seguinte. Então, por exemplo, o francês passaria com seu carro em frente ao restaurante Arbat a fim de informar Ferrant, que estaria à sua espera no estacionamento — apenas pelo fato de passar em frente —, que ele podia pegar o ônibus elétrico e dirigir-se ao encontro. Se o seu colega não aparecesse, isso significava que a operação tinha sido abortada e que Ferrant devia voltar para casa.

Era nisso que acreditava Karavachkin. Vejamos o que aconteceu na realidade.

O "anjo da guarda" de Ferrant no KGB chamava-se Slava Sidorkin.* Por uma injustiça do destino, em geral os melhores oficiais dos serviços

---

*Nome alterado.

O CASO FAREWELL SOB O PRISMA DO KGB E DA DST   395

secretos, os que realizam operações brilhantes, morrem no anonimato. Ao contrário, a história guarda os nomes de agentes "queimados", detidos ou encarcerados, autores de barafundas-monstro e gafes memoráveis. Sidorkin entraria na história do Serviço como o homem que sabotou Vetrov.

Era um ex-pugilista, com a fisionomia clássica de um perdigueiro: nariz comprido, testa oblíqua, olhos inquiridores e insolentes. Após o serviço militar, Sidorkin saiu da Escola da 7ª Direção (vigilância) em Leningrado. No fim de um ano de serviço, jovem e promissor, foi admitido na Escola Dzerjinski que formava oficiais de contraespionagem. Em cinco anos, aprendeu vinte palavras de francês e foi designado para um estágio prático na seção França. Seus mestres instrutores não alimentavam ilusões a seu respeito: Sidorkin não era feito para o trabalho operacional. Aconselharam-no a permanecer como professor na Escola. Mas Slava obstinou-se. Apesar das poucas esperanças depositadas nele, a seção aceitou-o num "posto de burocrata". Sidorkin foi encarregado de supervisionar os militares franceses, função que não exigia nenhum talento extraordinário.

Uma vez que trabalhar não era o forte de Sidorkin, o dossiê de Ferrant era fino como um programa de teatro. Em três anos, ele só pusera o oficial francês sob vigilância móvel uma meia dúzia de vezes, nos dias em que a equipe de campana de que ele dispunha não tinha realmente mais nada para fazer. Em contrapartida, Serguëi Kostine conseguiu encontrar, referentes a alguns dias, as anotações feitas pelos guardas de segurança da embaixada e da Maison de France em seu livro de registro.

As representações estrangeiras e os prédios residenciais reservados aos estrangeiros eram protegidos 24 horas por dia por milicianos. Na realidade, o regimento especial do Ministério do Interior estava encarregado de proteger unicamente as delegações dos países amigos ou neutros. A segurança de todas as embaixadas dos membros da Otan, bem como dos prédios residenciais mais importantes, era da alçada da 7ª Direção do KGB. Os homens em uniformes de milicianos eram na verdade oficiais ou suboficiais de contraespionagem. Lotados há anos no mesmo posto, conheciam todos os rostos que deviam passar à sua frente. Volta e meia elaboravam, a pedido de seus colegas da 2ª Direção-Geral, perfis psicológicos de determinados estrangeiros ou a lista dos soviéticos que eles frequentavam. Fotografavam às escondidas os visitantes. No que se referia aos oficiais de informações desmascarados, como Ferrant, os guardas recebiam de tempos em tempos instruções para registrar todas suas idas e vindas.

Temos à nossa disposição os registros referentes aos dias em que Ferrant tinha encontros agendados com Farewell: os dias 4 e 18 de setembro, 2 e 16 de outubro, 6 e 20 de novembro, além de 4 de dezembro. Para Patrick Ferrant, esses registros não são confiáveis, pura e simplesmente porque, como vimos anteriormente, os funcionários estavam longe de ser infalíveis e se esqueciam frequentemente de anotar as idas e vindas do casal francês.[3] Essas informações, portanto, embora apresentem um interesse relativo, eventualmente permitem tirar conclusões ou formular hipóteses não desprezíveis. Mas, em primeiro lugar, convém dividi-las em três grupos.

O primeiro reunirá os dias acerca dos quais as duas fontes se contradizem. A sexta-feira 4 de setembro, quando, segundo Vetrov, eles teriam se encontrado às 19 horas na praça, Ferrant faz o vaivém entre seu escritório e sua casa.

19h00: sai da embaixada;

19h02: entra na Maison de France, no beco Spasso-Nalivkovski, 13;

19h25: sai de casa;

19h27: volta à embaixada;

20h16: sai novamente da embaixada;

20h18: volta definitivamente para casa.

Portanto, duas testemunhas viram Ferrant várias vezes de sua guarita. Considerando sua alta estatura, é pouco provável que os guardas de segurança o tenham confundido com outro qualquer. Logo, somos obrigados a admitir que Vetrov teria esquecido a data exata de seu primeiro encontro após as férias.

Em 16 de outubro, que, não obstante, era uma terceira sexta-feira do mês, logo, dia de encontro de coleta, as duas indicações entram novamente em conflito. Segundo o guarda da Maison de France, os Ferrant saíram com seu carro às 20h02 para voltar pouco depois da meia-noite, às 0h08. Finalmente, em 6 de novembro, Ferrant teria saído da embaixada às 19h10 para voltar para casa às 19h12.

Seja como for, somos levados a crer que, decorridos dois anos, Vetrov não tinha mais recordações precisas. Pois, depois de admitir o fato dos encontros clandestinos, não tinha nenhum interesse especial em indicar datas falsas. Essas contradições relativizam a credibilidade dos depoimentos de Vetrov, pelo menos no que se refere às datas.

A segunda categoria agrupa dois encontros nos quais tudo casa perfeitamente. Na sexta-feira 18 de setembro às 18h27, Ferrant deixa sua casa acompanhado pela mulher e retorna às 20h09. Da mesma forma, em 2 de outubro, Patrick e Madeleine saem de casa às 17h40 e atravessam em sentido inverso o portão de passagem às 21h21. Lembremos que o encontro era às 19 horas não longe do arco do triunfo. Tendo deixado seu carro na Maison de France uma vez às 18h07 e a outra às 17h40, Ferrant tinha tempo de estar no lugar na hora marcada. Mas — o que tem um sentido cardinal — estava fora de questão para ele um percurso de segurança qualquer!

Acrescentemos a isso que teria sido insensato de sua parte deixar um carro com placa CD com uma mulher dentro onde quer que fosse. Numa artéria tão vigiada quanto a avenida Kutuzov, o fato teria sido imediatamente assinalado à contraespionagem. Logo, Ferrant devia efetivamente deixá-lo no estacionamento do restaurante Arbat, no início da avenida Kalinin com suas grandes lojas. Nesse caso, Madeleine tinha o pretexto de fazer compras enquanto o marido se eclipsava durante uma horinha.

Então, tomando como caso extremo o dia 18 de setembro, o percurso é o seguinte. Os Ferrant deixam a Maison de France às 18h07. Enveredam pela rua Bolchaia Polianka e depois entram no Cinturão dos Jardins. Para chegarem ao restaurante Arbat, podemos colocar entre dez e 15 minutos, pois é hora de saída dos escritórios. O tempo de estacionar o carro e atravessar a avenida Kalinin pela passagem subterrânea, já são 18h30 na melhor das hipóteses. O museu da Batalha de Borodino fica a uns vinte minutos de ônibus elétrico ou comum. Ainda se faz necessário chegar um nos dez minutos que restam. Pois Ferrant nunca chegou atrasado: Vetrov foi interrogado muito especialmente acerca desse ponto.

Nessas condições, fica claro que Ferrant podia apenas se voltar de tempos em tempos, a fim de verificar se um olheiro não lhe fazia um aceno para lhe dizer que estava efetivamente ali.

O terceiro grupo refere-se aos encontros de 20 de novembro e 4 de dezembro. Segundo os guardas soviéticos, nesses dias Ferrant teria deixado a embaixada respectivamente às 18h13 e 18h15 para desaparecer na entrada de sua casa dois ou três minutos mais tarde. Isso colocaria em questão novamente a veracidade das declarações de Vetrov? Provavelmente não, pois o episódio Ameil foi basicamente confirmado por seu outro protagonista. Convém duvidar da exatidão das anotações feitas pelos guardas? Também não, uma vez que, apesar de certos erros que apontamos anteriormente, eram membros do KGB conscientes da importância de seu trabalho. E daí? Os oficiais de informações com quem Sergueï Kostine conversou não excluem a seguinte eventualidade.

Ao contrário do marido, Madeleine Ferrant nunca foi vigiada. Naqueles dois dias, assim que voltou, Ferrant teria descido ao estacionamento subterrâneo, onde sua mulher podia esperá-lo ao volante de seu carro. Patrick teria se deitado atrás dos assentos da frente, puxando sobre si um eventual sobretudo e cobrindo assim o banco de trás. Em novembro-dezembro, já devia ser noite àquela hora, e o guarda não tinha tempo de observar segundo as normas o interior de um carro atravessando o portão. Madeleine podia muito bem deixar o marido numa ruela erma, por exemplo em torno do hotel Ucrânia, de onde ele teria pego o ônibus. Dessa forma, dispunha de tempo para estar no local às 19 horas. Sempre, sem o menor percurso de segurança. Para voltar, o casal podia fazer uso do mesmo expediente. Entretanto, Patrick Ferrant nega essa eventualidade.[4] Quando não, porque já havia uma câmera de vigilância na garagem da Maison de France.

Seja como for e apesar das inexatidões reveladas, nada nos autoriza supor que, ao se dirigir para um encontro com seu informante, Ferrant tomasse as precauções mais elementares. Nem sequer mencionemos os americanos com seu controle de ondas. O profissional "Paul" parece ter se comportado com a mesma despreocupação que os amadores Xavier Ameil e Madeleine Ferrant.

Para Karavachkin, a complexa estrutura que ele imaginara, com percursos de segurança por toda a Moscou e o monitoramento americano por meio de rádio, era um simples reflexo de profissional. Mesmo diante de provas, ele se nega a acreditar que a manipulação de Vetrov tenha sido realizada com amadorismo tão primário.[5]

O CASO FAREWELL SOB O PRISMA DO KGB E DA DST

Mas a coisa parece verossímil para os profissionais franceses. O almirante Lacoste, ex-chefe dos serviços de informações franceses a quem Sergueï Kostine comunicou suas hesitações, estima que, se a manipulação de Farewell deu certo, foi justamente porque ela ia ao encontro de todas as regras da arte. Porque era gerida por amadores. Considerando o regime de contraespionagem draconiano reinante na União Soviética na época, genuínos profissionais logo teriam se visto nas garras do KGB.[6]

Independentemente dos erros cometidos na manipulação de Farewell pela DST, parece de toda forma surpreendente o KGB não tê-los percebido. Isso era, em primeiro lugar, um pecado de orgulho. A seção França da 2ª Direção-Geral (contraespionagem) do KGB julgava ter sufocado tão bem o desejo dos franceses de fazer informação ativa na URSS e alimentava tão piamente a ilusão de controlar cada passo de cada estrangeiro que se contentava em dormir candidamente sobre seus louros. Além disso, ela era vítima do sistema que lhe foi imposto pela PGU (serviço de informações), que por sua vez pretendia garantir a segurança dentro de suas fileiras.

Nem por isso a contraespionagem soviética deveria ter deixado de reagir em pelo menos dois casos concretos. Para começar, era óbvio que o bairro do museu da Batalha de Borodino era muito frequentado por franceses.[7] Se nenhum desdobramento foi dado a esse indício, foi porque haviam concluído que aquilo era normal, pois se trata, de fato, de um dos lugares de Moscou mais estreitamente ligados à história da França. Isso prova mais uma vez que Vetrov planejou meticulosamente sua colaboração com a DST. Não apenas sua presença no bairro do Panorama era natural, devido à proximidade de sua oficina, como até mesmo a presença de um francês — ainda que fosse agente de ligação — parecia lógica ali.

O segundo erro era bem mais vergonhoso para o KGB e, desse ângulo, só tinha igual na suposta despreocupação de Patrick Ferrant. Este profissional da informação teria cometido uma imprudência em que nunca teria incorrido um amador como Ameil.

Os Ferrant contrataram uma empregada russa que ajudava Madeleine a cuidar de suas cinco filhas e da casa. Patrick não podia ignorar que toda a equipe doméstica soviética usada pelos estrangeiros estava a serviço do KGB. Entretanto, uma bela manhã, enquanto ele estava na embaixada, a empregada teria achado em sua escrivaninha a fotocópia de um documento entregue por Farewell. Não cabia dúvida: o papel trazia o timbre do KGB e a menção "top secret".

Para Ferrant, interrogado sobre esse ponto, a explicação é bem simples. O documento em questão não podia ter sido extraído da produção Farewell pura e simplesmente porque ele nunca os deixava à mostra, levando-os consigo quando ia à embaixada.

Em contrapartida, lembra-se muito bem de ter deixado exposto um livro sobre o KGB escrito em 1975 por John Barron e intitulado *KGB: o trabalho secreto dos agentes soviéticos*.[8] Com efeito, na página de rosto, o emblema do KGB figurava em destaque.

Esse "esquecimento" voluntário combinava com a atitude geral de Ferrant durante sua passagem por Moscou. Se tomava o cuidado de não despistar os agentes que algumas vezes o seguiam, era igualmente para não ter aborrecimentos. Um agente que sofre uma repreensão é muito mais vigilante que um funcionário preguiçoso que faz tranquilamente seu trabalho. Inversamente, um residente estrangeiro que procura despistar um batedor é forçosamente suspeito. Dentro dessa mesma lógica, uma empregada que presumidamente devia relatar fatos comprometedores e que nunca relatava nada corria o risco de ser malvista. Para lhe dar um empurrãozinho, "Paul" teria lhe dito que ela podia olhar tudo, exceto aquele livro. "Volta e meia eu perguntava àquela honesta mulher se ela tinha coisas suficientes para contar aos seus superiores, chegava a sugerir-lhe denunciar esse ou aquele ato. E ela ria", lembra-se o oficial.[9]

Seja como for, a empregada evitou tocar no livro, mas correu para contar a coisa ao seu superior na UPDK.* Era um veterano da Lubianka** reformado, como a maioria de seus colegas, que teve então o bom reflexo de avisar ao 9º Departamento da contraespionagem. Naquele momento, Vladimir Nevzorov, que supervisionava a empregada na seção França, não podia se deslocar, e o chefe do departamento despachou para a UPDK um operacional da seção Portugal.

---

*Lembremos que se trata de uma divisão do Ministério das Relações Exteriores, que, entre outras coisas, fornecia às embaixadas estrangeiras em Moscou todo o pessoal técnico e subalterno de que elas pudessem precisar.
**Sede do KGB.

O CASO FAREWELL SOB O PRISMA DO KGB E DA DST   401

Este último, por seu turno, fez tudo que se impunha em casos similares. Interrogou a empregada e, de volta a Lubianka, transmitiu os dados a um responsável da seção França. Juntos, os dois foram informar ao chefe do 9º Departamento. Vadim Toptyguin* era um americanista que não sabia sequer a diferença entre o Quai d'Orsay e o Quai d'Orfèvres. A seus olhos, apenas a CIA podia desafiar o KGB. Riu gostosamente.

— Está brincando, rá, rá, rá... Os franceses conseguiram um documento do KGB? É uma alucinada sua empregada! Tem de ser examinada por um psiquiatra. E não a percam de vista!

Todavia, teria bastado colocar Ferrant sob vigilância para que ele fosse flagrado a partir do encontro seguinte com Vetrov. Pois, como vimos, ao que tudo indica, o francês não fazia nenhum percurso de segurança antes de se dirigir à rua do Ano 1812.

Será em virtude de confusões como essa que os ex-integrantes do KGB até hoje se recusam a revelar qualquer informação sobre o caso Farewell? É forte a tentação de fechar para sempre esse dossiê incendiário, ainda mais que alguns de seus protagonistas continuam a ocupar postos importantes.

Na França, a quantidade e a qualidade dos documentos fornecidos por Farewell eram de tal ordem que alguns peritos se perguntaram se não se tratava no caso de uma gigantesca operação de desinformação. Suas dúvidas caíam em solo fértil. Com efeito, a questão de saber se Vetrov era um genuíno agente duplo ou uma "isca" do KGB surgira desde o início da manipulação.

Lembremos que o caso Farewell coincidiu com a chegada, na França, dos socialistas ao poder. Socialistas que se haviam proclamado, em seu programa comum de governo de esquerda, resolutamente hostis aos serviços secretos.[10] O novo governo cogitava pura e simplesmente suprimir a DST, considerada uma excrescência do aparelho policial. Os detratores da contraespionagem francesa, em primeiro lugar seus confrades-rivais do Sdece, apressaram-se em insinuar que a DST teria montado o dossiê Farewell de ponta a ponta a fim de continuar viva. Por várias razões: em

---

*Nome alterado.

primeiro lugar, por causa da humilhação que Vetrov havia imposto ao serviço de informações francês ao preferir-lhe a contraespionagem. E, em suma, porque essa infração recebera o aval do chefe de Estado. Paradoxalmente, o mérito do que era considerado o mais belo sucesso dos serviços especiais franceses recaía sobre caçadores de espiões que não eram sequer militares, mas simples tiras.

Desse ponto de vista, a análise do caso Farewell feita por Pierre Marion é bastante peculiar.[11] Esse livro já deu respostas a várias questões que o ex-chefe da DGSE considera perturbadoras. Em especial, a escolha da DST em vez da CIA, por exemplo, que não obstante era a principal beneficiária da produção Farewell, o caráter artesanal dos métodos propostos pela DST, mas que teriam ainda assim passado no teste, ou ainda a inércia da contraespionagem soviética, em geral tão vigilante.

Subsistem duas questões: "Por que a DST não proporcionou um mínimo de proteção para sua fonte, o que lhe permitiria explorá-la por mais tempo? Como é possível que alguns documentos transmitidos por Farewell tenham sido levados ao conhecimento da embaixada soviética por um alto funcionário do Quai d'Orsay?" Entretanto, essas interrogações não levam em conta a realidade dessa manipulação.

Mas a contrariedade de Marion é facilmente compreensível. Ele, que durante todo o desdobramento do caso era responsável pela informação e pela contraespionagem fora do território francês, nem sequer foi informado da manipulação de Farewell.

Marcel Chalet, o homem que talvez seja o maior interessado em defender a veracidade dessa história, o faz com mestria. Curiosamente, apesar de certas falsas premissas — como os antecedentes e a personalidade de Farewell ou os aspectos operacionais do caso —, sua análise parece criteriosa, mesmo aos olhos dos raros soviéticos cientes desse caso.

Com efeito, não é com um homem impulsivo, volta e meia imprevisível — e, acrescentemos, comprometido profissional e moralmente —, que se pode montar uma operação de contaminação. A "cabra" deve ser disciplinada e de um rigor moral a toda prova, bem como permanecer manipulável, num jogo em que é difícil ter certeza absoluta de que seu agente prioriza seus interesses, e não os do adversário. Vetrov não cumpria nenhum desses requisitos.

O CASO FAREWELL SOB O PRISMA DO KGB E DA DST   403

Além do mais, montar uma operação de fachada quatro meses antes das eleições presidenciais era no mínimo temerário. Os dados iniciais de uma operação envolvendo um tecnocrata mais ou menos gaullista partindo para seu segundo mandato de sete anos ou um iniciante socialista aliado dos comunistas são totalmente diferentes. O KGB teria certamente esperado o 10 de maio de 1981 antes de apostar nessa jogada.

Por outro lado, como o inimigo principal da URSS eram os Estados Unidos, Farewell deveria ter, pela lógica, ou abordado diretamente os americanos ou estar convicto de que o país alvo da contaminação dividiria com Washington as informações recebidas. Nenhum grande país europeu adaptava-se menos a esse papel que a França, com seu zelo de independência e o antiamericanismo proclamado dos gaullistas. Sobretudo uma França que perigava eleger um presidente socialista.

Em suma, como o KGB teria se arriscado em aventura tão perigosa? Pois o caso Farewell teve como resultado imediato e claramente previsível um endurecimento com o lado socialista em todas as regiões do Ocidente. Sua defesa foi reforçada e as listas do Cocom revisadas. Em outras palavras, era exatamente o contrário do que o KGB procurava alcançar, e muito especialmente a informação tecnológica.

Da mesma forma, Xavier Ameil, primeiro agente de ligação de Vetrov, descrê ferrenhamente da hipótese de uma armação. Lembremos que, no início da manipulação, ele não conseguira fotocopiar integralmente o volumoso dossiê da VPK. Tendo percebido a importância excepcional dos documentos, a DST instruiu Ameil a pedi-los mais uma vez. E, no entanto, Vetrov não pôde satisfazer esse pedido.

Ameil tira duas conclusões disso. Em primeiro lugar, Volodia não era tão escolado assim quanto a DST queria sugerir. A única coisa que ele fazia era transmitir-lhe documentos que permaneciam em suas mãos uma ou duas semanas. Por outro lado, ele não tinha o poder de encomendá-los especialmente sem expor-se a riscos inúteis. Mas, acima de tudo, esse episódio prova que ele não podia ser uma "isca". No caso de uma armação, o KGB certamente teria acedido ao pedido da DST.

Podemos acrescentar vários outros argumentos.

Por exemplo, como organismo burocrático e corporativo, o KGB teria torpedeado todo projeto de operação que lhe pudesse complicar a vida drasticamente. Pois estava evidente, desde o início, que centenas de funcionários se veriam envolvidos e que redes inteiras seriam desmanteladas no estrangeiro. Globalmente, as sociedades ocidentais, tradicionalmente abertas, passariam a ficar mais suscetíveis a espionagem e, por conseguinte, melhorariam a proteção dos objetivos e dos projetos delicados e obstruiriam eventuais vazamentos. Não, nem que fosse por esse único motivo, o KGB teria sabotado qualquer armação, por mais importante que fosse para o Estado.

Há outro argumento. Toda contaminação por meio de uma "isca" só é concebível se o efeito esperado se apresentar como nitidamente mais vantajoso que os segredos revelados para conquistar a credibilidade ao agente. Vetrov entregou ao "inimigo" a integralidade das atividades dos serviços secretos soviéticos e dados de informações científica, técnica e tecnológica. O que se podia esperar obter em contrapartida que justificasse esse sacrifício descomedido, inacreditável? Que os serviços especiais ocidentais fossem dissolvidos em virtude de sua incapacidade de lutar eficazmente contra o KGB? Que todo o Ocidente se desarmasse diante da potência soviética? Absurdo.

Somos então obrigados a concluir que, apesar de tudo, a DST efetivamente realizou o que é considerado o maior sucesso dos serviços secretos franceses de todos os tempos. "Podemos até dizer que eram diletantes, mas nunca foram pegos com a mão na botija durante as manipulações", consente Igor Prelin. "Não devemos julgar os vencedores."

Em 1992, Raymond Nart foi a Moscou a convite das autoridades russas. Lá, chegou a reconhecer alguns lugares da Lubianka que Vetrov registrara em fotografias, possivelmente para testar a câmera miniatura. Reencontrou igualmente seus ex-adversários, Viatcheslav Trubnikov, primeiro assessor do diretor do Serviço da Informação Exterior, e Vadim Bakatin, então presidente do KGB. Os homens conversariam como *gentlemen* sobre o caso Farewell. Demonstrando espírito esportivo, os russos terminaram por admitir: "Vocês jogaram bem."

35

Herói ou falso irmão?

Então quem era Vetrov? Terá ele realmente alterado o curso da História? Esse tipo de pergunta aplica-se geralmente a estadistas ou grandes generais. No caso, trata-se de um homem comum, com preocupações igualmente comuns. Merece então tanta atenção? Para responder a todas essas perguntas, convém em primeiro lugar considerar sua "obra", mais precisamente sua obra de destruição.

Segundo Yurtchenko, Vetrov confidenciou, não sem uma ironia ressentida, que os seis últimos meses de sua vida profissional haviam sido "os mais estimulantes e construtivos de sua existência". Quando examinamos, arquivados por categorias (documentos sobre a organização da informação tecnológica na URSS, correspondência e memorandos internos da PGU, listas dos oficiais do KGB, dados relativos aos agentes estrangeiros), os estragos causados por Vetrov ao sistema soviético, vemo-nos realmente tentados a exclamar: "Foi principalmente aí que ele provocou um verdadeiro desastre!" Entretanto, ao examinarmos por outra vertente, sentimos a mesma tentação. Cabe ao leitor julgar.[1]

Comecemos pelo lado quantitativo, mais fácil de avaliar e, sobretudo, o mais evidente. Farewell transmitiu à DST cerca de três mil páginas de documentos secretos e ultrassecretos dos quais a maioria emanavam do KGB.[2] Todavia, o critério quantitativo, embora impressione, continua a não permitir julgar o valor do material. Oleg Penkovsky fornecera cerca de cinco mil deles aos ingleses e americanos. Sem subestimar seu significado, não há como negar que a produção Farewell é considerada nitidamente mais explosiva.

Em virtude do número de agentes desmascarados, obtivemos números mais precisos do lado soviético. Vetrov reconheceu ter desmascarado 422 ex-colegas. Com efeito, comunicou a Ferrant as informações básicas — a identidade, a patente, o endereço pessoal e o número de telefone privado — de 250 oficiais soviéticos da informação tecnológica operando no estrangeiro, dos quais 222 sob cobertura diplomática. Pois Vetrov tinha acesso ao arquivo da Direção T e ao do 3º Departamento, que cuidava da informação tecnológica dentro da URSS. É preciso acrescentar a isso as informações sobre cerca de 170 oficiais lotados em outras divisões do KGB, boa parte dos quais ele conhecia pessoalmente.

"Essa cifra parece muito provável", admite Igor Prelin. "Segundo uma análise que efetuamos, um oficial do KGB podia conhecer até quinhentos de seus colegas. Este não é o teto. Poliakov* 'entregou' mil e quinhentos oficiais do GRU e do KGB."

Entretanto, o efeito dessa revelação foi mais fulminante que a explosão de uma bomba no quartel-general da PGU. Pois, ainda que três quartos dos efetivos da Direção T estivessem em missão no estrangeiro, Vetrov não podia fornecer entre estes senão os nomes dos oficiais que ele conhecia pessoalmente. Com a alternância prevista, sua traição colocava de uma assentada na berlinda um bom número de operacionais em atividade, e tratava-se do pessoal mais bem formado e mais produtivo. Agora, esses oficiais só tinham chances de aplicar seus múltiplos talentos na própria URSS ou em países de importância secundária.

Enfim, os estragos eram igualmente desastrosos no que se refere aos estrangeiros que vendiam ao KGB os segredos aos quais tinham acesso. Em princípio, era o contingente mais útil, pois eram aqueles que forneciam elementos — um lote de documentação, um protótipo, uma peça sobressalente ou simplesmente um punhado de aparas metálicas passíveis de identificar uma liga — suscetíveis de poupar anos de esforços de importantes equipes de pesquisadores e engenheiros, bem como enormes investimentos. Tratava-se igualmente dos "trabalhadores da sombra", os

---

*Dmitri Poliakov, oficial depois general do GRU, que colaborou, por iniciativa própria, com os serviços americanos durante um quarto de século, de 1961 a 1986. Fuzilado em 1988.

HERÓI OU FALSO IRMÃO?   407

mais difíceis de desmascarar. A produtividade normal para um serviço de contraespionagem é alcançada quando várias pessoas, quando não dezenas de agentes, trabalham durante três, quatro ou cinco anos a fim de localizar um único espião. Em certos casos, esse tempo estende-se ainda mais. Por exemplo, a busca do famoso agente duplo no MI5, na Grã-Bretanha, levou trinta anos sem jamais chegar a um desfecho.

Sozinho, Vetrov "entregou" 57 agentes estrangeiros! O que ele admitira perante seus promotores sabendo pertinentemente quanto custava — em esforços, em tempo, em dinheiro gasto, mas também na sentença que teria de cumprir por isso — qualquer passador de segredos. Na verdade, é impossível citar o número exato.[3] Pois, além das indicações diretas, existem indícios mais vagos que, com o tempo, poderão ajudar nas pesquisas. Pode ser que alguns agentes entregues por Vetrov tenham continuado a ser explorados pelos serviços de contraespionagem ocidentais.

A esses estragos mais ou menos quantificáveis, cumpre acrescentar incontáveis informações referentes a operações concretas efetuadas nesse ou naquele país, bem como à estrutura e ao funcionamento da Direção T, da PGU e do KGB em seu conjunto. Graças a Farewell, todo o trabalho dessa gigantesca máquina — seus lados fortes e suas fraquezas, a função exercida por esta ou aquela divisão, os perfis de um certo número de responsáveis — tornou-se muito mais transparente para os serviços secretos atlânticos. Nem que fosse apenas por isso, o golpe desferido por Vetrov no regime comunista era extremamente grave. Mas isso não era nada em comparação com o que iria se seguir: tratava-se agora de informação operacional. A importância de Farewell, ao lado de outros grandes espiões como Oleg Penkovski, foi ter fornecido informações de caráter estratégico.

Ponta de lança em matéria de atividades secretas, o KGB não passava de um elemento de um imenso sistema de coleta de informações tecnológicas. Vetrov revelava ao Ocidente a existência na União Soviética, auxiliada pelos países satélites, de uma extensa rede de organismos de Estado encarregados dessa missão. Além do KGB e do GRU, a informação militar, havia instituições de aparência absolutamente trivial — como o

GKNT,* o Ministério do Comércio Exterior, o GKES** e até a Academia de Ciências — que não obstante estavam envolvidas no processo geral de pilhagem instigado pelos serviços especiais e coordenado pela VPK ou pela Comissão para a Indústria Militar do Presidium do Conselho dos Ministros da URSS. A VPK distribuiu as tarefas concretas entre esses diferentes organismos incumbidos de obter os documentos ou produtos indispensáveis aos incontáveis centros de pesquisa e indústrias militares.

Os pedidos de informações visavam todos os setores de ponta e, em primeiro lugar, a eletrônica, a informática, os armamentos modernos e clássicos, as comunicações, o domínio aeroespacial, nuclear... Como todo o resto, a coleta de informações inscrevia-se nos planos quinquenais. Aquele, o 10°, que se estendia de 1975 a 1980 permitira obter cento e cinquenta mil informações, das quais 85 por cento foram reconhecidas como úteis.

Eis, a título de exemplos, o que interessava, no Ocidente, à indústria militar soviética:

— o projeto do futuro sistema de defesa antimíssil com redes múltiplas e outros projetos americanos em matéria de defesa antimíssil;

— as armas de feixes de partículas;

— os softwares de simulação para os sistemas de armas;

— os aviões "invisíveis";

— o material radioelétrico na escala das ondas milimétricas;

— os motores a hélice Prop-Fan para utilização futura em mísseis de cruzeiro;

— o sistema de comando do armamento dos aviões de caça;

— os materiais ultrapuros destinados à microeletrônica.

Aproximadamente entre 60 e 70% das encomendas de informação visavam os Estados Unidos. Entretanto, a VPK interessava-se igualmente por uma profusão de projetos e estudos em matéria de altas tecnologias desenvolvidos na França. Entre outros, podemos citar:

— para a siderurgia: ligas de grande resistência térmica e tratamento a vácuo do aço;

---

*Comitê de Estado para as Ciências e as Técnicas.
**Comitê de Estado para as Relações Econômicas Exteriores.

HERÓI OU FALSO IRMÃO?

— no domínio dos armamentos: mísseis estratégicos e de teatro, entre eles o M4, suas ogivas nucleares, ou o isolamento térmico criogênico do compartimento de combustível do foguete Ariane;

— em matéria de eletrônica aplicada: canhões de elétrons e sistemas de navegação por inércia;

— em outros setores; aparelhos térmicos solares e revestimentos seletivos, tecnologias do vidro mineral etc.

Na maior parte desses domínios, os serviços secretos soviéticos, assessorados por organismos auxiliares, obtiveram as informações necessárias. A aquisição, com a documentação técnica, de protótipos permitia aos técnicos e pesquisadores soviéticos seja lançar sua fabricação própria, seja aperfeiçoar seus próprios produtos, seja abandonar os estudos em curso. A pilhagem tecnológica praticada no Ocidente dava à URSS a possibilidade tecnológica de aprimorar seus programas em curso (em 66%), acelerá-los (27%), lançar novos projetos (5%) ou suspender as pesquisas que se verificavam sem futuro (2%). As economias de tempo e dinheiro realizadas graças à espionagem científica e técnica cobriam amplamente o financiamento da enorme rede de coleta de informações. Caspar Weinberger, secretário de Estado para a Defesa, resumiu a situação em termos claros e precisos: "Os países ocidentais subvencionam o fortalecimento da potência militar soviética".[4]

As informações passadas por Farewell desvelavam a fragilidade das sociedades ocidentais e as falhas existentes em seu sistema de defesa e de proteção do sigilo. Foi assim que o Pentágono ficou sabendo que não era o único a conhecer o sistema de defesa antimíssil do território americano; o Congresso, que seus documentos orçamentários traíam um grande leque de informações delicadas, e a Casa Branca, que seu sistema de segurança eletrônica não tinha nenhum segredo para o KGB. Os americanos agora sabiam que era possível obter informações sobre sua nave espacial em Bombaim ou que suas fotografias por satélite roubadas eram atentamente estudadas pelos soviéticos (que, por exemplo, haviam dessa forma descoberto jazidas de petróleo na Etiópia). Perplexos, os franceses descobriram que seu país fora um manancial inesgotável de informações sobre armas químicas e biológicas. Os alemães ficavam cientes de que a URSS sabia tudo sobre seus projetos de desenvolvimento de novas tecnologias aeronáuticas e mísseis para os anos 1980-1990. Os militares de todos os Estados filiados à Otan não ignoravam mais que os soviéticos eram capazes de imobilizar seus tanques introduzindo espuma de poliuretano com polimerização rápida em seus canos de escapamento. E assim por diante.

Por fim, os documentos fornecidos por Vetrov abriram os olhos do Ocidente para a implantação, na União Soviética, de importantes programas militares. Sua análise revelava até a existência de preparativos análogos ao IDS americano. Assim o superfoguete Energia, que devia instalar as estações orbitais, revela-se igualmente um componente do "guerra nas estrelas". Notadamente, era destinado a outros armamentos espaciais, dos quais alguns seriam manipulados a bordo do ônibus espacial Buran. Assim, muitos projetos de conquista espacial eram na realidade duplicados por projetos militares.

É precisamente nesse último ponto que convém apreciar o papel que Vetrov pôde desempenhar no fim da guerra fria e avaliar, pesando bem ambos os lados, sua dimensão de herói do mundo livre ou de traidor de seu país.

Como vimos anteriormente (capítulo 28), a administração Reagan lançara-se numa vasta ofensiva de estrangulamento da economia soviética, cujo golpe de misericórdia devia ser dado pelo projeto Guerra nas Estrelas.

Mais uma vez, foi, no início, uma intuição de Reagan. Essa ideia, a priori extravagante, de escudo espacial que protegesse o território americano ocorrera-lhe durante uma visita ao Norad em 1979. Foi nessa base do Colorado que Reagan ouviu uma explanação do general Daniel Graham sobre um projeto denominado "High Frontier", que hoje pode ser considerado um ancestral do Guerra nas Estrelas.[5] Esse dispositivo de interceptação de mísseis balísticos repousava na tecnologia laser e devia ser posto em órbita pelo ônibus espacial. Lembramos que Vetrov relatara a Ferrant uma reunião do KGB da qual ele participara em Kalinigrado, quando o projeto de ônibus espacial despertara grandes preocupações no próprio Brejnev.

O projeto Guerra nas Estrelas seria lançado em março de 1983 e desenvolvido no seio da NSC e do Departamento de Defesa pelo almirante James Watkins e por Robert Mac Farlane. Este último o descreveria mais tarde como "uma das maiores trapaças da história".[6] Sugeriria ele que se tratava de um blefe monumental na partida de pôquer econômico que

HERÓI OU FALSO IRMÃO?   411

o presidente encetara contra a URSS desde sua chegada à Casa Branca? Retrospectivamente, somos tentados a pensar dessa forma.

O fato, no entanto, foi comprovado por diversas testemunhas: Reagan considerava sinceramente esse dispositivo defensivo como um meio de proteger o povo americano do Armagedon. Nem por isso o IDS deixaria de ser integrado em sua estratégia global de colocar pressão "por todos os meios", como disse Richard Allen, na economia soviética. Desse ponto de vista, o IDS era o projeto mais caro ao presidente. Mac Farlane e Thomas Reed, outro conselheiro do Departamento de Defesa, formarão uma equipe destinada a trabalhar sobre esse assunto no bojo de um organismo especial, The President's Comission on Strategic Forces.* Os anos seguintes viriam a demonstrar seu papel capital no fim da guerra fria.

Com efeito, a chegada ao poder de Gorbatchev em 1985 inaugurou um novo período de distensão. As administrações americana e soviética entabularam, no âmbito da cúpula de Genebra de 1985, uma renegociação do tratado ABM referente aos armamentos nucleares balísticos. Foi com grande alívio que o mundo saudou o início das discussões entre as duas superpotências. As negociações deviam contemplar a redução dos arsenais nucleares clássicos, principalmente os milhares de ogivas nucleares apontadas para cada um dos dois blocos. Durante todas as rodadas de negociação, os esforços dos soviéticos consistiriam sobretudo em incluir nos acordos os dispositivos instalados em órbita espacial, como o IDS. Os americanos recusaram-se a isso num primeiro momento, alegando não se tratar de armamentos nucleares e que aqueles projetos eram exclusivamente de ordem defensiva. Mais tarde, seriam evasivos, antes de Reagan, numa entrevista coletiva em 7 de setembro de 1985, excluir por sua vez o IDS do âmbito do tratado.

Ora, o presidente americano sabia muito bem, graças à produção Farewell em particular, que a pesquisa tecnológica era precisamente o ponto fraco do regime soviético.

Lembremos igualmente que o lançamento do Guerra nas Estrelas era concomitante às operações de sabotagem sistemática da indústria de ponta soviética pelas equipes de Gus Weiss.

---

*Comissão Presidencial para as Forças Estratégicas.

Thomas Reed, que trabalhara com Mac Farlane no IDS, voltaria em suas Memórias ao papel do caso Farewell no enfraquecimento significativo do aparelho militar-industrial soviético naquele momento crucial:

"Em 1984 e 1985, os Estados Unidos e seus aliados da Otan desativaram completamente a linha X na América e no mundo, destruindo a espionagem tecnológica do KGB no momento em que Moscou se viu espremida entre uma economia vacilante e um presidente americano decidido a terminar com a guerra fria. Sua falência econômica final, sem nenhum derramamento de sangue nem conflito nuclear, foi que pôs fim à guerra fria".[7]

Reed preocupa-se mesmo em dar todo o crédito ao presidente Reagan, esclarecendo que muitos em seu círculo ignoravam o que ele sabia referente à vulnerabilidade soviética: "Reagan jogou sua carta-mestra: IDS/Guerra nas Estrelas. Estava consciente de que os soviéticos não podiam rivalizar com ele nesse domínio, porque sabia que sua indústria eletrônica fora previamente atacada com vírus, cavalos de Troia e outros micróbios informáticos por seus serviços de informações."[8]

O conhecimento desses fatos, ainda totalmente secretos até bem pouco tempo, põe incontestavelmente em perspectiva o papel-chave de Vladimir Vetrov como acelerador da História. Não podemos senão ficar impressionados com os elementos coincidentes que precipitaram a queda da União Soviética. Teria Vetrov causado tal impacto se tivesse escolhido trair alguns anos mais cedo, no período de distensão, e não justamente no mês da eleição de um novo presidente americano decidido a terminar com a guerra fria? Nesse aspecto, o fim do bloco soviético parece ter sido escrito por mãos invisíveis.

Muitos irão julgar que esse caso não passou de uma face do fim da guerra fria. Provavelmente terão razão. "O próprio Reagan não se considerava o vencedor da guerra fria", esclarece Richard Allen. "Ele achava que isso resultava de uma correlação de fatores extremamente diversos, que incluía a resistência dos povos dos países do Leste e, sobretudo, a corrupção fundamental entranhada no sistema comunista."[9]

Muito certamente, a corrupção da qual Vetrov pretendia se vingar ao se entregar à DST era menos fundamental e muito mais concreta do que a que falava Reagan. Embora sua desforra visasse sobretudo o KGB, somos obrigados a admitir que ele se empenhou nisso com uma determinação e uma paixão de tal forma destruidoras que elas fizeram vacilar o edifício inteiro.

HERÓI OU FALSO IRMÃO?

Dentre os protagonistas americanos que elaboraram a estratégia da "derrubada" da União Soviética, muitos tiveram acesso à produção Farewell. Mas muito poucos ouviram falar de Vladimir Vetrov, pois a maioria ignorava completamente até mesmo a proveniência francesa dos documentos.

Logo, é difícil avaliar precisamente o impacto do caso Farewell sobre o fim da guerra fira. Contudo, é possível proceder por dedução, ou por indícios: como vimos anteriormente, foi a diretiva NSDD 75 do NSC que serviu de base para a estratégia de estrangulamento econômico da URSS. Foi o próprio Reagan quem lançou seu princípio assim que chegou à Casa Branca em janeiro de 1982. Entre os membros do NSC que primeiro trabalharam sobre a questão figuravam, sob a batuta de Richard Allen: Richard Pipes, Norman Bailey e o incontornável Gus Weiss.

Assim, o "M. Farewell" da administração americana viu-se estreitamente associado à elaboração de um plano que resultou no fim da guerra fria. Isso deve bastar para dar uma ideia bem precisa do peso histórico inédito desse caso de espionagem.

A execução de traidores — entre eles, Vetrov — sempre foi vista como um assassinato político ou ideológico. Na opinião dos sovietes, era a melhor maneira de testemunhar desprezo e rejeição por indivíduos que ousaram preferir outros valores que não os inculcados pelo Estado. Era também um meio de dissuadir os demais de se engajar nessa via tortuosa. Uma sociedade mais pragmática nunca se teria permitido tantos prejuízos. Por exemplo, um dos novos responsáveis pelo SVR, herdeiro da PGU doravante independente, estima que, em tempos de paz, mais que um crime, é um erro profissional matar os espiões. Todos os anos, temos conhecimento de fatos que apenas raras pessoas têm condições de esclarecer. A prisão de um agente secreto no estrangeiro, a decodificação de um despacho cifrado, o depoimento de um homem que decide falar revelam novos elementos que muitas vezes só é possível verificar graças a esses grandes espiões. Sem tê-los à disposição numa prisão, informações que poderiam se revelar sem preço correm o risco de permanecer para sempre inutilizáveis. Provavelmente, se tivesse permanecido vivo mais alguns anos, Vetrov teria finalmente sido perdoado, como tantos outros de seus pares.

Enfim, traidor ou herói? A resposta a esta pergunta não poderá senão variar segundo o ponto de vista francês ou russo. Traidor e assassino desprovido de senso moral de um lado, herói da liberdade do outro, mesmo mais de trinta anos após os fatos... A priori, parece difícil conciliar as duas visões. Patrick Ferrant, que saiu do silêncio em grande parte para reabilitar seu amigo, tentou à sua maneira:[10] "É verdade que é um traidor, mas, para mim, na realidade, é um patriota. Um traidor teria achincalhado seu país, e o teria abandonado. Era o KGB que ele odiava. Sim, era um patriota que queria proteger seu país, o povo de seu país contra bandidos. Será que alguém acusou Von Stauffenberg* de ser um traidor?"

Jacques Prévost também continua estarrecido com a façanha de Vetrov: "Eu tinha muitos conhecidos entre os soviéticos e tinha certeza de que um dia um deles ia dar o passo e fazer tudo explodir. Mas nunca teria imaginado que seria Volodia; eu não via nele coragem para fazer isso. É preciso muito peito, de toda forma. Foi absolutamente extraordinário o que ele fez."[11]

Àqueles que, em contrapartida, não veem em Vetrov senão um vulgar assassino, poderemos replicar que, ao ganhar uma dimensão histórica, o personagem dificulta seu julgamento sob o ângulo de uma simples notícia de página policial, por mais cruel ele tenha sido para as vítimas. Curiosamente, os juízos morais perdem grande substância quando os aplicamos a figuras históricas às quais os acontecimentos terminaram por dar razão. Contemplando uma última vez a trajetória de Vladimir Vetrov, pensamos na célebre declaração de Madame de Staël: "Os russos nunca alcançam seu objetivo, porque o ultrapassam." Farewell, em sua desmedida toda russa, incontestavelmente ultrapassara o seu, uma vez que o KGB seria desmembrado em 1991.

Mas o homem cujo nome permanecerá na historia dos serviços secretos, quando não na História com H maiúsculo, viveu em seu tempo e teve um fim sem glória. Virá a ser um dia reabilitado em seu país? Isso é no mínimo duvidoso. Para os russos, a traição de sua casta e de sua pátria não tem justificativa.[12]

---

*Klaus von Stauffenberg, coronel da Wehrmacht, um dos idealizadores do atentado frustrado contra Adolf Hitler em agosto de 1944.

NOTAS

Prefácio a *Bom-dia, Farewell*

1. Franz-Olivier Giesbert: *Le Président*, Paris, Seuil, 1994, p.111, reed. 1996, p. 365. Da mesma forma, o chefe da DST no momento da manipulação, Marcel Chalet, não deixa de sublinhar "a importância capital" dessa operação, que, segundo ele, seria "o caso mais importante já explorado por um serviço especial do mundo livre perante a ameaça soviética" (*Les Visiteurs de l'ombre*, Paris, Grasset, 1990, p. 152 e 153).

2. Paris, Grasset, 1986. Nos referimos à edição em livro de bolso.

3. *Op. cit.*

4. *Ibid.*, p. 193, 164 e 165.

5. O retrato de Farewell pintado no ateliê da DST é a tal ponto eivado de erros, frequentemente gratuitos, que nos perguntamos a que atribuí-lo. Como, por exemplo, embelezando suas origens sociais? Segundo Marcel Chalet, "Farewell não é filho de um ovo. É oriundo de uma família que vivia na abastança. Descendente de latifundiários, não podia ignorar a posição privilegiada que suas origens podiam ter-lhe proporcionado em outros tempos" (*Les Visiteurs de l'ombre, op. cit.*, p. 158). Isso é falso: as origens do agente são bem modestas. Quanto à referência aos latifundiários, seria o mesmo que, num contexto francês, um indivíduo com origens calvinistas deplorar a posição privilegiada que teria tido se o seu país não tivesse permanecido católico.

   A explicação para isso poderia ser bem simples. Chalet se basearia no perfil traçado por Jacques Prévost, o qual não teria feito senão repetir as invenções ligeiramente presunçosas de Vladimir Vetrov.

Além do mais, a versão da DST está repleta de estereótipos criados pelos ocidentais, que nunca puseram o pé na Rússia, em torno da sociedade soviética. Basta considerar a referência às viagens de Farewell e de sua mulher a Leningrado "no *Flecha Vermelha*, um trem a princípio reservado aos notáveis do Partido" (*ibid.*, p. 163). Na realidade, o preço das passagens era irrisório nessa época. Muitos estudantes moscovitas, sem falar nos assalariados, tomavam esse trem noturno para chegar no dia seguinte a Leningrado, visitar o museu do Hermitage, assistir ao novo espetáculo do Grande Teatro Dramático e retornar à meia-noite para Moscou.

Entre outras publicações relativas ao dossiê Farewell, destacamos o livro do escritor inglês Gordon Brook-Shepherd, *The Storm Birds. Soviet Post-War Defectors* (Londres, Weidenfeld & Nicolson, 1988), que tem um capítulo dedicado a essa "French Connection". Sua maneira de apresentar o caso Farewell é um tanto distorcida, e os erros de fatos e de análise são ainda mais numerosos. Evidentemente, Brook-Shepherd também bebeu numa fonte única, originária ou próxima da DST, e, como os dois livros franceses, ele não cita sequer o verdadeiro nome do informante russo. Para ele, Farewell estava mais para um personagem de Dostoievski. O escritor sente prazer em descrever seu "desprezo intelectual pelo regime a que servia, frio e duro como um iceberg. Entretanto, o coração era uma fornalha e, em seus arroubos de emoções, violência e excessos, era uma criatura saída diretamente das páginas de um romance russo" (*ibid.*, p. 253). Em suma, Farewell teria sido um sósia de Ivan e de Dmitri Karamazov num único corpo. Porém, materialista e *bon vivant*, etrov não correspondia senão de muito longe a essa visão romanceada, pelo menos antes da reviravolta trágica que ia abalar sua vida.

Existe igualmente um levantamento realizado por Dominique Tierce e Hervé Brusini para a revista de TV *Envoyé Espécial* (o dossiê constituído por Philippe Labi para o semanário *VSD*, nº 693, 13-19 de dezembro de 1990, não passa de um derivado). Seu documentário intitulado *La Taupe* (O *infiltrado*) foi exibido pela Antenne 2 em 13 de dezembro de 1990. A equipe Brusini/Tierce não dispunha de informações suficientes que permitissem apresentar o lado operacional do caso ou reconstituir a biografia de Farewell. Todavia, evitam pespegar um rótulo ao indivíduo complexo e imprevisível que ele era. Dessa forma, o personagem cujos contornos eles revelam no fim de algumas semanas de trabalho lembra mais o indivíduo desenhado após meses de

NOTAS   417

pesquisas e análise em torno desse caso. Por fim, convém citar o artigo de
Henri Régnard (cujo nome verdadeiro é Raymond Nart, ex-chefe da seção
soviética na DST e um dos cérebros dessa manipulação) na revista *Défense
Nationale* (dezembro de 1983). Por razões evidentes, essa síntese não revela
nada do caso Farewell enquanto tal. Sem nomear a fonte, Nart limita-se a
expor a organização da espionagem tecnológica soviética.

Le Président, de Franz-Olivier Giesbert (*op. cit.*), esclarece um único
aspecto dessa história, a saber, sua importância para as relações franco-
americanas sob o governo dos socialistas e a evolução de sua percepção em
François Mitterrand.

1. Um começo proletário

Fonte: recordações de Svetlana Vetrov.

1. Felizmente para eles, morreram com esta convicção: Ippolit Vassilievitch em
   1970 e Maria Danilovna em 1973. Ambos estão enterrados no velho cemitério
   da aldeia de Nikolo-Arkhanguelskoie, perto de Moscou.

2. Svetlana

Fonte: recordações de Svetlana Vetrov.

1. Logo, nada parecido com "um militar de altíssima patente" (*Les Visiteurs de
   l'ombre*, *op. cit.*, p. 158). Pável Barachkov faleceu em 1965.
2. A data é diferente — 12 de maio — na carteira de trabalho fictícia que lhe será
   fornecida mais tarde pelo KGB. Da mesma forma, sua empresa é ali designada como "organização 991". Aparentemente, ela tinha adquirido de modo
   definitivo um status de "intermediário", isto é, segredo-defesa, no momento
   em que Vetrov devia estar abarrotado de documentos falsos.

3. Alegrias e esperanças de soviéticos comuns

Fonte: recordações de Svetlana Vetrov.

1. *Les Visiteurs de l'ombre*, *op. cit.*, p. 145.
2. Um jornalista russo, Aleksandre Hinstein, publicou no jornal *Moskovski
   Komsomoletz* (nº 22, de 13 de setembro de 1998) um longo artigo dedicado
   a Vetrov e intitulado "O lobisomem de Lubianka" (*Oboroten s Lubianki*).

Manifestamente, Hinstein teve acesso a elementos internos do inquérito criminal, que ele cita com frequência. A versão que ele adota confirma certas fontes que possuímos e contraria outras. As diferenças referem-se às vezes a detalhes à primeira vista insignificantes. Todavia, ciosos de nosso princípio de reunir um máximo de informações relativas a Vetrov e reportá-las com rigor, iremos ao longo de todo este livro citar todas as informações significativas mencionadas no artigo de Hinstein. Pode ser que a revelação de outros fatos mostre a importância desse ou de outro ponto à primeira vista irrelevante.

3. Os dois documentos foram conservados pela família de Vetrov.

4. Vida de sonho!

Fonte: recordações de Svetlana Vetrov e dos colegas de Vladimir Vetrov.

1. *Les Visiteurs de l'ombre, op. cit.*, p. 160.
2. Conversa com Sergueï Kostine de 29 de março de 2007.

5. Os mistérios de Paris

1. Cf. *Le Bunker*, de Bernard Lecomte, Paris, Jean-Claude Lattès, 1994, p. 60 e 61.
2. *Ibid.*, p. 72 e 269.
3. Cf. *Le KGB en France, op. cit.*, p. 408.
4. *Les Visiteurs de l'ombre, op. cit.*, p. 160.
5. Conversa com Éric Raynaud de 3 de fevereiro de 2003.
6. Segundo as fontes, esse episódio apresenta, apesar de um tronco comum, variantes consideráveis.

A história é contada pela primeira vez por Gordon Brook-Shepherd (*The Storm Birds. Soviet Post-War Defectors, op. cit.*, p. 255). Certa noite, no fim de sua temporada parisiense, Vetrov, bêbado ao volante de um carro oficial, sofreu um acidente numa rua de Paris. Não houve feridos, mas os danos materiais eram consideráveis. Se a embaixada viesse a saber, Vetrov poderia passar por graves aborrecimentos. Desesperado, dirigiu-se a um de seus contatos, "um homem de negócios que ocupava um alto cargo na indústria francesa de eletrônica de ponta". Por gentileza ou astúcia, o francês mandou consertar o carro à sua custa e, além disso, em poucas horas. Segundo esse executivo, percebendo que seu carro não conservava o menor vestígio do acidente, Vetrov teria começado a chorar de gratidão e literalmente se ajoe-

NOTAS   419

lhado para agradecer a seu benfeitor. Na realidade, sua carreira de espião
ocidental dataria desse episódio.

Marcel Chalet acrescenta que "o amável gesto desse executivo comercial
não era decerto inteiramente desinteressado" (*Les Visiteurs de l'ombre, op.
cit.*, p. 160). Entretanto, ele o atribui unicamente ao desejo de "colocar um
membro da representação comercial no bolso": "nosso compatriota supostamente não devia saber, no começo", que, no caso de Vetrov, se tratava de
um membro do KGB.

No documentário *La Taupe*, Hervé Brusini e Dominique Tierce deixam,
sem o nomear e sem mostrar seu rosto, Jacques Prévost contar essa história.
Segundo ele, Vetrov teria colidido com um poste na ponte dos Invalides às
6 horas da manhã.

Outros acrescentam novos detalhes mais precisos. A família de Vetrov
teria partido para Moscou dez dias antes (o que é falso). "Completamente
embriagado", o oficial teria sofrido seu acidente no vale de Chevreuse (Bernard Lecomte, *Le Bunker, op. cit.*, p. 72). O carro teria sido consertado numa
oficina de Levallois (Philippe Labi em *VSD*, nº 693/1990).

7. Em *La Taupe*, de Dominique Tierce e Hervé Brusini.

8. Conversa de Éric Raynaud com Raymond Nart de 3 de fevereiro de
2003.

9. *Idem.*

10. Conversa de Éric Raynaud com Jacques Prévost de 9 de abril de 2009.

6. A volta ao redil

1. Marcel Chalet afirma (*Les Visiteurs de l'ombre, op. cit.*, p. 157) que o ministro
da Indústria Radiolétrica, Valery Kalmykov, teria sido um "tio" de Svetlana
e a fada debruçada no berço de Farewell. Teria sido ele que o incitara a entrar no KGB e sido seu "pistolão" até sua morte, que teria assim posto fim à
carreira do oficial. Essa lenda divertiu muito a "sobrinha" de Kalmykov, que
jamais o viu. Na realidade, para Vetrov, era um chefe distante e, além disso,
indireto: Vladimir era um fruto do KGB. Embora os dois homens fossem se
esbarrar, especialmente por ocasião de trocas de delegações, suas relações
eram puramente formais.

É igualmente, aliás, o caso de Kossitchkin, assessor de Kalmikov e "um
dos genros de Brejnev", que, segundo Chalet, teria "interferido na escolha

[de Vetrov] para o KGB" (*ibid.*, p. 159). É compreensível que M. Chalet não esteja "infelizmente em condições de precisar" em que condições e de que forma se deu essa interferência. Pois, no momento em que os caminhos de "Kossitkin", como ele o chama, e de Vetrov se cruzaram, este último já fazia parte do KGB havia 11 anos.

Mais uma vez, como no caso de suas "origens latifundiárias", trata-se provavelmente do autorretrato complacente que Vetrov deve ter feito para seu amigo Jacques Prévost.

A esperança, para a DST, era que essas "informações" não fossem difundidas senão para o público. Pois, se um serviço especial fizesse delas um uso interno, essas fantasias originando-se de seus agentes sem ser verificadas ou nascidas da imaginação de seus oficiais, suas atividades virariam rapidamente folclore. Quando alguém faz um perfil falso de um agente duplo, geralmente se equivoca quanto às suas motivações. Quando se equivoca sobre suas motivações, é levado na lábia por seu agente, perde-o ou provoca sua perda.

2. Depoimento de Ludmilla Otchikina, que teria visto o documento nos autos do inquérito.

3. O que Chalet conta a respeito da vida do casal em Moscou apresenta a mesma curiosa mistura de informações verídicas e erros gratuitos ou expressos.

Evidentemente, os Vetrov não podiam pagar por móveis de trinta mil rublos cada um, como afirma o diretor da DST: era o equivalente ao preço de cinco automóveis Lada. Outro exemplo, os Vetrov nunca tiveram um Giguli vermelho "que os distinguisse um pouco do cinza oficial" (*Les Visiteurs de l'ombre, op. cit.*, p. 163). De volta a Moscou em 1965, Vladimir comprara um Volga branco modelo antigo. Depois o substituiu por um Volga novo modelo cinza-escuro. Em 1974, Vetrov e seu colega Kirilenko deram um jeito de comprar cada um um novo bem escuro, quase preto. Os policiais os tomavam por veículos oficiais e nunca os paravam. Finalmente, após sua volta do Canadá, Vladimir compraria um Lada 1206 azul-escuro.

4. Conversa de Svetlana Vetrov com Sergueï Kostine.

5. Já Marcel Chalet afirma que "ao longo do ano 1972, pensava-se em mandá-lo para a Itália" (*Les Visiteurs de l'ombre, op. cit.*, p. 157). Não conseguimos encontrar nenhum vestígio desse projeto. Por sinal, Vetrov não conhecia uma palavra de italiano. O chefe da contraespionagem francesa evoca também a

NOTAS   421

intenção de Farewell de passar uma curta temporada na França e que "a DST
se opôs a isso por razões que não comentarei" (*ibid.*). Isso é bem provável.
O KGB tinha o costume de solicitar esse tipo de visto, muito mais fácil de
obter que uma autorização de permanência de longa duração, apenas a fim
de sondar a atitude da contraespionagem do país concernido. Se esse visto
fosse recusado, era porque a pessoa tinha sido suspeitada ou mesmo identificada como oficial de informações. Nesse caso, era inútil pedir a credencial.

Quanto à recusa de M. Chalet a comentar a não entrega do visto a Vetrov
para Marselha, acabamos de conhecer a razão disso: o caos burocrático.

7. À sombra dos bordos

1. O fato é confirmado por Marcel Chalet, que diz a respeito de Farewell: "A
   partir do instante em que o havíamos identificado como provável oficial
   do KGB, esse rótulo ia com efeito acompanhá-lo no conjunto dos países da
   Aliança onde ele era suscetível de ser lotado" (*Les Visiteurs de l'ombre*, op.
   cit., p. 162).
2. E-mail de Peter Marwitz a Serguei Kostine de 1º de dezembro de 1997.
3. Peter Wright: *Spy Catcher*, Paris, Robert Laffont, 1987, p. 77.
4. E-mail de Peter Marwitz a Serguei Kostine de 1º de dezembro de 1997.
5. O perímetro de deslocamentos autorizados sem aviso prévio era de 40 quilômetros, com uma exceção especial para o aeroporto Mirabel (45 quilômetros).
   (E-mail de Peter Marwitz a Serguei Kostine de 1º de dezembro de 1997).
6. *Idem.*
7. *Idem.*

8. Um caso tenebroso

1. Mais uma vez, a versão da DST sobre as razões que presidiram a partida dos
   Vetrov parece ter sido amplamente distorcida ou romanceada, ao que tudo
   indica, deliberadamente. Para começar, Marcel Chalet afirma que Vetrov fora
   enviado para Ottawa, ao passo que se estabeleceu em Montreal. Ao abordar
   seu retorno a Moscou, o chefe da contraespionagem francesa evoca "a bebida
   que faz esquecer e as aventuras sentimentais que rompem com a monotonia
   dos dias" (*Les Visiteurs de l'ombre*, op. *cit.*, p. 162). Svetlana Vetrov admite
   que no Canadá Vladimir voltara a beber, mas nega que tivesse tido casos
   amorosos. Como ela menciona espontaneamente as escapadas do marido

em outros períodos de sua vida, não temos nenhuma razão para não acreditar nela. Por fim, Chalet fala de "um caso pouco claro de empréstimo cujos prazos ele não teria cumprido exatamente" (*ibid.*). Observemos a propósito que era rigorosamente proibido aos soviéticos residentes no estrangeiro pegar dinheiro emprestado em bancos, a prática das "caixas-pretas" cara às coletividades soviéticas sendo igualmente banida. Só era permitido dar uma facada num amigo, e isso, sem muito alarde.

2. Peter Marwitz chegou a nos enviar a fotocópia de um artigo publicado no jornal canadense *Allô police*, de 23 de fevereiro de 1975.

3. A não ser confundido com o dossiê pessoal de Vetrov, conservado no setor de pessoal e classificado como *top secret*, ou os autos do inquérito criminal, que será abordado adiante. O dossiê de trabalho contém todos os documentos relativos às atividades internas de um oficial: os relatórios anuais, as análises das missões estipuladas etc.

4. E-mail de Peter Marwitz a Sergueï Kostine de 1º de dezembro de 1997.

5. *Idem*. Eis o texto em inglês dessa importante afirmação: "V (*para Vetrov*) drank too much and had embezzled K (*para o KGB*) agentry funds. V was accessed through a third party, a Canadian agent, then he met a representative of the Service and accepted big money when he agreed to be recruited by the Service just days prior to his departure for Moscow. Therefore V was ours, however briefly, before he became the DST's."

6. Tendo trabalhado como intérprete em Argel, Sergueï Kostine conhece bem os reflexos dos oficiais de segurança soviéticos e os procedimentos empregados em caso de um repatriamento em 24 horas, ou da "vingtquatreheurisation", como se gracejava em francês. Aconteceu-lhe várias vezes cumprir urgentemente as formalidades de partida para com as autoridades argelinas, e ele conhecia o dispositivo de segurança para evitar um incidente no aeroporto. Entre as pessoas que partiam emergencialmente, havia algumas que corriam o risco de ser interpeladas ou detidas, como a intérprete abordada pela contraespionagem argelina que aceitara colaborar para ser solta e depois correu para contar tudo à embaixada. Outros praticaram tráficos às vezes bem banais, mas vedados aos soviéticos.

Seja qual for o caso, o princípio aplicado era o mesmo: longe dos olhos, longe do coração. A pessoa em questão, e toda a sua família se houvesse lugar, era acompanhada ao aeroporto por cerca de vinte homens e entrava no avião cercada por essa pequena multidão, que só se dispersava uma vez o

NOTAS

aparelho no ar. Nunca se cogitou em manobras diversionistas para enganar as autoridades locais. A pessoa em perigo ou a ovelha negra devia a todo custo ser embarcada com toda a família num avião soviético, depois do que o serviço de segurança lavava as mãos. E isso num país dito de orientação socialista, com o qual as relações oficiais eram no fim das contas cordiais. As instruções dos oficiais de segurança deviam ser bem mais draconianas no Canadá, membro da Otan e forte aliado do "inimigo principal".

7. Eis, pró-forma, outras duas hipóteses plausíveis: A partida de Vetrov antes do prazo teria sido resultado do conflito com Bolovinov, seu superior imediato. Este último teria comunicado o fato à Central. Vladimir teria então sido convocado à sede do KGB para dar explicações. Nesse caso, o fato de Svetlana não tê-lo acompanhado parece lógico. Se a PGU ficasse satisfeita com os esclarecimentos de Vetrov e lhe desse razão, Vladimir podia reassumir seu posto e provavelmente seria seu chefe quem deveria deixar Montreal. Porém, se, no fim de um mês, Vetrov não tivesse conseguido dissipar todas as dúvidas, seu regresso tornava-se definitivo. Consequência lógica, Svetlana devia voltar a Moscou também.

Outra hipótese possível: por um meio escuso, a Central fica sabendo que Vetrov foi abordado pela GRC. Fica tentada a empreender uma operação de contaminação da contraespionagem canadense. Nesse caso, porém, deve ter uma confiança absoluta em seu oficial, que fará o papel de agente duplo. Seria para sondar Vetrov que a PGU o teria convocado de volta, sem aliás comunicar-lhe. Em Moscou, após uma série de reuniões, o KGB teria concluído que era impossível confiar nele. Com isso, a eventualidade de uma "armação" foi descartada, o que punha automaticamente fim à espera forçada de Svetlana em Montreal.

8. E-mail de Peter Marwitz a Sergueï Kostine de 1º de dezembro de 1997.

9. Contrariedades urbanas e alegrias bucólicas

1. Uma fotocópia do artigo constaria do processo de Vetrov. Infelizmente, Vitali Karavachkin não se lembrava do nome do jornal nem sequer do ano de sua publicação. As pesquisas um tanto problemáticas nas bibliotecas moscovitas revelaram-se infrutíferas. Além disso, após a leitura de *Bom-dia, Farewell*, Peter Marwitz consultou igualmente a Biblioteca Nacional Canadense. Não tendo encontrado nenhum vestígio desse artigo, julga falsa

toda essa história. Talvez tenha razão. E certamente teria razão se Vetrov tivesse realmente aceitado colaborar com a GRC.

2. Hinstein, *op. cit.*

10. A crise

1. Cf. a análise criteriosa, aparentemente baseada no depoimento de Vetrov, que Marcel Chalet fornece em seu livro. Ao abordar o clima reinante na PGU nos anos 1970, o diretor da DST aponta "a desconfiança recíproca que separa os serviços, as competições ferozes entre quadros, o favoritismo que leva a postos importantes pessoas cuja mediocridade é notória, o fardo esmagador de uma burocracia labiríntica, a falta de inspiração no exercício diário das tarefas, o peso dos hábitos que impede qualquer crítica, qualquer inovação (*Les Visiteurs de l'ombre, op. cit.*, p. 163).

2. Conversa de Sergueï Kostine com Igor Prelin de 30 de março de 2007.

11. O salto mortal

1. Conversa de Sergueï Kostine de 30 de março de 2007.
2. *Les Visiteurs de l'ombre, op. cit.*, p. 165.
3. *Ibid.*, p. 166.
4. Conversa de Éric Raynaud com Patrick Ferrant de 24 de janeiro de 2003.
5. Conversa de Éric Raynaud com Raymond Nart de 3 de fevereiro de 2003.
6. Conversa de Sergueï Kostine com Vladimir Kriutchkov, ex-diretor da PGU (1974-1988) e ex-presidente do KGB (1988-1991), em 29 de março de 2007. Foi uma de suas últimas entrevistas, Vladimir Kriutchkov tendo falecido em 23 de novembro de 2007. Ver igualmente seu breve relato do caso, feito de memória, em seu livro *Dossiê pessoal* (*Litchnoie delo*, Moscou, Olympe, 1996, t.1. p. 113-116), que é repleto de pressupostos e simplificações grosseiras. Para uma análise mais ampla das motivações de Vetrov, cf. cap. 34, "O caso Farewell sob o prisma do KGB e da DST".
7. O que contradiz a afirmação de Chalet relativa "às excelentes abordagens" (*Les Visiteurs de l'ombre, op. cit.*, p. 102).
8. Conversa de Sergueï Kostine com Igor Prelin de 30 de março de 2007.
9. *Les Visiteurs de l'ombre, op. cit.*, p. 167.
10. *Ibid.*, p. 169.
11. Conversa de Éric Raynaud com Raymond Nart de 3 de fevereiro de 2003.

NOTAS

12. O cavaleiro da aventura

1. Fonte: recordações de Claude e Xavier Ameil.
2. Para o episódio Ameil na manipulação de Farewell, existe outra fonte. São os depoimentos de Vetrov, que constam dos autos de seu inquérito, feitos ao KGB entre setembro de 1983 e abril de 1984. No essencial, as versões dos protagonistas coincidem. Entretanto, as fontes dos Ameil são mais completas e, sobretudo, mais dignas de crédito.

No que se refere a Vetrov, seu relato dos acontecimentos durante os interrogatórios mostra uma falha grave. Muito naturalmente, o réu tenta minimizar a importância dos danos que causou. Para ele, a revelação de cada nova pessoa implicada significa a necessidade de contar um novo fato criminoso. Por exemplo, Vetrov não fala do papel real de Ameil senão em 26 de outubro de 1983, isto é, um mês após a confissão relativa às suas atividades de espionagem. Até então, afirmara tê-lo encontrado por acaso em frente à Beriozka e nunca lhe ter passado documentos. Ao explicar ao promotor por que pulara esse episódio, Vetrov afirmou que teria sentido pena de Ameil. Provavelmente, havia isso também. Vetrov não podia saber que no momento desse interrogatório o francês tinha deixado a União Soviética fazia mais de um ano.

A divergência maior nas duas versões reside na duração da participação de Ameil na manipulação de Vetrov. Segundo este último, o delegado da Thomson-CSF teria sido seu agente de ligação apenas durante a segunda quinzena de abril de 1981. Ao todo, teriam se visto quatro vezes. Por sua vez, Ameil afirma que suas relações teriam começado no início de março e que teriam tido no mínimo seis ou sete encontros. Por outro lado, ele pensa ter deixado de ver Vetrov em meados de maio, o que é confirmado hoje pelos depoimentos de Marcel Chalet, Raymond Nart, de Patrick e Madeleine Ferrant (conversas de 2003-2009 com Éric Raynaud).

Há uma terceira fonte referente a esse episódio. Com efeito, o dossiê de Xavier Ameil no KGB continha folhas avulsas de seus vistos de entrada na União Soviética. Durante o período que nos interessa, Ameil voltou a Moscou de uma viagem ao estrangeiro em 4 de março e em 10 de abril. Seu retorno seguinte a Moscou só seria registrado em 20 de junho. Entretanto, Ameil lembra-se nitidamente de que sua reunião acerca da futura transferência de poderes a Ferrant aconteceu no dia seguinte à eleição de Mitterrand, logo na segunda-feira 11 de maio, e que viajou novamente para Moscou nos dias que se seguiram (conversa com Éric Raynaud e Serguëi Kostine de 20 de fevereiro de 2009). Tendemos a acreditar mais em Xavier Ameil do que em seu dossiê, no qual podia muito bem estar faltando uma folha avulsa.

Por outro lado, durante a operação, Ameil afirma não ter tido senão dois encontros com os homens da DST: um no início e outro no fim de sua aventura (sem, porém, que ele jamais fosse sabatinado sobre os procedimentos elementares de contatos clandestinos). Por conseguinte, após ter dissecado e confrontado todas as afirmações que nos fizeram, estimamos que os encontros Ameil/Vetrov situam-se entre o início de março e meados de maio.

3. Durante seu interrogatório no KGB em 10 de abril de 1984, Vetrov explicará sua escolha: "Para mim, era prático, porque o lugar fica perto da minha casa e do ponto do ônibus que eu pegava para ir do escritório para casa."

4. Em seu depoimento de 10 de abril de 1984, Vetrov dirá: "Fui eu quem sugeriu essa praça, porque a conhecia bem. Fica a meio caminho entre minha casa e minha oficina e eu a atravessava com frequência. Essa praça é um lugar bom para conversar: está sempre calmo, nunca tem muita gente, é limpo e tem muitos bancos." Como bom profissional, Vetrov escolhera um lugar onde sua presença, se alguém o avistasse ali por acaso, não devia despertar nenhuma suspeita. Detalhe significativo, esqueceu-se de dizer que sua presença nessa praça seria ainda mais fácil de explicar na medida em que sua mulher trabalhava naquele museu. Porém, de acordo com a linha de conduta que determinou para si, sempre procurou omitir seus familiares e amigos.

13. Uma robinsonada da espionagem

1. Como já foi dito, sobre o calendário e certos detalhes de seus encontros, os depoimentos de Vetrov e as recordações de Ameil divergem. Segundo sua versão definitiva, Vetrov declara ao promotor que Ameil teria lhe telefonado em 12 de abril e que se teriam encontrado em frente à Beriozka no dia 13. Na sexta-feira, 17 de abril, às 19 horas, teria entregue ao francês duas pastas e os nomes de dois agentes. No dia seguinte às 11 horas, Ameil lhe teria devolvido uma pasta já copiada e entregue dois pequenos presentes para sua amante. Na sexta-feira seguinte, em 24 de abril, sempre às 19 horas, ele teria trazido a segunda pasta e dito que, dentro de uma semana, Volodia teria outro agente de ligação. Vetrov encontraria "Paul" no mesmo lugar na quinta-feira 30 de maio às 19 horas. Citamos aqui todos esses detalhes pensando nos futuros

NOTAS

pesquisadores. Era preciso com efeito pelo menos três fins de semana para fotocopiar as duas pastas, o volumoso dossiê e a última entrega.

Por outro lado, Vetrov afirma que lhe entregava documentos às sextas-feiras às 19 horas para pegá-los de volta no sábado às 11 horas na mesma praça. O tempo para a fotocópia parece um pouco apertado. Mais possivelmente, o francês só devolvia os documentos no domingo, como ele próprio se lembra.

2. A propósito do asco que Vetrov sentirá a respeito da espionagem, Ameil contou uma história que vai na contramão do que sabemos. Dois engenheiros de seu laboratório de pesquisas, Paul Guyot e Jean-Pierre Neville, tinham conhecido Vetrov na ocasião em que ele estava em missão em Paris. Na época, trabalhavam ambos sobre um projeto "secret cosmic", qualificativo que designava o mais alto grau de confidencialidade na linguagem da Otan. Só o fato de Vetrov frequentar dois pesquisadores num laboratório ultrassensível comprova que estava à espreita de tudo que se fazia na França em seu domínio, que era então um bom elemento. Mas o mais curioso é que num certo momento ele teria dito a um dos engenheiros: "É melhor a gente parar de se ver. Porque eu seria levado a lhe pedir coisas que você não deveria fazer." Ameil julga a história autêntica.

14. Páscoa florida para a DST

1. Para todo esse capítulo, conversa com Éric Raynaud de 3 de fevereiro de 2003.
2. Conversa com Éric Raynaud de 5 de fevereiro de 2003.
3. David Wise: *Molehunt. The Secret Search for Traitors that Shattered the CIA*, Nova York, Random House, 1992.
4. *Les Visiteurs de l'ombre*, op. cit., p. 155-156.
5. As relações entre o secretariado da Defesa Nacional e a DST irão sistematizar-se um pouco mais tarde. Nart recorrerá a dois inspetores gerais da Defesa Nacional delegados pelo general Gerthen para analisar e sintetizar a imponente produção Farewell.
6. Conversa de Éric Raynaud com Patrick Ferrant de 24 de janeiro de 2003.
7. *Idem.*
8. *Les Visiteurs de l'ombre*, op. cit., p. 174.
9. A data é confirmada pela folha avulsa de seu visto de entrada conservada em seu dossiê do KGB.

428 ADEUS, FAREWELL

15. Um caso familiar

Fonte: recordações de Madeleine e Patrick Ferrant

1. Como fez com Ameil, Vetrov não nomeará "Marguerite" a seus promotores no KGB senão um mês após o início do inquérito, em 26 de outubro de 1983. Aparentemente, pela mesma razão. Já tendo feito seu curso de prisioneiro, sabia que cada novo detalhe, cada novo episódio revelados durante o inquérito eram outras tantas peças formando uma engrenagem da qual ele não poderia mais se libertar. Logo, não contaria em detalhe o episódio "Marguerite" senão por ocasião dos interrogatórios de 9 e 10 de fevereiro e de 1º de março de 1984. Nesse ínterim, terão lhe comunicado as datas às quais ele tinha acesso a este ou aquele documento da Direção T, o que permitirá estabelecer o calendário exato de seus encontros com Madeleine Ferrant.

2. A data é corroborada pelas informações de Hinstein (*op. cit.*).

3. Para a descrição dos obuses, conversa de Serguei Kostine com Igor Prelin de 30 de março de 2007 e artigo de Hinstein (*op. cit.*).

4. Entretanto, perante seus promotores, Vetrov afirmará (interrogatório de 26 de outubro de 1983) que não fazia isso por medida de segurança. Tudo indica que mentiu: senão, por que teria perdido seu tempo quando devia estar em seu escritório nessa hora? Contudo, a sequência de seu comentário é impressionante. Traduz claramente o caráter de Vetrov e seu estado de espírito nessa época crucial de sua vida. "Claro", escreve ele em seu depoimento, "cheguei a pensar que Marguerite podia ser seguida e que eu corria o risco de cair no campo de visão do KGB. Mas descartava essa ideia, ainda mais que Paul e Marguerite afirmavam que ela não era seguida."

5. Para esse encontro, nos baseamos na conversa de Patrick Ferrant com Éric Raynaud de 24 de janeiro de 2003, bem como nas declarações de Vetrov durante o interrogatório de 26 de outubro de 1983.

6. Vetrov admitiu o fato durante seu interrogatório de 9 de fevereiro de 1984.

7. Conversa com Serguei Kostine de 30 de março de 2007.

16. Três presidentes: Mitterrand, Reagan e Victor Kalinin

1. *Les Visiteurs de l'ombre, op. cit.*, p. 180.

2. Conversa com Éric Raynaud de 5 de fevereiro de 2003.

3. *Idem.*

4. Citado por Jean Guisnel e Bernard Violet em: *Services secrets. Le pouvoir et les services de renseignements sous la présidence de François Mitterrand*, Paris, La Découverte, 1988, p. 41-43.

NOTAS

5. Conversa de Éric Raynaud com Marcel Chalet de 5 de fevereiro de 2003.
6. Éric Merlen e Frédéric Ploquin, *Les Carnets intimes de la DST*, Paris, Fayard, p. 182.
7. *Le KGB en France, op. cit.*, p. 403.
8. Jean Guisnel e Bernard Violet, *Services secrets. Le pouvoir et les services de renseignements sous la présidence de François Mitterrand, op. cit.*, p. 290.
9. *Idem.*
10. Conversa de Éric Raynaud com Richard Allen de 12 de março de 2009.
11. Conversa de Éric Raynaud com Marcel Chalet de 5 de fevereiro de 2003.
12. *Idem.*
13. Relatado por Jacques Attali, *Verbatim*, Paris, Fayard, 1993.
14. Por outro lado, Marcel Chalet reconhece de bom grado que "a compreensão e a exploração dos dados fornecidos por Farewell iam muito além da competência da DST" (*Les Visiteurs de l'ombre, op. cit.*, p. 219).
15. *Ibid.*, p. 182.
16. *Ibid.*, p. 219.

17. Uma equipe moscovita

Fonte: recordações de Patrick Ferrant.

1. Sob todas as reservas. Como no caso de Xavier Ameil, tendemos a dar mais crédito aos depoimentos de seus manipuladores franceses do que aos de Vetrov durante o inquérito. Cf. a nota 1 do cap. 13.
2. Durante seus primeiros interrogatórios pelo KGB, em especial em 30 de setembro de 1983, Vetrov afirmou que ia aos encontros sem tomar nenhuma precaução. Mas teria ficado de olho em "Paul", quando ele fez sua aparição perto do museu, a fim de se certificar de que ele não estava sendo seguido. Todavia, mais tarde, na primavera de 1984, Vetrov declarou que, "uma vez ou outra", haviam realmente efetuado um percurso de segurança no bairro e se ofereceu para mostrá-lo à promotoria. Levado ao local sem escolta, Vetrov percorreu durante uma boa hora com os promotores esse traçado, que podemos reproduzir graças a essa reconstituição. Entretanto, Ferrant considera esse percurso excessivamente elaborado. Na realidade, as medidas de precaução eram bem mais rudimentares.

3. Essa carta foi reconstituída de memória por Vetrov durante o segundo inquérito criminal. Um excerto dela acha-se igualmente reproduzido num documentário interno da DST sobre o caso Farewell ao qual tivemos acesso. Nela, não encontramos tal passagem, significativa, uma vez que se refere à remuneração do agente, escrita não obstante pelo punho de Vetrov: "O senhor me pergunta o que me decidiu a dar esse passo. Eu poderia explicar assim: amo muito a sua França, que deixou uma marca profunda na minha alma. No meu próprio país, vejo que globalmente as pessoas vivem segundo o princípio 'o homem é o lobo do homem', o que repugna todo meu ser.

"Tenho alguma possibilidade de lhe entregar regularmente materiais secretos referentes à informação científica e técnica que, em particular, dizem respeito ao domínio aeroespacial. [Segue-se uma lista.] Como retribuição pelos meus serviços, eu gostaria de receber entre trinta e quarenta mil rublos por ano."

No artigo de Aleksandr Hinstein (*op. cit.*), encontramos essa carta com uma ligeira variante: "A França não é para mim nem um país nem uma nação. São os ideais que se exprimem nestas três palavras: liberdade, igualdade, fraternidade." Hinstein indica igualmente a data desse bilhete: 9 de dezembro de 1982.

4. Ver sua reprodução em fac-símile em *Les Visiteurs de l'ombre, op. cit.*, Anexo II, p. 377. A respeito dessa lista, existe a seguinte história:

Após ter desferido seu grande golpe com a expulsão dos 47 soviéticos, a DST teria pensado em semear confusão no dispositivo inimigo, que estava fora de seu alcance direto. Guisnel e Violet contam que a DST teria escrito cartas à totalidade dos oficiais da Direção T, cujos nomes e endereços pessoais lhe haviam sido comunicados por Farewell (*op. cit.*, p. 220-221). Essas cartas escritas em russo ou em francês, datilografadas ou manuscritas, teriam sido postadas de diferentes países. Algumas faziam ofertas de colaboração, outras, ao contrário, fingiam rejeitar aquelas que teriam sido feitas à DST pelos destinatários. Enfim, cúmulo do requinte, alguns envelopes não continham nenhuma folha. A contraespionagem ruminava que parte dessa correspondência seria aberta pelo KGB e parte seria levada pelos destinatários a seus superiores da PGU. Em todas as hipóteses, eles teriam de dar explicações desagradáveis e bastante duvidosas. Sobretudo para aqueles que não tinham

NOTAS

recebido nenhuma mensagem. Para ser capcioso, o procedimento devia fatalmente desorganizar as atividades de toda a Direção T, que teria então de desconfiar de cada um de seus oficiais.

Entretanto, essa história é indubitavelmente falsa. Dentre as minhas testemunhas dessa instrução da PGU, nenhuma recebeu carta nem sequer ouviu falar do assunto. Esse "vazamento de informação" repetido pelos jornalistas não passaria então de uma manobra da DST destinada a aumentar, junto ao público francês, seu crédito em matéria de manipulações de um certo nível intelectual.

5. Conversa de Éric Raynaud com Raymond Nart de 18 de março de 2009.

6. Vetrov afirmou durante o inquérito que os encontros com "Paul" duravam apenas dez ou 12 minutos, excetuando-se o de dezembro. Isso é manifestamente falso.

7. Marcel Chalet, *Les Visiteurs de l'ombre, op. cit.*, p. 175.

8. Conversa de Éric Raynaud com Patrick Ferrant de 27 de fevereiro de 2003.

9. Cf. o depoimento de Chalet: "Nós o interrogamos sobre a maneira como ele imaginava sua passagem para o Ocidente. Ele respondeu que voltaríamos ao assunto mais tarde. Fazia questão de permanecer no interior do sistema" (*Les Visiteurs de l'ombre, op. cit.*, p. 177).

10. Conversa de Éric Raynaud com Raymond Nart de 18 de março de 2009.

18. Dois homens num Lada, e a reforma do mundo

Fonte: conversas de Patrick Ferrant com Éric Raynaud dos dias 24, 27 e 29 de fevereiro de 2003.

1. Oleg Gordievsky e Christopher Andrew, *op. cit.*, p. 579.

19. A trégua

1. *Les Visiteurs de l'ombre, op. cit.*, p. 175.

20. Vladik

Fonte: recordações de Vladislav Vetrov.

1. Conversa de Éric Raynaud de 18 de março de 2009.

21. 22 de fevereiro

1. Segundo a única fonte do KGB, ou seja, o depoimento de Vetrov durante o segundo inquérito, seu último encontro com "Paul" teria ocorrido em dezembro de 1981, antes da partida de Ferrant para o Natal. Todavia, o oficial francês afirma de maneira categórica que sua família e ele passaram os feriados em Moscou e que seu último encontro datava de 26 de janeiro. Lembremos que eles deviam ter uma entrevista em 23 de fevereiro.

2. Com efeito, o Moscova, cujas águas eram limpas em sua entrada na capital, não é longe desse lugar, situando-se quase nos limites da aldeia de Iekaterinovka, que nessa época já fazia parte de Moscou.

22. Os amanhãs que desencantam

Fonte: recordações dos familiares de Vetrov e de Ludmilla Otchikina.

1. Conversa com Serguëi Kostine. Curiosamente, Aleksandr Hinstein conta outra versão, que aparentemente consta da ficha criminal de Vetrov: "Na noite de 22 de fevereiro Tatiana Grichina, moradora da aldeia moscovita de Iekaterinovka, ouviu um grito de mulher. Abriu o portão da sua cerca e viu uma mulher ensanguentada. 'Sou do KGB. Telefone rápido para a milícia, chame uma ambulância. Tentaram me matar.'" (*op. cit.*).

2. Era o inspetor da 1ª Divisão Kramarenko (Hinstein, *op. cit.*).

3. Conversa com Serguëi Kostine de 26 de março de 2007.

4. Hinstein, *op. cit.*

5. Peter Marwitz (e-mail a Serguëi Kostine de 1º de dezembro de 1997) afirma que Krivitch não era de forma alguma um passante, mas um oficial do KGB, também amante de Ludmilla. Ele teria seguido o casal até esse estacionamento e interferido ao perceber a refrega dentro do carro. Essa versão nos parece de tal forma extravagante que a citamos apenas por zelo de meticulosidade. Parece-nos até que ela fragiliza outros comentários de Marwitz. Nem por isso deixa ser bem curioso o interesse dos serviços canadenses por esse crime de direito comum em seus menores detalhes...

23. Uma mulher quase apedrejada

Fontes: recordações de nossas testemunhas da PGU e de Svetlana Vetrova.

1. Conversa de Serguëi Kostine com Igor Prelin de 30 de março de 2007.

2. *Idem.*

NOTAS

3. Declarações veiculadas por Vitali Karavachkin.
4. Conversa com Sergueï Kostine de 30 de março de 2007.

24. A confissão de uma renegada

Fontes: depoimento de Ludmilla Otchikina, inquérito de Vetrov, recordações dos familiares e colegas de Vetrov.
1. De acordo com A. Hinstein (*op. cit.*), Otchikina tinha "cortes na zona temporal esquerda e na superfície interna do polegar direito com lesão do tendão" (resultado da primeira garrafada na cabeça e de sua tentativa de se defender contra o cutelo), mas principalmente "um ferimento perfurante acima da omoplata esquerda penetrando na cavidade pleural" (causado por um cutelo).

25. Uma prisão para privilegiados

Fonte: Depoimento de Valeri Retchenski.
1. Conversa com Sergueï Kostine de 26 de março de 2007.
2. Conversa com Sergueï Kostine de 27 de março de 2007.

26. O julgamento

1. Outro episódio. Svetlana achava-se no corredor quando Otchikina saiu da sala do tribunal, acompanhada da mulher que a encontrara aquela noite, mais morta do que viva. Segundo Svetlana, essa mulher estava fora de si e teria dito a Ludmilla: "Lamento ter esbarrado com você. Teria sido melhor que ele tivesse te liquidado."
   Não sabemos se podemos dar fé a essa recordação. Ela consta aqui por pura meticulosidade: a revelação de outras circunstâncias poderia provavelmente esclarecê-la.
2. Conversa de Sergueï Kostine com Igor Prelin de 30 de março de 2007.
3. A data consta do artigo de Hinstein (*op. cit.*).
4. *Idem.*

27. A French Connection desconectada

1. *Les Visiteurs de l'ombre, op. cit.*, p. 184.
2. Conversa com Éric Raynaud de 7 de abril de 2009.
3. Segundo as recordações de Svetlana. Segundo os autos do inquérito, isso

aconteceu pouco antes da transferência de Vetrov para Irkutsk, isto é, em março de 1983.

4. Segundo o inquérito, a palavra continha igualmente dois nomes de agentes que trabalhavam para o KGB. Dessa forma, Vetrov fazia questão de provar a seus mestres franceses que ainda tinha muitas informações que poderia fornecer de memória. Mas Svetlana nega isso categoricamente.

5. Conversa com Éric Raynaud de 5 de fevereiro de 2003.

28. A guerra fria, Reagan e o estranho Dr. Weiss

1. E-mail de Richard Allen a Éric Raynaud de 31 de janeiro de 2009.
2. *Idem.*
3. Conversa com Éric Raynaud de 12 de março de 2009.
4. Richard V. Allen, *The Man Who Changed the Game Plan, The National Interest*, verão de 1966.
5. Gilles Slade, *Made to Break — Technology and Obsolescence in America*, Harvard University Press, p. 230 ss.
6. *Idem.*
7. Gus W. Weiss, "Duping the Soviets: The Farewell Dossier", *Studies in Intelligence*, nº 5. disponível em http.//www.cia.gov/library/center-for-the-study-of-intelligence/csi-publications/csi-studies/studies/96unclass/farewell.htm. Carregado em janeiro de 2003.
8. *L'Affaire Farewell — L'espion de la vengeance*, documentário de Jean-François Delassus, exibido por Arte em 2009.
9. Para o conjunto do parágrafo: General J. Guyaux, *L'Espion des Sciences — les arcanes et les arnaques scientifiques du contre-espionnage*, Paris, Flammarion, 2002, p. 133.

29. O prisioneiro do *gulag*

Fontes: cartas de Vladimir Vetrov e recordações de sua família.

1. Conversa de Sergueï Kostine com Igor Prelin de 30 de março de 2007.
2. Hinstein, *op. cit.*

30. Radioscopia de um crime e de seu autor

1. Devemos muitas sugestões e indicações valiosas a três eminentes peritos russos em matéria de psicologia criminal: Valentina Nikolaieva, professora

NOTAS 435

da faculdade de psicologia da Universidade Lomonossov de Moscou, Serguei Enikolopov, chefe do laboratório de estudos psicossociais do Centro de Estudo da Saúde Psíquica da Academia de Ciências Médicas, e, sobretudo, Mikhail Kotchenov, chefe do departamento de psicologia do Instituto de Criminologia e membro da Comissão dos Indultos junto ao presidente da Federação da Rússia.

2. Entre parênteses, muita gente no KGB pensava que os franceses abasteciam propositalmente Vetrov com bebidas alcoólicas, extremamente difíceis de encontrar no comércio soviético. A seu ver, isso criava um laço de dependência suplementar, permitindo mantê-lo sob um controle mais rígido. Difícil partilhar essa opinião. Pois, evidentemente, quanto mais alguém bebe, menos controle tem. Ora, a DST tinha interesse em fazer durar essa manipulação o máximo de tempo possível. E se, como se afirmava no KGB, "Paul" lhe trazia regularmente uma ou duas garrafas de bebidas fortes, ele agia como uma esposa experiente. Esta sabe que, sendo um beberrão, seu marido vai procurar exaustivamente — e terminará achando o que beber. Um alcoólatra em abstinência, como um drogado, é perigoso, para ele mesmo e para os outros. Então, melhor que beba em casa. Ao dar a Vetrov sua pequena ração de álcool, Ferrant evitava — para Vetrov e para toda a operação — riscos mais graves. Por outro lado, sabemos agora que esses "presentes" serviam em grande parte para organizar "festinhas" e testar dessa forma a atitude da contraespionagem interna da PGU a respeito de Vetrov.

31. Cai o véu

1. Conversas com Sergueï Kostine de 29 e 30 de março de 2007, respectivamente.
2. *Le KGB en France, op. cit.*, p. 405-408.
3. Oleg Gordievsky (*op. cit.*, p. 577) afirma que a descoberta da interceptação da correspondência diplomática entre Moscou e Paris resultou das revelações de Farewell.
4. É interessante verificar em que época a DST situa a execução de Vetrov.

Em seu livro *Le KGB en France* (*op. cit.*, p. 415), Thierry Wolton escreveu que Farewell "cessou bruscamente de dar notícias [...] em novembro de 1982". Sabemos que isso é falso, uma vez que Patrick Ferrant o viu pela última vez em 26 de janeiro de 1982. Da mesma forma, Gordon Brook-Shepherd (*op. cit.*, p. 264 e 265) tinha aparentemente acesso a uma fonte da DST. Sua tese é explícita: "Os agentes soviéticos foram expulsos no início de abril de 1983 porque, um mês antes, Raymond Nart e seus colegas haviam recebido uma confirmação insofismável da morte de Farewell." "No início de 1983", lemos adiante em Thierry Wolton (*idem*), "a contraespionagem francesa adquiriu a convicção de que 'Farewell' não daria mais sinal de vida." E o livro de Marcel Chalet, *Les Visiteurs de l'ombre* (*op. cit.*, p. 186), não corrige essa asserção, a despeito do erro evidente relativo à data da prisão de Farewell.

Mas o recorde é batido pela revelação feita no livro de Guisnel e Violet (*op. cit.*, p. 316). Os jornalistas contam a história das reportagens sobre a DST realizadas com a colaboração desta última pela TF1 em março de 1985. A data sobre o famoso dossiê Smirnov — aquele mesmo que Ameil tinha fotocopiado e cujas três páginas haviam sido mostradas a Afanassievski no Quai — foi fraudada: os caçadores de espiões franceses tinham datilografado 1983 em vez de 1981 com a intenção de impingir aos soviéticos que eles continuavam a ter um infiltrado no seio do KGB. A contaminaçao faz parte dos procedimentos de praxe num braço de ferro entre serviços secretos. É o esclarecimento seguinte, ao qual a pessoa aparentemente não prestou atenção, que é estarrecedor. Explicando essa armação, um dos idealizadores dessa operação, logo um membro da DST, disse: "Sabíamos que Farewell tinha sido fuzilado em 1981."

Nessa época, o caso ainda estava censurado; logo, as informações que vazavam só podiam estar truncadas ou incorretas.

Para Raymond Nart, que estava em serviço durante a integralidade da manipulação, as declarações são bem mais sutis. Mais de vinte anos após os fatos, Nart procurará acima de tudo restaurar o contexto: "É verdade, estávamos um pouco às cegas, iluminados um pouco pelos americanos. Quanto a mim, julgava que a amante já o traíra, porque ela nos passava documentos. Havia coisas que vinham do escritório dela."

O fato de que tantas datas contraditórias emanem da mesma fonte, a DST, traduz bem o clima de confusão e ignorância que reinava nesse período na contraespionagem francesa referente ao destino de seu infiltrado.

5. Conversa de Sergueï Kostine de 29 de março de 2007.
6. Conversa de Sergueï Kostine com Igor Prelin de 30 de março de 2007.
7. *Idem*.
8. D. Tierce e H. Brusini, *La Taupe*.
9. Yves Bonnet, *Contre-espionnage — Mémoires d'un patron de la DST*, Paris, Calmann-Lévy, 2000, p. 94.

NOTAS 437

10. Conversa com Éric Raynaud de 3 de fevereiro de 2003.

11. Para o conjunto desse episódio, conversa de Éric Raynaud com Madeleine e Patrick Ferrant de 29 de janeiro de 2003.

12. Sempre por meticulosidade, citemos outra fonte suscetível de causar a perda de Farewell. Se, porém, um dia seu envolvimento nesse caso for confirmado, isso provará apenas a amplitude da operação lançada pelo KGB, as três provas já reunidas bastando amplamente para confundir Vetrov.

Karavachkin, ex-chefe do departamento França na contraespionagem do KGB, está persuadido de que houve igualmente um vazamento no seio da CIA: o departamento americano da contraespionagem soviética estava surpreendentemente a par do caso Farewell.

Com efeito, Vetrov podia ser denunciado por Edward Lee Howard (cf. *Molehunt, op. cit.*, p. 294 e 298). Recrutado pelo KGB, este último foi em seguida infiltrado em 1982 na seção soviética da CIA. O fato nunca foi reconhecido oficialmente pelo KGB. Em contrapartida, tanto o testemunho do desertor Vitali Yurtchenko quanto a excelente organização da evacuação de Howard atestam isso sem sombra de dúvida. Howard devia ser nomeado para a base da CIA em Moscou, mas não passou nos testes do polígrafo (detector de mentiras). Licenciado, foi colocado sob a vigilância do FBI. Em 1985, conseguiu enganar seus perseguidores e fugiu para a União Soviética. Howard afirma que, em 1981-1983, estava a par da existência de dois agentes da CIA na URSS sem com isso conhecer sua identidade (ver o artigo de Leonid Kolossov sobre Howard no periódico mensal russo *Soverchenno Sekretno* [Top Secret] nº 6/1995, p. 15). Em 1989, numa outra confissão a um jornalista americano (David Wise, *The Spy Who Got Away, op. cit.*), Howard afirma não ter transmitido documentos ao KGB senão a partir de outubro de 1983, data na qual Vetrov já tinha sido identificado pela contraespionagem soviética. Na hipótese de Howard estar dizendo a verdade, e nada sugere o contrário uma vez que em 1989 ele já estava refugiado em Moscou, parece duvidoso ter sido ele a desmascarar Vetrov. Entretanto, Leonid Kolossov, que era menos jornalista do que ex-oficial da PGU, afirmou, numa conversa com Sergueï Kostine de 29 de agosto de 1995, que Howard teria denunciado uma dezena de informantes soviéticos da CIA (o fato de as prisões dos informantes ocidentais na seio da PGU nos anos 1980 serem fruto das revelações de Howard é confirmado por Oleg Kaluguin, *op. cit.*, p. 194). Esse número corresponde melhor à extensão do escândalo provocado pela defecção de Howard. Com

438   ADEUS, FAREWELL

efeito, o diretor da CIA, William Casey, foi obrigado a pedir exoneração, ao passo que o próprio Howard foi condenado, à revelia, à cadeira elétrica.

13. *Les Visiteurs de l'ombre, op. cit.*, p. 220.
14. *Le KGB en France, op. cit.*, p. 258.
15. Hinstein, *op. cit.*

32. A última cartada

1. Conversa com Sergueï Kostine de 30 de março de 2007.
2. Eis, para mero registro, outro episódio autêntico provando a que ponto essa tática era correta.
3. Um pouco mais tarde, em janeiro de 1986, Vladimir Kriutchkov convocou uma reunião dos quadros da informação exterior. Isso se dava após a explosão do caso Ames nos Estados Unidos e depois de, no rastro de Vetrov, dois oficiais do departamento USA terem sido desmascarados. Das duas salas de Yassenevo, foi escolhida a maior. Kriutchkov disse sem rodeios: "Devo dizer a todos os senhores que estamos em condições de apontar traidores dentro de nossas fileiras. Sei até mesmo que há alguns aqui presentes. Eu gostaria de avisá-los antes que seja tarde demais. Recuperem-se. Venham me ver e confessem, arrependam-se. Nesse caso, garanto-lhes a vida salva. Porém, aquele que não fizer isso será fuzilado." Um único oficial, um certo Yujin, que operava nos Estados Unidos e colaborava com a CIA, foi ter com seu chefe. Kriutchkov não faltou com a palavra: Yujin foi condenado a 15 anos de reclusão, oito dos quais cumpriu antes de ser indultado pelo presidente Iéltsin.
4. Conversa de Sergueï Kostine com Igor Prelin de 30 de março de 2007.
5. Cf. a opinião de Pierre Marion: "[...] demos a entender que Farewell passaria dias felizes com sua mulher em Leningrado" (*La Mission impossible, op. cit.*, p. 59).
6. Ver o relato um pouco romanceado de Daniil Koretski, ex-chefe da milícia da região de Rostov, *Mettre en exécution*, São Petersburgo, VIS, 1995.

33. "A rede"

1. "Les traîtres dans le renseignement. Anatomie d'un phénomène", *Les Nouvelles du Renseignement et du Contre-Espionnage*, n°s 3-4, 1995.
2. V. Nikolai Leonov: *Likholetiê* [Os anos de tormenta], Moscou, Mejdunarodnyie Otnochenya, 1995, p. 281-284.

NOTAS 439

3. Oleg Kaluguin, *op. cit.*, p 194. Igor Prelin (conversa com Serguëi Kostine de 27 de março de 2007) conta uma história peculiar com esse mesmo Kaluguin. Em meados dos anos 1970, Prelin e dois de seus subordinados foram visitar o chefe da contraespionagem interna em consequência do fracasso de uma operação. Quatro pessoas apenas estavam cientes: duas em Yassenevo e duas no país em questão: o residente e seu adjunto. Prelin e seus homens queriam promover uma sindicância interna. "Esperem", disse-lhes Kaluguin, "os senhores não estão insinuando de toda forma que pode haver traidores entre nossos oficiais?!" Pois, no espírito de todos, os oficiais de informações eram os homens mais dedicados, de uma "honestidade de cristal", segundo a expressão consagrada.

4. Sobre o caso Yurtchenko, ver a investigação jornalística de Vladimir Sneguiriov no jornal *Trud* dos dias 13, 15 e 18 de agosto de 1992.

5. Kaluguin, *op. cit.* p. 228.

6. *Ibid.*, p. 227-228.

7. *Le KGB dans le monde*, *op. cit.*, p. 645; *Adieu, Loubianka!*, *op. cit.*, p. 238.

8. Cf. Chalet, *Les Visiteurs de l'ombre*, *op. cit.*, p. 186; Gordievsky, *Le KGB dans le monde*, *op. cit.*, p. 622.

9. Conversa com Serguëi Kostine de 30 de março de 2007.

34. O caso Farewell sob o prisma do KGB e da DST

1. Conversa com Serguëi Kostine de 29 de março de 2007.

2. Existem também um dossiê pessoal de Vetrov, seu dossiê de trabalho e um dossiê operacional sobre suas atividades de espionagem com os nomes de agentes, a explicação dos episódios permanecidos obscuros no inquérito etc. Mas, além de serem mais secretos, esses documentos são internos. Até mesmo à Câmara Militar da Corte Suprema da URSS que devia examinar o caso de espionagem, a PGU só forneceu uma versão depurada da sindicância que o departamento 5K realizara por conta própria. Essa versão não continha nenhuma indicação revelando a maneira como a PGU havia se inteirado da colaboração de Vetrov com a DST ou relativa ao clima em seu serviço que teria explicado sua traição.

3. Conversa com Éric Raynaud de 24 de janeiro de 2003.

4. *Idem.*

5. Podemos constatar outras ginásticas intelectuais na análise que os membros do KGB fazem dessa operação. Por exemplo, cinco encontros clandestinos

foram marcados para feriados ou à véspera: 1º de maio; 8 e 9 de maio (festa da Vitória de 1945); 6 de novembro (véspera do aniversário da Revolução de Outubro); e 23 de fevereiro (Dia do Exército Soviético). Durante os interrogatórios, Vetrov afirmou que os dias dos encontros eram escolhidos por "Paul". Entretanto, ele tinha certamente dado sugestões. Sendo do KGB, Vetrov sabia que, por ocasião dos feriados, todas as equipes de vigilância móvel estavam lotadas na segurança da Praça Vermelha, nas principais ruas que a parada percorria e em outros pontos julgados delicados. Dito isto, nos feriados seu manipulador e ele não corriam praticamente nenhum risco. Portanto, possivelmente a escolha dos dias de encontro não tinha sido totalmente fortuita.

Outra suposição refere-se a Jacques Prévost, que, durante algum tempo, sumira do mapa. Não pensamos, como alguns, que ele tivesse medo de voltar a pisar o solo soviético depois que seu amigo se tornara um informante da DST. Ele fez apenas uma viagem em 1980, em toda a segurança, mas quatro no outono de 1981, quando acreditava correr certos riscos, na realidade apenas teóricos. Naturalmente, Prévost nunca telefonou para o amigo, o que teria sido por demais imprudente. Entretanto, a contraespionagem soviética confrontou mais tarde as datas de suas viagens com as dos encontros Vetrov/Ferrant para fazer a seguinte aproximação:

Prévost permaneceu em Moscou entre os dias 15 e 18 de setembro, 29 de setembro e 2 de outubro, 18 e 23 de outubro, 29 de novembro e 3 de dezembro de 1981. Logo, estava lá em 18 de setembro e 2 de outubro e, além disso, por duas vezes, deixou Moscou no dia de um encontro com Farewell. Seria um mero acaso?

Karavachkin estima que não e se explica. Ele acha que, no começo da manipulação de Farewell, quando a DST ainda alimentava algumas dúvidas sobre a identidade de Vetrov, ela quis se tranquilizar. Então, por duas vezes, Prévost teria passado de carro em frente a Vetrov para confirmar que se tratava de fato de seu amigo e não de uma isca do KGB.

Pois Karavachkin está convencido de que os americanos comunicaram aos franceses sua frustrada experiência na manipulação de um certo Ogorodnik. Esse funcionário soviético do Departamento de Planejamento Estratégico do Ministério das Relações Exteriores, preso por sua colaboração com a CIA, teve tempo de se envenenar. Para se vingar, o KGB decidiu prender em flagrante delito de encontro clandestino o manipulador de Ogorodnik para expulsá-lo. Escolheram um oficial que se parecia um pouco com o agente,

NOTAS 441

maquilaram-no, aplicaram-lhe uma peruca e o puseram ao volante do carro de Ogorodnik. O americano, que não vira seu interlocutor senão uma ou duas vezes, mordeu essa isca enferrujada. Foi interpelado e expulso do país.

Xavier Ameil, cuja sinceridade não deixa nenhuma dúvida, apenas ri dessa hipótese: "Isso já é romance policial!" Na sua opinião, Prévost só viajava a Moscou por causa de contratos a serem negociados ou assinados. Desde seu desembarque do avião até sua partida, Ameil ciceroneava-o e não o largava um só instante. Como seu representante em Moscou tinha participado diretamente da manipulação de Vetrov, Prévost não tinha por que se esconder dele. Ameil chega a afirmar que nunca passaram em frente ao museu da Batalha de Borodino.

6. Conversa com Sergueï Kostine de 7 de setembro de 1994.

7. Obtivemos essa informação de Vladimir Kriutchkov (conversa com Sergueï Kostine de 26 de abril de 1995).

8. John Barron, *KGB: The Secret Work of Soviet Secret Agents*, Nova York, Reader's Digest Press, 1974; Londres, Hodder & Stoughton, 1974; Nova York, Bantam Books, 1974.

9. Carta de Patrick Ferrant a Éric Raynaud em 11 de março de 2009.

10. Cf. o relato grotesco de sua posse na Direção-Geral do Sdece por Pierre Marion (*op. cit.*, p. 19-23).

11. Marion, *op. cit.*

35. Herói ou falso irmão?

1. Os documentos transmitidos à DST por Vetrov permanecem secretos do lado russo. Até mesmo os autos de seu processo se limitam a apresentar uma conclusão de peritos avaliando os estragos provocados por suas revelações. Dito isto, para julgar o valor das informações de Farewell, só podemos repetir os dados tornados públicos do lado ocidental. Globalmente, não há nenhuma razão válida para duvidar de sua veracidade. Ainda mais que os poucos indícios encontrados nos autos do processo batem *grosso modo* com a análise e os números citados pelas fontes ocidentais.

A primeira síntese da contribuição de Farewell foi publicada na França quando ele ainda estava vivo... Trata-se do artigo intitulado "L'URSS et le renseignement scientifique, technique et technologique" [A URSS e a informação científica, técnica e tecnológica], publicado no número 12 de *Défense Nationale* de 1983. Está assinado Henri Régnard, pseudônimo notório de

Raymond Nart em pessoa. Trata-se então, nesse caso, de uma informação de primeira mão. O artigo expõe minuciosamente o sistema soviético de coleta de informações nesse domínio, bem como sua filosofia e seu funcionamento. Tudo é abordado ali: as estruturas de coleta de informações, as de sua exploração, os meios e métodos utilizados.

As conclusões tiradas dessa análise pelo diretor adjunto da DST são de um rigor, de uma sobriedade e de uma ausência de emoção dignos de um cientista. São em número de três:

"1) As estimativas precedentes sobre o nível científico, técnico e tecnológico alcançado pela URSS, no domínio militar e no setor civil, devem ser revistas para cima, tanto quantitativa como qualitativamente.

"2) Os resultados e os sucessos obtidos pela União Soviética nas operações de coleta de informações, tanto as clandestinas quanto as abertas, evitam que ela tenha de financiar grande parte de suas atividades de pesquisa e, assim, permitem-lhe liberar verbas para seus programas militares de ataque e de defesa.

"3) A defesa contra essas investidas hostis exige a colaboração mais estreita nos níveis europeu e ocidental. Ela necessita da implantação de um conjunto de novas medidas defensivas, visando encerrar numa estrutura — quando não mais restritiva, pelo menos mais seletiva — as trocas Leste-Oeste, em particular nos domínios comercial, científico e tecnológico" (*Défense Nationale*, nº 12/1983, p. 120 e 121).

Em setembro de 1985, o Ministério da Defesa americano publica um relatório dedicado à aquisição pela URSS de tecnologias ocidentais de interesse militar (*Soviet Acquisition of Militarily Significant Western Technology*). Esse relatório do Pentágono retoma as grandes linhas da informação fornecida à DST por Farewell. Na declaração de Caspar Weinberger, então secretário da Defesa, Thierry Wolton observou muito pertinentemente uma alusão à produção Farewell. O alto funcionário americano admitiu que "só recentemente viemos a avaliar a amplitude da coleta ilegal de tecnologia pela URSS" (*Le KGB en France, op. cit.*, p. 410).

Publicado em 1986, *Le KGB en France* fornece um quadro bem completo da produção Farewell. Mas a importância desta última é de tal ordem que os analistas dos serviços secretos teriam levado anos e anos a estudá-la. Em fevereiro de 1987, a DST decide liberar os documentos sem interesse operacional para fazer pesquisadores participarem desse esforço. Nosso amigo

NOTAS 443

Pierre Lorrain, cientista político especialista em assuntos soviéticos e escritor, foi convidado a se juntar a essa equipe. Como seus colegas, ficou estarrecido com o volume de documentos fornecidos por Vetrov.

Após essa liberação, podemos considerar como exaustivo o inventário fornecido por Chalet e Wolton em seu livro-entrevista (*op. cit.*, em especial p. 195-226). Logo, o recomendamos aos leitores mais curiosos, limitando-nos a fornecer aqui um resumo.

Por fim, um grande número de indicações precisas consta do livro de Gordon Brook-Shepherd (*op. cit.* p. 57-64), que parece ter igualmente se referido às fontes americanas.

2. Os autos do inquérito soviéticos mencionam 42 volumes de documentos operacionais, alcançando mais de 1.200 páginas. Confiamos menos nos números do KGB, pois Vetrov tinha interesse em minimizar os estragos e, portanto, não deve ter reconhecido senão o que havia sido categoricamente provado.

3. Chalet fala de "mais de setenta agentes cujo perfil teria sido fornecido por Farewell, ora com precisão, ora de maneira mais vaga" (*op. cit.*, p. 221). Por sua vez, Brook-Shepherd (*op. cit.*, p. 261) afirma que Vetrov teria comunicado à DST uma centena de pistas levando a mais de cem agentes industriais operando em 16 países membros da Otan ou neutros.

4. *Le KGB en France, op. cit.*, p. 140.

5. Conversa de Éric Raynaud com Richard Allen de 12 de março de 2009.

6. Frances Fitzgerald, *Way Out There in the Blue: Reagan Star Wars and the End of the Cold War*, Nova York, Touchstone, 2000, p. 195.

7. Thomas C. Reed, *At the Abyss, An Insider's History of the Cold War*, Novato, Presidio Press/Ballantine Books, 2004, p. 269.

8. *Idem.*

9. Conversa de Éric Raynaud com Richard Allen de 12 de março de 2009.

10. Conversa com Éric Raynaud de 14 de março de 2009.

11. Conversa com Éric Raynaud de 7 de abril de 2009.

12. No momento em que foram escritas as primeiras páginas de *Adeus, Farewell*, produziu-se um acontecimento singular cercando a adaptação cinematográfica da primeira versão do livro, *Bom-dia, Farewell*. O filme, escrito por Éric Raynaud e dirigido por Christian Carion, encontrava-se na época em fase de pré-produção nos próprios locais dos acontecimentos, em Moscou. Nikita Mikhalkov, que aceitara coproduzir o filme e tinha sido por um momento cogitado para interpretar Vladimir Vetrov, acabava de ceder seu lugar ao astro local, Serguei Makovetski.

Este último, em Paris para a prova dos figurinos, jantou na noite de sua chegada com o embaixador da Rússia na França, Aleksandr Avdeiev. Na manhã seguinte, partiu para Moscou e informou à produção francesa do filme que desistira do papel. Depois de muita insistência, o produtor ficou sabendo que Makovetski desistira de encarnar um "traidor da Pátria" em razão das pressões mal dissimuladas que continuava a sofrer. Decepcionada com o incidente, a produção decidiu abandonar a capital russa, sacrificando com isso uma verba importante para a preparação da filmagem. O papel-título finalmente foi encampado por Emir Kusturica, e o filme, rodado na Ucrânia e na Finlândia.

AGRADECIMENTOS

Temos uma grande dívida para com todas as testemunhas que, voluntariamente ou não, ajudaram-nos a reconstituir esta história. Em primeiro lugar, a família de Vladimir Vetrov, sua mulher, Svetlana, e seu filho, Vladislav. Agradecemos de todo coração a Ludmilla Otchikina por sua aparição inesperada. Este livro deve muito a Galina e Aleksei Rogatin, bem como a Alina Botcharova, cujas recordações deram relevo a um personagem complexo e cheio de contradições. Somos gratos a todos os nossos contatos no KGB (alguns são nomeados, outros preferiram o anonimato) sem os quais o lado espionagem do caso não teria tido a consistência que ganhou neste livro. Agradecemos a Valentina Nikolaieva, Mikhail Kotchenov e Serguei Enikolopov, três autoridades russas em psicologia criminal, que elucidaram diversos enigmas para nós.

Do lado francês, agradecemos aqui a Claude e Xavier Ameil, que nos fizeram usufruir amplamente de sua insensata aventura. Fazemos questão de exprimir toda a nossa gratidão a outros protagonistas desse caso, que, graças à intervenção de Éric Raynaud, finalmente se decidiram a dar sua contribuição para este livro. Em primeiro lugar, a Marcel Chalet e Raymond Nart, que generosamente perdoaram alguns dardos envenenados de que foram objeto na primeira versão deste livro (e que ainda encontraremos nesta). Pensamos igualmente em Jacques Prévost, que generosamente reabriu velhos arquivos, tão preciosos quanto sua memória. Somos infinitamente gratos a Patrick e Madeleine Ferrant, que, não sem hesitação, partilharam conosco algumas suas recordações. Que eles nos perdoem por tê-los arrancado, à sua revelia, de seu anonimato ao narrar sua história, que é absolutamente digna. Enfim, agradecemos a diversos jornalistas ou amigos parisienses que, com maior ou menor eficiência, tentaram nos ajudar em nossas pesquisas. Não temos certeza de lhes estar prestando um favor citando-os aqui.

Do lado americano, finalmente, não poderíamos ter apresentado os arcanos da administração Reagan e o impacto do caso Farewell em escala internacional sem a contribuição generosa e simpática de Richard Allen, primeiro-conselheiro para a segurança nacional do presidente americano.

Este livro jamais teria sido escrito em sua primeira versão, que continua a constituir seu principal componente, sem a paciência benevolente e a ajuda discreta mas eficaz de Charles Ronsac, diretor da coleção "Vécu" nas Edições Robert Laffont. A energia temerária desse jovem de 87 anos amparou Sergueï Kostine em todos os momentos de desalento, que não faltaram ao longo dessa investigação. Falecido aos 93 anos, ele continua a viver neste livro, como em tantos outros escritos sob sua direção.

Finalmente, o primeiro manuscrito francês foi trabalhado por Bernard Ollivier que, ao longo de toda a pesquisa de Sergueï Kostine na França, partilhou fraternalmente, à noite, suas alegrias e decepções do dia. Ficamos felizes e impressionados ao ver esse jornalista e escritor cheio de talento realizar, a partir de 1997 (e após sua aposentadoria), uma deslumbrante carreira como o homem que percorreu a pé a rota da Seda, aventura sem precedentes que ele nos contou em quatro livros admiráveis.

FONTES DAS ILUSTRAÇÕES

Arquivos pessoais de Svetlana e Vladislav Vetrov
Arquivos de Sergueï Kostine
Fotos em Moscou: Dmitri Khrupov

Este livro foi composto na tipologia Minion
Pro, em corpo 11,5/15, e impresso em papel
off-white 80g/m^2 na Markgraph.